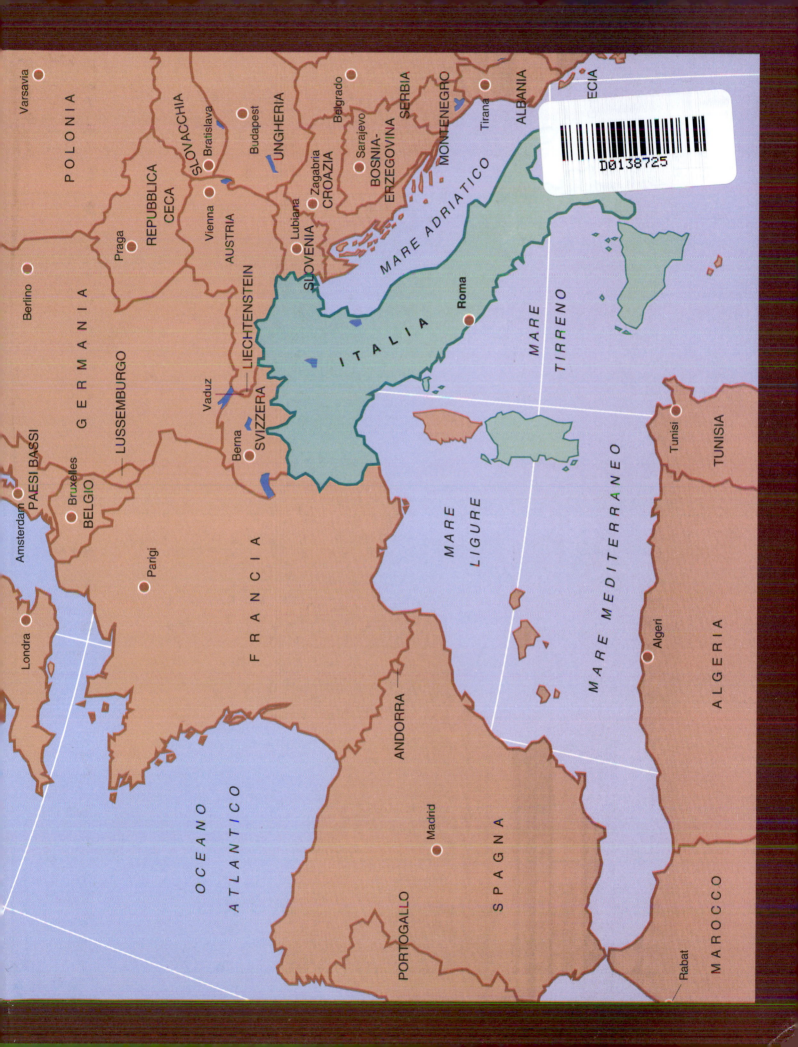

CIAO!

SEVENTH EDITION

Carla Larese Riga
Santa Clara University

HEINLE
CENGAGE Learning

Australia • Brazil • Japan • Korea • Mexico • Singapore • Spain • United Kingdom • United States

CIAO! Seventh Edition

Carla L. Riga

Editor in Chief: PJ Boardman

Publisher: Beth Kramer

Executive Editor: Lara Semones

Senior Content Project Manager:
Esther Marshall

Assistant Editor: Katie Latour

Editorial Assistant: Maria Colina

Marketing Manager: Mary Jo Prinaris

Marketing Coordinator: Janine Enos

Senior Marketing Communications Manager:
Stacey Purviance

Media Editor: Morgen Murphy

Senior Print Buyer: Elizabeth Donaghey

Senior Art Director: Linda Jurras

Text Designer: Jerilyn Bockorick

Photo Researcher Coordinator: Pre-PressPMG

Cover Designer: Harold Burch

Production Service and Compositor:
Pre-Press PMG

Cover image: Aurora photos;
Prow of a gondola, Venice Italy, RM

For product information and technology assistance, contact us at
Cengage Learning Academic Resource Center, 1-800-423-0563

For permission to use material from this text or product,
submit all requests online at **cengage.com/permissions**
Further permissions questions can be e-mailed to
permissionrequest@cengage.com

Library of Congress Control Number: 2009935088

Student Edition:

ISBN-13: 978-1-4282-8837-9

ISBN-10: 1-4282-8837-6

Heinle, Cengage Learning
20 Channel Center Street
Boston, MA 02210
USA

Cengage Learning products are represented in Canada by Nelson Education, Ltd.

For your course and learning solutions, visit **academic.cengage.com**

Purchase any of our products at your local college store or at our preferred online store
www.ichapters.com

Printed in the United States of America
2 3 4 5 6 7 13 12 11 10

To the Student

Now in its seventh edition, *Ciao!* introduces you to Italian life and culture while you gain the skills to understand and express yourself in Italian. Through this many-faceted program, you will encounter both the vibrant life of modern Italy and Italy's rich cultural heritage. As you are learning to express yourself in Italian, you will have opportunities to talk about your college experiences, family, friends, tastes, leisure activities, and the past, as well as your plans for the future. And you will be encouraged to compare your life and experiences with those of your Italian counterparts. You will also explore a variety of issues in the Italian context: the environment, the family, university life, immigration, sports, theater, and music.

Ciao! has long been a favorite Italian book and program and has benefited from the experiences and feedback of the many, many students and teachers who have used it. As a result, the material is organized and presented in ways that make it easy and fun to learn Italian. The approach allows you to assimilate the vocabulary and grammatical structures gradually, starting with practical and controlled situations and moving to more open ones that encourage you to express yourself and your ideas. You will therefore be able to express yourself in Italian with confidence from the very start, yet feel comfortable as you master new concepts.

Chapter Organization

To work effectively with the new edition of *Ciao!*, take a few minutes to learn about the easy-to-follow chapter structure.

The 18 chapters are preceded by one preliminary chapter, **Capitolo preliminare,** which deals with Italian pronunciation and cognates, and by another short chapter, **Primo incontro,** which focuses on everyday expressions and useful classroom expressions.

Punti di vista

An opening dialogue (recorded and available as MP3 on the Premium Website) presents the chapter theme, using what you have learned and introducing some new words and grammar. The accompanying *Studio di parole* introduces related vocabulary. The *Informazioni* section gives you practical information about what life is like in Italy. The concluding *Ascoltiamo!* section is based on a second dialogue (also recorded and available as MP3 on the Premium Website) and is accompanied by activities that help to develop your listening comprehension.

Punti grammaticali

The *Punti grammaticali* section presents the new grammar topics that appear in the *Punti di vista*. Each grammatical structure is introduced by a drawing, photo, or other illustration, and the explanations are clear and concise. There are many examples to show you how the language works. The exercises and activities follow in the *Pratica* section. They offer a wide variety of opportunities for you to practice your Italian while focusing on the new grammar and vocabulary.

Per finire

This section includes a more advanced dialogue or reading (also recorded and available as MP3 on the Premium Website) that combines chapter structures and vocabulary. It is accompanied by comprehension and personal questions.

Adesso scriviamo!

This section gives you a chance to develop writing skills within a realistic context and includes a writing strategy, guiding you step-by-step to the completion of a specific writing task.

Parliamo insieme!

These activities provide opportunities—role-plays, interviews, discussion topics—for you to talk with your classmates in Italian. The activities are often prompted by real documents, such as advertisements, brochures, maps, and photos.

Vedute d'Italia

These are the reading sections based on authentic Italian texts and sources, which further explore aspects of the chapter's thematic and cultural content. A prereading section teaches a relevant reading strategy with cultural notes explaining relevant aspects of Italian culture; and extensive follow-up questions provide opportunities for discussion and give a cross-cultural focus.

Vocabolario

The vocabulary list at the end of the chapter contains all new words that appear in the chapter that are not presented in the *Studio di parole* section. The vocabulary entries are recorded and available as MP3 online and on the Companion Premium Website.

Intermezzo: Video and music

The even-numbered chapters have an *Intermezzo* divided in two parts: video and music. They are each followed by exercises which allow you to use your imagination while you learn.

ACKNOWLEDGMENTS

This Edition of *Ciao!* would not have been possible without the support and contribution of many. First and foremost I would especially thank Esther Marshall. Esther's thoughtful and imaginative guidance are reflected in every aspect—and indeed every page—of *Ciao!* **Seventh Edition**. Her patience and her characteristically brilliant shepherding of the revisions, with careful attention to details and to the bigger picture, have made an enormous difference.

I would like to very much acknowledge Lara Semones for guiding and supporting this book at every stage, and especially for her unwavering and enthusiastic encouragement.

My thanks also go to Beth Kramer, the Publisher, and to the other people at Heinle who contributed to this edition and, in particular, Katie Latour, Maria Colina, Mary Jo Prinaris, and Linda Jurras.

I am greatly indebted to Liliana Riga for her important contribution to every aspect of the book. I owe a great deal of gratitude also to James Kennedy, Roberta Riga, Scott Rezendes, and Alessandro Casagrande.

My thanks also go to all those involved in the production of this book, most especially to Christine Cervoni, copyeditor; Antonella Giglio, native reader; Veruska Cantelli, for her help with text/realia permissions; Jenna Gray, project manager on behalf of Pre-PressPMG, and Megan Lessard, photo coordinator on behalf of Pre-PressPMG.

The Heinle team and I would like to recognize the contributions of Chiara Dal Martello in previous editions of *Ciao!*. Her passion for the discipline, the content of *Ciao!*, and her dedication to her students is refreshing. In addition, we are greatly inspired by the successful architecture of the *Ciao!* online courses, under the leadership of Pier Raimondo Baldini at Arizona State University. These courses encouraged us to go boldly towards the iLrn™: Heinle Learning Center course management integration and make this online component a true asset and resource for instructors of *Ciao!*, Seventh Edition.

And finally, I would like to warmly thank the following reviewers for their generous comments and suggestions—they have made this a much better book.

Carla Riga

List of Reviewers

Fabian Alfie, *University of Arizona*
William G. Allen, *Furman University*
Peter Arnds, *Trinity College*
Marilisa Benigno, *Dalhousie University*
Maria Bettaglio, *University of Buffalo*
Paula Bruno, *St. Edwards University*
Stefania Buccini, *University of Wisconsin, Madison*
Riccardo Camera, *Ohio University*
Mary Ann M. Carolan, *Fairfield University*
Pamela Chew, *Tulsa Community College*
Paolo Chirumbolo, *University of Buffalo*
Rosa Commisso, *Kent State University*
Rita D'Amico, *Pasadena Community College*
Laura Delledonne, *Monroe Community College*
Jacqualine Dyess, *University of North Texas*
Marina de Fazio, *University of Kansas*
Giuliana Fazzion, *James Madison University*
Giuseppina Fazzone, *University of Delaware*
Teresa Fiore, *California State University, Long Beach*

Adria Frizzi, *University of Texas at Austin*
Monica Marchi, *Texas Christian University*
Maria Marelli, *Baldwin Wallace College*
Paolo Matteucci, *Dalhousie Univeristy*
Cristina Mazzoni, *University of Vermont*
Garrett B. McCutchan, *Louisiana State University, Baton Rouge*
Donatella Melucci, *Arizona State University*
Gerry Milligan, *College of Staten Island*
Alexander Murzaku, *College of St. Elizabeth*
Vincenza De Nardo, *Southern Methodist University*
Lucille Pallotta, *Onondaga Community College*
Michael Papio, *U Mass, Amherst*
Alicia Ramos, *Hunter College*
Elizabeth S. Scheiber, *Rider University*
Paolo Servino, *Brandeis University*
Maria G. Simonelli, *Monmouth University*
Michael G. Sollenberger, *Mount St. Mary University*
Frongia Terri, *Santa Rosa Junior College*
Janice Vairo, *Carnegie Mellon University*
Rosanna Vitale, *University of Windsor*

Table of Contents

CAPITOLO 2 Persone e personalità 37

CAPITOLO 5 Attività e passatempi   102

CAPITOLO 6 La famiglia   122

CAPITOLO 7 Buon viaggio   146

CAPITOLO 15   Gli sport   322

CAPITOLO 16   Il corpo e la salute   342

Capitolo preliminare

Venezia. Piazza San Marco. Sullo sfondo: una nave da crociera

La pronuncia italiana
Vocali
Dittonghi
Consonanti
Consonanti doppie
Sillabazione
Accento tonico
Intonazione

Parole affini per origine
Nouns
Adjectives
Verbs

 # La pronuncia italiana CD 1, Track 2

To access the audio recordings, visit www.cengage.com/italian/ciao.

There are 21 letters in the Italian alphabet. The written forms and names are:

a	**a**	g	**gi**	o	**o**	u	**u**
b	**bi**	h	**acca**	p	**pi**	v	**vu** (*or* **vi**)
c	**ci**	i	**i**	q	**qu**	z	**zeta**
d	**di**	l	**elle**	r	**erre**		
e	**e**	m	**emme**	s	**esse**		
f	**effe**	n	**enne**	t	**ti**		

Five additional letters appear in words of foreign origin:

j	**i lunga**	w	**doppia vu**	y	**ipsilon** (*or* **i greca**)
k	**cappa**	x	**ics**		

The following sections deal primarily with spelling–sound correspondences in Italian and their English equivalents. Listen carefully to your instructor, and then repeat the examples. Practice the pronunciation exercises recorded on the CD that correspond to the **Capitolo preliminare;** they have been devised to help you acquire good pronunciation. In describing Italian sounds, we will make use of the international phonetic symbols (shown between slash marks). You will notice that pronunciation in Italian corresponds very closely to spelling. This is particularly true of vowel sounds.

1. Vocali *(Vowels)*   CD 1, Track 3

The five basic vowel sounds in Italian correspond to the five letters **a, e, i, o, u.** The pronunciation of **e** and **o** may vary slightly (closed or open sound).* Unlike English vowels, each Italian vowel represents only one sound. Vowels are never slurred or glided; when pronouncing them, the lips, jaw, and tongue must be kept in the same tense position to avoid offglide.

The vowels will be presented according to their point of articulation, **i** being the first of the front vowels and **u** the last of the back vowels, as illustrated in the following diagram:

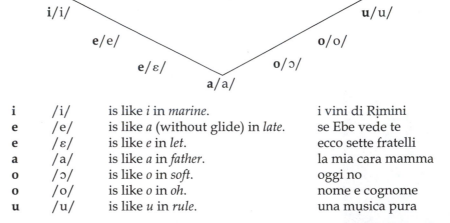

i	/i/	is like *i* in *marine.*	i vini di Rimini
e	/e/	is like *a* (without glide) in *late.*	se Ebe vede te
e	/ɛ/	is like *e* in *let.*	ecco sette fratelli
a	/a/	is like *a* in *father.*	la mia cara mamma
o	/ɔ/	is like *o* in *soft.*	oggi no
o	/o/	is like *o* in *oh.*	nome e cognome
u	/u/	is like *u* in *rule.*	una musica pura

*Closed and open pronunciation of **e** and **o** are illustrated by the following words: **e** *(and),* **è** *(is);* **o** *(or),* **ho** *(I have).* The pronunciation of these two vowels often varies regionally.

2. Dittonghi *(Diphthongs)*   CD 1, Track 4

When **i** and **u** are unstressed and precede or follow another vowel, they form with this vowel **a** diphthong and acquire the semivowel sounds /j/ and /w/.

i	/j/	is like *y* in *yet*.	più piano	lei e lui
u	/w/	is like the *w* in *wet*.	un uomo buono	

When two semivowels combine with a vowel, they form a triphthong (**miei, tuoi, guai**).

The vowels that form a diphthong or a triphthong are pronounced with just one emission of voice and correspond to just one syllable.

3. Consonanti *(Consonants)*   CD 1, Track 5

Many single consonants are pronounced in Italian as they are in English. The sounds of the consonants **b, f, m, n,** and **v** present no difference in the two languages. Several consonant sounds, however, need special attention because of the manner in which they are pronounced or the way they are spelled. In general, Italian consonants are clear-cut and without aspiration.

h is always silent:

ha	hanno	ahi!	oh!	hotel

d /d/ and **t** /t/ are similar to English but more dentalized:

due	denti	vado	grande	modo
tre	Tivoli	alto	tempo	molto

p /p/ is as in English but less plosive:

papà	Padova	dopo	piano	parola

q /kw/ is always followed by the letter **u** and is pronounced like *qu* in *quest:*

qui	quando	Pasqua	quale	quaderno

l /l/ is produced more forward in the mouth than in English:

la	lira	lei	libro	lingua

r /r/ is trilled. It is pronounced by pointing the tip of the tongue toward the gum of the upper front teeth:

Roma	caro	treno	amore	vero

s /z/ is pronounced as in *rose* when it is between vowels or when it begins a word in combination with the voiced consonants **b, d, g, l, m, n, r,** and **v:**

rosa	paese	esame	snob	sviluppo

s is voiceless /s/ as in *sell* in all other cases:

sto	studio	destino	rosso	sera

z is sometimes voiced /dz/ as in *beds*, sometimes voiceless /ts/ as in *bets:*

/dz/			/ts/
zero	romanzo	marzo	Venezia
zeta	mezzo	pizza	grazie

c and **g** before **i** or **e** are soft /č/, /ğ/ as in *chill* and *gentle:*

cento	baci	ciao	Cesare	cinema
gesto	gentile	giorno	viaggio	pagina

c and **g** in all other cases are hard /k/, /g/ as in *call* and *go:*

poco	caffè	caro	amico	cura	classe	scrivere
pago	guida	lungo	guerra	gusto	grosso	dogma

ch and **gh** (found only before **e** or **i**) are also hard /k/, /g/:

che	chi	pochi	perché	cuochi
aghi	righe	laghi	ghetto	paghiamo

gli /ʎ/ sounds approximately like *lli* in *million:*

gli	foglio	figlio	famiglia	voglio

gn /ɲ/ sounds approximately like *ni* in *onion:*

ogni	signora	lavagna	cognome	insegnare

sc before **i** or **e** has a soft sound /š/ as in *shell:*

sciare	pesce	scienza	scena	scemo

sch before **i** or **e** sounds hard /sk/ as in *skill:*

schiavo	schema	dischi	mosche	maschio

4. Consonanti doppie (Double Consonants)

Double consonants are a characteristic of Italian. The sound of a double consonant is longer than the sound of a single consonant. To pronounce it correctly, it is necessary to shorten the sound of the preceding vowel and hold the sound of the double consonant twice as long. (A similar phenomenon may also be observed in English when pronouncing pairs of words, such as *miss school; met Tim.*) The reverse happens when pronouncing a single consonant. In this case, one should keep the sound of the preceding vowel longer, especially if the vowel is stressed. Compare:

sono / sonno	sera / serra
casa / cassa	sano / sanno
rosa / rossa	camino / cammino
speso / spesso	lego / leggo

5. Sillabazione *(Syllabication)* CD 1, Track 6

Phonetically, the tendency in Italian is, whenever possible, to begin the syllable with a consonant sound and to end it with a vowel sound. Grammatically, the separation of a word into syllables follows these rules:

a. A single consonant between two vowels belongs with the following vowel or diphthong:

    a-ma-re   no-me   i-ta-lia-no   be-ne   le-zio-ne

b. Double consonants are always divided:

    bel-lo   mez-zo   sil-la-ba   mam-ma   ra-gaz-za

c. A combination of two different consonants belongs with the following vowel, unless the first consonant is **l, m, n,** or **r.** In this case, the two consonants are divided:

    pre-sto   so-pra   si-gno-ra   ba-sta   li-bro
    but: pron-to   gior-no   El-vi-ra   par-to   dor-mi   lam-po

d. In a combination of three consonants, the first belongs with the preceding syllable, but **s** always belongs with the following syllable:

    al-tro   sem-pre   en-tra-re   im-pres-sio-ne   in-gle-se
    but: fi-ne-stra   gio-stra   e-sper-to

e. Unstressed **i** and **u** are not divided from the vowel they combine with:

    uo-mo   **pia**-no   **pie**-de   **Gio**-van-ni   **Eu**-ro-pa
    but: **mi**-o   **zi**-i   po-e-**si**-a   pa-**u**-ra   far-ma-**ci**-a

6. Accento tonico *(Stress)* CD 1, Track 7

The great majority of Italian words are stressed on the next-to-the-last syllable:

    sig**no**ra   bam**bi**no   ra**gaz**zo   can**ta**re   ve**ni**re

Several words are stressed on the last syllable; these words have a written accent on the last vowel. The accent mark can be grave (`) or acute (´). Most words have the grave accent. A few words take the acute accent; the list that follows includes the most common:

perché	*why; because*
affinché	*so that*
né... né	*neither . . . nor*
macché	*no way*
benché	*although*
purché	*provided that*

A few monosyllabic words carry an accent mark to distinguish two words that are spelled the same but have different meanings:

e *(and)* vs. **è** *(is)*   **da** *(from)* vs. **dà** *(gives)*   **te** *(you)* vs. **tè** *(tea)*
si *(oneself)* vs. **sì** *(yes)*   **se** *(if)* vs. **sé** *(self)*   **la** *(the)* vs. **là** *(there)*

Some words have the stress on the third-from-the-last syllable and a few verb forms on the fourth-from-the-last syllable:

sabato   compito   tavola   difficile   dimenticano

NOTE: When the stress does not fall on the next-to-the-last syllable, or when the word ends in a diphthong, the stress is indicated with a dot under the stressed syllable in **Capitoli 1–6:**

facile   spiaggia   praticano

7. Intonazione *(Intonation)* CD 1, Track 8

In general, the Italian sentence follows a homogeneous rhythm. Each syllable is important in determining its tempo. Pronounce the following sentence maintaining smooth, even timing:

Sono Marcello Scotti.   So - no - Mar - cel - lo - Scot - ti.
                            1   2   3   4   5   6   7

The voice normally follows a gently undulating movement, usually dropping toward the end when the meaning is completed. In a question, however, the voice rises on the last syllable:

Declarative sentence: I signori Bettini sono di Milano.

Interrogative sentence: Sono di Milano i signori Bettini?

Parole affini per origine *(cognates)*

While studying Italian, you will encounter many cognates. A cognate is
an Italian word that looks like an English word and has a similar meaning
because the words have a common origin. The following are a few tips that
should help you recognize and use cognates.

1. Nouns ending in:

-ia in Italian and *-y* in English.

biologia	*biology*	**filosofia**	*philosophy*
sociologia	*sociology*	**anatomia**	*anatomy*

-ica in Italian and *-ic(s)* in English.

musica	*music*	**politica**	*politics*
repubblica	*republic*	**matematica**	*mathematics*

-tà in Italian and *-ty* in English.

città	*city*	**identità**	*identity*
società	*society*	**università**	*university*

-za in Italian and *-ce* in English.

importanza	*importance*	**eleganza**	*elegance*
violenza	*violence*	**pazienza**	*patience*

-zione in Italian and *-tion* in English.

nazione	*nation*	**attenzione**	*attention*
educazione	*education*	**situazione**	*situation*

-ore in Italian and *-or* in English.

attore	*actor*	**dottore**	*doctor*
professore	*professor*	**motore**	*motor*

-ario in Italian and *-ary* in English.

segretario	*secretary*	**vocabolario**	*vocabulary*
salario	*salary*	**funzionario**	*functionary*

-ista in Italian and *-ist* in English.

artista	*artist*	**violinista**	*violinist*
pianista	*pianist*	**ottimista**	*optimist*

2. Adjectives ending in:

-ale in Italian and *-al* in English.

speciale	*special*	**personale**	*personal*
originale	*original*	**sentimentale**	*sentimental*

-etto in Italian and *-ect* in English.

perfetto	*perfect*	**corretto**	*correct*
eretto	*erect*	**diretto**	*direct*

-ico in Italian and *-ical* in English.

tipico	*typical*	**classico**	*classical*
politico	*political*	**geografico**	*geographical*

-oso in Italian and *-ous* in English.

generoso	*generous*	**curioso**	*curious*
nervoso	*nervous*	**ambizioso**	*ambitious*

3. Verbs ending in:

-care in Italian and *-cate* in English.

educare	*to educate*	**indicare**	*to indicate*
complicare	*to complicate*	**implicare**	*to imply, implicate*

-izzare in Italian and *-ize* in English.

organizzare	*to organize*	**simpatizzare**	*to sympathize*
analizzare	*to analyze*	**minimizzare**	*to minimize*

-ire in Italian and *-ish* in English.

finire	*to finish*	**abolire**	*to abolish*
punire	*to punish*	**stabilire**	*to establish*

Primo incontro

Venezia. La basilica di San Marco

Punti di vista | Ciao, come stai?
Buon giorno, come sta?

Studio di parole | Saluti e espressioni di cortesia
Informazioni: Saluti
In classe
I numeri da 0 a 49
I giorni della settimana

Vedute d'Italia | The Italian Language and Its Dialects

Punti di vista

Studenti universitari s'incontrano il
primo giorno di lezioni.

Ciao, come stai?   CD 1, Track 9

Filippo **incontra** Marcello. Marcello è **con** Mary, una
ragazza americana.   *meets / with*

MARCELLO Ciao, Filippo, come va?

FILIPPO Bene, grazie, e tu come stai?

MARCELLO **Non c'è male,** grazie. **Ti presento** Mary,   *Not bad / Let me*
    un'**amica.**   *introduce you*
                                                               to / friend

FILIPPO Buon giorno.

MARY Buon giorno.

FILIPPO Mi chiamo Filippo Pini. *(Si danno la mano.)*   *They shake hands.*

MARY Molto piacere.

FILIPPO Piacere mio. **Di dove sei,** Mary?   *Where are you from*

MARY **Sono di** New York, e tu?   *I'm from*

FILIPPO Io sono di Pisa.

MARCELLO Mary è studentessa **qui** a Milano.   *here*

FILIPPO **Anch'io** sono studente a Milano.   *I also*

MARCELLO Scusa, Filippo, **dobbiamo andare. A domani.**   *we must go / I'll*
                                                                see you tomorrow.

Buon giorno, come sta?   CD 1, Track 10

Il professor Tempesti incontra il professor Candela e
presenta la professoressa Fanti.

PROF. TEMPESTI Buon giorno professor Candela, come sta?

PROF. CANDELA Bene, grazie, e Lei?

PROF. TEMPESTI Non c'è male, grazie. **Conosce** la   *Do you know*
    professoressa Fanti?

PROF. CANDELA **Non ho il piacere...**   *I have not had the*
                                                                pleasure . . .

PROF. TEMPESTI Professor Candela, la professoressa Fanti.

PROF. FANTI Molto piacere. *(Si danno la mano.)*

PROF. CANDELA Piacere mio.

Studio di parole — Saluti e espressioni di cortesia

Brevi incontri e... sorprese.

Ciao! Hello! Good-bye!

Salve! Hello! (more formal than **Ciao!**)

Buon giorno, signore. Good morning (Good day), Sir.

Buona sera, signora. Good evening, Madam.

Buona notte, signorina. Good night, Miss.

Arrivederci.
ArrivederLa. *(formal sing.)* } Good-bye.

A domani. I'll see you tomorrow.

A presto. I'll see you soon.

Come si chiama? *(formal sing.)*
Come ti chiami? *(familiar sing.)* } What is your name?

Mi chiamo Marcello Scotti. My name is Marcello Scotti.

Ti presento... *(familiar sing.)*
Vi presento... *(familiar pl.)* } Let me introduce . . . to you. *(lit., I introduce to you . . .)*

Di dove sei tu? *(familiar sing.)*
Di dov'è Lei? *(formal sing.)* } Where are you from?

Sono di... I am from . . .

(Molto) piacere. (Very) nice to meet you.

Piacere mio. My pleasure.

Per favore. / Per piacere. Please.

Grazie. Thank you.

Grazie mille. Thanks a million.

Prego. You're welcome. That's quite all right.

Scusi. *(formal sing.)* / **Scusa.** *(familiar sing.)* Excuse me.

Come sta? *(formal sing.)* / **Come stai?** *(familiar sing.)* How are you?

Come va? *(familiar sing.)* How's it going?

Bene, grazie, e Lei? *(formal sing.)* / **Bene, grazie, e tu?** *(familiar sing.)* Fine, thank you, and you?

Molto bene. Very well.

Non c'è male. Not bad.

Così così. So-so.

NOTE: Tu *(You, singular)* is the familiar form used by young people, close friends, family members, and with children. **Lei** *(You, singular)*, the formal form, is used in all other cases.

Informazioni   Saluti

Italians tend to be more formal than Americans when greeting and addressing each other.

Among adults, acquaintances are addressed as **Signore, Signora,** or **Signorina** or by their titles: **Professore(ssa), Dottore, Ingegnere,** etc. The greeting

Ciao!, which has become so popular abroad, is reserved in Italy only for very close friends, members of the family, relatives, and young people. When meeting either friends or acquaintances, as well as in introductions, Italians customarily shake hands, without distinction between sexes.

A. Saluti. In pairs, complete the following dialogue between two students on the first day of class.

— Come stai?

— _____, e tu?

— _____.

— Come ti chiami?

— _____, e tu?

— _____.

— Molto piacere.

— _____.

— Di dove sei?

— _____, e tu?

— _____.

— Come si chiama il professore/la professoressa d'italiano?

— _____.

— Grazie.

— _____.

— Arrivederci a domani.

— _____.

B. Incontri. In pairs, complete the following dialogue between two new neighbors.

— Buon _____, signore/signora/signorina. Come sta?

— _____, e Lei?

— _____.

— Io mi chiamo _____, e Lei?

— _____.

— Molto piacere.

— _____.

— Lei è di Roma?

— No, _____, e Lei?

— _____.

— ArrivederLa.

— _____.

C. **Brevi scambi.** How would you . . .

1. greet and introduce yourself to your professor?
2. ask your professor how he/she is?
3. ask another student how he/she is?
4. ask another student what his/her name is?
5. say good-bye to a classmate, adding that you will see him/her soon?

D. **Presentazioni.** Greet and introduce yourself to a student sitting nearby, indicating where you are from. Ask your classmate about himself/herself, and then introduce him/her to the class.

Studio di parole — In classe

In un'aula ci sono (*In a classroom there are*):

Espressioni utili

Il professore: Attenzione! Attention!

Tutti insieme! All together!

Ancora una volta! Once more!

Ascoltate! Listen!

Ripetete! Repeat!

Che cos'è? What is it?

A pagina... On page . . .

compito per domani (per lunedì) homework for tomorrow (for Monday)

Adesso... Now . . .

Aprite i libri! Open your books!

Chiudete i libri! Close your books!

Capite? Do you (*pl.*) understand?

Gli studenti: (Sì), capisco. (Yes), I understand.

(No), non capisco. (No), I don't understand.

Ripeta, per favore. Repeat, please.

Come si dice... in italiano? How do you say . . . in Italian?

Come si scrive... ? How do you write (spell) . . . ?

Che cosa vuol dire... ? / Che cosa significa... ? What does . . . mean?

A. Che cos'è? Point to various objects in the classroom and ask another student to identify them, following the example.

Esempio   – *Che cos'è?*
   – *È una sedia.*

B. Situazioni. What would you say in the following situations?
1. You want to ask the meaning of the word **benissimo**.
2. You don't understand what your instructor has said.
3. You want to ask how to say, "You're welcome" in Italian.
4. You are not sure how to spell your instructor's name.
5. You would like your instructor to repeat something.

Studio di parole   I numeri da 0 a 49

I numeri da 0 a 49				
0 zero	10 dieci	20 venti	30 trenta	40 quaranta
1 uno	11 undici	21 ventuno	31 trentuno	41 quarantuno
2 due	12 dodici	22 ventidue	32 trentadue	42 quarantadue
3 tre	13 tredici	23 ventitrè	33 trentatrè	43 quarantatrè
4 quattro	14 quattordici	24 ventiquattro	34 trentaquattro	44 quarantaquattro
5 cinque	15 quindici	25 venticinque	35 trentacinque	45 quarantacinque
6 sei	16 sedici	26 ventisei	36 trentasei	46 quarantasei
7 sette	17 diciassette	27 ventisette	37 trentasette	47 quarantasette
8 otto	18 diciotto	28 ventotto	38 trentotto	48 quarantotto
9 nove	19 diciannove	29 ventinove	39 trentanove	49 quarantanove

1. Note that the numbers **venti**, **trenta**, and **quaranta** drop the final vowel before adding **uno** and **otto**.
2. **Tre** takes an accent when it is added to **venti**, **trenta**, and **quaranta**.

A. Giochiamo con i numeri. With a partner, take turns reading aloud each series of numbers and adding the missing number.

Esempio   2, 4, 6,...
   – *due, quattro, sei,...*
   – *due, quattro, sei, otto,...*

1. 3, 6, 9,...
2. 1, 3, 5,...
3. 12, 14, 16,...
4. 5, 10, 15,...
5. 10, 8, 6,...
6. 42, 44, 46,...
7. 41, 40, 39,...

B. I prefissi delle città italiane *(Area codes for Italian cities).* In pairs, look at the table and take turns asking and giving the area codes of the cities shown.

Esempio
— *Qual è il prefisso di Milano?*
— *Il prefisso di Milano è zero due (02). Qual è il prefisso di Napoli?*
— *Il prefisso di Napoli è zero otto uno (081). Qual è il prefisso di... ?*

Città	Prefisso	Città	Prefisso
Ancona	071	Genova	010
Bari	080	Milano	02
Bergamo	035	Napoli	081
Bologna	051	Padova	049
Brescia	030	Palermo	091

Studio di parole   I giorni della settimana

I giorni della settimana sono:

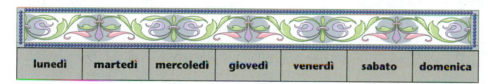

lunedì	martedì	mercoledì	giovedì	venerdì	sabato	domenica

Che giorno è oggi? Oggi è martedì.   *What day is today? Today is Tuesday.*

Che giorno è domani? Domani è mercoledì.   *What day is tomorrow? Tomorrow is Wednesday.*

 Ask the student sitting next to you what day it is. Ask them how to spell it. Also ask them when **(per quando)** the homework is due. Thank him/her for the information.

Vedute d'Italia

The italian language and its dialects

Dante is considered the father of the Italian language and one of the greatest poets of the Western world. His major work is *La Divina Commedia*.

The Italian language stems directly from Latin. As the authority of ancient Rome fragmented, its language, Latin, also broke apart and formed several national European idioms. In the same way, numerous linguistic varieties, or dialects, took form within the Italian peninsula. They were the expressions of different centers of civilization within the larger Italian world.

The dialect of Tuscany was assured linguistic supremacy by the political importance and geographic position of its principal city, Florence, and above all by the authority of the thirteenth-century Tuscan writers Dante, Petrarca, and Boccaccio. Each of these men wrote works of major literary significance in their native Tuscan dialect. Eventually, the Tuscan dialect became recognized as the official Italian language.

For many centuries, however, the Italian language remained an exclusively literary mode of expression, used only by learned people. The different dialects continued to be spoken, a situation favored by the historical and political fragmentation of Italy, which remained divided into many separate city-states until the second half of the nineteenth century. The local dialect was often the official language of the court of that particular city-state. This was the case in Venice, a republic renowned for the skill of its diplomats. The eighteenth-century playwright Carlo Goldoni, who has been called by critics the Italian Molière, wrote many of his plays in Venetian. For example, in his dialect we find the word **schiao,** meaning *your servant,* which is derived from the Latin word for "slave," *esclavum.* This is the origin of the international greeting **ciao.**

Today Italy has achieved political as well as linguistic unity, and with few exceptions, everyone speaks Italian. The dialects, however, remain very much alive. Indeed, most Italians may be considered bilingual because, in addition to speaking Italian, they also speak or at least understand the dialect of their own region or city.

The Italian language has a much more limited vocabulary than the English language. For example, the word **signore** is translated as *sir, mister, gentleman,* and *lord.* Similarly, the word **signora** corresponds to *lady, madam,* and *Mrs.* The word **bello** means *beautiful* and *handsome;* **casa** is both *house* and *home.*

The Italian language itself continues to evolve, reflecting Italians' interchange with the world on a global basis and in particular with North America. Many words from English or derived from English have found their way into the everyday language. For example, the following words are common: **shopping, fastfood, quiz,** and **hamburger.** And you will immediately recognize new computer-related terms, such as the following: **mouse, cliccare,** and **formattare.**

Capitolo 1
La città

Il Duomo *(Cathedral)* di Milano. La costruzione del Duomo fu *(was)* iniziata nel 1386 e terminata nel 1813. È di stile gotico. L'esterno è adornato con 3000 statue.

Punti di vista

Conversazione tra amiche in un caffè

In centro 🔊 CD 1, Track 11

Downtown

Oggi Liliana e Lucia sono in centro.

Today

LILIANA Ciao, Lucia, come va?

LUCIA Non c'è male, grazie, e tu?

LILIANA Oggi, **così così. Domani ho** un esame di matematica con il professor Perfetti.

so-so / Tomorrow I have

LUCIA È un professore **severo?**

strict

LILIANA Sì, molto.

LUCIA Dov'è Marcello oggi? **È a casa?**

at home

LILIANA No, Marcello non è a casa. È con un'amica di New York.

LUCIA Dove sono?

LILIANA Marcello e l'amica **visitano** la chiesa di Santa Maria delle Grazie, dove **c'è** l'**affresco** di Leonardo, *L'Ultima Cena,* e il Castello Sforzesco.

are visiting there is / fresco / The Last Supper

LUCIA Come si chiama l'amica di Marcello?

LILIANA Si chiama Mary Clark. È una studentessa **simpatica** e intelligente. **Parla** italiano **molto bene.**

nice She speaks / very well

Comprensione

1. Dove *(Where)* sono Liliana e Lucia? **2.** Domani Liliana ha *(has)* un esame di matematica o un esame d'inglese? **3.** Il professore di matematica è severo? **4.** Con chi *(whom)* è Marcello oggi? **5.** Di dov'è l'amica di Marcello? **6.** Perché *(Why)* la chiesa di Santa Maria delle Grazie è famosa? **7.** Chi *(Who)* è la signorina Clark?

Studio di parole   La città

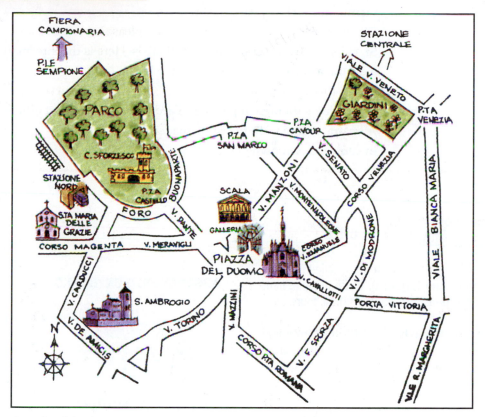

Pianta *(Map)* di Milano

una strada* street, road	**una farmacia** pharmacy
una via* street, way	**un ospedale** hospital
una piazza square	**un cinema(tografo)** movie theater
una fontana fountain	**un teatro** theater
un monumento monument	**uno stadio** stadium
una chiesa church	**la metropolitana** subway
un museo museum	**un parco** (*pl.* **-chi**) park
una scuola school	**uno zoo** zoo
un'università university	**una stazione** station
un edificio building	**un treno** train
un albergo hotel	**un autobus** bus
un bar coffee shop	**un tram** streetcar
un grattacielo skyscraper	**un'auto(mobile)** *(f.)*, **una macchina** car
un ristorante restaurant	**una moto(cicletta)** motorcycle
un negozio store, shop	**una bici(cletta)** bicycle
un supermercato supermarket	**un motorino, uno scooter** moped, motoscooter
un ufficio postale post office	**il traffico** traffic
un ufficio turistico tourist office	
una banca (*pl.* **-che**) bank	

*Strada is a more general term; **via** is used before the name of the street: **via Mazzini,
via Torino.**

Altre espressioni

lontano far

vicino, qui vicino near, nearby

C'è un tour, per favore? Is there a tour, please?

Sì, c'è. Ecco le informazioni. Yes, there is. Here is the information.

a destra, a sinistra to the right, to the left

avanti diritto straight ahead

Scusi, dov'è un ufficio postale? Pardon, where is a post office?

A destra, signora. To the right, madam.

in centro downtown

Informazioni — In città

Most cities and towns have a tourist office called the **A.P.T. (Azienda di Promozione Turistica)**, which provides information about hotels, **pensioni**, transportation, tours, and reservations.

Cities' main train stations have an **Ufficio informazioni**, which provides tourists with lists of available accommodations (hotels, **pensioni, ostelli**) and assists in making reservations.

Tickets for city buses, streetcars, and the **metropolitana** (the subway in Rome, Milan, and Naples) must be purchased at a **Tabacchi** store or a newsstand before boarding. The tickets can be used interchangeably on all three means of transportation.

Applicazione

 A. **La pianta di Milano.** With a partner, take turns asking each other the following questions, using the map of Milan on page 19.

1. Santa Maria delle Grazie è una chiesa o un teatro?

2. Il teatro La Scala è in via Manzoni o in via Dante?

3. Il Duomo è in un parco o in una piazza?

4. Dov'è il Castello Sforzesco?

5. Che cos'è via Dante?

6. Il Castello Sforzesco è vicino a *(near)* Piazza del Duomo?

 B. **Dov'è... ?** With a partner, take turns asking and answering questions about where the things and people listed in column A are found. Select your response from column B and follow the example.

Esempio   una macchina
—*Dov'è una macchina?*
—*Una macchina è in una strada.*

	A	B
1.	una tigre	un ospedale
2.	un motorino	una strada
3.	un caffè	un cinema
4.	un turista	un'università
5.	un dottore	una piazza
6.	un film	una stazione
7.	una fontana	uno zoo
8.	uno studente	un bar
9.	un treno	un ufficio informazioni

C. Che cos'è... ? Luigino does not know much about the world outside his hometown. Recreate his questions and the responses of his friend Pierino, following the example.

Esempio   l'Empire State Building / a New York
— *Che cos'è l'Empire State Building?*
— *È un edificio a New York.*

1. San Pietro / a Roma
2. il Louvre / a Parigi
3. Trafalgar Square / a Londra
4. il Golden Gate Park / a San Francisco
5. Napoli / in Italia
6. la Fifth Avenue / in America

 D. Cosa c'è in una città? With a partner, take turns asking each other questions about the cities you are from or the city in which your university is located. Use vocabulary you have learned and follow the example.

Esempio   — *Di dove sei?*
— *Sono di San Diego. E tu?*
— *Sono di Denver. C'è un'università a San Diego?*
— *Sì, c'è un'università...*

Ascoltiamo!   CD 1, Track 12

In un ufficio turistico. Anna Verri, a visitor to Milan, has stopped by the tourist office to make an inquiry. Listen to her conversation with the clerk and then answer the following questions.

Comprensione

1. Dov'è la turista Anna Verri?
2. La turista desidera (*wishes*) visitare la città di Roma o la città di Milano?
3. Che cosa (*What*) include il tour?
4. L'impiegato (*The clerk*) ha le informazioni?
5. Che cosa dice la turista per ringraziare (*to say thanks*)?

Dialogo

Play the roles of a tourist and an employee in the tourist office. After greeting each other, the tourist asks if there is a tour of Rome. The employee answers affirmatively and provides information. The tourist thanks him/her and both say good-bye.

Punti grammaticali

1.1 *Ẹssere; C'è, ci sono e Ecco!*

Ẹssere *(To be)* is an irregular verb **(verbo)**. It is conjugated in the present tense **(presente)** as follows:

Person	Singular	Plural
1st	io **sono** *(I am)*	noi **siamo** *(we are)*
2nd	tu **sei** *(you are, familiar)*	voi **siete** *(you are, familiar)*
3rd	lui **è** *(he is)* lei **è** *(she is)* Lei **è** *(you are, formal)*	loro **sono** *(they are)* Loro **sono** *(you are, formal)*

Marcello è in classe con Gabriella.

Luigi **è** italiano.	*Luigi is Italian.*
Marco e io **siamo** studenti.	*Marco and I are students.*
Lisa e Gino **sono** di Roma.	*Lisa and Gino are from Rome.*
Tu e Piero **siete** buoni amici.	*You and Piero are good friends.*

1. There are many rules regarding verbs and their usage:

   a. Unlike English verbs, Italian verbs have a different ending for each person.

   b. The negative of a verb is formed by placing **non** before the verb.

Non siamo a teatro.	*We are not at the theater.*
Filippo **non è** in classe.	*Filippo is not in class.*

   c. The interrogative of a verb is formed either by placing the subject at the end of the sentence or by leaving it at the beginning of the sentence. In both cases, there is a change in intonation and the pitch rises at the last word:

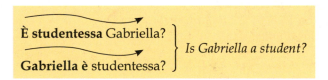

È studentessa Gabriella?

Gabriella è studentessa?

} *Is Gabriella a student?*

2. The subject pronouns **(pronomi soggetto)** in Italian are:

io	*I*	**noi**	*we*
tu	*you (familiar sing.)*	**voi**	*you (familiar pl.)*
lui, lei	*he, she*	**loro**	*they*
Lei	*you (formal sing.)*	**Loro**	*you (formal pl.)*

— Io sono di Pisa, e Lei?
— Io sono di Bagdad.

   a. The subject pronoun *you* is expressed in Italian in several ways: **tu** (singular) and **voi** (plural) are the familiar forms. They are used to address relatives, close friends, and children; young people also use them to address each other.

Io sono di Pisa, e **tu?**	*I am from Pisa, and you?*
Siete a scuola **voi** oggi?	*Are you in school today?*

Lei (singular) and **Loro** (plural) are formal forms and are used among persons who are not well acquainted. **Lei** and **Loro** are used for both men and women. They take, respectively, the third-person singular and the third-person plural of the verb and are often capitalized to distinguish them from **lei** *(she)* and **loro** *(they)*.

Buona sera, signore. Come sta **Lei** oggi?	*Good evening, sir. How are you today?*
Maria è a casa; **lei** non sta bene.	*Maria is at home; she does not feel well.*
Sono a casa **Loro** stasera?	*Are you at home tonight?*

NOTE: In contemporary Italian, the familiar plural form **voi** is used more frequently than **Loro**, particularly when addressing young people.

b. In Italian, the subject pronouns are often omitted since the subject of the sentence is indicated by the verb ending. However, the subject pronouns are used for emphasis and to avoid ambiguities. Note that the subject pronouns *it* and *they*, when referring to animals and things, are usually not expressed in Italian.

Sono Marcello.	*I am Marcello.*
Io sono Marcello.	*I am Marcello (emphatic).*
Pio e Lina non sono a casa.	*Pio and Lina are not at home.*
Lui è a Napoli, **lei** è a Pisa.	*He is in Naples, she is in Pisa (for clarification).*

Ecco la chiesa di Santa Maria delle Grazie a Milano, in corso Magenta, dove c'è l'affresco di Leonardo da Vinci, *L'Ultima Cena*.

Ecco l'affresco *L'Ultima Cena*, dipinto da Leonardo nel refettorio del monastero della Chiesa di Santa Maria delle Grazie (1497).

3. C'è *(There is)* and **ci sono** *(there are)* are used to indicate the existence of someone or something (in sight or not). Their negative forms are **non c'è** and **non ci sono,** respectively.

C'è la metropolitana a Roma?	*Is there the subway in Rome?*
Oggi **ci sono** diciotto studenti.	*Today there are eighteen students.*
Non ci sono fiori in giardino.	*There are no flowers in the garden.*

4. Ecco is invariable and is used to *point out* someone or something *in sight*. It has several meanings: *Look!, Here is . . . !, Here are . . . !, There is . . . !, There are . . . !*

Ecco l'autobus!	*Here (There) is the bus!*
Ecco i signori Parini!	*There are Mr. and Mrs. Parini!*

Pratica

A. Essere o non essere? Complete each sentence with the correct present tense form of **essere.**

Esempio Los Angeles ___ in America.
Los Angeles è in America.

1. Gabriella e io non ___ a Firenze.
2. Tu e lei ___ in California.
3. San Francisco e Chicago ___ in America.
4. Piazza San Marco ___ a Venezia.
5. Tu ___ a scuola.

 B. Dove siamo? With a partner, take turns asking and answering these questions. Choose the answer you prefer.

Esempio Dove sei tu oggi? a casa/a scuola
—*Dove sei tu oggi?*
—*Oggi io sono a casa.* o *Oggi io sono a scuola.*

1. Quando sei a casa? oggi/domani/stasera
2. Dove siete tu e gli amici *(your friends)* domenica? a un museo/al *(at the)* parco/a un concerto/al cinema/a un bar
3. Dove siamo tu e io adesso? in classe/alla *(at the)* lezione d'italiano/all'università

 C. Siamo curiosi. With a partner, take turns asking and answering each other's questions based on the information given. Follow the example.

Esempio Lucia / professoressa
—*È professoressa Lucia?*
—*No, Lucia non è professoressa, è studentessa.*

1. tu / di New York
2. *L'Ultima Cena* di Leonardo / a Roma
3. tu e Gina / in classe oggi
4. il professore e gli studenti / a Firenze
5. il *Davide* di Michelangelo / a Venezia

 D. Per piacere, dove... ? With a partner, take turns asking and answering questions about places in Milan, using the map on page 19.

Esempio il Duomo
—*Per piacere, dov'è il Duomo?*
—*Ecco il Duomo!*

1. La Scala
2. i giardini
3. il Castello Sforzesco
4. la chiesa di Santa Maria delle Grazie
5. La Galleria
6. la Stazione Centrale

E. C'è... ? Ci sono... ? With a partner, take turns asking each other about your hometowns, following the example.

Esempio parchi
—*Ci sono parchi a...* (your city)?
—*Sì, ci sono.* o *No, non ci sono.*

1. un'università
2. ạutobus *(pl.)*
3. musei
4. una piazza

5. treni
6. ristoranti italiani
7. una metropolitana

1.2 Il nome

Un angolo di Venezia, con gli edifici, la chiesa, il ponte, il vaporetto

1. **Gender of nouns.** A noun **(nome)** is either masculine or feminine. Usually, nouns ending in **-o** are masculine and nouns ending in **-a** are feminine. There is also a class of nouns that end in **-e.** These nouns can be *either* masculine *or* feminine.

treno *(m.)* **casa** *(f.)*
ristorante *(m.)* **stazione** *(f.)*

NOTE

a. To remember the gender of a noun ending in **-e,** it is advisable to memorize it with the article.

   un ristorante *una* stazione

b. Nouns ending in **-ore** or in a *consonant* are masculine.

   fi**ore** dot**tore** scul**tore** ạutobus sport bar

c. Nouns ending in **-ione** are generally feminine.

   lez**ione** presentaz**ione** conversaz**ione**

2. **Plural of nouns.** In Italian, the plural is usually formed by changing the final vowel of the noun. The chart below shows the most common changes.

Nouns ending in			
	-o ⟶ -i	un libro	due libri
	-a ⟶ -e	una casa	due case
	-e ⟶ -i	un dottore *(m.)*	due dottori
		una stazione *(f.)*	due stazioni

NOTE

a. Some nouns are invariable and thus do not change in the plural.

- nouns ending in accented vowels

  una città   due città   un caffè   due caffè

- nouns ending in a consonant

  un bar   due bar   un film   due film

- nouns that are abbreviated

  un cinema(tografo)   due cinema
  una foto(grafia)   due foto

b. Nouns that end in **-ca** and **-ga** change to **-che** and **-ghe.**

  un'amica   due amiche
  una riga *(line)*   due righe

c. Most nouns ending in **-io** change to **-i.**

  un negozio   due negozi
  ufficio   due uffici

Irregular plurals are presented in **Capitolo 16.**

Pratica

A. **Singolare e plurale.** Give the plural of each of the following nouns, following the example.

Esempio   stazione
              stazioni

1. bambino	8. piazza	15. studio
2. studente	9. professoressa	16. edificio
3. casa	10. classe	17. ristorante
4. amico	11. amica	18. autobus
5. bar	12. cinema	19. negozio
6. ospedale	13. città	20. sport
7. conversazione	14. banca	21. università

B. **Plurali.** Complete the following statements with the plural of the nouns in parentheses.

1. Oggi ci sono ventidue (studente) _____ in classe.

2. Io e... *(name a student)* siamo (amico) _____.

3. Venezia e Vicenza sono due belle (città) _____.

4. Lungo *(Along)* la strada ci sono (autobus) _____, (automobile) _____ e (bicicletta) _____.

5. In Piazza del Duomo ci sono (edificio) _____, (negozio) _____, (bar) _____, (caffè) _____, (banca) _____ e (ristorante) _____. Non ci sono (supermercato) _____.

1.3 Gli articoli

1. **Articolo indeterminativo.** The *indefinite article (a, an)* has the masculine forms **un, uno** and the feminine forms **una, un'**, depending on the first letter of the noun that the article precedes.

		Masculine	Feminine
before	*consonant*	**un** libro	**una** casa
	vowel	**un** amico	**un'**amica
	z	**uno** zoo	**una** zebra
	s + *consonant*	**uno** studente	**una** studentessa

La Sicilia è **un'**isola.	*Sicily is an island.*
Dov'è **una** banca, per favore?	*Where is a bank, please?*
Ecco **un** ristorante!	*Here is a restaurant!*
C'è **uno** zoo in questa città?	*Is there a zoo in this city?*

NOTE: When a noun indicates a profession, the indefinite article is usually omitted.

Paolo è dottore, ed io sono professore.	*Paolo is a doctor, and I am a professor.*

2. **Articolo determinativo.** The *definite article (the)* agrees with the noun it precedes in gender (masculine or feminine) and in number (singular or plural). The masculine forms are **il, l', lo, i, gli,** and the feminine forms are **la, l', le,** according to the initial letter and the number of the word the definite article precedes.

			Singular	Plural
Masculine	*before*	*consonant*	**il** libro	**i** libri
		vowel	**l'**ospedale	**gli** ospedali
		z	**lo** zero	**gli** zeri
		s + *consonant*	**lo** stadio	**gli** stadi
Feminine	*before*	*consonant*	**la** casa	**le** case
		vowel	**l'**autostrada *(freeway)*	**le** autostrade

Ecco **l'**ạutobus!	*Here is the bus!*
Dove sono **gli** studenti?	*Where are the students?*
Gina è **l'**amica di Maria.	*Gina is Maria's friend.*
Ecco **le** informazioni, signora.	*Here is the information, Madam.*

If a noun ending in **-e** is masculine, it will have the appropriate masculine article **(il, l', lo, i, gli)**, depending on its initial letter. If a noun ending in **-e** is feminine, it will have the appropriate feminine article **(la, l', le)**, depending on its initial letter.

il fiore *(m.) (flower)* **i** fiori
l'automọbile *(f.)* **le** automọbili

NOTE

a. When using a title to address someone, omit the article. When you are speaking *about* someone, use the appropriate definite article *before* the title.

Buon giorno, signor Neri.	*Good morning, Mr. Neri.*
Buona sera, dottor Lisi.	*Good evening, Dr. Lisi.*
Il professor Rossi non è in casa.	*Professor Rossi is not home.*
I signori Bianchi sono a teatro.	*Mr. and Mrs. Bianchi are at the theater.*

b. Titles, such as **signore, professore,** and **dottore** drop the final **-e** in front of a proper name.

—Buon giorno, dottor Lisi.
—Buon giorno, professore.

Pratica

A. **In una pịccola** *(small)* **città.** Provide the indefinite articles in the following list of buildings or locations found in a small town.

1. ___ scuola
2. ___ farmacia
3. ___ ufficio postale
4. ___ ristorante
5. ___ cịnema
6. ___ bar
7. ___ chiesa
8. ___ stazione
9. ___ supermercato
10. ___ piazza
11. ___ stạdio

B. Chi sono? Cosa sono? With a partner, take turns asking each other to identify the following people and things. Use the definite article in your responses.

Esempio — *Cosa sono?*
— *Sono i DVD.*

1.

2.

3.

4.

5.

6.

7.

8.

9.

C. È... ? Imagine you and a classmate are looking at pictures in an Italian magazine. Take turns asking and answering questions, following the example.

Esempio monumento / a Garibaldi
— *È un monumento?*
— *Sì, è il monumento a Garibaldi.*

1. chiesa / di San Pietro
2. ufficio / di Francesca Rovati
3. stazione / di Firenze
4. università / di Milano
5. affresco / di Leonardo
6. parco / di Genova
7. caffè / «Sport»

8. zoo / di San Diego
9. automobile / di un amico
10. studio / di un pittore
11. treno / Milano–Roma
12. banca / d'Italia
13. negozio / «Lui e Lei»

D. In un caffè. Here are fragments of conversations overheard in an Italian café. Supply the definite article where necessary. Then practice reading these sentences and responding to them with a classmate.

1. Buon giorno, _____ dottor Bianchi! Come sta?
2. Oh! Ecco _____ signor Rossi.
3. Scusi, dov'è _____ professor Marini oggi?
4. Quando è in ufficio _____ professoressa Rovati?
5. _____ signori Verdi sono a Parigi.
6. ArrivederLa, _____ dottore!

1.4 Espressioni interrogative

— Che cos'è?
— È un castello.
— Com'è?
— È grande e bello.
— Dov'è?
— È a Milano.

Some interrogative words and expressions are:

Chi?	*Who? Whom?*	**Chi** è Marcello?	*Who is Marcello?*
Che cosa?			
Cosa?	*What?*	**Cos'**è un pronome?	*What is a pronoun?*
Che?			
Come?	*How? Like what?*	**Com'**è Firenze?	*What is Florence like?*
Dove?	*Where?*	**Dov'**è Palermo?	*Where is Palermo?*
Quando?	*When?*	**Quando** sei a casa?	*When are you at home?*

Cosa, come, and **dove** are elided before **è.**

Cos'è?	*What is it?* or *What is he/she?*
Dov'è?	*Where is it?* or *Where is he/she?*

Pratica

 A. Quiz. With a partner, take turns asking and answering questions, following the examples.

Esempi   Filippo / studente
—*Chi è Filippo?*
—*È uno studente.*

Venẹzia / città
—*Che cos'è Venẹzia?*
—*È una città.*

1. Il *Dạvide* / scultura (*sculpture*) di Michelạngelo
2. *Giulietta e Romeo* / tragẹdia di Shakespeare
3. Harvard / università
4. Leonardo da Vinci / pittore
5. Il Duomo di Milano / chiesa
6. La Scala / teatro
7. Marcello / ragazzo italiano
8. Andrea Bocelli / tenore

Milano. Teatro alla Scala

 B. Qual è la domanda? With a partner, ask questions that would elicit the following answers. One student says the statement, the other asks the question, using **chi, che (che cosa, cosa), come, dove,** or **quando.** Then reverse roles.

Esempio   —Io sono a casa stasera.
—*Dove sei stasera?*

1. Io sono un amico di Francesca.
2. Tọkio è in Giappone.
3. Gẹnova è un porto in Itạlia.
4. Piazza San Marco è a Venẹzia.
5. Bene, grạzie.
6. Oggi Francesca è all'università.
7. Capri è un'ịsola.
8. Dante Alighieri è un poeta.
9. Siamo a casa domani.
10. Sono Loredana.

Per finire  CD 1, Track 13

Traffico lungo una strada di Milano

Cosa c'è in una città?

Ecco una conversazione **fra** due **ragazzi.**	*between / boys*
ALBERTO Dove **ạbiti?**	*do you live*
PAOLO Ạbito a Milano, e tu?	
ALBERTO Io ạbito a Rapallo. **Com'è** Milano?	*What is . . . like?*
PAOLO Milano è una grande città, con **molti** edifici: i negozi, le banche, i ristoranti, i caffè, i cinematọgrafi, i monumenti, le chiese, i musei, le scuole e un teatro famoso, La Scala.	*many*
ALBERTO C'è uno zoo?	
PAOLO Sì, c'è. Con gli animali feroci. C'è **anche** un **castello,** in un grande parco, con gli ạlberi, i fiori e le fontane.	*also* *castle*
ALBERTO Ci sono molte automọbili? Ci sono le Ferrari?	
PAOLO Sì, ci sono molte automọbili e anche le Ferrari. Ci sono gli ạutobus, i tram e le stazioni **dei** treni. Com'è Rapallo?	*of the*
ALBERTO Rapallo è una **pịccola** città, **però** è una città **molto bella.**	*small / but* *very beautiful*

Comprensione

1. Dove ạbita Pạolo?
2. Milano è una città pịccola o grande?
3. Cosa c'è a Milano?
4. Come si chiama il famoso teatro di Milano?
5. C'è o non c'è uno zoo?
6. Cosa c'è in un parco?
7. A Milano ci sono molte automọbili?
8. Com'è Rapallo, secondo (*according to*) Alberto?

Adesso scriviamo!

Un incontro tra due studenti

Strategy: Basic introductions

The task here is to use the few words of Italian that you have already learned, to introduce yourself and the town or city where you live to someone who does not know you. The best way to organize your thoughts is to review the vocabulary introduced in this chapter. You may also want to refer to the first *Punti di vista* dialogue in the **Primo incontro** and the preceding *Per finire* dialogue in this chapter, *Cosa c'è in una città?* as models for your conversation.

Find a partner to role-play a conversation between an Italian exchange student and a person in your city. During the conversation, introduce yourself to each other, chat briefly about where you live, and then say good-bye. Make notes on the conversation so you can write out the dialogue on paper. Here is an example:

NOME Paolo

DOVE Milano

COM'È LA CITTÀ grande, molti edifici, un teatro famoso, uno zoo

NOME Lisa

DOVE Los Angeles

COM'È LA CITTÀ molte automobili, grande, lontano da San Francisco, vicino a San Diego

A. Begin by greeting each other and introducing yourselves.

B. Tell each other which cities you are from.

C. Your new Italian friend then asks a couple of questions about your town, which you answer.

D. Conclude by saying good-bye.

E. Now that your dialogue is complete, write a short paragraph (6–8 sentences) using words and phrases you have already learned. Then, double-check it and make sure you have spelled all the words correctly. If time permits, act out the dialogue in front of the class.

Parliamo insieme!

A. Descrizione. Describe what you see in the photograph on page 32.

B. Conversazione. With a partner, take turns asking about and describing the cities which you come from. You can ask each other questions, such as: **Dove abiti? Com'è la città? Com'è il traffico? C'è uno zoo?** Etc.

Vedute d'Italia

Milano

A. Prima di leggere

As you look at the pages from a brochure about Milan below, you will find that it is very helpful to watch for the many cognates among the words that describe the city. A cognate, as you will recall, is an Italian word that looks very much like an English word and has a similar meaning. It is easy to see, for example, that the Italian word **arte** and the English word *art* are cognates. On the other hand, it is important to be alert as you encounter false cognates: **spettacolo** does not mean *spectacle* here, as you might expect, but rather, *show*, and **storia** is not *story*, but rather, *history*.

Le colonne di San Lorenzo

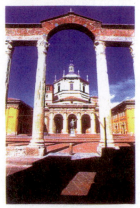

Alla scoperta della città...

Le vie dello shopping

Musica sui Navigli

*Museo Nazionale
della Scienza e della Tecnica
"Leonardo da Vinci"*

Una città per l'Europa

Work with a partner. How many cognates can you identify among the following nouns?

l'arte	la lirica	gli affari	lo sport
la storia	i concerti	il commercio	lo shopping
i musei	i balletti	la fiera	la moda
la cultura	l'antiquariato	le università	i ritrovi
il teatro	il design	i congressi	la gastronomia

In visita a Milano: piccola guida per giovani viaggiatori

La città di Milano offre ai giovani visitatori numerose attrattive per soddisfare i gusti di tutti sia di chi passa per la nostra città solo per pochi giorni sia per chi si ferma più a lungo per studiare in una delle numerose università cittadine o per cercare lavoro: arte, cultura, eventi, manifestazioni, concerti, spettacoli teatrali, cinema, discoteche, parchi, pub, locali notturni.

Milano per i giovani
Informagiovani

Spazio Associazioni Giovanili

- Studiare
- Lavorare
- Fare volontariato Creare un'associazione
- Alloggiare a Milano
- Fare sport
- Viaggiare
- Vivere studiare e lavorare all'estero

The city of Milano offers numerous attractions to satisfy everyone's tastes: for those who stay in our city for only a few days, and for those who stay longer to study at one of the city's numerous universities, or for those who look for work.

B. Alla lettura

1. Work with a partner. Read the information in the brochure and complete the following sentences:

   a. La città di Milano offre ai giovani visitatori _____ _____.
   b. ... per studiare in una delle _____ _____ _____.

2. Find the equivalent Italian words for the following:

   parks _____   culture _____
   concerts _____   events _____
   art _____   shows _____
   night clubs _____   disco _____

3. Which of the words listed on the left side of the brochure correspond to the following?

   to live to study and to work abroad _____
   to work _____
   to practice sport _____
   to study _____
   to travel _____
   to stay in Milano _____

Vocabolario

Nomi

l'affresco	fresco
l'albero	tree
l'amico/l'amica	friend
l'animale *(m.)*	animal
la casa	house, home
il castello	castle
la città	city, town
la classe	class
la conversazione	conversation
il dottore/la dottoressa	doctor; university graduate
l'esame *(m.)*	examination
il fiore	flower
la fontana	fountain
il giardino	garden
l'impiegato	clerk
l'informazione *(f.)*	information
l'inglese *(m.)*	English (language)
l'Italia	Italy
l'italiano	Italian (language)
la lezione	lesson
il professore/ la professoressa	professor
il ragazzo/la ragazza	boy/girl; boyfriend/ girlfriend
lo studio	study
il (la) turista	tourist

Aggettivi

americano(a)	American
bello(a)	beautiful, handsome
famoso(a)	famous
grande	big, large, wide; great
intelligente	intelligent
italiano(a)	Italian
molti, molte	many
piccolo(a)	small, little
severo(a)	strict
simpatico(a)	nice, charming

Verbi

essere	to be

Altre espressioni

a	in, at, to
anche	also, too, as well
benissimo	very well
c'è, ci sono	there is, there are
che?, che cosa?, cosa?	what?
chi?	who?, whom?
come? com'è?	how? What is . . . like?
con	with
di, d'	of, from
domani	tomorrow
dove?	where?
e, ed	and *(often before a vowel)*
ecco!	here (there) is (are)!
in	in
in centro	downtown
molto *(inv.)*	very
molto bene	very well
no	no
oggi	today
per	for
perché	why?; because
quando?	when?
stasera	tonight
sì	yes

Capitolo 2

Persone e personalità

La gioia di vivere

Punti di vista

Università di Trento: Studenti universitari
della Facoltà di Sociologia

Com'è il tuo compagno di stanza? CD 1, Track 14

What is your roommate like?

Rita e Luciano sono compagni di classe. Oggi s'**incontrano dopo** le lezioni.

they meet after

RITA Ciao, Luciano. Come va?

LUCIANO Non c'è male, e tu?

RITA **Abbastanza bene. Quanti** compagni di stanza hai **quest**'anno?

Quite well. / How many / this

LUCIANO Ho **solo** un compagno di stanza. Si chiama Claudio. È romano.

only

RITA Com'è? È un ragazzo simpatico?

LUCIANO Sì, è un ragazzo molto simpatico. È anche un bel ragazzo—alto, biondo, con gli occhi verdi.

RITA È un bravo studente?

LUCIANO Sì, è molto studioso e **parla** quattro lingue.

he speaks

RITA Sono curiosa di **conoscerlo.**

to meet him

LUCIANO Bene. Domani sera c'è una **festa** a casa di Marco. Sei **invitata.**

party invited

RITA Grazie. A domani sera.

Comprensione

1. Chi è Rita? **2.** Quando s'incontrano Rita e Luciano? **3.** Quanti compagni di stanza ha Luciano quest'anno? **4.** Come si chiama? **5.** Di che città è? **6.** È uno studente mediocre? **7.** Quante lingue parla? **8.** Che cosa c'è domani sera? **9.** È invitata Rita?

Studio di parole La descrizione

bello forte magro grasso vecchio

Come sei tu?

biondo(a) blond
bruno(a) dark-haired
alto(a) tall
basso(a) short
giovane young
brutto(a) ugly
ricco(a) (*pl.* **ricchi**) rich
povero(a) poor
fortunato(a) lucky
sfortunato(a) unlucky
buono(a) good
cattivo(a) bad
bravo(a) good; talented
intelligente intelligent
sportivo(a) active
stupido(a) stupid
studioso(a) studious
pigro(a) lazy
simpatico(a) nice, charming
antipatico(a) unpleasant
generoso(a) generous

avaro(a) stingy
interessante interesting
divertente amusing
noioso(a) boring
contento(a) content, pleased
triste sad

Hai i capelli... ?

neri black
biondi blond
bianchi white
castani brown
rossi red
corti short
lunghi long

Hai gli occhi... ?

castani brown
azzurri blue
verdi green
grigi gray
neri black

NOTE

a. Although the adjectives **bravo** and **buono** are both translated in English as *good*, **bravo** should be used when *good* means "talented."

b. **Basso** and **corto** are both translated as *short*. However, **basso** refers to someone's or something's height, while **corto** refers to the length of objects: **capelli corti.**

c. **Castano** refers only to the color of eyes and hair: **capelli castani;** for everything else *brown* is translated as **marrone.**

Informazioni   Informazioni geografiche

Italians speak of their country in terms of four geographical divisions referring to the northern, central, and southern parts of the country as well as to the islands: **Italia settentrionale (del nord), centrale (del centro), meridionale (del sud),** and **insulare (delle isole).** Politically, Italy is divided into twenty regions, which are responsible for local administration. Each region has cities, towns, and villages.

The most important city is the region's capital. The regions themselves are divided into smaller administrative units, or provinces. There are two independent states within Italy: the **Repubblica di San Marino,** located between Emilia-Romagna and Marche, which is the smallest independent state in the world, and the **Città del Vaticano,** within Rome.

Applicazione

 A. Domande. With a partner, take turns asking the following questions. Answer using an appropriate adjective.

1. Come sono i capelli di Babbo Natale *(Santa Claus)*?
2. È generoso Scrooge?
3. Com'è Miss America?
4. Ha gli occhi castani Leonardo DiCaprio?
5. Com'è un topo di biblioteca *(bookworm)*?
6. È noioso, in generale, un film di Jim Carrey?
7. È brutto Brad Pitt?
8. Com'è Popeye?

 B. Conversazione. With a partner, take turns asking each other about a roommate or good friend **(amico/amica).**

1. Hai un compagno/una compagna di stanza o un amico/un'amica?
2. Come si chiama? *(What is his/her name?)*
3. Di dov'è?
4. È bruno(a) o biondo(a)? Alto(a) o basso(a)? Ha gli occhi neri o azzurri?
5. È simpatico(a)?
6. È intelligente? È studioso(a) o pigro(a)?
7. È avaro(a) o generoso(a)?
8. Quante lingue parla? Una? Due? Tre?

 C. Personalità. Discuss the qualities of an ideal friend and the personality flaws that you cannot stand. Share your thoughts with the class as a whole.

Esempio   *L'amico / L'amica ideale è...*
              L'amico / L'amica ideale non è...

 D. Descrizione. Introduce yourself to the class. Start with **Mi chiamo...,** and then describe your personality briefly, using appropriate adjectives.

Ascoltiamo! CD 1, Track 15

La sera della festa. It is the evening of Marco's party. Marco is greeting Rita and introducing her to Claudio. Listen to the exchange and then answer the following questions.

Comprensione

1. Dove sono Claudio e Rita?
2. Di dov'è Claudio?
3. Come si chiama l'amica di Claudio? È inglese?
4. Di quale *(which)* città è Marilyn?
5. Come sono, in generale, i giovani americani?

Dialogo

Imagine that you are at a discotheque and are describing to your best friend a person you have just met. Your friend wants to know where your new acquaintance is from, if he/she is a student, and what he/she is like. Act out this conversation with a classmate. You can begin by saying: **Ho conosciuto** *(I met)*... Your friend can then ask questions.

Punti grammaticali

2.1 L'aggettivo

1. An adjective **(aggettivo)** must agree in gender and number with the noun it modifies. When an adjective ends in **-o,** it has four endings: **-o** *(m. sing.)*, **-i** *(m. pl.)*, **-a** *(f. sing.)*, and **-e** *(f. pl.)*.

È brutta o carina Roberta? Ha i capelli lunghi o corti? Ha gli occhi verdi o castani?

	Singular	Plural
Masculine	il bambino biond**o**	i bambini biond**i**
Feminine	la bambina biond**a**	le bambine biond**e**

Luigi è alto e biondo.   *Luigi is tall and blond.*
Maria è bassa e bruna.   *Maria is short and brunette.*
Maria e Carlo sono generosi.*   *Maria and Carlo are generous.*

When an adjective ends in **-e,** it has two endings: **-e** *(m. & f. sing.)* and **-i** *(m. & f. pl.)*.

	Singular	Plural
Masculine	il ragazzo intelligent**e**	i ragazzi intelligent**i**
Feminine	la ragazza intelligent**e**	le ragazze intelligent**i**

Luigi è felice.   *Luigi is happy.*
Maria è felice.   *Maria is happy.*
Maria e Luigi sono felici.   *Maria and Luigi are happy.*

*If an adjective modifies two nouns of different gender, the masculine plural ending is used: **Lisa e Paolo sono simpatici.** *Lisa and Paolo are nice.*

2. An adjective usually follows the noun it modifies. However, the following common adjectives usually precede the noun:

bello	*beautiful, handsome, fine*
brutto	*ugly; plain*
buono	*good*
bravo	*good, talented*
cattivo	*bad, mean, naughty*
giovane	*young*
vecchio	*old*
grande	*big, large; great*
piccolo	*small, short*
stesso	*same*
nuovo	*new*
altro	*other*
caro*	*dear*
vero	*true*
primo	*first*
ultimo	*last*

l'**altro** giorno	*the other day*
un **caro** amico	*a dear friend*
una **grande** casa	*a big house*
un **grande** artista	*a great artist*
gli **stessi** ragazzi	*the same boys*

When an adjective precedes the noun, the form of the article depends on the first letter of the adjective.

gli studenti   BUT **i** bravi studenti

NOTE: All adjectives follow the noun when they are modified by the adverb **molto** *(very)*, **poco** *(little, not very)*, **abbastanza** *(enough, rather)*, **un po'** *(a little)*.

un amico **molto caro**	*a very dear friend*
una casa **abbastanza** grande	*a rather big house*

3. Adjectives denoting *nationality* or *color* always follow the noun:

italiano**	*Italian*	**tedesco** *(pl.* **tedeschi***)*	*German*
svizzero	*Swiss*	**spagnolo**	*Spanish*
francese	*French*	**greco**	*Greek*
irlandese	*Irish*	**russo**	*Russian*
inglese	*English*	**cinese**	*Chinese*
canadese	*Canadian*	**giapponese**	*Japanese*
messicano	*Mexican*	**europeo**	*European*
americano	*American*	**africano**	*African*

una signora **inglese**	*an English lady*
la lingua **cinese**	*the Chinese language*
una macchina **tedesca**	*a German car*
due belle donne **americane**	*two beautiful American women*

*****Caro,** after the noun, means *expensive:* **un'automobile cara,** *an expensive car.*
******In Italian, adjectives denoting nationality are not capitalized, while nouns often are: **gli Italiani, gli Americani,** etc.

I colori

chiaro / scuro	*light/dark*	un fiore **giallo**	*a yellow flower*
verde chiaro	*light green*	due case **bianche**	*two white houses*
grigio scuro	*dark gray*	due strade **lunghe**	*two long streets*

NOTE

a. Like nouns ending in **-ca** and **-ga,** adjectives ending in **-ca** and **-ga** change in the plural to **-che** and **-ghe.**

b. The adjectives **rosa, blu, viola,** and **marrone** are invariable.

    due biciclette **blu**   *two blue bicycles*

Pratica

A. Give the plural of the following names and adjectives.

Esempio   una piccola casa bianca
                due piccole case bianche

1. una piccola automobile verde **2.** una grande casa rossa **3.** una ragazza intelligente e simpatica **4.** uno studente bravo e studioso **5.** una lezione interessante e divertente **6.** una signora ricca e generosa **7.** una giovane ragazza inglese **8.** una studentessa simpatica ma pigra **9.** una nuova Ferrari verde

 B. Com'è? Come sono? In pairs, ask each other about the following people and things, as in the examples.

Esempi   piazza / grande   ragazzi / sportivo
                — Com'è la piazza?   *— Come sono i ragazzi?*
                — È grande.   *— Sono sportivi.*

1. città di Firenze / bello
2. ragazze italiane / bruno
3. compagne di classe / simpatico
4. gelati italiani / buono
5. lezioni d'italiano / interessante
6. professore(ssa) d'italiano / buono, bello, bravo
7. Bill Gates / ricco
8. macchine tedesche / caro
9. studenti d'italiano / intelligente
10. film di Jim Carrey / divertente

C. Intervista. Ask an American student studying in Siena what the experience is like. Imagine the conversation, using the cues as in the example.

Esempio   fạcile/gli esami
—*Sono fạcili gli esami?*
—*Sono molto fạcili.* o *Sono abbastanza fạcili.*

1. paziente/i professori
2. divertente/la lezione d'italiano
3. interessante/i corsi
4. bravo/i compagni
5. simpạtico/gli amici

6. cordiale/gli Italiani
7. bello/la città di Siena
8. fạcile/la lịngua italiana
9. buono/i gelati italiani

 D. Di che colore è (sono)... ? *(What color is/are . . . ?)* Ask each other questions, following the example.

Esempio   gli ạlberi
—*Di che colore sono gli ạlberi (trees)?*
—*Sono verdi.*

1. i tassì *(taxis)* di New York
2. la bandiera *(flag)* americana
3. la bandiera italiana
4. la neve *(snow)*
5. gli occhi della compagna di classe vicino a te *(near you)*
6. i capelli del compagno di classe vicino a te
7. il cielo *(sky)* quando piove *(it rains)*
8. il cielo quando è sereno *(it is clear)*

E. Che fortuna! Explain why Donata Belli, an Italian businesswoman, is a lucky person. Complete each sentence with the suggested adjective(s).

Esempio   (tedesco) Donata Belli lavora per una compagnia.
—*Donata Belli lavora per una compagnia tedesca.*

1. (intelligente) Donata Belli è una persona.
2. (grande) Lavora in un uffịcio.
3. (bravo) Ha una segretạria.
4. (simpạtico) Lavora con colleghi *(colleagues)*.
5. (giọvane, dinạmico) Ha impiegati.
6. (interessante) Ha un lavoro.
7. (nuovo, rosso) Ha anche una Ferrari.
8. (fortunato) È davvero *(really)* una persona.

 F. Domande personali. Find out how your classmates would describe themselves. Ask each other questions using the following adjectives and respond using **molto, poco,** and **abbastanza.**

Esempio   generoso
—*Mary, sei generosa?*
—*Sì, sono abbastanza generosa.*

1. studioso
2. pigro
3. fortunato
4. felice

5. tịmido
6. sociẹvole
7. calmo

G. Two students exchange comments about their classes. Complete their dialogue.

ANDREA Marc, com'è il corso d'italiano?

MARC _____. Com'è il corso di filosofia?

ANDREA _____. Il professore d'italiano è severo?

MARC _____, e la professoressa di filosofia?

ANDREA _____. Com'è la lingua italiana?

MARC _____.

ANDREA Ci sono molti compiti?

MARC _____. Gli esami sono _____.

ANDREA Come sono gli studenti?

MARC _____.

2.2 *Buono* e *bello*

Buona Pasqua *(Happy Easter)*. A Pasqua gli Italiani augurano «Buona Pasqua» a parenti e amici, e comprano per i bambini un grosso uovo di cioccolato. Dentro l'uovo c'è una sorpresa: una piccola automobile o un altro giocattolo *(toy)* per i bambini e una piccola bambola *(doll)* o un altro giocattolo per le bambine.

1. When the adjective **buono** *(good)* precedes a singular noun, it has the same endings as the indefinite article **un.**

un libro, un **buon** libro	*a book, a good book*
un'amica, una **buon**'amica	*a friend, a good friend*

NOTE: **Buono** in its plural forms has regular endings:

due **buoni** amici	*two good friends*
due **buone** ragazze	*two good girls*

2. When the adjective **bello** (*beautiful, handsome*) precedes a noun, it has the same endings as the definite article **il**.

il ragazzo, il **bel** ragazzo	*the boy, the handsome boy*
i fiori, i **bei** fiori	*the flowers, the beautiful flowers*
l'ạlbero, il **bell'**ạlbero	*the tree, the beautiful tree*
la casa, la **bella** casa	*the house, the beautiful house*
l'amica, la **bell'**amica	*the friend, the beautiful friend*
gli occhi, i **begli** occhi	*the eyes, the beautiful eyes*
le parole, le **belle** parole	*the words, the beautiful words*
lo stato, il **bello** stato	*the state, the beautiful state*

NOTE: When the adjective **bello** follows the noun it has regular forms: **bello, bella, belli, belle.**

Maria ha due bambini **belli** e **buoni.** BUT Maria ha due **bei** bambini.

Pratica

 A. Buono. In pairs, ask each other questions, following the examples.

> **Esempi**   caffè
> —*Com'è il caffè?*
> —*È un buon caffè.*
>
> compagni
> —*Come sono i compagni?*
> —*Sono buoni compagni.*

1. ristorante
2. lezione
3. automọbile
4. libro
5. idea

6. amici
7. cane
8. consigli (*advice*)
9. ragazze

 B. Bello. You are showing a friend some photos. Your friend comments on each one, using **bello.**

> **Esempio**   casa di Anna
> —*Ecco la casa di Anna.*
> —*Che bella casa!*

1. fontana di Trevi
2. negọzio Gucci
3. uffịcio di mio padre
4. automọbile di Marcello
5. ragazzo di Gabriella
6. zoo di San Diego
7. stụdio di un architetto
8. chiesa di San Marco
9. giardini di Tịvoli

Fontane di Tịvoli

2.3 *Avere* (To have)

The present tense (**presente**) of **avere** is conjugated as follows:

Person	Singular	Plural
1st	io **ho** (*I have*)	noi **abbiamo** (*we have*)
2nd	tu **hai** (*you have, familiar*)	voi **avete** (*you have, familiar*)
3rd	lui **ha** (*he has*)	loro **hanno** (*they have*)
	lei **ha** (*she has*)	Loro **hanno** (*you have, formal*)
	Lei **ha** (*you have, formal*)	

—Che naso ha Pinocchio?
—Ha un naso lungo.

Io **ho** un cane. E tu?	*I have a dog. And you?*
Gianni non **ha** i capelli neri.	*Gianni does not have black hair.*
Voi non **avete** il libro.	*You don't have the book.*
Ha una macchina americana Lei?	*Do you have an American car?*
I signori Scotti **hanno** una bella casa?	*Do Mr. and Mrs. Scotti have a nice house?*
Hai una bicicletta, (non è) vero?	*You have a bicycle, don't you?*
Marcello **ha** gli occhi verdi, (non è) vero?	*Marcello has green eyes, doesn't he?*

NOTE

a. To use the verb **avere** in the negative or interrogative form, follow the general rules presented for the verb **essere** in **Capitolo 1.**

b. Another way to ask a question of fact or to request confirmation is to add **(non è) vero?** at the end of a statement.

Pratica

A. **Una conversazione.** Lilli, Tina, and her sister Lisa are talking about their friends. Complete their dialogue with the correct forms of the verb **avere** and add the missing words, using your imagination.

TINA   _____ molti amici tu?

LILLI   Sì, _____ molti amici, e tu e Lisa?

TINA   Noi _____.

LISA   Il mio (*my*) amico Gianni _____ una Ferrari rossa.

LILLI   Voi _____ amici ricchi.

TINA   Il papà e la mamma di Gianni _____ molti soldi (*money*).

LILLI   Tu e Lisa _____ la macchina?

TINA   Noi _____, e tu?

LILLI   _____.

 B. **Contraddizione.** In pairs, ask each other questions and respond in a contradictory way, following the example.

Esempio   Fabio/cane stupido
      —*Fabio ha un cane stupido?*
      —*No, non ha un cane stupido. Ha un cane intelligente.*

1. voi/amici avari
2. tu/compagni pigri
3. i professori/una professione noiosa
4. una persona povera/una vita facile
5. tu/un grande appartamento

C. Non è vero? A classmate asks you to confirm his/her statements. Respond by providing the correct information, following the example.

Esempio   tu/una macchina tedesca/americano
—*Tu hai una macchina tedesca, non è vero?*
—*No, ho una macchina americana.*

1. gli studenti/corsi noiosi/interessante
2. voi/una vecchia Honda/nuovo
3. tu/due compagni francesi/canadese
4. tu/una grande stanza/piccolo
5. il tuo amico/una ragazza messicana/argentino

 D. Un'intervista. With a partner, take turns asking each other the following questions. Then report to the class what you have learned.

Esempio   —Hai un grande appartamento?
—*No, ho un piccolo appartamento...*
—*David ha un piccolo appartamento...*

1. Hai una macchina o una bicicletta? Di che colore è? È italiana?
2. Hai un cane o un gatto? Ha un nome? Come si chiama?
3. Hai un lavoro? È un buon lavoro? Hai un buon stipendio?
4. Hai un compagno/una compagna di stanza? Ha i capelli biondi? Ha gli occhi azzurri? È studioso(a)?

2.4 Frasi idiomatiche con *avere*

In Italian, the following idiomatic expressions (**espressioni idiomatiche**) are formed using **avere** + *noun*. In English, by contrast, they are formed in most cases using *to be* + *adjective*.

—Cara, non hai paura, vero?

avere fame	*to be hungry*
avere sete	*to be thirsty*
avere sonno	*to be sleepy*
avere paura (di)	*to be afraid (of)*
avere voglia (di)	*to feel like*
avere bisogno (di)	*to need*
avere caldo	*to be hot*
avere freddo	*to be cold*
avere ragione	*to be right*
avere torto	*to be wrong*
avere fretta	*to be in a hurry*

Hai paura di un esame difficile?   *Are you afraid of a difficult exam?*
Ha bisogno di un quaderno?   *Do you need a notebook?*
Ho caldo e **ho** anche **sete.**   *I am hot and I am also thirsty.*
Hai ragione: è un ragazzo simpatico.   *You are right: he is a nice boy.*
Hai voglia di mangiare un buon   *Do you feel like eating a good ice*
gelato?   *cream?*

NOTE: When referring to an object as hot or cold, use **essere: Il caffè è caldo.** *(The coffee is hot.)*

Pratica

 A. Cosa desideri? *(What do you want?)* With a partner, take turns asking and answering the questions, using the cues provided.

Esempio   — *Cosa desideri quando hai fame?*
— *Vorrei* (I would like) *una pizza.*

Cosa desideri quando...

1. hai fame? **2.** hai sete? **3.** hai sonno? **4.** hai caldo? **5.** hai freddo?
6. hai paura? **7.** non hai voglia di studiare?

Risposte possibili: una Coca-Cola, un piatto di spaghetti, un'acqua minerale fresca, un bel letto *(bed)*, un gelato alla panna, andare *(to go)* al cinema, un caffè caldo, essere alle Bahamas, parlare con gli amici, essere in Alaska, avere un po' di coraggio, una torta al cioccolato, un buon cappuccino

 B. Perché? Perché? With a partner, take turns asking and answering the following questions. Use idioms with **avere**. See how many different answers to each question you can come up with.

1. È mezzogiorno *(noon)*, e i compagni mangiano una pizza. Perché?

2. Oggi tu e Pietro non avete tempo di parlare con gli amici. Perché?

3. Perché stasera tu non guardi *(watch)* la televisione?

4. È agosto, e noi beviamo *(drink)* molta acqua minerale. Perché?

5. Oggi tu non studi; è perché sei stanco(a) *(tired)* o perché non hai voglia di studiare?

 C. Hanno ragione o hanno torto? In pairs, take turns saying the statements. The one responding should agree or disagree, using **avere ragione, avere torto.**

Esempio   — Il tuo *(Your)* compagno/La tua compagna di stanza dice che sei disordinato(a) *(messy).*
— *Ha torto.* o *Ha ragione.*

1. Il professore d'italiano pensa *(thinks)* che tu studi molto.

2. I dietologhi dicono: «Mangiate molta frutta e poca carne *(meat)*».

3. Il tuo *(Your)* amico dice che tu sei pigro(a).

4. I compagni di classe dicono che è una buon'idea studiare insieme *(together)* per gli esami.

5. Io non studio per l'esame d'italiano e conto sulla *(I count on)* fortuna.

Per finire

Ecco Fido, il vecchio cane di Antonio.

Due compagni di stanza   CD 1, Track 16

Marcello Scotti e Antonio Catalano sono compagni di stanza e sono buoni amici. Marcello ha diciannove anni. È un bel ragazzo, alto e **snello.** Ha gli occhi e i capelli castani. Il padre di Marcello è ricco, e Marcello ha una bella Ferrari rossa. Marcello è studente **all'**università. **Non studia** molto, ma è un ragazzo molto generoso.
slender
at the / He does not study

Anche Antonio è studente. Ha la stessa **età** di Marcello. Antonio è basso, ha i capelli biondi e gli occhi azzurri. È un ragazzo molto simpatico e uno studente molto bravo. Antonio non è ricco, è povero. Non ha la macchina, ha una vecchia bicicletta e un vecchio cane che si chiama Fido.
age

Oggi i due amici hanno bisogno di studiare molto perché domani hanno un esame.

MARCELLO Antonio, io ho fame e sete, e tu?

ANTONIO Anch'io ho fame.

MARCELLO **Andiamo** a mangiare in un buon ristorante!
Let's go

ANTONIO Perché non andiamo a mangiare un bel gelato?

MARCELLO **Ma** io ho molta fame! Un gelato non è abbastanza.
But

ANTONIO Ma io, oggi, non ho abbastanza **soldi.**
money

MARCELLO **Non importa.** Oggi **offro io.**
It does not matter. / I offer (It's my treat.)

Comprensione

1. Chi sono Marcello e Antonio?
2. Sono vecchi?
3. È vero che Marcello è un brutto ragazzo?
4. Di che colore sono gli occhi di Marcello?
5. Che macchina ha?
6. È un amico avaro?
7. È un ragazzo simpatico Antonio? È alto?
8. Di che colore sono gli occhi di Antonio?
9. Ha la macchina? Che cos'ha?
10. Com'è Antonio in classe?
11. È un bravo studente Marcello?
12. Perché Marcello **paga** *(pays for)* il pranzo?

Adesso scriviamo!

La descrizione di una persona

Strategy: Writing a biographical profile

Short biographical profiles are found in many venues and contexts. An effective profile highlights the most defining characteristics of the person in just a few sentences. If you know the person well, it is especially important to include what makes the person interesting or unique. With this in mind, write a brief paragraph (6–8 sentences) describing a friend. Use the descriptions of Marcello and Antonio in *Due compagni di stanza* as models.

A. Before you begin to write, organize your information by completing the chart below with appropriate words and phrases that you have learned.

Nome e cognome *(last name):*

Descrizione fisica:

La personalità:

Ha la macchina?

È un buon amico/una buona amica?

B. Next, write your description based on the information in your chart. Begin by telling your friend's name: **Si chiama** _____.
Then, describe his/her appearance and personality and indicate whether he/she has a car. Conclude by answering the question: **È un buon amico/una buona amica?**

C. Make sure that you have spelled all the words correctly in your completed description and double-check subject–verb agreement and noun–adjective agreement. Consider illustrating your description with a photo and sharing it with a classmate.

Parliamo insieme!

A. Presentazioni. You are the host/hostess at a reception for new students at the Università per Stranieri *(Foreigners)* di Siena. With a partner, take turns making introductions by referring to the students' name tags.

Esempio   Philippe Dulac, Parigi
— *Vi presento Philippe Dulac. È francese. Abita (He lives) a Parigi.*

Philippe Dulac
Parigi

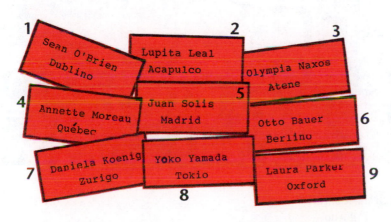

1 Sean O'Brien
Dublino

2 Lupita Leal
Acapulco

3 Olympia Naxos
Atene

4 Annette Moreau
Québec

5 Juan Solis
Madrid

6 Otto Bauer
Berlino

7 Daniela Koenig
Zurigo

8 Yoko Yamada
Tokio

9 Laura Parker
Oxford

B. **Italiani noti.** With a partner, take turns identifying each of the following well-known Italians and indicating what his/her profession is. Then describe him/her briefly. Present one of your descriptions to the class and see how it compares to your classmates' descriptions of the same person.

Umberto Eco, scrittore   Cecilia Bartoli, soprano   Roberto Cavalli, stilista

VOCABOLARIO UTILE

eyeglasses	gli occhiali
beard	la barba
tie	la cravatta
moustache	i baffi
bald	calvo

C. **I colori delle Cinque Terre.** Describe the colors of the houses of Manarola, one of the "Cinque Terre" in Liguria.

Cinque Terre, Liguria

VOCABOLARIO UTILE
the roof   il tetto

Vedute d'Italia

Ogni città italiana ha il suo fascino

A. Prima di leggere

You are going to read about a few of the main cities in Italy. Every city has its own distinctive characteristics. Every region has its regional capital.

Napoli, veduta del porto e del golfo

Palermo, La Cattedrale

La diversità delle regioni italiane si riflette nelle sue città: **ogni** città ha un aspetto caratteristico che la distingue dalle altre. Ogni regione ha la sua **città-capoluogo.**

every

regional capital

Roma è il capoluogo del Lazio, e dal 1870 (milleottocentosettanta) è la capitale d'Italia. Roma è **chiamata** «la città eterna», centro dell'antico Impero Romano e **sede** dei Papi.

called

seat

Milano, capoluogo della Lombardia, si trova nella fertile valle del **fiume** Po. Milano è il centro industriale e finanziario d'Italia. L'industria della moda e la **Fiera Campionaria** sono di fama internazionale.

river

Trade Show

Venezia è una città romantica: una città sull'acqua, con i canali, i ponti, le gondole e i palazzi pittoreschi.

Firenze, capoluogo della Toscana, è la **culla** del **Rinascimento.** Artisti e studenti arrivano da tutto il mondo per studiare l'arte e **le opere** dei grandi pittori e scultori del Rinascimento. Donatello, Brunelleschi, Botticelli, Michelangelo e Leonardo da Vinci sono solo alcuni dei grandi artisti del Rinascimento toscano.

cradle / Renaissance

masterpieces

Bologna, nell'Emilia-Romagna, è chiamata **«la dotta»** per la sua tradizione universitaria, e «la grassa» per la ricchezza della sua cucina.

learned

Napoli, capoluogo della Campania, è il più *(the most)* importante porto meridionale. Nel suo golfo ci sono le due belle isole di Capri e Ischia.

Palermo è il capoluogo della Sicilia. La Sicilia, **a causa** della sua posizione strategica, **è stata invasa** da molti popoli, **tra cui** i Cartaginesi, i Greci, i Romani, i Bizantini, gli Arabi e i Normanni. Questi popoli **hanno lasciato** la **loro impronta** nell'arte, nell'architettura e nel folclore dell'isola.

because of
was invaded /
among which
left / their imprint

Roma, il Colosseo

Firenze, facciata della Chiesa di Santa Maria del Fiore

B. Alla lettura. Answer the following questions.

1. Quale città è chiamata «la città eterna»? Di quale regione è il capoluogo?

2. Quale città è il centro industriale e finanziario d'Italia? Quale industria è di fama internazionale?

3. Che cosa c'è a Venezia?

4. Quale città è il capoluogo della Toscana? Perché artisti e studenti vi arrivano da tutto il mondo?

5. Perché Bologna è chiamata «la dotta» e «la grassa»?

6. Come si chiamano le due belle isole nel golfo di Napoli?

7. Quale città è il capoluogo della Sicilia? Dove hanno lasciato la loro impronta gli invasori *(invaders)* dell'isola?

Vocabolario 🔊

Nomi

l'anno	year
il cane	dog
il colore	color
il compagno/la compagna di stanza, di scuola	roommate, classmate
il corso	class, (academic) course
l'età	age
il film	movie
il gatto	cat
il lavoro	work, job
la lingua	language
il nome	name, noun
l'occhio (*pl.* gli occhi)	eye(s)
la parola	word
la persona	person
la professione	profession
la sera	evening
la stanza	room
il tempo	time

Aggettivi

africano	African
altro	other
azzurro	light blue
bianco (*pl.* bianchi)	white
blu (*inv.*)	dark blue
canadese	Canadian
carino	pretty, cute
caro	dear; expensive
castano	brown (for eyes and hair)
cinese	Chinese
corto	short (for objects)
difficile	difficult
europeo	European
facile	easy
francese	French
giallo	yellow

giapponese	Japanese
greco	Greek
grigio	gray
inglese	English
irlandese	Irish
lungo	long
marrone (*inv.*)	brown (for objects)
messicano	Mexican
nero	black
nuovo	new
paziente	patient
primo	first
rosa (*inv.*)	pink
rosso	red
russo	Russian
spagnolo	Spanish
stesso	same
svizzero	Swiss
tedesco (*pl.* tedeschi)	German
ultimo	last
vero	true

Verbi

avere	to have

Altre espressioni

abbastanza	quite, rather
avere bisogno (di)	to need
avere caldo	to be hot
avere fame	to be hungry
avere freddo	to be cold
avere fretta	to be in a hurry
avera paura (di)	to be afraid (of)
avere ragione	to be right
avere sete	to be thirsty
avere sonno	to be sleepy
avere torto	to be wrong
avere voglia (di)	to feel like; to want
ma	but

Intermezzo

Attività video

A. Gli Italiani si presentano

After you watch the segment of the video, **"Gli Italiani si presentano,"** where Italians introduce themselves, work with a partner and ask each other the following questions.

1. La prima persona intervistata si chiama Erica Camurri. Di dov'è? In quale provincia? Quanti anni ha? Cosa studia?

2. Un altro intervistato si chiama Davide Onnis. In quale città abita? Da quale isola dell'Italia arriva?

3. Uno degli ultimi intervistati si chiama Andrea. Chi aiuta? A fare cosa?

Partecipazione. Now interview each other.

B. Buon giorno!

Work in groups of three students. After you watch the segment, indicate some common Italian greeting expressions, and match them with the appropriate occasions.

1. (formale) _____ 3. (informale) _____
2. (semiformale) _____ 4. (formale) _____

Partecipazione. Discuss the following questions with a partner.

- Che espressione usate quando salutate *(you greet)* gli amici?
- Come salutate formalmente le persone?
- Secondo voi, nei saluti sono più formali gli Italiani o gli Americani? Pensate che gli Italiani sono socievoli? Più o meno degli Americani?

C. Prendiamoci un caffè!

Work in groups of three or four students. After you watch this segment, take turns asking each other the following questions.

1. a. In che città è Marco?
   b. Dov'è la casa di Marco?
   c. Con che macchina viaggia Marco?
   d. Chi gli ha regalato *(gave him)* la Mini?
   e. Dove abita lo zio di Marco?
   f. Con chi viaggia Marco?

2. Cosa bevono la mattina gli Italiani a colazione?
   a. _____   d. _____
   b. _____   e. _____
   c. _____

Partecipazione. Discuss the following questions with a partner.

- Come prendete il caffè quando siete in Italia? Nero, senza zucchero? Macchiato? Decaffeinato? Oppure un tè con una brioche?
- Andate spesso a un caffè? Andate per leggere o studiare? Per incontrare amici e chiacchierare *(to chat)*? Per guardare la gente che passa *(walking by)*? In Italia il più popolare «social networking site» si chiama Dada. Voi andate spesso al vostro «networking site» preferito? Come si chiama?

«AZZURRO», ADRIANO CELENTANO

«Azzurro» è una canzone di Adriano Celentano. Cantante, compositore e attore, Celentano è nato a Milano, dove la sua famiglia si era trasferita dalla Puglia. Celentano ha avuto un certo successo come attore di cinema, specialmente interpretando delle parti comiche, ed è apparso anche in molti show televisivi ma il suo successo maggiore è come cantante e compositore. Ha realizzato più di quaranta album e venduto milioni di dischi, non solo in Italia, ma in tutto il mondo. Nella sua musica si sente l'influenza della musica rock e delle canzoni di Elvis Presley, che Celentano tanto ammirava La più popolare delle le sue canzoni è «Azzurro», nella quale il cantante—le parole della canzone sono di Paolo Conte— esprime la sua malinconia e la sua solitudine per l'assenza della persona amata.

A. Comprensione

In groups of three students, ask each other the following questions.

1. Che cosa cerca l'autore tutto l'anno?
2. Lei è partita *(She left)*: per dove?
3. Lui è solo: dove?
4. Com'è il pomeriggio per lui?
5. Lui dice, «mi accorgo… »: di cosa si accorge?
6. Cosa pensa quasi quasi di prendere *(to take)*?
7. Dov'era *(was)* tanti anni fa *(ago)* quando era bambino?
8. Era solo anche allora *(then)*?
9. Ora lui si annoia. Quando si annoiava *(was bored)* da bambino?
10. Cosa cerca in giardino?

B. With a partner, decide which of these statements are correct.

1. a. Lei è partita per la montagna.
   b. Lei non c'è.
   c. Lei è in giardino.
2. a. Lui è solo in città.
   b. Lui è con lei in città.
   c. Lui è in aeroplano.
3. a. Un aeroplano vola sopra i tetti *(roofs)*.
   b. Lei è partita in aeroplano.
   c. Non ci sono aeroplani in cielo.
4. a. Il pomeriggio è lungo per lui.
   b. Il pomeriggio è corto per lui.
   c. Lui è in giardino nel pomeriggio.
5. a. Lui desidera prendere il treno e andare da lei *(to her)*.
   b. Lui desidera andare all'oratorio.
   c. Lui cerca lei in giardino.

Partecipazione. Discuss your thoughts about the following questions.

• Quando la persona amata non c'è, quali sentimenti *(feelings)* avete? Solitudine? Vi annoiate? Desiderate andare dov'è la persona amata?

• Le giornate *(days)* sono lunghe per voi?

VOCABOLARIO UTILE	
cerco l'estate	*I'm looking for summer*
pomeriggio	*afternoon*
mi accorgo	*I realize*
quasi quasi	*almost (meaning: I'm almost tempted)*
oratorio	*church grounds*
cortile	*courtyard*
mi annoio	*I'm getting bored*
vengo	*I am coming*

Capitolo 3
All'università

La nuova biblioteca dell'Università di Bologna

Punti di vista

L'interno della Pinacoteca di Brera, Milano

Oggi studio per gli esami CD 1, Track 17   *I study*

Gina e Pietro parlano **davanti** alla biblioteca.	*in front of*

GINA Pietro, quante lezioni hai oggi?

PIETRO Ho una lezione di biologia e un'altra di fisica. E tu?

GINA Io ho un esame di chimica e **ho bisogno di** studiare   *I need to*
perché gli esami **del** professor Riva sono sempre difficili.   *of (the)*

PIETRO Non hai gli **appunti?**   *notes*

GINA No, ma Franca, **la mia compagna di classe,** è una   *my classmate*
ragazza studiosa e ha molte pagine di appunti.

PIETRO Gina, **io ho fame,** e tu?   *I am hungry*

GINA Anch'io. C'è una paninoteca vicino alla biblioteca.
Perché non mangiamo **lì?**   *there*

PIETRO Sì, **va bene,** perché non ho molto tempo. **Dopo** le   *it's OK / After*
lezioni **lavoro** in biblioteca.   *I work*

GINA La vita **dei** poveri studenti non è facile!   *of the*

Comprensione

1. Quante lezioni ha Pietro oggi? **2.** Che cosa studia Gina oggi? Perché?
3. Chi è Franca? **4.** Com'è? **5.** Perché Gina e Pietro mangiano vicino alla
biblioteca? **6.** Dove lavora oggi Pietro? **7.** Com'è la vita degli studenti?

Studio di parole — Il sistema italiano degli studi

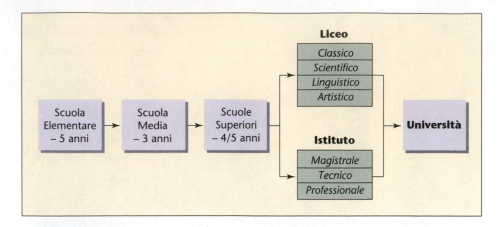

NOTE: Children begin elementary school at the age of six. After middle school **(scuola media)** students attend high school. There are many different choices. The programs are controlled by the state. Students who want to study humanities or the sciences choose a **liceo classico** or **scientifico.** Those who want to start working soon, without going on to a university, go to an **istituto tecnico** where they can learn a practical trade.

la biologia biology
la psicologia psychology
la sociologia sociology
la chimica chemistry
la fisica physics
l'informatica computer science
l'economia economics
la letteratura literature
la musica music
la storia history
la storia dell'arte art history
la filosofia philosophy
le lingue straniere foreign languages
le relazioni internazionali international relations
le scienze naturali natural sciences
le scienze politiche political sciences
la Facoltà di Scienze (Legge, Medicina, Ingegneria, Economia e Commercio) School of Science (Law, Medicine, Engineering, Economics, and Business)
il titolo di studio degree
la borsa di studio scholarship

il corso course; class
la materia subject
la biblioteca library
gli appunti notes
la lettura reading
il compito homework
l'esame orale, scritto oral, written exam
il voto grade
il trimestre quarter
il semestre semester
studiare to study
frequentare to attend
la laurea university degree
insegnare to teach
l'insegnante *(m. & f.)* teacher
il maestro/la maestra elementary school teacher
presente present
assente absent
il liceo high school
iscriversi to enroll
laurearsi to graduate (from university)

Informazioni — L'università

Every year over half a million students in Italy take **l'esame di maturità.** Those who pass receive **il diploma di maturità,** the culmination of their years of schooling. Those who receive the diploma are eligible to enroll in a **facoltà universitaria:** Currently, about 75 percent do so. Only about 35 percent of Italian university students actually receive a degree, however.

University life can be very stressful. Almost all universities are located in big cities and are very crowded. Contacts between students and professors are minimal. Only a very few newer institutions have campuses similar to those in North America. The various buildings, instead, are often widely separated from each other. Most do not have dormitories, although some big-city universities have **case dello studente,** which are limited to low-income students who usually are from out of town. Most students live with their families and attend local universities. Those who can afford to study in a different town rent a room or an apartment with other students.

Even students who graduate face challenges finding jobs. Within three years of receiving their degree, 78 percent are employed, but only half have secure positions.

FACOLTÀ E DIPLOMI DI LAUREA

AGRARIA
Scienze e tecnologie alimentari
3 anni

ARCHITETTURA
Scienze dell'Architettura
3 anni

ECONOMIA
Economia aziendale
3 anni

Economia finanza
3 anni

FARMACIA
Informazione Scientifica sul farmaco
3 anni

Farmacia
Corso di Laurea Specialistica a Ciclo Unico

GIURISPRUDENZA
Scienze Giuridiche
3 anni

INGEGNERIA
Ingegneria civile
3 anni

Ingegneria delle telecomunicazioni
3 anni

Ingegneria elettronica
3 anni

Ingegneria gestionale
3 anni

Ingegneria informatica
3 anni

Ingegneria meccanica
3/5 anni

LETTERE E FILOSOFIA
Studi Filosofici
3 anni

Civiltà Letterarie
3 anni

Civiltà e Lingue Straniere Moderne
3 anni

Psicologia
3 anni/telematico

MEDICINA E CHIRURGIA
Scienze delle attività motorie
3 anni

Medicina e chirurgia
6 anni
Laurea Specialistica

Fisioterapista
Infermiere Logopedista
4 anni

MEDICINA VETERINARIA
Medicina veterinaria
5 anni
Laurea Specialistica

SCIENZE MM. FF. NN.
Chimica industriale
3 anni

Fisica
3 anni

Matematica
3 anni

Scienze e tecnologie ambientali
3 anni

Scienze geologiche
3 anni

Scienze naturali
3 anni

This listing from Università degli Studi di Parma (Emilia-Romagna) shows the various **facoltà,** as well as representative **dipartimenti** and **corsi di laurea.**

Applicazione

A. Studenti. Complete the following sentences, which describe Italian universities and students.

1. In un anno accadęmico, ci sono due _____ o tre _____.
2. Marisa stụdia il tedesco e il russo: frequenta la Facoltà di _____.
3. In un trimestre, ci sono esami _____ e _____.
4. Gianni non ha bei voti perché è spesso _____ (= non è in classe).
5. Alla fine del liceo molti studenti s'iscrịvono (*enroll*) all' _____.
6. Alla fine dell'università gli studenti ricẹvono la _____.

 B. In quale facoltà? With a partner, take turns asking the questions following the example. Look at the list **Facoltà e Diplomi di laurea** on page 61 to find the answers.

Esempio   ingegneria elettrọnica
   —*In quale facoltà s'insegnano* (are taught) *corsi di ingegneria elettrọnica?*
   —*Nella Facoltà di Ingegneria.*

1. filosofia 2. chịmica industriale 3. informạtica 4. scienze giurịdiche
5. fisioterapia 6. lịngue straniere 7. psicologia 8. tecnologie alimentari
9. economia aziendale

C. Conversazione. With a partner, ask each other the following questions.

1. Quanti corsi hai questo semestre? Quali (*Which*) sono?
2. Quale corso è interessante?
3. Quali cọmpiti sono noiosi?
4. Hai bisogno di un computer per i cọmpiti di italiano?
5. Che cosa studi oggi?

Ascoltiamo!   ◀)) CD 1, Track 18

In classe. A teacher is greeting his students in a **liceo** in Rome and asking and answering a variety of questions at the beginning of class. Listen to the exchanges and then answer the following questions.

Comprensione

1. Che (*What*) scuola frequẹntano gli studenti?
2. Hanno un esame d'informạtica oggi?
3. Sono tutti presenti?
4. Quanti minuti hanno gli studenti per l'esame?
5. Gli studenti hanno tre esami orali questo (*this*) trimestre?
6. Secondo (*According to*) il professore, è difficile l'esame?
7. Gli studenti hanno bisogno di concentrazione. Una studentessa ha bisogno di un mirạcolo. Secondo voi, è preparata per l'esame?

Dialogo

Act out the following exchange with a classmate: You are thinking of signing up for a class but want to know more about it. Ask the professor questions to obtain the following—and related—information: Is the class difficult? How many exams are there? Are the exams written or oral? Is there a lot of homework?

Punti grammaticali

3.1 Verbi regolari in *-are:* il presente

La mamma e Nino suonano; il papà canta.

I tre ragazzi giocano: a golf, a tennis, a pallone.

cantare *(to sing)*			
io	cant **o**	noi	cant **iamo**
tu	cant **i**	voi	cant **ate**
lui/lei/Lei	cant **a**	loro	cạnt **ano**

1. Verbs that end in **-are,** known as first-conjugation verbs, are the most frequently used. With few exceptions, they are regular. The infinitive of a regular verb, such as **cantare,** consists of the stem **cant-** (invariable) and the ending **-are.** To conjugate the present tense **(presente)** of **cantare,** we replace **-are** with a different ending for each person: **-o, -i, -a, -iamo, -ate, -ano.**

2. The present tense in Italian is rendered in English in different ways:

Io canto.	⎧ *I sing.* ⎨ *I am singing.* ⎩ *I do sing.*
Canta Maria?	⎧ *Does Maria sing?* ⎨ *Is Maria singing?*
Maria non canta.	⎧ *Maria does not sing.* ⎨ *Maria is not singing.*

Aspetti un amico?	*Are you waiting for a friend?*
Desịdero guardare la TV.	*I want to watch TV.*
Quante lịngue **parli?**	*How many languages do you speak?*
(Loro) **Ạbitano** in una pịccola città.	*They live in a small city.*

3. The present tense is often used to express the future tense.

   I corsi **comịnciano** domani.   *Classes will begin tomorrow.*

4. Here is a list of some common **-are** verbs:

abitare	*to live*	**incontrare**	*to meet*
ascoltare	*to listen (to)*	**imparare**	*to learn*
aspettare	*to wait (for)*	**(in)cominciare**	*to begin*
cantare	*to sing*	**lavorare**	*to work*
cercare	*to look for*	**mangiare**	*to eat*
comprare	*to buy*	**parlare (a) / (di)**	*to speak (to) / (about)*
desiderare	*to wish, to want*	**pensare (a) / (di)**	*to think (about)*
domandare	*to ask*	**spiegare**	*to explain*
giocare (a)	*to play (a game)*	**suonare**	*to play (an instrument)*
guardare	*to watch, look at*	**trovare**	*to find*

Giochiamo a tennis oggi?	*Are we playing tennis today?*
Quando parli a Franco?	*When are you speaking to Franco?*
Non **parliamo** di politica.	*We don't talk about politics.*

a. Verbs ending in **-iare** drop the **i** of the infinitive stem before adding the endings **-i** and **-iamo.**

> stud**iare**: stud**i**, stud**iamo**
> incomin**ciare**: incomin**ci**, incomin**ciamo**

b. Verbs ending in **-care** and **-gare** add an **h** before the endings **-i** and **-iamo** to preserve the hard sounds of /k/ and /g/.

> gio**care**: gio**chi**, gio**chiamo**
> spie**gare**: spie**ghi**, spie**ghiamo**

5. Unlike their English equivalents, the verbs **ascoltare, aspettare,** and **guardare** take a direct object and therefore are *not* followed by a preposition.

Aspettiamo l'autobus.	*We are waiting for the bus.*
Perché non **ascolti** la radio?	*Why don't you listen to the radio?*
Guardate le foto?	*Are you looking at the photographs?*

For a list of verbs that take a preposition (**a** or **di**) before an infinitive, see Appendix 2.

6. **Imparare, (in)cominciare,** and **insegnare** take the preposition **a** before an infinitive.

Incomincio a parlare in italiano.   *I'm beginning to speak Italian.*

7. **Pensare** takes the preposition **a** or **di** depending on the meaning of the clause that follows.

a. **Pensare a** means *to think about something* or *to think about someone.*

Penso alla mamma.	*I think about my mom.*
Pensiamo agli esami.	*We think about our exams.*

b. **Pensare di** is always followed by an infinitive and means *to think about doing something.*

Penso di studiare oggi.	*I am thinking about studying today.*
Pensiamo di giocare a calcio stasera.	*We are thinking about playing soccer tonight.*

8. To express purpose *(in order to),* Italian uses **per** + *infinitive.*

Studio **per imparare.**   *I study (in order) to learn.*

Pratica

 A. Cosa compriamo? Franco, Gino, and his sister Maria need a few items for school. In groups of three, complete their dialogue with the correct forms of **comprare** and with the items you choose from those illustrated below.

cartoline *(postcards)*

FRANCO	Io _____ _____, e voi, cosa _____?
GINO	Maria ed io _____ _____ e anche _____.
MARIA	Per Natale mio papà _____ _____ per Gino e per me.
GINO	Franco, tu _____ altre cose?
FRANCO	Sì, ho bisogno di _____ _____.
MARIA	I miei *(my)* compagni di classe _____ sempre in questo negozio perché i prezzi *(prices)* sono buoni.

B. Attività. Tell what Lucio is doing today by matching a verb from column A with an expression from column B.

Esempio

A	B
suonare	il violino

Lucio suona il violino.

A	B
1. ascoltare	a. l'autobus
2. pensare	b. a pallavolo *(volleyball)*
3. aspettare	c. alla sua ragazza
4. mangiare	d. il professore di scienze
5. giocare	e. al ristorante
6. guardare	f. un vecchio film

C. Un giorno di vacanza. Tino, Marco, and Lisa have one day of vacation from school. They are talking about their projects. In groups of three, complete their dialogue. Choose from the verbs listed below and put them in the right form.

lavorare, mangiare, giocare, suonare, ascoltare, guardare, studiare

MARCO   Oggi Lisa ed io _____ a tennis. Perché tu non _____ con noi?

TINO   No, oggi io _____ per l'esame d'italiano di domani. Voi non _____ per l'esame?

LISA   Noi _____ stasera, dopo cena *(dinner)*.

TINO   Nel pomeriggio *(afternoon)* voi _____ la TV?

MARCO   No, io _____ la musica, e stasera io e Lisa _____ nella banda della scuola. E tu?

TINO   Io ho un lavoro part-time. Oggi pomeriggio _____ due ore in un negozio di articoli sportivi.

MARCO   A mezzogiorno noi _____ da McDonald's, e tu dove _____?

TINO   _____.

D. No! With a partner, take turns asking and answering questions, using the cues provided and following the example.

Esempio   abitare in Italia / ...
—*Abiti in Italia?*
—*No, non abito in Italia, abito in America.*

1. studiare fisica / ...
2. desiderare un CD dei Coldplay / ...
3. imparare la lingua giapponese / ...
4. giocare a golf / ...
5. ascoltare la musica classica / ...
6. parlare tre lingue / ...
7. mangiare all'università / ...
8. desiderare comprare una Mini / ...

E. Attività di un nuovo amico/una nuova amica. You want to find out more about your new friend's activities. With a partner, take turns asking each other questions using the following verbs: **ascoltare, aspettare, incontrare, abitare, guardare, giocare, lavorare, studiare.** You may start with: **dove, come, quando, cosa, chi,** etc.

Esempio   —*Studi a casa o in biblioteca?*

3.2 Le preposizioni

Oggi siamo all'università. Il professore è alla lavagna.

I libri sono sugli scaffali della biblioteca.

1. **Simple prepositions.** You have already learned the simple prepositions (**preposizioni semplici**) **a, di, in,** and **per.** The following chart lists all the simple prepositions and their usual meanings.

di (d')	*of*	**con**	*with*
a	*at, to, in*	**su**	*on, over, above*
da	*from, by*	**per**	*for, in order to*
in	*in*	**tra (fra)**	*between, among*

Ecco il professore **d'**inglese.	*There is the English professor (the professor of English).*
Abitiamo **a** New York.	*We live in New York.*
Il treno arriva **da** Roma.	*The train is arriving from Rome.*
Siamo **in** America.	*We are in America.*
Giochi **con** Gino?	*Are you playing with Gino?*
Il dizionario è **su** uno scaffale.	*The dictionary is on a shelf.*
La bicicletta è **per** Lia.	*The bicycle is for Lia.*
Il quaderno è **tra** due libri.	*The notebook is between two books.*

NOTE: Di is used to express:

a.	**possession:**	**Di chi** è il dizionario?	*Whose dictionary is it?*
		È **di** Antonio.	*It is Antonio's.*
b.	**place of origin:**	**Di dov'**è il signor Smith?	*Where is Mr. Smith from?*
		È **di** Londra.	*He is from London.*

2. When the prepositions **a, da, di, in,** and **su** are used with a definite article, the preposition and the article combine to form one word (**preposizione articolata**), as follows:

	il	lo	l'*(m.)*	la	l'*(f.)*	i	gli	le
a	al	allo	all'	alla	all'	ai	agli	alle
da	dal	dallo	dall'	dalla	dall'	dai	dagli	dalle
di	del	dello	dell'	della	dell'	dei	degli	delle
in	nel	nello	nell'	nella	nell'	nei	negli	nelle
su	sul	sullo	sull'	sulla	sull'	sui	sugli	sulle

Studiamo **all'**università.	*We are studying at the university.*
Parto **dalla** stazione alle 5.	*I'll leave from the station at 5:00.*
Ecco l'ufficio **del** professore.	*Here is the office of the professor.*
Lavorano **negli** Stati Uniti.	*They work in the United States.*
Lisa aspetta **nello** studio.	*Lisa is waiting in the study.*
La penna è **sul** tavolo.	*The pen is on the table.*

The preposition **con** is seldom contracted. Its most common contractions are **col** and **coi; con il (col) professore, con i (coi) bambini.**

NOTE: Contraction with the definite article occurs when a noun is preceded by the definite article. First names and names of cities do not have an article.

È il libro **di** Luca?	*Is it Luca's book?*
No, è il libro **della** professoressa.	*No, it is the professor's book.*
Loro abitano **a** Verona.	*They live in Verona.*

Pratica

A. Fulvio studia. Describe what is going on as Fulvio studies for a biology exam by completing each sentence with an appropriate simple preposition: **a, di, in, con, su, per, tra.**

1. Oggi Fulvio è _____ biblioteca.
2. La biblioteca è _____ due alti edifici.
3. Fulvio studia _____ un compagno.
4. Studia _____ l'esame di biologia.
5. Mentre *(While)* Fulvio pensa _____ una ragazza bruna, il libro è _____ una sedia.
6. Dov'è il libro _____ biologia?

B. Contrazioni. Provide the article and combine it with the preposition given, following the example.

Esempio   È il libro (di) / studente
          È il libro (di) lo studente.
          È il libro dello studente.

1. Il professore spiega (a) / studenti
2. Siamo (a) / lezione d'italiano
3. Il dizionario è (su) / tavolo
4. Ho bisogno (di) / appunti di storia
5. Oggi parliamo (a) / impiegato
6. I quaderni sono (su) / scaffale *(shelf) (m.)*
7. Pietro lavora (in) / ristorante vicino (a) / università
8. Ecco la macchina (di) / ragazzo di Gabriella
9. Ci sono due semestri (in) / anno accademico
10. C'è un virus (in) / computer (di) / mio compagno di stanza

C. Sostituzioni. Form new sentences by replacing the italicized expressions with the words indicated and the correct prepositions.

1. Sandra va *(goes) al parco.* (museo, concerti rock, feste, cinema)
2. Ho bisogno *del dizionario.* (spiegazione *(f.)* del professore, macchina, appunti, computer)
3. I libri di Francesco sono *sul letto.* (tavolo, televisore *(TV set)*, scrivania, sedie)
4. Oggi Franco e Luisa sono *nell'aula di fisica.* (negozio di biciclette, studio, libreria dell'università, edificio di lingue straniere)

D. Non ricordo! Lisa doesn't remember where she is supposed to go and asks her friend to remind her.

Esempio   lezione di filosofia / aula numero 27
          —*Dov'è la lezione di filosofia?*
          —*È nell'aula numero 27.*

1. conferenza su Dante / aula magna *(auditorium)*
2. appuntamento con la dottoressa Venturi / ufficio della dottoressa
3. corsi di calcolo / edifici d'ingegneria
4. riunione con i compagni / giardino dell'università

E. Di chi *(Whose)* è... ? With a partner, take turns asking and answering to whom various things belong.

Esempio   libro / bambino
—*Di chi è il libro?*
—*È del bambino.*

1. casa con il bel giardino / signori Giusti
2. edificio rosso / dottor Galli
3. orologio / Antonio
4. quaderno nero / studentessa di medicina
5. due computer / ingegner Scotti
6. belle fotografie di Venezia / Lucia

Now ask your classmate questions of your own about items in the classroom.

3.3 Le preposizioni avverbiali

La bocca della verità è una **prova** *(test)* per vedere se una persona dice la verità. La persona **mette** *(puts)* la mano dentro la bocca «magica» e fa un' affermazione. Se non dice la verità, **non riesce più a tirare fuori la mano** *(he/she is not able to pull out his/her hand).*

NOTE: La bocca della verità *(Mouth of the Truth)* is a medieval drain cover, set into the portico of the Church of Santa Maria in Cosmedin, Rome. Medieval tradition had it that the jaws would snap shut on the hands of liars. This was a place of execution from ancient times until the Middle Ages.

The following adverbs are often used as prepositions:

sopra	*above, on (top of)*	**davanti (a)**	*in front (of), before*
sotto	*under, below*	**dietro**	*behind, after*
dentro	*in, inside*	**vicino (a)**	*near, beside, next to*
fuori	*out, outside*	**lontano (da)**	*far (from)*

Il giardino è **dietro** l'università.
L'edificio d'ingegneria è **vicino alla** biblioteca.
Abiti **lontano dall'**università?

The garden is behind the university.
The engineering building is near the library.
Do you live far from the university?

Pratica

 A. Dov'è... ? With a partner, look at the drawings and then take turns asking each other the related questions. Use **sotto, sopra, dentro, davanti (a), dietro, vicino (a), lontano (da),** or other prepositions in your responses.

1. Dov'è la lampada? E il cane?

2. Dov'è la fotografia? E il gatto?

3. Dov'è la sedia? E la ragazza?

4. Dov'è il tavolo? E la tazza *(cup)*? E il caffè?

 B. Un po' di geografia. With a partner, look at the maps of Italy at the beginning of the textbook and take turns asking each other the following questions.

1. Bari si trova *(is located)* vicino all'isola di Capri?
2. Torino si trova lontano dal fiume *(river)* Po?
3. Napoli si trova lontano dal vulcano Vesuvio?
4. La Sardegna si trova sotto la Corsica o sopra la Corsica?
5. Pisa si trova vicino al mare Ligure o al mare Adriatico?
6. Quale regione si trova vicino all'isola d'Elba?
7. Quale regione si trova vicino alla Sicilia?

Isola di Capri

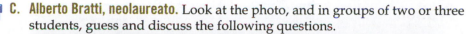 **C. Alberto Bratti, neolaureato.** Look at the photo, and in groups of two or three students, guess and discuss the following questions.

1. Che avvenimento (*event*) festeggia (*celebrates*) il ragazzo con la corona di alloro (*laurel leaves*)?

2. Che laurea ha? Una laurea in fisica? Chimica? Giurisprudenza? Ingegneria? Informatica?

3. Con chi festeggia? Con la famiglia? Con gli amici? Ha una ragazza (*girlfriend*)? Nella foto, qual è la sua (*his*) ragazza? Come si chiama? Quanti anni ha Alberto?

4. Dove festeggiano questa sera? Chi paga la cena?

5. Che regalo (*present*) riceve Alberto dalla mamma e dal papà? Forse (*maybe*) molti euro? Un viaggio (*trip*) in America? Una Mini Cooper?

6. Alberto incomincia a lavorare immediatamente o desidera prima (*first*) fare una lunga vacanza?

3.4 *Quale? e che? (Which? and what?)*

Quale and **che** are interrogative adjectives. **Quale,** like *which,* implies a choice among alternatives. It usually drops the **-e** before **è** and, like other adjectives ending in **-e,** has only two forms: **quale** and **quali.**

Ho bisogno di un libro.	*I need a book.*
Quale libro?	*Which book?*
Il libro di biologia.	*The biology book.*

Hai gli appunti?	*Do you have the notes?*
Quali appunti?	*Which notes?*
Gli appunti di chimica.	*The chemistry notes.*

Che indicates *what kind* and is an invariable adjective.

Che macchina hai?	*What (kind of) car do you have?*
Che musica suoni?	*What (kind of) music do you play?*

NOTE: The expression **che** is also used in exclamations. In this case, it means *What . . . !* or *What a . . . !*

Che bravo studente!	*What a good student!*
Che bei bambini!	*What beautiful children!*

Pratica

 A. Quale... ? Ask a friend where some places and things are located. He or she will ask you to specify which place or thing you mean. Follow the example.

Esempio   libro / Giancarlo
—*Dov'è il libro?*
—*Quale libro?*
—*Il libro di Giancarlo.*

1. compiti / altro giorno
2. fotografie / ragazzi
3. orologio *(watch)* / Maria
4. aula / corso di letteratura inglese
5. indirizzo / Marisa

 B. Che... ? A friend is thinking of making several purchases today. Request more specifics by asking **Che... ?,** following the example.

Esempio   macchina / Fiat
—*Oggi compro una macchina.*
—*Che macchina?*
—*Una (macchina) Fiat.*

1. motocicletta / Honda
2. bicicletta / Bianchi
3. cane / setter
4. orologio *(watch)* / Gucci
5. computer / Macintosh

La nuova FIAT 500

C. Che... ! React to the following statements with an exclamation, as in the example.

Esempio   Lucia ha una stanza *disordinata.*
—*Che stanza disordinata!*

1. La signora Maria ha due *belle* bambine.
2. Marco non studia perché è un ragazzo *pigro.*
3. Il professore/La professoressa è *paziente* quando spiega.
4. Questa *(This)* pizza è molto *buona.*
5. Stefano è un ragazzo molto *generoso* con gli amici.

Per finire  CD 1, Track 19

Una stanza per Mariella

Mariella è studentessa nella Facoltà di Economia e Commercio all'Università di Padova. La sua famiglia abita a Bassano, e lei ha bisogno di trovare una stanza in affitto *(for rent)* a Padova per il nuovo anno accademico. Mariella trova *(finds)* un annuncio *(ad)* sul giornale, telefona al numero indicato, va a vedere la stanza e a parlare con la proprietaria dell'appartamento. La stanza è al quinto piano *(fifth floor)* di un edificio senza ascensore *(elevator)*.

MARIELLA Buon giorno, signora. Sono Mariella Corte. Le ho telefonato *(I called you)* questa mattina.

A. PEDRETTI Molto piacere. Io sono Adriana Pedretti. Entri, entri, signorina. Ecco la stanza.

(La stanza è abbastanza grande. Nella stanza ci sono: un letto, una vecchia scrivania con una lampada, due sedie e un piccolo sofà. Ci sono due finestre che danno (overlooking) *sulla strada).*

MARIELLA La stanza mi piace. Posso *(May I)* appendere *(to hang)* poster alle pareti?

A. PEDRETTI Sì, certamente. Ha altri mobili?

MARIELLA No, solo un computer e una piccola televisione.

A. PEDRETTI Bene. La stanza è disponibile *(available)* immediatamente.

MARIELLA Allora *(Then)* domani mattina porto le mie cose *(my things)*.

A. PEDRETTI Benissimo. Arrivederci a domani mattina.

MARIELLA Arrivederci e grazie.

SI AFFITTA

Affitto camera singola arredata con cucina e bagno, vicino stazione dei treni. Zona tranquilla.
TEL. 049 0658405

Affittasi a ragazze posto libero in stanza indipendente bagno privato e uso cucina.
TEL. 049 6527007

Offro camera ammobiliata con uso di cucina. Vicinanze università. Quinto piano. No animali domestici. E. 450. Disponibile subito.
TEL. 049 4599098

Affitto stanza spaziosa a insegnante o studente. E. 300. Bagno personale. Posto auto. Referenze.
TEL. 049 5064221

Comprensione

1. In quale facoltà è studentessa Mariella? In quale città? **2.** Di cosa ha bisogno Mariella? **3.** Dove trova l'annuncio Mariella? **4.** A che piano è la stanza? Com'è? **5.** Cosa c'è nella stanza? **6.** Dov'è la lampada? **7.** Dove desidera appendere i poster Mariella? **8.** Che cosa desidera portare nella stanza? Quando?

Conversazione

Take turns with a classmate asking about your rooms and study habits.

1. Hai una grande stanza tu? È ordinata?

2. Cosa c'è nella tua *(in your)* stanza? Ci sono poster alle pareti?

3. Studi solo(a) o con un compagno/una compagna di classe quando hai un esame? Dove studi?

4. Quando sei stanco(a) *(tired)* di studiare, guardi la TV, telefoni *(call)* a un amico o mangi qualcosa *(something)*?

5. Scarichi *(Do you download)* la musica sul tuo iPod quando studi?

Adesso scriviamo!

Cerco una stanza

Strategy: Write an e-mail with clear, concise sentences, and organize your topics in a sequence.

1. State who you are.
2. Tell where or how you have found the ad you are calling about.
3. Introduce yourself, giving detailed information about your personality, habits, and interests.
4. Express your interest in the room.
5. Conclude by asking politely for an answer.
6. Close your e-mail with your salutations.

Read this advertisement for student housing downloaded from an Italian university website. Notice that it offers, as is typical in Italy, **posti letto,** beds in shared rooms. Students, in other words, usually have roommates. Write an e-mail in response, expressing interest in a **posto letto** and introducing yourself.

> Offresi a studenti/studentesse 3 posti letto in 2 camere *(rooms)* doppie per 250 euro (a posto letto). L'appartamento è sito in via Irnerio (centralissimo, nelle immediate vicinanze dell'università), ed è disponibile dal 01/03/2011. Per informazioni rivolgersi ai seguenti numeri 3284769392–3207754860. Contattatemi al pieragiordano2@unibo.it

A. Begin your e-mail response with the phrase: **Sono uno studente/una studentessa universitario(a).** Then express interest in a place in one of the two rooms in the apartment: **Sono interessato(a) a un posto letto nell'appartamento in via Irnerio.**

B. Now, introduce yourself briefly by providing the following information about yourself:

Come ti chiami – quanti anni hai – che cosa studi – quando studi (la mattina, la sera) – dove studi (a casa, in biblioteca) – frequenti molti corsi – se hai bisogno di concentrazione quando studi – se ascolti la musica – se hai un computer – se hai un lavoro part-time – se hai animali domestici

C. End your e-mail with the phrase: **In attesa di una gradita risposta porgo cordiali saluti,** and sign your name.

D. Make sure that you have spelled all words correctly in your completed e-mail and double-check subject–verb agreement and noun–adjective agreement. Share your e-mail with a classmate. Does he/she think your chances of getting a response to your e-mail look good?

Parliamo insieme!

A. **Cerco un compagno/una compagna di stanza** *(I'm looking for a roommate)*. Giacomo is a university student. He stayed in a **pensione** while looking for an apartment. He found one and now he is interviewing a possible roommate.

In pairs, play the part of Giacomo and the person he is calling. Interview each other as possible roommates. (You may want to ask what the other person's name is, if he/she studies at home or in the library, if he/she is neat or messy, if he/she smokes **(fumare)** or listens to music a lot, if he/she works part time, and if he/she has a lot of furniture. Giacomo tells him/her that the rent is 450 **(quattrocentocinquanta)** euro a month to divide **(da dividere)** in two. Is it OK? The person interviewed wants to know what floor the apartment is on, if it is near the university, and if there is a bus stop **(fermata dell'autobus)** near the apartment. He does not have furniture, only a computer and a cat. Is it OK?)

B. **Dati personali.** You are applying for a part-time job at the library. Take turns with a partner to play the role of the employee who asks you the questions and fills out the form. Then reverse the role.

Start with: **Nome? Cognome** *(Last name)*? Etc.

NOTE: The symbol @ in Italian is: **chiocciola** (which means *snail*, because of its shape). For example, the following e-mail, Franco@libero.it, is read in Italian as: Franco chiocciola libero punto it.

DATI PERSONALI

NOME
COGNOME
PROFESSIONE
INDIRIZZO
CITTÀ
CODICE POSTALE (ZIP CODE)
NUMERO DI TELEFONO (con prefisso)
POSTA ELETTRONICA (e-mail)

Vedute d'Italia

L'università in Italia

A. Prima di leggere

You are about to read an interview with Mario Diani, professor and former Dean of the faculty of Sociology of the University of Trento. It explains the changes that have occurred over the past ten years in the Italian university system. The old laurea has been replaced with two levels of studies: a first laurea (three years) and a second one (two years). Many courses are now 4–6 weeks long instead of 3 months or the whole academic year. It also explains the difference between the American and the Italian university systems: the first is more connected with the business world and better responds to its needs.

Intervista sul sistema universitario italiano. Intervista concessa dal Professor Mario Diani, del Dipartimento Sociologia e Ricerca Sociale nella Facoltà di Sociologia dell'Università di Trento. L'intervista è stata condotta dal Professor James Kennedy, docente all'Università di Edinburgo.

La città di Trento, con alcuni edifici dell'Università

Università di Trento, studentesse universitarie in laboratorio

JK	Dottor Diani, La ringrazio molto di essere stato così **disponibile**. **Mi può dire** quali sono **i cambiamenti** oggi nelle università italiane **rispetto a** 10 anni **fa**?	*available / Can you tell me / changes / compared to / ago*
MD	La riforma delle università **ha sostituito** le vecchie lauree (di 4 o 5 anni) con due livelli di laurea: una prima laurea di tre anni e una laurea specialistica di due anni.	*has replaced*
JK	È cambiata la forma dei corsi?	
MD	Sì, è cambiata. Prima **vi erano** dei corsi che **duravano** come minimo 3 mesi e **qualche volta** anche un anno accademico. **Adesso** ci sono anche corsi di 4–6 settimane, e gli studenti **devono seguire** **più** corsi per avere la laurea.	*there were* *lasted / sometimes* *Now* *have to take* *more*
JK	Il sistema universitario è coordinato con il mondo del **lavoro**?	*business*

MD **Le imprese hanno sempre lamentato la disatten-zione** delle università alle loro **esigenze,** ma negli ultimi 10 anni le università **prestano** più attenzione al rapporto con il mondo del lavoro. Nel 1994 **si è creato** Alma Laurea, un'unione di università italiane che ha lo **scopo** di mettere in relazione **aziende** e laureati.

Companies have always complained about the lack of attention / needs / give / it was created / purpose / companies

JK Qual è la percentuale di **iscritti** che arrivano alla laurea?

registered students

MD Un numero tra il 30 e il 35% di studenti arriva alla laurea.

JK Qual è il numero di laureati che trovano un lavoro nei 5 anni **dopo** la laurea?

after

MD Secondo i dati del 2008, l'87% dei laureati trova un lavoro nei 5 anni dopo la laurea.

JK Quali sono i progetti per **portare** l'università italiana a un livello simile a quello dell'università americana?

to bring

MD L'introduzione di due livelli di laurea è un **tentativo** di rendere l'università italiana più simile a quella americana. Questo tentativo, però, **è stato criticato** da molti, **a causa delle** profonde differenze tra le università americane e quelle europee.

attempt

has been criticized

because of

JK Qual è la **maggior** differenza tra i due tipi di università?

main

MD Le università americane sono più vicine a un modello di **università-azienda;** le università europee sono vicine a un modello di università come servizio pubblico.

university-business

JK Qual è la differenza tra una laurea italiana e una americana?

MD La laurea italiana ha un **contenuto** intellettuale **più elevato;** il BA americano ha dei programmi di studio più eterogenei e generici, **mentre** la laurea italiana è più simile a un Master of Arts di un'università americana.

content / higher

while

B. Alla lettura. Answer the following questions.

1. Quali sono i cambiamenti avvenuti nelle università italiane rispetto a dieci anni fa?
2. Come è cambiata la forma dei corsi?
3. Che cosa hanno sempre lamentato le imprese italiane riguardo *(with respect to)* alle università?
4. Che scopo ha l'Alma Laurea?
5. Qual è la percentuale di studenti universitari che arrivano alla laurea?
6. Qual è una delle differenze tra la laurea italiana e la laurea americana?

Vocabolario

Nomi

la carta	paper
il cognome	last name
la cosa	thing
il foglio	sheet (of paper)
la fotografia	photo, picture
l'indirizzo	address
la lampada	lamp
il letto	bed
la libreria	bookstore
la mattina	morning
i mobili (la mobilia)	furniture
l'oggetto	object
l'ora	hour
l'orologio	watch, clock
la pagina	page
la parete	wall
il pavimento	floor
lo scaffale	shelf
la TV (televisione)	television
il televisore	television set
la vita	life

Aggettivi

che	what kind of
disordinato	messy
freddo	cold
libero	free
il mio/la mia	my
molto	much, a lot of (*pl.* many)
occupato	busy
ordinato	neat
pronto	ready
quale... ?	which . . . ?
solo	alone
stanco (*pl.* stanchi)	tired

Verbi

abitare	to live
ascoltare	to listen to
aspettare	to wait for
cantare	to sing
cercare	to look for
comprare	to buy
desiderare	to wish
domandare	to ask
giocare (a)	to play (a game)
guardare	to look at, to watch
imparare	to learn
(in)cominciare	to begin
incontrare	to meet
lavorare	to work
mangiare	to eat
parlare (a) / (di)	to speak (to)/(about)
pensare (a) / (di)	to think (about)/(of)
spiegare	to explain
suonare	to play (an instrument); to ring (a bell, etc.)
trovare	to find

Altre espressioni

che (*pronoun*)	who/whom; that/which
da	from, by
davanti (a)	in front (of)
dentro	in, inside
dietro	behind
dopo	after
fuori	out, outside
lontano (da)	far (from)
la mattina	in the morning
o	or
sempre	always
sopra	on, on top of
sotto	under
spesso	often
su	on, over, above
tra (*or* fra)	between, among
va bene	OK
vicino (a)	near
@	chiocciola
punto	dot

Capitolo 4
A tavola

Un ristorante all'aperto

Punti di vista

Al ristorante CD 1, Track 20

Linda e Gianni sono al ristorante.

LINDA È un **locale** piccolo ma carino, no? Io non ho molta fame, e tu?

place

GIANNI **Ho una fame da lupo.** Ma che menù povero! Non ci sono **né** lasagne **né** scaloppine!

I'm as hungry as a wolf / neither . . . nor

CAMERIERE **Desịderano** un antipasto? Abbiamo del prosciutto **squisito.**

Would you like delicious

GIANNI Non per me, grazie. **Non mi piace** il prosciutto. **Io vorrei** degli spaghetti **al pomodoro.** Anche tu, Linda?

I don't like / I would like / with tomato sauce

LINDA **Scherzi?** Ho bisogno di vitamine, io, non di calorie. Per me, una zuppa di verdura.

Are you joking?

CAMERIERE E come secondo, che cosa **ọrdinano?** Oggi abbiamo un arrosto di vitello molto buono, con piselli.

are you ordering

GIANNI **D'accordo.**

OK.

CAMERIERE E Lei, signorina?

LINDA Io vorrei una bistecca con insalata verde.

CAMERIERE Vino bianco o vino rosso?

GIANNI Vino rosso, per favore. **Mezzo litro.**

A half-liter.

LINDA Per me ạcqua minerale, per favore.

Comprensione

1. Sono in un grande ristorante lussuoso Linda e Gianni? **2.** Chi desịdera mangiare molto? Perché? **3.** Che cosa raccomanda il cameriere come antipasto? **4.** Che primo e secondo ọrdina Gianni? E Linda? Perché? **5.** Che cosa ọrdina da bere Gianni? Ạcqua minerale?

Studio di parole   Pasti e piatti

le patate — il pollo — l'insalata mista — i funghi — l'arrosto di vitello — gli spaghetti — il risotto — la bistecca — i grissini — gli gnocchi — la minestra — il pane — lo spumante — il salmone — la trota

I pasti degli Italiani

La mattina gli Italiani **fanno una colazione leggera** *(have a light breakfast)*: un espresso o un cappuccino con brioche. A mezzogiorno molti ritornano a casa per il pasto principale. Chi lavora lontano da casa va in un ristorante, in una trattoria o in **una tavola calda** *(cafeteria)*. Molti giovani e studenti comprano **un tramezzino** *(crustless sandwich)* in paninoteca. Oggi è molto popolare fra i giovani il fastfood all'americana, specialmente gli hamburger e **le patatine fritte** *(french fries)*. La sera **si cena verso** *(people have supper at about)* le otto con un pasto leggero, oppure **si va** *(people go)* in pizzeria. **Dopo** *(After)* cena ci sono gelaterie e pasticcerie che offrono una grande varietà di gelati e **di paste** *(pastries)*.

Al bar

un panino al prosciutto *(ham sandwich)* **o al formaggio,** con salame o mozzarella e pomodoro, **una pizzetta, una brioche, un succo di frutta, un caffè,** una Coca-Cola, **un'aranciata, un aperitivo, un gelato; il cameriere** *(waiter)*, **la cameriera** *(waitress)*; **i clienti** *(customers)*; **il conto** *(check, bill)*; **la mancia** *(tip)*

I pasti *(Meals)*

la colazione, il pranzo, la cena *(breakfast, lunch, dinner)*; **pranzare** *(to eat lunch)*, **cenare** *(to eat dinner)*

A colazione

il caffè espresso, il caffelatte, il cappuccino, il tè, il latte *(milk)*, **il succo d'arancia o di pompelmo** *(orange or grapefruit juice)*; **i cereali, le uova strapazzate** *(scrambled eggs)*, **il toast, il pane** *(bread)*; **il burro** *(butter)*, **la marmellata** *(jam)*

A pranzo o a cena

l'antipasto (*appetizer*): **prosciutto e melone** (*ham and cantaloupe*), **il cocktail di gamberetti** (*shrimp*), **avocado con olio e limone**

*Il primo piatto
(first course)*

la zuppa di verdura vegetable soup

gli spaghetti al pomodoro . . . with tomato sauce

i ravioli alla panna . . . with cream sauce

le lasagne alla bolognese . . . with tomato, meat, and white sauce

i cannelloni alla napoletana stuffed pasta with tomato sauce

*Il secondo piatto
(second course)*

le scaloppine veal cutlets

il pesce fritto fried fish

la sogliola ai ferri grilled sole

la bistecca ai ferri grilled steak

Il contorno (le verdure)

le carote

i piselli peas

gli spinaci

le zucchine/gli zucchini

le patate fritte fried potatoes

la melanzana eggplant

i broccoli

i peperoni bell peppers

Le bevande (drinks)

la birra beer

il vino wine

l'acqua minerale mineral water

il ghiaccio ice

Il dessert

Il dolce: la torta al cioccolato (*chocolate cake*), **la torta di mele** (*apple pie*), **le paste** (*pastries*), **il gelato (al cioccolato, alla panna** [whipped cream], **al limone** [lemon])

La frutta: la mela (*apple*), **la pera** (*pear*), **l'arancia, la banana, la fragola** (*strawberry*), **la pesca** (*peach*), **l'uva** (*grapes*), **la macedonia di frutta** (*fruit cup*)

Il formaggio (*cheese*)

Colazione sulla terrazza di un albergo

Attività in gruppi. In groups of two or three students, look at the photo. Then guess and, using your imagination, discuss the following together.

1. Come si chiama la ragazza che fa colazione sulla terrazza dell'albergo?

2. Potete (*Can you*) descrivere la ragazza?

3. Perché è sola? Non ha un fidanzato (*fiancé*)?

4. Se ha un fidanzato, dov'è il suo (*her*) fidanzato? Perché non è con lei?

5. Cosa mangia per colazione la ragazza? Cosa beve?

6. Cosa fa (*does she do*) dopo colazione? Fa jogging? Legge una rivista? Manda sms agli amici? Fa lo shopping?

7. Com'è il panorama dalla terrazza? Cosa si vede? Il cielo è sereno o nuvoloso?

8. Quanti giorni soggiorna (*stays*) all'albergo la ragazza? E dopo (*after*) dove va? Dove abita? Qual è la sua professione? È una segretaria? Una maestra? Una studentessa universitaria? Una giornalista?

Informazioni · Al bar

Gli Italiani possono *(can)*, a qualunque *(any)* ora del giorno, mangiare qualcosa in un bar o in una tavola calda, dove panini, pizzette e piatti caldi sono sempre disponibili *(available)*. I ristoranti e le trattorie, in generale, non aprono prima di mezzogiorno per il pranzo, e non prima delle 7.30 per la cena.

Quando un cliente entra al bar, prima paga alla cassa *(cashier)* e riceve uno scontrino. Con lo scontrino, poi, chiede al banco *(counter)* il panino, la pizzetta o l'insalata e la bibita. I clienti ricevono lo scontrino o la ricevuta fiscale in tutti i negozi e ristoranti.

Il bar in Italia è differente dal bar in America. È una combinazione di cocktail bar, caffè e tavola calda. Qui è possibile comprare carte telefoniche, biglietti dell'autobus, cartoline *(postcards)* e francobolli *(stamps)*. Fuori del bar di solito c'è la buca per le lettere *(mailbox)*.

Applicazione

A. **A tavola.** With a partner, take turns asking and answering the following questions.

1. Quanti e quali sono i pasti del giorno?
2. Con che cosa incomincia un pranzo elegante?
3. In Italia il pasto principale è il pranzo. Negli Stati Uniti è la stessa cosa?
4. Gli spaghetti sono un primo o un secondo piatto?
5. Cos'è la prima cosa che il cameriere porta in un ristorante?
6. Se abbiamo ancora *(still)* fame dopo la carne, che cosa ordiniamo?
7. Che cosa porta il cameriere alla fine *(at the end)* del pranzo?

B. **Mi piace. Non mi piace.** Take turns with a partner asking if he/she likes the following foods. He/She will respond: **Mi piace** or **Non mi piace** (+ singular noun)..., **Mi piacciono** or **Non mi piacciono** (+ plural noun)...

Esempi   il gelato
— *Ti piace il gelato?*
— *Sì, mi piace.* o *No, non mi piace.*

i broccoli
— *Ti piacciono i broccoli?*
— *Sì, mi piacciono.* o *No, non mi piacciono.*

1. i gamberetti
2. la bistecca ai ferri
3. gli hamburger
4. la torta di mele
5. il succo di pompelmo
6. i piselli
7. le zucchine

C. Cena al ristorante. Lisa and Francesco are in a restaurant, ready to order. The waiter brings the menu and takes their orders. In groups of three, play their parts and complete the dialogue.

RIPOSO SETTIMANALE IL GIOVEDI

RISTORANTE
IL PINO
S.N.C. di Tamburini Gabriella & C.
Via S. Matteo, 102
53037 SAN GIMIGNANO (SI)
P. IVA 00654100528

☐ FATTURA - RICEVUTA FISCALE
☐ RICEVUTA FISCALE

XRF **8652**

Li 27 5

N. 2702

S. _____

Quantità	Natura e qualità dei servizi		CORRISPETTIVO IVA INCLUSA
2	Coperto	L.	6,00
1	Vino	»	30,00
1	Acqua minerale	»	3,00
2	Antipasti	»	12,00
2	Minestre	»	20,00
2	Secondi Piatti	»	28,00
1	Contorni	»	5,00
	Formaggi	»	
	Frutta	»	
2	Dessert	»	10,00
2	Caffé	»	3,00
		»	

CONTEGGIO		TOTALE (IVA compresa)	117,00
IVA _____ %			
IMPONIBILE	Servizio		
IMPOSTA		TOTALE	

TIPOLITOGRAFIA M.M s.n.c. di Manetti Mario & C. - Via di Fugnano,12 - Tel. (0577) 941476
Fax 941890 - C.F. e P. IVA 00869230524 - Aut. Min. Finanze n. VI-12/313295 del 25/09/1995

Corrispettivo non pagato

Al ristorante il servizio è solitamente compreso *(included)* nel conto, come in questa ricevuta dove c'è la parola «coperto». Se nel conto non c'è la parola «coperto», il cliente lascia *(leaves)* la mancia sul tavolo per il cameriere.

CAMERIERE	Buona sera, signorina. Buona sera, signore. Ecco il menù.
LISA	_____.
FRANCESCO	_____.
CAMERIERE	Desiderano dell'antipasto?
LISA	Sì, io vorrei *(I would like)* _____ _____.
CAMERIERE	Benissimo. E Lei, signore?
FRANCESCO	_____.
CAMERIERE	Ecco la lista dei vini. Porto una bottiglia di acqua minerale? Come la preferiscono: frizzante o naturale?
FRANCESCO	_____.
LISA	Per me un bicchiere di vino bianco, per favore.
CAMERIERE	Come primo cosa desiderano?
LISA	_____.
FRANCESCO	_____.
CAMERIERE	Come secondo abbiamo del salmone dell'Atlantico, molto buono, con contorno di spinaci al burro.
LISA	_____ _____, e tu Francesco?
FRANCESCO	Io preferisco _____ _____.
CAMERIERE	Questa sera c'è la torta di fragole con panna.
LISA	Per me una porzione piccola, per favore.
FRANCESCO	Per me _____.

(Finita la cena, Francesco chiede il conto.)

FRANCESCO	Cameriere, _____.
CAMERIERE	_____.

D. Conversazione. In pairs, ask each other the following questions.

1. Incontri gli amici in un ristorante elegante o alla mensa *(cafeteria)* dell'università?

2. Che cosa ordini spesso?

3. Che cosa non mangi quando sei a dieta: il formaggio, il pane, la verdura, la frutta, il pesce fritto, o i dolci? E quando fa molto caldo *(it's very hot)*? E quando sei occupato(a) e non hai molto tempo?

4. Sei vegetariano(a)? Compri solo prodotti biologici *(organic)*?

5. A colazione, cosa bevi *(do you drink)*? Una tazza di caffè, una tazza di tè, un bicchiere di latte, o un succo di frutta?

La sala da pranzo di un ristorante elegante

Ascoltiamo! CD 1, Track 21

Una colazione. Mr Wilson is staying at an elegant **pensione** in Florence. After admiring the view of the city from his window, he has come down to have breakfast. Listen to his conversation with the waitress who takes his order; then answer the following questions.

Comprensione

1. Per che cosa è pronto il signor Wilson?
2. È in un albergo?
3. Sono freddi i panini e le brioche? Perché?
4. Che cosa desidera mangiare il signor Wilson?
5. Che succo di frutta ordina? Ordina anche caffè e latte?

6. Di che frutta sono le marmellate sul tavolo?
7. È contento il signor Wilson? Perché?

Dialogo

Colazione alla pensione. In groups of three, play the roles of two customers and a waiter/waitress. It's 8 A.M. and you are ordering breakfast at your inn.

Punti grammaticali

4.1 Verbi regolari in *-ere* e *-ire:* il presente

Gabriella scrive a Filippo. Papà legge il giornale.

La mattina il signor Brambilla dorme troppo e perde l'autobus.

scrivere *(to write)*				dormire *(to sleep)*			
io	scriv **o**	noi	scriv **iamo**	io	dorm **o**	noi	dorm **iamo**
tu	scriv **i**	voi	scriv **ete**	tu	dorm **i**	voi	dorm **ite**
lei/lui/Lei	scriv **e**	loro	scriv **ono**	lui/lei/Lei	dorm **e**	loro	dorm **ono**

Milano. Piazza del duomo

1. Verbs ending in **-ere** (second conjugation) and verbs ending in **-ire** (third conjugation) differ only in the ending of the **voi** form: **scriv*ete*, part*ite*.** Both **-ere** and **-ire** verbs differ from **-are** verbs in the endings of the **lui, voi,** and **loro** forms: **parlare → parl*a*, parl*ate*, p*ạ*rl*ano*.**

Scrivo una lẹttera a Gino.

{ *I write a letter to Gino.*
I am writing a letter to Gino.
I do write a letter to Gino.

Dormi in classe?

{ *Do you sleep in class?*
Are you sleeping in class?

2. Some common verbs ending in **-ere** are:

chiẹdere	*to ask*	**ricẹvere**	*to receive*
chiụdere	*to close*	**ripẹtere**	*to repeat*
crẹdere	*to believe*	**rispọndere (a)**	*to answer*
lẹggere	*to read*	**scrịvere**	*to write*
pẹrdere	*to lose; to miss (the bus, etc.)*	**vedere**	*to see*
prẹndere	*to take*	**vịvere**	*to live*

Che voti **ricevete** a scuola?   *What grades do you receive in school?*
Oggi **prendo** l'ạutobus.   *Today I'm taking the bus.*
Gli studenti non **rispọndono** alla domanda.   *The students don't answer the question.*

3. Some common verbs ending in **-ire** are:

aprire	*to open*	**seguire**	*to follow; to take a course*
dormire	*to sleep*	**sentire**	*to hear*
offrire	*to offer*	**servire**	*to serve*
partire (da)	*to leave (a place)*		
partire (per)	*to leave for (a place)*		

Quanti corsi **sẹgui?**   *How many courses are you taking?*
Dorme soltanto cinque ore.   *He sleeps only five hours.*
Sentite il telẹfono?   *Do you hear the phone?*
Parto da Roma in treno.   *I leave Rome by train.*
Parto per l'Itạlia domani.   *I leave for Italy tomorrow.*

Pratica

A. Che cosa fanno? What are the following people doing? With a partner, take turns asking and answering the questions with the correct forms of the verbs in parentheses.

1. Cosa (ricevere) _____ i camerieri alla fine del pranzo dai clienti?
2. Tu (chiedere) _____ dei soldi al papà o alla mamma quando hai bisogno di soldi?
3. Gli studenti d'italiano (seguire) _____ attentamente le spiegazioni del professore?
4. Voi (scrivere) _____ un tema *(composition)* in italiano ogni settimana?
5. Quante ore (dormire) _____ tu la notte?
6. La professoressa d'italiano (perdere) _____ spesso *(often)* la pazienza?
7. Cosa (vedere) _____ tu e il tuo compagno/la tua compagna di stanza dalla finestra?
8. Cosa (offrire) _____ tu quando inviti gli amici?
9. Voi (avere) _____ dei bei voti in italiano?
10. Tu (rispondere) _____ immediatamente quando un amico/un'amica ti manda *(sends you)* un sms *(text message)*? [esse emme esse = *text message*]
11. Quanti corsi (seguire) _____ tu questo trimestre?
12. Tu (prendere) _____ il caffè con zucchero o senza?

B. Scambi rapidi. Complete the following sentences as in the example. Then act out the exchanges with a classmate.

Esempio   Il professore   —Ragazzi, che cosa (vedere) _____ dalla finestra?
              —*Ragazzi, che cosa vedete dalla finestra?*

1. Al bar   —Signori, cosa (prendere) _____ Loro?
   —Io _____ una birra e la signora _____ un'acqua minerale.
2. Al ristorante   —Ragazzi, (leggere) _____ il menù. Oggi (offrire) _____ io il pranzo.
   —Grazie. Noi (prendere) _____ solo il secondo piatto.
   —Non (vedere/voi) _____ che ci sono dei buoni dolci?
   —Allora *(Then)* io (seguire) _____ il tuo consiglio *(advice)* e (prendere) _____ il tiramisù.

C. In pairs, ask each other questions using the verbs listed below. You can begin your questions with interrogative words or expressions you have learned, such as **quando, che cosa, a chi,** or **quanti.**

Esempio   offrire   —*Cosa offri (agli amici)?*
              —*Offro della Coca-Cola, o...*

1. vedere	3. rispondere	5. servire
2. leggere	4. scrivere	6. seguire corsi

—Preferisce con l'anestesia o senza?

4.2 Verbi in *-ire* con il suffisso *-isc-*

Many **-ire** verbs add **-isc-** between the stem and the endings of the **io, tu, lui,** and **loro** forms. In the vocabulary lists of this book and in some dictionaries, these verbs are indicated in this way: **finire (-isc-).**

finire* *(to finish)*	
finisco	finiamo
finisci	finite
finisce	finiscono

Some common verbs that follow this pattern are:

capire	*to understand*	**pulire**	*to clean*
finire	*to finish*	**restituire**	*to give back*
preferire	*to prefer*		

Quando **finisci** di studiare?	*When do you finish studying?*
Preferiamo un esame facile.	*We prefer an easy exam.*
Pulisco la casa il sabato.	*I clean the house on Saturdays.*

Pratica

A. Preferenze. What do the following people like for dessert? Follow the example.

Esempio Ornella / un gelato alla panna
Ornella preferisce un gelato alla panna.

1. i signori Rossi / della torta al cioccolato **2.** tu e la tua amica / delle fragole al marsala *(in sweet wine)* **3.** noi / una macedonia di frutta **4.** il signor Bianchi / un'arancia **5.** io / del gorgonzola e una pera **6.** e tu?

B. Progetti. It's Saturday. Giulia, Paolo, and Toni are talking about their plans for the day. In groups of three students, complete their conversation with the correct form of the verbs: **finire, capire, restituire,** and **preferire.**

PAOLO Ragazzi, oggi è una bella giornata. Cosa _____ fare *(to do)* voi?

GIULIA Io _____ fare un picnic al parco, però prima *(first)* ho bisogno di studiare perché io non _____ i pronomi, e tu Toni?

TONI Io devo *(must)* _____ dei libri alla biblioteca questa mattina.

PAOLO Gina, se tu _____ di studiare presto *(early)*, facciamo *(we have)* un picnic al parco?

GINA OK. Ci troviamo *(We meet)* al parco a mezzogiorno. Cosa _____ portare voi?

TONI Noi _____ portare le bevande, e tu?

GINA Io porto dei panini al prosciutto e della frutta.

PAOLO Allora ci vediamo a mezzogiorno, davanti alla fontana del parco.

C. Intervista. In pairs, take turns asking each other questions using the verbs: **preferire, pulire, capire, finire,** and **restituire.** You can begin your questions with an interrogative expression: **quando, cosa,** or **dove.**

Esempio – *Quando restituisci i libri alla biblioteca?*
– *Restituisco i libri alla biblioteca domani.*

*Finire takes **di** before an infinitive.

4.3 Il partitivo *(some, any);* alcuni, qualche, un po' di

il tè

del tè

la torta

della torta

le paste

delle paste

Desideri del tè o della torta?

1. The partitive **(partitivo)** is used to indicate a part of a whole or an undetermined quantity or number. In English, it is expressed by *some* or *any*. In Italian, it is expressed by the contraction of **di** and the definite article in all its forms **(del, dello, dell'; della, dell'; dei, degli; delle).**

Vorrei **dell'**acqua minerale.	*I would like some mineral water.*
Abbiamo **del** vino francese.	*We have some French wine.*
Ho **degli** amici simpatici.	*I have some nice friends.*

NOTE

a. The plural forms of the partitive may be thought of as plural forms of the indefinite article **un, uno, una.**

Ho **un** amico a Roma e **degli** amici a Napoli.	*I have a friend in Rome and some friends in Naples.*

b. The partitive is omitted in negative statements and is frequently omitted in interrogative sentences.

Comprate **(delle)** mele?	*Are you buying (some) apples?*
No, non compriamo frutta, compriamo **del** gelato.	*No, we are not buying (any) fruit, we're buying (some) ice cream.*

2. **Alcuni, qualche,** and **un po' di** are other forms that translate as *some*. The adjective **alcuni (alcune)** is *always followed by a plural noun*. The adjective **qualche** is invariable and is *always followed by a singular noun*. Both may replace the partitive when *some* means *a few*.

Invitiamo	**alcuni** amici. **qualche** amico. **degli** amici.	*We invite some (a few) friends.*
Pio porta	**alcune** bottiglie. **qualche** bottiglia. **delle** bottiglie.	*Pio brings some (a few) bottles.*

NOTE: With nouns that designate substances that can be measured but not counted, such as **pane, latte, carne, caffè, minestra,** etc., the partitive article **del, della, dello** cannot be replaced by **qualche** or **alcuni.**

3. **Un po' di (Un poco di)** may replace the partitive only when *some* means *a little, a bit of.*

Desidero	**un po' di** latte. **del** latte.	*I would like some milk.*
Mangio	**un po' di** pollo **del** pollo.	*I eat some chicken.*

—Cosa desideri? Ci sono alcune mele. C'è anche un po' di torta.

Pratica

 A. **Che cosa preferisci?** You and your classmate are at the supermarket. In pairs, take turns asking each other questions about what you prefer for dinner.

Esempio   ạcqua minerale / latte
—*Preferisci dell'ạcqua minerale?*
—*No, preferisco del latte.*

1. gelato / torta **2.** spinaci / zucchine **3.** pane e formạggio / frutta **4.** tè / Coca-Cola **5.** spaghetti / pizza **6.** vino / birra **7.** arrosto di vitello / scaloppine **8.** insalata verde / pomodori **9.** biscotti *(cookies)* / paste

 B. **Che cosa compri?** In pairs, take turns asking each other questions about what you are buying. Use **qualche** in your replies and follow the example.

Esempio   patate
—*Compri delle patate?*
—*Sì, compro qualche patata.*

1. panini	**4.** biscotti
2. bistecche	**5.** bottịglie di ạcqua minerale
3. mele	**6.** scạtole *(boxes)* di spaghetti

C. **Hai fame? Vorresti... ?** You and your friend are thinking about dinner. In pairs, take turns asking each other questions, following the example.

Esempio   pane
—*Vorresti del pane?*
—*Sì, vorrei un po' di pane.*

1. formạggio Bel Paese	**5.** pesce fritto
2. insalata di pomodori	**6.** macedọnia di frutta
3. pollo ai ferri	**7.** minestra di verdura
4. spinaci al burro	

D. **I gẹneri alimentari.** Anna, Lilli, and Mauro are at the supermarket. All three are buying three things each. Play their roles and tell what they are buying. Use the **partitivo.**

Esempio   **ANNA** *Io compro delle banane, del pane, dell'ọlio.*

ANNA _____

LILLI _____

MAURO _____

4.4 *Molto, tanto, troppo, poco, tutto, ogni*

1. The following adjectives express quantity:

molto, molta; molti, molte	*much, a lot of; many*
tanto, tanta; tanti, tante	*much, so much; so many*
troppo, troppa; troppi, troppe	*too much; too many*
poco, poca; pochi, poche	*little; few*

—Hai molta fame?
—Sì, ma ho pochi soldi.

Lavorate **molte** ore?	*Do you work many hours?*
Pensiamo a **tante** cose.	*We are thinking about (so) many things.*
I bambini mangiano **troppo** gelato.	*Children eat too much ice cream.*
Lui invita **pochi** amici.	*He invites few friends.*

2. When **molto, tanto, troppo,** and **poco** modify an adjective or a verb, they are *adverbs* **(avverbi).** As adverbs, they are invariable.

L'Italia è **molto** bella.	*Italy is very beautiful.*
Gli studenti sono **tanto** bravi!	*The students are so good!*
Tu parli **troppo.**	*You talk too much.*

3. When the adjective **tutto** is used in the singular, **tutto, tutta,** it means *the whole;* when it is used in the plural, **tutti, tutte,** it means *all, every.* The adjective **tutto** is followed by the definite article.

Studi **tutto il** giorno?	*Are you studying the whole day?*
Tutti i ragazzi sono là.	*All the boys are there.*
Studio **tutti i** giorni.	*I study every day.*

4. **Ogni** *(Each, Every)* is an *invariable* adjective. It is *always* followed by a singular noun.

Lavoriamo **ogni** giorno.	*We work every day.*
Ogni settimana gioco a tennis.	*Every week I play tennis.*

NOTE: Tutto and **ogni** are often used interchangeably.

$$\left.\begin{array}{l}\textbf{tutti } \text{i giorni}\\ \textbf{ogni } \text{giorno}\end{array}\right\} \quad every\ day$$

Tanto and **molto** can also be used interchangeably: **Ho molti amici** or **Ho tanti amici.** However, to express *so much!* or *that much!* **tanto** is used instead of **molto.**

Costa così **tanto!**	*It costs so much!*

Pratica

A. Quanto? Complete the sentences with the correct form of **quanto, molto, poco, tutto, tanto,** or **troppo.**

1. (troppo) Tu mangi _troppe_ lasagne.
2. (molto) Comprano _molta_ birra.
3. (tutto) Guardiamo _tutti_ i regali *(gifts)*.
4. (tutto) _tutte_ le ragazze parlano inglese.
5. (poco) Ci sono _pochi_ camerieri.
6. (quanto) _Quanto_ pane mangi!
7. (tutto) Nino suona la chitarra _tutto_ il giorno.
8. (poco) Desidero _poche_ cose.

B. Scambi rapidi. With a partner, complete the sentences using **molto** as an adverb, or the correct form of the adjective **molto**.

1. Fra compagni: —Scrivi _molte_ cartoline *(postcards)* agli amici quando sei in viaggio?

   —Affatto *(Not at all)*, perché non mi piace _molto_ scrivere.

2. Fra amiche: —Paola, oggi ti vedo *(you look)* _molta_ preoccupata *(worried)*. Perché?

   —Cara mia, ho _molte_ carte di credito, ma ho anche tanti debiti *(debts)*.

3. Fra colleghi: —Come mai *(How come)* dormi in ufficio? Non dormi _molto_ di solito la notte?

   —No, dormo poche ore la notte, e di giorno ho _____ sonno.

4. Fra conoscenti: —Ingegnere, desidero invitare Lei e la signora a un ristorante cinese _____ buono.

   —Grazie, accetto volentieri *(with pleasure)*. Mi piace _____ il cibo cinese.

 C. La piramide della salute. In pairs, take turns asking each other questions using **molto** and **poco**. Follow the example.

Esempio: pasta —*Quanta pasta mangi?*
  —*Mangio poca (molta) pasta.*

1. pane, pasta, riso...
2. verdura
3. frutta
4. carne
5. latte, formaggi
6. zucchero, dolci

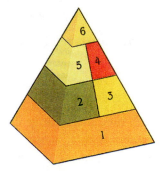

 D. Tutti(e)—Ogni. In pairs, take turns asking each other questions about your daily activities. Follow the example.

Esempio studiare / sere
  —*Studiate tutte le sere?*
  —*Sì, studiamo ogni sera.* o *No, non studiamo ogni sera.*

1. lavorare / giorni
2. mangiare a casa / giorni
3. preparare la colazione / mattine
4. invitare / studenti
5. guardare la televisione / sere

E. Conversazione. In pairs, take turns asking each other the questions that follow.

1. Ti piace mangiare al ristorante?
2. Mangi spesso al ristorante?
3. Quale cibo preferisci? Italiano, francese, messicano, giapponese, o indiano?
4. In quali occasioni vai a mangiare in un ristorante molto caro?
5. Ti piacciono le verdure? Quali? Quali sono le verdure che non ti piacciono?
6. Compri spesso dei gelati?
7. Ti piace organizzare un picnic? Cosa porti? Chi inviti?

Per finire

Una bella torta per il compleanno di Gabriella

Una festa di compleanno CD 1, Track 22

Domani Gabriella **compie** ventun anni. Lucia organizza una festa e invita Filippo, il ragazzo di Gabriella, e tutti gli altri amici.   *turns*

LUCIA Marcello, tu **che** hai sempre **un sacco di soldi,** che cosa porti?   *who / a lot of money*

MARCELLO **Macché** un sacco di soldi! Se aspetto i soldi di papà... Io compro alcune bottiglie di spumante Asti. E porto Liliana e Antonio con me nella Ferrari.   *No way*

LUCIA E loro, cosa portano?

MARCELLO Liliana ha intenzione di portare dei panini al prosciutto perché non ama cucinare. Antonio, sempre **al verde,** porta Fido e la chitarra.   *broke*

LUCIA Filippo, che cosa porti tu?

FILIPPO Del vino rosso e una torta Motta*. Va bene?

MARCELLO Molto bene. Con ventun **candeline,** vero? E tu, Lucia, che sei una **cuoca** molto brava, che cosa prepari?   *small candles* / *cook*

LUCIA Vorrei preparare un arrosto con delle patate fritte.

MARCELLO Perché non offriamo un regalo **insieme?** Qualche CD, per esempio, **dato che** a Gabriella piace la musica.   *together* / *since*

LUCIA D'accordo. E tu, Filippo, **che cosa regali?** Che cos'è? Siamo curiosi.   *what present are you bringing?*

FILIPPO Ho due **biglietti** per l'opera, ma **silenzio,** per piacere. È una sorpresa! Ho anche il **biglietto di auguri.** Perché non scrivete qualche parola anche voi?   *tickets / silence* / *birthday card*

La sera della festa tutti gli amici sono a casa di Lucia e aspettano Gabriella e Filippo. Quando i due aprono la porta gli amici **augurano:** «Buon compleanno, Gabriella!»   *wish her*

*A popular brand of pastries and cakes.

Comprensione

1. Perché organizza una festa Lucia? **2.** Chi invita Lucia? **3.** Chi è Filippo? **4.** È ricco o povero il padre di Marcello? **5.** Che cosa porta Marcello? E Antonio? **6.** Come arriva alla festa Marcello? Con chi? **7.** Perché Liliana porta dei panini? **8.** Che cosa porta Filippo? **9.** Quante candeline ci sono sulla torta? **10.** Che piatto prepara Lucia? **11.** Che cosa regala Filippo? Perché? **12.** Che cosa augurano tutti gli amici quando Gabriella e Filippo aprono la porta?

Conversazione

1. Che regalo desideri per il tuo *(your)* compleanno?

2. Di solito, dove festeggi *(do you celebrate)* il tuo compleanno? Che cosa desideri mangiare in questo *(this)* giorno?

3. Organizzi molte o poche feste per gli amici?

4. Che cosa portano gli amici?

5. Dimentichi il compleanno di un amico/un'amica o compri sempre un regalo?

Un picnic al parco

Adesso scriviamo!

Il compleanno di un amico/un'amica

Strategy: Structuring a good paragraph

A good paragraph begins with a clear and relevant topic sentence, or the first sentence of the paragraph. This alerts the reader to the subject of your paragraph and allows you to develop the key idea it introduces in subsequent sentences. Make sure that the rest of the paragraph stays on topic; if you introduce another, new idea, you should begin a new paragraph. In this task, you will make and describe plans for a birthday celebration for one of your friends at a nice restaurant.

A. To begin to organize your thoughts, make notes in response to the following questions.

    1. Chi compie gli anni?

    2. Qual è la data del compleanno?

    3. Chi sono gli ospiti?

    4. In quale ristorante è la festa di compleanno?

    5. Cosa c'è sul menù?

    6. Che cosa regali all'ospite d'onore?

    7. È una festa a sorpresa?

B. Now, on the basis of your notes, write a paragraph describing your plans for the birthday celebration, based on the strategy noted above.

C. Make sure that you have spelled all words correctly in your completed paragraph and double check subject–verb agreement and noun–adjective agreement. Share your description with a classmate. Would you like to be the guest of honor at each other's parties? Why or why not?

Parliamo insieme!

A. Al ristorante. In groups of three or four students, imagine that you are at the restaurant, Al Ponte. One student plays the role of the waiter and brings the menu. The other students order lunch Italian style: antipasto, first course, second course, etc.

In caso di necessità vengono usati prodotti surgelati

2° COLAZIONE ORE 12.20

Carrello d'antipasti assortito
* * * *
Pasticcio di lasagne alla bolognese
Mezzemaniche alla Rustica
Zuppa di riso, sedano e pomodoro
Ristretto in tazza
Succhi di frutta
* * * *
Braciola di vitello alla brace
Fesa di maiale alla carabiniera
Cordon Bleu di pollo
con patate fritte e salsa tartara
Peperonata alla napoletana
Patate a spicchio
Buffet d'insalate e verdure
* * * *
Piatto di formaggi
Coppa di gelato con ventaglio e sciroppo
Cestino di frutta

CENA ORE 19.20

Spianata calabrese, coppa nostrana e
bresaola con sottaceti
* * * *
Spaghetti al tonno e olive
Risotto al petto d'anitra e pepe verde
Zuppa alla fiorentina
Consommé Diavoletto
Succhi di frutta
* * * *
Sogliola di Dover alla Mugnaia
Battuta di manzo al Mercante di vino
Uova al tegamino con funghi
Patate saltate
Broccoli calabresi con pancetta
Verdure miste e insalata
* * * *
Assortimento di formaggi
Cestino di frutta fresca

Questa sera alle ore 21.00 danze. Auguriamo
alla nostra gentile Clientela una piacevole serata.

RISTORANTE AL PONTE

Montegrotto Terme, Martedì il 20 Novembre

NOTE: Seconda colazione is sometimes used instead of **pranzo.**

VOCABOLARIO UTILE			
carrello	*cart*	anitra	*duck*
maiale	*pork*	manzo	*beef*
cestino	*basket*		

B. Un invito. Student 1 telephones Student 2 and invites him/her to the birthday party of . . . (*choose the name of a student in your class*). It's a surprise party. Student 2 asks when the party is and at what restaurant, and wishes to bring a gift: a CD, a book, a poster, or . . . He/She also wishes to bring some food: what kind? Student 1 begins the phone call with:

Pronto. Sono... Come stai? ... Organizzo una festa di compleanno per... e desidero invitarti.

Vedute d'Italia

Dove andiamo a mangiare?

A. Prima di leggere

Following are descriptions of different types of restaurants that are common in Italy. As you read, try to determine what the main characteristics of each type of restaurant are and to make comparisons. Consider, for example, how formal or informal each type of restaurant is, what kind of food each serves, how expensive a meal typically is, and who the usual patrons are.

Verona, Un ristorante all'aperto

Al ristorante

Un ristorante è un **locale** elegante, dove   *place*
gli Italiani ordinano un pasto completo: un
primo piatto, un secondo piatto con uno
o due contorni, della frutta, del dolce e un
caffè. Ci sono molti ristoranti in Italia e sono
divisi in categorie di qualità e **prezzi.**   *prices*

In trattoria

Questo è un locale dove lavora tutta la fami
glia. Gli Italiani vanno in una trattoria per
mangiare i piatti tipici della regione. Non è
necessario ordinare un pranzo completo ma
anche solo un primo piatto o un secondo
piatto e il dolce. L'atmosfera è **di solito meno**   *usually less*
formale e i prezzi sono **inferiori a quelli** di   *lower than those*
un ristorante.

In pizzeria

Questo è un locale dove gli Italiani mangiano
di solito solo la pizza. La pizza italiana è
molto più **sottile** di quella americana ed
è cucinata in un **forno di pietra a legna**.
L'atmosfera è molto informale e gli Italiani,
di solito, bevono una Coca-Cola o una birra
quando mangiano la pizza. In Italia ci sono
molte pizzerie, tutte diverse **l'una dall'altra**.
Non ci sono molte **catene di pizzerie** come
in America e gli Italiani scelgono il locale
dove la pizza è più buona o dove **conoscono**
il **proprietario**.

thin
cooked /
wood-burning stone oven

one from another
pizzeria chains

know
the owner

Alla tavola calda

Questo è un locale dove gli Italiani vanno
quando hanno fretta. C'è molta **varietà di cibi**
che sono **già pronti** e i clienti **scelgono**
i piatti che preferiscono. Quando un cliente
ha il **vassoio** pronto, va alla **cassa** per pagare
i piatti **scelti** e poi va a sedersi a un tavolo.
Non ci sono camerieri: i clienti si servono
da soli. Una tavola calda di solito si trova in
centro, vicino alle banche e ad altri uffici,
dove gli Italiani che lavorano possono
andare a mangiare durante l'ora **libera**
per il pranzo.

choice of dishes
already prepared / choose

tray / cash register
chosen

free

Oggi, pollo!

In paninoteca

Questo è un locale che serve una grande varietà di panini caldi o freddi, e anche pizzette o insalate. Gli Italiani,

soprattutto i giovani, mangiano in una paninoteca quando hanno fretta o non hanno molti soldi. Vicino alle università ci sono molte paninoteche, dove gli studenti vanno durante **l'intervallo** del pranzo o **prima di** andare a casa, nel pomeriggio. In paninoteca, gli studenti parlano **dei** corsi, dei professori e studiano insieme.

break / before

about

B. Alla lettura. Dove andiamo a mangiare? On the basis of the information you have gathered, suggest where the following people are likely to go for a meal.

Esempio   I signori Bianchi hanno tre bambini e non hanno molti soldi. *Mangiano in una trattoria.*

1. Il signor Rossi lavora in in una banca del centro, a Milano.
2. Giorgio e Alessandra sono studenti universitari e le lezioni sono finite.
3. L'architetto Moretti porta fuori *(is taking out)* la moglie per il suo compleanno.
4. Marco e Alessia hanno voglia di un piatto tipico e di un buon dolce.
5. È domenica sera, Paolo incontra gli amici per andare al cinema, ma prima mangiano qualcosa insieme.

Vocabolario

Nomi

il bicchiere	glass
il biscotto	cookie
la bottiglia	bottle
la candelina	little candle
la carne	meat
il cibo	food
il compleanno	birthday
la cucina	kitchen; cooking, cuisine
il cuoco/la cuoca	cook
i generi alimentari	groceries
il piatto	dish, course
il regalo	gift, present
i soldi	money
la sorpresa	surprise
la spiegazione	explanation
la tazza	cup
lo zucchero	sugar

Aggettivi

alcuni(e)	some, a few
biologico	organic
ogni (*inv.*)	each, every
poco (*pl.* pochi)	little; few
qualche (*sing.*)	some
quanto, a, i, e	how much, how many
squisito	delicious
tanto	much, so much
troppo	too much
tutto	the whole; all, every
vegetariano	vegetarian

Verbi

amare	to love
aprire	to open
arrivare	to arrive
augurare	to wish (somebody)
capire (-isc)	to understand
chiedere	to ask
chiudere	to close
compiere... anni	to have a birthday
credere	to believe
cucinare	to cook
dimenticare	to forget
dormire	to sleep
festeggiare	to celebrate
finire (-isc)	to finish
invitare	to invite
leggere	to read
mandare	to send
offrire	to offer
ordinare	to order
organizzare	to organize
pagare	to pay
partire (da)	to leave (a place)
perdere	to lose
portare	to bring, to carry; to wear
preferire (-isc)	to prefer
prendere	to take, to catch
preparare	to prepare
pulire (-isc)	to clean
regalare	to give a present
ricevere	to receive
ripetere	to repeat
rispondere	to answer
restituire (-isc)	to give back
scrivere	to write
seguire	to follow
sentire	to hear
servire	to serve
vedere	to see
vivere	to live

Altre espressioni

avere... anni	to be . . . years old
d'accordo	OK, agreed
di solito	usually, generally
essere a dieta	to be on a diet
Ti piace (piacciono)... ?	Do you like . . . ? (*informal*)
Mi piace (piacciono)...	I like . . .
un po' di (un poco di)	some, a bit of
un sacco di	a lot of
Quanto? (*adv. inv.*)	How much?
Quanti anni hai?	How old are you?
se	if
senza	without
volentieri	with pleasure
vorrei	I would like

Intermezzo

Attività video

Piatti preferiti

A. After you watch the section of the video "**Piatti preferiti**" (in which the people interviewed talk about their favorite dishes), in groups of three students, take turns asking each other the following questions.

1. Dove dormono questa sera Marco e il suo amico Giovanni? Che cosa mangiano a cena? Che cosa bevono? Quale proverbio ricorda Marco? Il proverbio significa che il vino fa bene *(it is good)* o fa male *(it is bad)* alla salute *(for your health)*?

2. Un'intervistata parla delle specialità tipiche di Bologna. Quali sono?

3. Un altro intervistato dice che in Italia si mangia bene, ma c'è un piatto, molto popolare in America, che non gli piace per niente *(not at all)*. Che cos'è?

B. Watch the segment a second time and list some of the dishes mentioned by the people interviewed.

1. _____
2. _____
3. _____
4. _____
5. _____
6. _____

C. What are the typical courses in a complete lunch in Italy?

1. _____
2. _____
3. _____
4. _____
5. _____ e caffè

Partecipazione. Discuss the following questions with a partner.

- Quali sono i piatti che preferite?
- Che cosa ordinate spesso in un ristorante italiano?
- Sapete cucinare? Qual è un piatto che sapete preparare bene?
- Quando siete soli, vi preparate una cena con il primo e il secondo piatto, o vi fate un panino, oppure ordinate una pizza da asporto *(take out)*?

«SOLITUDINE», LAURA PAUSINI

Laura Pausini, popolare «pop singer» italiana, è famosa in tutto il mondo per le sue canzoni romantiche. Nata nel 1974 a Solarolo, in provincia di Ravenna (Emilia-Romagna), ha cominciato a cantare per il pubblico alla tenera età di otto anni.

La sua carriera di cantante pop è stata lanciata nel 1993 al Festival della canzone di San Remo, dove Laura ha vinto il primo premio con «Solitudine», una delle sue canzoni più note. I suoi album sono numerosi e quasi tutti di grande successo: milioni di copie sono state vendute in tutto il mondo. Laura canta in diverse lingue e le sue canzoni sono popolari non solo in Europa ma anche nell'America Latina e in Australia. Ha cantato diverse volte con Luciano Pavarotti, alla cui memoria ha dedicato il «Latin Grammy Award» da lei vinto nel 2007. Nel 2009 Laura Pausini inizia un «world tour» per presentare il suo nuovo album *Primavera in Anticipo*. Nella canzone «Solitudine», Laura esprime tutta la tristezza *(sadness)* di una ragazza per la partenza del suo giovane innamorato *(lover)*. La ragazza si domanda *(wonders)* se lui la pensa e se si rinchiude *(locks himself)* in camera, se piange *(cries)* e si sente *(feels)* solo.

A. Comprensione

In groups of three students, take turns asking each other the following questions.

1. Come si chiama il giovane innamorato della ragazza?
2. A cosa paragona *(she compares)* il treno delle 7.30 *(that they took together)* senza Marco?
3. Com'è il suo *(his)* banco?
4. Cosa si domanda *(is wondering)* la ragazza?
5. Cos'ha lei nel suo diario?
6. Perché accusa il padre di Marco?

B.

In groups of three students, decide together which of the two sentences are true.

1. Marco non ritorna più. / Marco ritorna con il treno delle 7.30.
2. Marco parte con lei. / Il treno sembra *(seems)* «un cuore di metallo senza l'anima» quando Marco non c'è.
3. Lei si domanda se lui pensa a lei. / Lei si domanda se lui la dimentica *(he forgets her)*.
4. Nel suo diario lei ha la foto di un bambino. / Nel suo diario lei ha la foto di Marco.
5. Per lei studiare è inutile perché pensa a lui. / Lei studia molto a scuola.

Partecipazione. Express your opinion about the following points.

• Dite quali sono i sentimenti che la ragazza prova *(feels)*: gioia, tristezza, delusione, solitudine, speranza *(hope)*, dubbio *(doubt)*, malinconia, dolore *(pain)*.

• Dite quali sentimenti provate voi *(you feel)* quando la persona che amate va via *(goes away)* per sempre.

• Dite se, quando provate questi sentimenti, voi riuscite a *(you are able to)* studiare e a concentrarvi in classe, o se invece *(instead)* siete distratti e pensate sempre alla persona amata. Cosa fate per ritrovare *(to find again)* la gioia di vivere? Vi distraete con gli amici? Cercate conforto con le persone che vi vogliono bene?

VOCABOLARIO UTILE

cuore di metallo senza l'anima *soulless heart of metal*

il banco è vuoto *his seat (at school) is empty*

con i tuoi *with your family*

rinchiuso in camera *locked in your room*

stringi il cuscino *you hug your pillow*

chissà *who knows*

ti nascondi *you hide*

piangi *you cry*

ti ha portato via *took you away*

le idee si affollano su te *my thoughts are of you*

non posso stare senza te *I cannot be without you*

Capitolo 5
Attività e passatempi

Santa Margaherita. Località ideale per attività ricreative, come la barca a vela e lo sci nautico

Punti di vista | Pronto? Chi parla?
Studio di parole: Il telefono
Informazioni: Il telefonino
Ascoltiamo! Una telefonata d'affari

Punti grammaticali
5.1 Verbi irregolari in **-are**
5.2 I giorni della settimana
5.3 **Quanto?** e i numeri cardinali
5.4 I mesi e la data

Per finire | La settimana di Filippo
Adesso scriviamo! Writing complex sentences
Parliamo insieme!

Vedute d'Italia | La vita degli studenti

Punti di vista

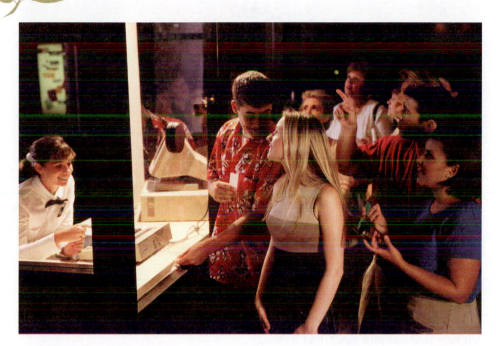

Andiamo al cinema?

Pronto? Chi parla? 🔊 CD 1, Track 23

Gianna telefona all'amica Marisa. La mamma di Marisa, la
signora Pini, risponde al telefono.

SIGNORA PINI Pronto?

GIANNA Buon giorno, signora. Sono Gianna. C'è Marisa,
per favore?

SIGNORA PINI Sì, un momento, è qui.

MARISA Pronto? Ciao, Gianna!

GIANNA **Finalmente! Il tuo** telefono è sempre occupato!   *Finally / Your*

MARISA Da dove telefoni?

GIANNA Sono vicino alla farmacia, e **faccio** una telefonata   *I am making*
breve perché i minuti del mio telefonino **stanno per**   *are about to end*
finire e **devo** comprare una **ricarica.**   *I have to / recharge*

MARISA **Allora, andiamo** al cinema oggi **pomeriggio?**   *So, are we going / afternoon*

GIANNA **Veramente** io preferisco giocare a tennis.   *Actually*

MARISA Va bene. Perché non andiamo in bicicletta al
campo da tennis? E quando ritorniamo, andiamo a   *tennis court*
prendere un gelato.

GIANNA Perfetto. Sono a casa tua **per le due.**   *by two (o'clock)*

Comprensione

1. A chi telefona Gianna? **2.** Chi risponde al telefono? **3.** Perché Gianna dice
(says) «Finalmente!»? **4.** Gianna usa un telefono pubblico? **5.** Da dove telefona
Gianna? **6.** È lunga la telefonata? **7.** Cosa desidera fare Marisa? E Gianna?

Studio di parole   Il telefono

—Pronto? Chi parla?
—Sono Filippo. C'è Gabriella, per favore?

il telẹfono pụbblico public phone

il telẹfono cellulare (telefonino) cellular phone

un sms (esse emme esse) text message

la ricarica recharge for cellular phones

l'elenco telefọnico phone book

il nụmero di telẹfono phone number

il prefisso area code

lịbero free

occupato busy

il (la) centralinista operator

la telefonata interurbana long-distance phone call

formare il nụmero to dial

la carta telefọnica prepaid phone card

la segreteria telefọnica answering machine

fare una telefonata
telefonare } to make a phone call, to phone
chiamare

parlare al telẹfono to talk on the phone

rispọndere al telẹfono to answer the phone

una telefonata personale a personal call

una telefonata d'affari a business call

una telefonata a cạrico del destinatạrio a collect call

—Pronto. Sono... Hello. This is . . .

—Vorrei parlare con... I would like to speak with . . .

—C'è... ? Is . . . in?

—Mi dispiace, non c'è. I'm sorry, he/she is not in.

—Vorrei lasciare un messạggio. I would like to leave a message.

—Qual è il nụmero di telẹfono di... ? What is the phone number of . . . ?

Informazioni — Il telefonino

Oggi in Italia è molto diffuso l'uso del telefono cellulare (il telefonino). Tra i paesi europei l'Italia è al primo posto *(place)* per il numero di telefoni cellulari, seguita dalla Finlandia e dalla Svezia. Su 58 milioni di abitanti, ci sono 53 milioni di telefoni cellulari. Non c'è dubbio *(doubt)*: agli Italiani piace parlare. La nuova tecnologia 3G *(third generation)* entusiasma molto gli Italiani, perché permette di fare video telefonate, video conferenze, ascoltare musica e anche di vedere i momenti più entusiasmanti delle partite di calcio *(soccer games)*. Adulti e ragazzi, anche molto giovani, lo usano ovunque *(everywhere)*, eccetto in classe, dove il telefonino deve essere spento *(off)*. Secondo *(According to)* i genitori, i ragazzi fanno un uso eccessivo del cellulare; se è vero che il telefonino è un mezzo *(way)* per contattare in ogni momento i figli, è anche vero che i ragazzi passano *(spend)* ore ed ore digitando messaggi. Il continuo contatto via sms con gli amici è diventato una dipendenza, oltre al fatto *(besides the fact)* che la ricarica del cellulare è costosa *(expensive)*.

CON TIM HAI IL BLACKBERRY BOLD 9000.

MAIL E INTERNET A TUTTA VELOCITÀ.

Tu, senza confini.

Applicazione

A. Domande

1. Dove cerchiamo *(do we look for)* un numero di telefono?
2. Se un numero non è nell'elenco, chi chiami tu?
3. Quando abbiamo bisogno del prefisso?
4. Negli Stati Uniti, di cosa abbiamo bisogno per chiamare da un telefono pubblico?

 B. La telefonata di Filippo. In coppie, fatevi a turno le domande che seguono sulla *(about the)* telefonata di Filippo (pagina 104).

1. Da dove telefona Filippo? A chi?
2. Il telefono di Gabriella è occupato?
3. Chi risponde al telefono, Gabriella o un'altra persona?
4. Cosa dice Filippo?
5. La telefonata di Filippo è una telefonata personale o una telefonata d'affari?

C. Conversazione

1. Fai molte telefonate tu? (Faccio...) Sono brevi o lunghe? Chi chiami più *(more)* spesso? Perché?
2. Telefoni oppure scrivi un biglietto *(write a card)* a un amico/un'amica per il suo compleanno?
3. Fai molte telefonate interurbane? Perché? (Perché no?) Fai telefonate a carico del destinatario?
4. Hai una segreteria telefonica? Una carta telefonica? Un telefono cellulare (telefonino)?
5. Mandi molti sms agli amici?

D.   Il tuo numero di telefono? In coppie, domandate al compagno/alla compagna vicino a voi, il suo *(his/her)* numero di telefono con il prefisso.

   E.   Pronto? In coppie, praticate *(act out)* le seguenti brevi telefonate.

Esempio   Telefoni a un amico/un amica per organizzare la giornata di domani.
—*Pronto! Sono Dino.*   —*Perché non andiamo in piscina?*
—*Oh, ciao, Dino.*   —*D'accordo. A domani.*
—*Cosa facciamo domani?*   —*Ciao.*

1.   Telefoni a un amico che si chiama Gino/a un'amica che si chiama Maria. La mamma risponde al telefono e dice che Gino/Maria non è in casa. Tu lasci un messaggio.

2.   Telefoni ad un compagno/una compagna di classe perché oggi tu eri *(were)* assente (Oggi ero assente.) e desideri informazioni sui compiti.

3.   Telefoni al dipartimento d'italiano dell'università perché desideri parlare con il tuo professore. La segretaria risponde che il professore non c'è e domanda se desideri lasciare un messaggio.

   Attività in gruppi. In gruppi di tre o quattro studenti, guardate la foto e commentate la situazione, usando la vostra immaginazione.

* Dove sono queste persone?

* Secondo voi, la telefonata del giovanotto *(young man)* è una telefonata d'affari o una telefonata personale?

* A chi telefona? Alla moglie *(wife)*? Alla fidanzata? Alla sua ragazza? Al suo socio *(partner)* in affari? A un collega d'ufficio?

* Le signore e le signorine guardano il giovanotto con curiosità? Con ironia? Con sarcasmo? Con uno sguardo *(look)* di disapprovazione?

* Forse *(Maybe)* telefona a troppe ragazze? Forse dice una bugia *(lie)*? Dice di essere in ufficio? O cosa dice?

* Il giovanotto si preoccupa *(is concerned)* di cosa pensano le signorine sull'autobus? O non si preoccupa affatto *(at all)*?

* La sua telefonata è una telefonata privata o d'affari?

Ascoltiamo!   CD 1, Track 24

Una telefonata d'affari. An architect, Gino Paoli, is making a business phone call to an engineer, Rusconi **(l'ingegner Rusconi),** about an appointment. Listen to his conversation with Rusconi's secretary; then answer the following questions.

Comprensione

1. L'architetto Paoli telefona a casa o all'ufficio dell'ingegner Rusconi?

2. C'è l'ingegnere?

3. Che cosa lascia Paoli?

4. Per quand'è l'appuntamento?

5. L'ufficio di Rusconi è nella stessa città da dove telefona Paoli? Perché no?

6. La telefonata di Paoli è una telefonata personale o d'affari?

Dialogo

You are calling your doctor's office for an appointment. His/Her secretary answers. You say: **Pronto. Sono...** and ask if the doctor is in. The secretary answers that she is sorry, but the doctor is not in. Tell her you would like to leave a message: Is it possible **(È possibile)** to see the doctor tomorrow? Then give her your phone number and say good-bye. In pairs, play the roles of the secretary and the patient.

Punti grammaticali

—Che cosa facciamo oggi pomeriggio?
—Andiamo a fare un giro in moto?

5.1 Verbi irregolari in -are

1. The following **-are** verbs are irregular in the present tense:

andare* *(to go)*		fare *(to do; to make)*		dare *(to give)*		stare *(to stay; to feel)*	
vado	andiamo	faccio	facciamo	do	diamo	sto	stiamo
vai	andate	fai	fate	dai	date	stai	state
va	vanno	fa	fanno	dà	danno	sta	stanno

Cosa **fai** stasera?	*What are you doing tonight?*
Faccio una telefonata interurbana.	*I am making a long-distance phone call.*
Vado a vedere un film.	*I am going to see a movie.*
Quando **danno** una festa?	*When are they giving a party?*
Come **sta** Maria?	*How is Maria?*
Maria **sta** a casa perché **sta** male.	*Maria stays (is staying) home because she feels ill.*

2. Fare is used in many idiomatic expressions, some of which are listed below:

fare attenzione	*to pay attention*
fare il bagno, la doccia	*to take a bath, a shower*
fare colazione	*to have breakfast*
fare una domanda	*to ask a question*
fare una foto	*to take a picture*
fare una gita	*to take a short trip*
fare un giro	*to take a walk or a ride*
fare una passeggiata	*to take a walk*
fare una pausa	*to take a break*
fare un regalo	*to give a present*
fare la spesa	*to buy groceries*
fare le spese	*to go shopping*
fare un viaggio	*to take a trip*

Facciamo un viaggio in Italia.	*We are taking a trip to Italy.*
Faccio una passeggiata prima di mangiare.	*I take a walk before eating.*
Lui non **fa domande.**	*He does not ask questions.*
Perché non **fate attenzione?**	*Why don't you pay attention?*

*****Andare** is followed by the preposition **a** before an infinitive.

3. Dare is used in the following idiomatic expressions:

dare del «tu»	*to address someone informally*
dare del «Lei»	*to address someone formally*
dare la mano	*to shake hands*

Diamo del «tu» agli amici, ma **diamo del «Lei»** ai professori.	*We use **tu** with friends, but we use **Lei** with professors.*

4. Stare is used in the following idiomatic expressions:

stare bene (male)	*to feel well (badly, ill)*
stare attento(a)	*to be careful; to pay attention*
stare zitto(a)	*to be quiet*

Stare per + *infinitive* translates as *to be about to (do something)*.

I corsi **stanno per** finire.	*Classes are about to end.*

5. Unlike in English, **andare** is not used to express the immediate future. To convey this idea, Italian uses the present (or future) tense: **Parto.** = *I am going to leave.* **Andare a** + *infinitive* expresses motion:

Di solito **vado a mangiare** alla mensa.	*Usually I go to the cafeteria to eat.*

NOTE: Andare a piedi translates as *to go on foot, to walk.*

I bambini vanno a scuola a piedi.	*The children walk to school.*

Pratica

A. Buon viaggio! Dite dove vanno queste persone e cosa visitano.

Esempio Marco (Roma / il Foro romano)
Marco va a Roma.
Va a visitare il Foro romano.

1. Tiziana (Parigi / il museo del Louvre)
2. Gina e Piero (Madrid / il museo del Prado)
3. Federico (Londra / l'abbazia di Westminster)
4. Noi (New York / la statua della Libertà)
5. Mario ed io (Washington / il monumento a Lincoln)

B. Quale verbo? Con un compagno/una compagna, a turno, fate le domande che seguono e rispondete usando le forme corrette di **andare, fare, dare** e **stare.**

Esempio Dove _____ voi stasera?
—Dove andate voi stasera?
—Andiamo al cinema. o...

1. Come _Sta_ tua mamma?
2. Quando _vai_ una festa, tu?
3. Dove _vanno_ gli studenti quando non stanno bene?
4. Tu _fai_ i compiti da solo(a) o con dei compagni?
5. Preferite _fare_ una passeggiata o giocare a tennis?
6. Tu _stai_ a casa oggi o _vai_ fuori?
7. Dopo le lezioni tu ed io _andiamo_ a comprare un gelato?
8. A chi _dai_ del «tu»?
9. Voi _andate_ a letto presto o tardi (*early or late*) la sera?

C. Descrizione. In gruppi di tre studenti, descrivete cosa fanno queste persone. Usate le espressioni con il verbo **fare.** Ogni studente collabora alla descrizione con dettagli *(details)*. Per esempio, nel numero 1: Chi sono le due persone? Dove sono? Cosa fanno? Chi paga il conto? Ecc.

1.   *Vanno colazione*

2.   *fa una passeggiata*

3.   *fanno un giro*

4.   *Parla al telefono*

5.   *fa la doccia*

D. Cosa facciamo stasera? Marco, Lisa e Gino fanno programmi *(plans)* per la sera. In gruppi di tre studenti, fate la loro parte *(play their role)* e completate il dialogo usando i verbi **fare, stare, andare,** e **dare.**

GINO   Marco, cosa _____ tu stasera?

MARCO   È sabato. Perché non telefoniamo a Lisa e a Franca e _____ con loro in discoteca?

GINO   OK, se *(if)* tu mi _____ il numero di telefono di Lisa, io le telefono *(I call her).*

GINO   Pronto? Lisa? Cosa _____ tu e Franca stasera?

LISA   Franca non _____ bene. Preferisce _____ a casa stasera, perché ha un po' d'influenza.

GINO   Anche tu _____ a casa?

LISA   No, io non vorrei _____ a casa. Dove _____ tu e Marco?

GINO   Pensiamo di _____ in discoteca. Vieni *(Are you coming)* con noi?

LISA   Perché no? Se voi mi _____ un passaggio *(lift)* in macchina, vengo *(I'm coming)* con voi.

GINO   Bene. Passiamo a prenderti alle otto *(We'll pick you up at eight).*

E. Conversazione

1. La mattina fai il bagno o la doccia?
2. Fai sempre colazione? Cosa mangi?
3. Cosa fai il pomeriggio, dopo le lezioni? Una passeggiata? Jogging?
4. Cosa fai quando hai bisogno di frutta, carne e verdura?
5. Cosa fai quando hai bisogno di vestiti *(clothing)*?
6. Che cosa fai il weekend (telefonate agli amici, le pulizie di casa, una gita, una festa...)?

5.2 I giorni della settimana

Agosto

lunedì	martedì	mercoledì	giovedì	venerdì	sabato	domenica
			1 s Alfonso de'Liguori	**2** s Eusebio di Vercelli	**3** s Lidia v.	**4** s Giov. M. Vianney
5 s Sisto II. p.	**6** Trasfig. N. Signore	**7** s Gaetano Thiene	**8** s Domenico cf.	**9** ss Fermo e Rustico	**10** s Lorenzo	**11** s Chiara v.
12 s Macario v.	**13** ss Ippolito e Ponziano	**14** s Alfredo m.	**15** Assunzione Maria Vergine	**16** s Rocco cf.	**17** s Giacinto sac.	**18** s Elena imp.
19 s Giovanni Eudes	**20** s Bernardo ab.	**21** s Pio X. p.	**22** Maria SS Regina	**23** s Rosa da Lima	**24** s Bartolomeo ap.	**25** s Ludovico re
26 s Alessandro m.	**27** s Monica v.	**28** s Agostino v.	**29** Martirio s Giov. Batt.	**30** s Gaudenzia m.	**31** s Aristide m.	

Sul calendario italiano, quasi ogni giorno è dedicato ad un santo. Se una persona si chiama Alessandro o Alessandra, per esempio, celebra il suo onomastico *(his/her saint's day)* il 26 agosto e in quel giorno riceve un biglietto di auguri e dei regali. (Alessandra riceve anche un mazzo di fiori.)

The days of the week, which you learned in the **Primo incontro,** are masculine except **domęnica,** which is feminine. **Sạbato** and **domęnica** are the only two days whose plural form differs from the singular (**ogni sạbato, tutti i sạbati; ogni domęnica, tutte le domęniche; ogni lunedì, tutti i lunedì**).

1. The preposition *on* is not expressed in Italian when used in expressions, such as *on Monday, on Tuesday*, and so on.

   Lunedì il Prof. Bini dà una conferenza.

   On Monday Prof. Bini is giving a lecture.

2. The singular definite article is used before the days of the week to express a habitual event.

   Il sạbato gioco a golf.

   On Saturdays (Every Saturday) I play golf.

   BUT

   Sạbato invito degli amici.

   (This) Saturday I am inviting some friends.

3. The expressions **una volta a, due volte a,** etc., + *definite article* translate into English as *once a, twice a*, etc.

   Vado al cịnema **una volta alla settimana.**

   I go to the movies once a week.

   Mangiamo **due volte al giorno.**

   We eat twice a day.

   Andiamo a teatro **quattro volte all'anno.**

   We go to the theater four times a year.

Pratica

A. Abitudini. Ripetete le frasi usando la forma corretta dell'aggettivo **tutto**.

Esempio   La doménica teléfono a mia madre.
Tutte le doméniche teléfono a mia madre.

1. Il lunedì Marco va a scuola in autobus. **2.** Il mercoledì e il giovedì Lella lavora in un negozio del centro. **3.** Il venerdì noi andiamo al supermercato. **4.** Il sabato il signor Galli fa un giro in bicicletta. **5.** La doménica i signori Santi vanno in chiesa.

B. Una volta o molte volte? In coppie, chiedétevi a turno (*take turns asking*) quante volte **al giorno (alla settimana, al mese, all'anno)** fate le seguenti cose.

Esempio   studiare in biblioteca
—*Quante volte alla settimana (al mese, o...) studi in biblioteca?*
—*Studio in biblioteca tre o quattro volte alla settimana.*

1. andare all'università
2. comprare un regalo per un amico/un'amica
3. fare la spesa
4. fare una telefonata interurbana
5. fare jogging
6. mandare (*send*) un sms

C. Gli appuntamenti di Cristina. Guardate il calendario di Cristina e rispondete alle domande che seguono.

palestra *gym*

parrucchiera *hairdresser*

La settimana di Cristina

1. Dove va Cristina martedì mattina?
2. Quando pranza con Lucia?
3. Va in palestra mercoledì mattina?
4. Quando cena con Carlo?
5. Quante volte vede Carlo?
6. Quando va al cinema? Con chi?
7. Quando ha l'appuntamento con la parrucchiera?

D. Conversazione

1. Quali giorni della settimana hai lezione?
2. Qual è il tuo giorno della settimana preferito? Perché?
3. Quante volte al mese vai al cinema?
4. Che cosa fai il sabato?
5. In quale giorno vedi gli amici?
6. Cosa fai domenica?

5.3 *Quanto? (How much?)* e i numeri cardinali

O dividiamo i cento milioni, o chiamo mio marito.

1. **Quanto (Quanta, Quanti, Quante)** used as an interrogative adjective agrees in gender and number with the noun it modifies.

Quante lezioni hai oggi?	*How many classes do you have today?*
Quanto tempo hai?	*How much time do you have?*

2. **Quanto** is invariable when it precedes a verb and is used as an indefinite interrogative expression.

Quanto costa la torta?	*How much is the cake?*
Quant'è la torta?	
Sette dollari.	*Seven dollars.*
Quanto fa quaranta meno sette?	*How much is forty minus seven?*
Fa trentatrè.	*It is thirty-three.*

To express age, Italian uses **avere** + *number* + **anni.**

Quanti **anni ha** Pietro?	*How old is Pietro?*
Pietro **ha diciannove anni.**	*Pietro is 19 (years old).*

3. You have already learned the cardinal numbers from 0 to 49. Here is a more complete list, showing the cardinal numbers from 0 to 100:

0	zero	10	dieci	20	venti	30	trenta
1	uno	11	undici	21	ventuno	31	trentuno
2	due	12	dodici	22	ventidue	40	quaranta
3	tre	13	tredici	23	ventitrè	50	cinquanta
4	quattro	14	quattordici	24	ventiquattro	60	sessanta
5	cinque	15	quindici	25	venticinque	70	settanta
6	sei	16	sedici	26	ventisei	80	ottanta
7	sette	17	diciassette	27	ventisette	90	novanta
8	otto	18	diciotto	28	ventotto	100	cento
9	nove	19	diciannove	29	ventinove		

a. All these numbers are invariable except **zero** and **uno**. **Uno** has the same forms (**un, uno, una, un'**) as the indefinite article **un** when it precedes a noun. (**Un amico** translates as *a friend* or *one friend*.)

C'è **una** fontana in Piazza Navona?	*Is there one fountain in Piazza Navona?*
No, ci sono **tre** fontane.	*No, there are three fountains.*
In 100 (cento), ci sono **due zeri**.	*In 100, there are two zeros.*

b. The numbers **venti, trenta, quaranta**, up to **novanta**, drop the final vowel before adding **uno** and **otto**.

trentun giorni	*thiry-one days*
quarantotto minuti	*forty-eight minutes*

c. The numbers **ventuno, trentuno, quarantuno**, up to **novantuno**, drop the final **o** before a noun.

Lisa ha **ventun** anni.	*Lisa is twenty-one years old.*

d. The numbers **venti, trenta, quaranta**, up to **cento**, usually drop the final vowel before the word **anni**.

La nonna ha **ottant'anni**.	*Grandma is eighty.*

e. **Tre** takes an accent when it is added to **venti, trenta**, and so on: **ventitrè, trentatrè**, etc.

f. In decimal numbers, Italian uses a comma (**virgola**) where English uses a period (**punto**): $3,25 **tre dollari e venticinque centesimi**.

4. The numbers above 100 are:

101	centouno	2.000	duemila
200	duecento	3.000	tremila
300	trecento	100.000	centomila
1.000	mille	1.000.000	un milione
1.001	milleuno	2.000.000	due milioni
1.100	millecento	1.000.000.000	un miliardo

a. Note that in writing numbers of four or more digits, Italian uses a period instead of a comma.

b. The plural of **mille** is **mila**.

duemila chilometri	*two thousand kilometers*

c. In Italian, **cento** and **mille** are not preceded by the indefinite article **un**.

cento euro	*a hundred euros*
mille persone	*a thousand people*

d. When **milione** (*pl.* **milioni**) and **miliardo** (*pl.* **miliardi**) are immediately followed by a noun, they take the preposition **di**.

Ci sono **due milioni di** abitanti a Roma?	*Are there two million inhabitants in Rome?*

Pratica

 A. **Quanto fa... ?** Con un compagno/una compagna, a turno, dettate *(dictate)* e risolvete queste operazioni.

1. 11 + **(più)** 30 = **(fa)** _____
2. 80 − **(meno)** 22 = _____
3. 10 × **(per)** 7 = _____
4. 100 ÷ **(diviso)** 4 = _____

 B. **Quiz.** In coppie, fatevi a turno le seguenti domande.

1. Quanti minuti ci sono in un'ora *(hour)*?
2. Quante ore ci sono in un giorno?
3. Quanti giorni ci sono nel mese di aprile?
4. Quanti anni ci sono in un secolo *(century)*?
5. Quante stelle ci sono sulla bandiera americana?
6. Quante libbre *(pounds)* ci sono, approssimativamente, in un chilogrammo?
7. Quanti zeri ci sono in 1.000 dollari?
8. Quanti studenti ci sono nella classe d'italiano?
9. Quante sillabe ci sono nella parola più lunga *(longest)* della lingua italiana: «precipitevolissimevolmente» *(very fast)*?

C. **Quanto costa?** Un tuo amico italiano/Una tua amica italiana in visita a Los Angeles ti domanda quanto costano le seguenti cose in dollari. Tu rispondi con i prezzi suggeriti. Un compagno/Una compagna fa la parte dell'amico italiano/dell'amica italiana.

Esempio   bicicletta / 450
—*Quanto costa una bicicletta?*
—*Costa quattrocentocinquanta dollari.*

1. motocicletta / 4.300
2. computer / 3.700
3. frigorifero / 1.170
4. casa / 650.000
5. Ferrari / 100.000
6. televisore / 990

5.4 I mesi e la data

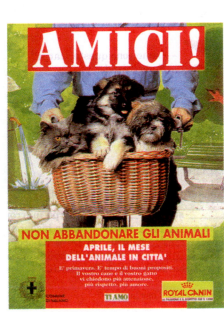

1. The months of the years are: **gennaio, febbraio, marzo, aprile, maggio, giugno, luglio, agosto, settembre, ottobre, novembre, dicembre.** They are masculine and are *not* capitalized.

2. Dates are expressed according to the following pattern:

definite article	+	*number*	+	*month*	+	*year*
il		20		marzo		2008

The abbreviation of the above date would be written **20/3/2008.** Note that in Italian the day comes *before* the month (compare both March 20, 2008 and 3/20/2008).

3. To express days of the month, *cardinal* numbers are used except for the first of the month, which is indicated by the ordinal number **primo.**

Oggi è il **primo** (di) aprile.
È il **quattordici** (di) luglio.
Lia è nata il **sedici** ottobre.
Abito qui dal **tre** marzo 2007.

Today is April first.
It is July fourteenth.
Lia was born on October sixteenth.
I have been living here since March 3, 2007.

4. To ask the day of the week, the day of the month, and the date, the following questions are used:

Che giorno è oggi?	*What day is today?*
Oggi è venerdì.	*Today is Friday.*
Quanti ne abbiamo oggi?	*What day of the month is it today?*
Oggi ne abbiamo trẹdici.	*Today is the thirteenth.*
Qual è la data di oggi?	*What is the date today?*
Oggi è il trẹdici (di) dicembre.	*Today is the thirteenth of December.*

5. The article **il** is used before the year.

Il 1996 è stato un anno bisestile.	*1996 was a leap year.*
Siamo nati **nel** 1984.	*We were born in 1984.*

NOTE: In Italian, the year cannot be expressed as two digits as it can in English (1999: nineteen ninety-nine). One can say either "in one thousand one hundred ninety-nine" (**nel millenovecentonovantanove**) or just "ninety-nine" (**nel novantanove**).

Pratica

A. Qual è la data di oggi? In cọppie, chiedẹtevi a turno qual è la data.

Esempio   15/8
      — *Qual è la data di oggi?*
      — *Oggi è il quindici (di) agosto.*

1. 13/4	**3.** 5/5	**5.** 31/7	**7.** 8/9
2. 23/2	**4.** 1/1	**6.** 11/6	**8.** 28/12

B. Un quiz su date importanti. In gruppi di tre studenti, uno studente/una studentessa fa le domande agli altri due studenti che *(who)* hanno il libro chiuso *(closed)*. Se la risposta è corretta, lo studente/la studentessa dice: «Giusto!» Se la risposta non è corretta, dice: «Sbagliato!» Se uno studente non sa rispondere, dice: «Non lo so *(I don't know it)*».

1941   1776   1492   1946   1861   1969

1. Qual è l'anno della scoperta dell'Amẹrica?

2. Qual è l'anno della fondazione della Repụbblica Italiana?

3. Qual è l'anno della dichiarazione dell'indipendenza americana?

4. Qual è l'anno dell'unificazione dell'Ịtalia?

5. Qual è l'anno in cui *(when)* gli Stati Uniti sono entrati nel conflitto della seconda guerra mondiale?

6. Qual è l'anno in cui l'uomo è sbarcato sulla luna?

C. Conversazione

1. Che giorno è oggi?

2. Qual è la data di oggi?

3. Quanti ne abbiamo oggi?

4. Quand'è il tuo compleanno?

5. In che anno sei nato(a) *(were you born)*? Sono nato(a) nel...

6. In che anno pensi di completare gli studi?

Per finire 🔊 CD 1, Track 25

Una tavola calda

La settimana di Filippo

LUNEDÌ Filippo va all'università. Dopo le lezioni gioca a tennis con Gabriella. Accompagna Gabriella a casa, va a casa e fa la doccia. La sera Filippo e i suoi compagni dell'università **si ritrovano** a una tavola calda per festeggiare l'anno accademico che sta per finire. *they gather*

MARTEDÌ La mattina Filippo lavora in ufficio. Nel pomeriggio fa jogging e nuota in piscina. La sera manda un sms a Gabriella per **invitarla** al cinema. Non riceve risposta. Probabilmente Gabriella è fuori con le amiche. Filippo decide di stare a casa e di studiare. *to invite her*

MERCOLEDÌ Filippo sta solo poche ore in ufficio perché domani ha un esame difficile. La sera fa una lunga telefonata a Gabriella.

GIOVEDÌ Filippo **dà** l'esame. L'esame è **un osso duro.** Gabriella lo aspetta al parco e vanno insieme in discoteca. Filippo ha bisogno di rilassarsi. *takes / tough*

VENERDÌ Domenica gli amici di Filippo vanno a **sciare** e Filippo **vorrebbe** andare con loro, ma è **al verde.** Manda una e-mail al padre: «Caro papà, qui a Milano **tutto** costa molto caro e io sono a corto di soldi. Ho bisogno di 200 euro per arrivare alla fine del mese». *to ski* *woud like / broke* *everything*

SABATO Filippo riceve un'e-mail dal padre: «Mio caro figlio, capisco la tua situazione, e mi dispiace. Una soluzione al tuo problema c'è: spendere **meno** o lavorare **di più**». *less* *more*

DOMENICA Gabriella è in vacanza con la famiglia e gli amici sono in montagna a sciare. Filippo è solo e senza soldi. Apre il **portafoglio**: ci sono due euro e cinquanta centesimi. Non sono sufficienti per andare al cinema, alla partita di calcio o in pizzeria. Filippo compra un gelato al pistacchio, fa una passeggiata al parco, e arriva alla conclusione che essere poveri non è divertente. *wallet*

Comprensione

1. Cosa fa Filippo dopo le lezioni all'università? E la sera, dove va? Perché?

2. Cosa fa il martedì pomeriggio? Perché manda un sms a Gabriella? Cosa decide di fare Filippo quando non riceve risposta da Gabriella?

3. Perché Filippo sta poche ore in ufficio mercoledì?

4. Com'è l'esame? Dove lo aspetta Gabriella? Perché vanno in discoteca?

5. Dove vanno domenica gli amici di Filippo? Perché lui non può *(can't he)* andare con loro?

6. Perché Filippo ha bisogno di soldi? Di quanto ha bisogno?

7. Qual è la soluzione del padre al problema di Filippo?

8. Quanti soldi ha Filippo nel suo portafoglio? Può andare alla partita di calcio? Cosa può comprare con i soldi che ha? A quale conclusione arriva Filippo?

Conversazione

1. Vai all'università tutti i giorni della settimana? Quali?

2. Dove vai dopo le lezioni?

3. Che cosa fai dopo cena?

4. Cosa fai il sabato sera? Vedi gli amici?

5. Stai a casa la domenica? Cosa fai?

6. Che cosa desideri fare questo fine settimana?

7. Quando sei al verde, chiedi soldi ai tuoi genitori *(your parents)*?

8. Cosa fai il fine settimana se sei al verde?

Adesso scriviamo!

Una settimana molto occupata

Strategy: Writing complex sentences

As your vocabulary in Italian expands, you will be able to combine thoughts and descriptions with connector words into more complex sentences. So, for instance, in this e-mail writing task, you will both describe your schedule and suggest activities that you can do given your schedule. In this way you can begin to construct sentences that combine the two thoughts.

With this in mind, imagine that an old friend is going to be in town next week. Bring your appointment calendar up to date so that you can figure out when you will be able to spend time with him/her. Then write an e-mail to your friend explaining your schedule and suggesting when you can get together.

A. Begin by making notes on your calendar to show what you are scheduled to do each day next week.

Esempio

13 **lunedì** s. Ilario vescovo
14 **martedì** Battesimo del Signore
15 **mercoledì** s. Mauro abate
16 **giovedì** s. Marcello papa
17 **venerdì** s. Antonio abate
18 **sabato** s. liberata vergine
19 **domenica** ss. Mario, Marta e compagni

B. Looking at your completed calendar, list the times when you will be able to see your friend and the activities you can suggest.

Esempio   *lunedì, dopo le lezioni: prendiamo un caffè al bar?*
martedì, la sera: andiamo al cinema?

C. Now, draft your e-mail, telling your friend about your schedule and suggesting what you might do when you are not tied up.

Esempio   *Ciao..., grazie del messaggio. Quando ci vediamo? Quando sei libero(a) tu? Ecco la mia settimana. Lunedì vado all'università. Dopo le lezioni ci vediamo al caffè? Martedì lavoro in ufficio, poi vado in biblioteca. Andiamo al cinema la sera?...*

D. Conclude your e-mail by saying good-bye and signing your name.

Esempio   *Ci vediamo,...*

Make sure that you have spelled all words correctly, and double check subject–verb agreement and noun–adjective agreement. Share your e-mail with a classmate. Does he/she think you and your friend are going to have an enjoyable week?

Parliamo insieme!

Le mie *(my)* **attività durante le festività di: Natale, Pasqua, San Valentino e il mio compleanno.**

 Attività in gruppi di tre o quattro studenti. Ogni studente del gruppo racconta *(tells)* cosa fa durante le feste indicate.

l'albero di Natale

Suggerimenti *(Suggestions)*: I go shopping, buy presents, give presents to friends and relatives, set up **(fare)** the Christmas tree; I go skiing, send Christmas cards, receive many presents: DVDs, books, clothes **(vestiti)**. I eat **panettone**, etc.

Suggerimenti: I have **(fare)** a picnic in the park with friends, I color **(colorare)** Easter eggs, buy flowers for my **(mia)** mother; I buy new clothes, call friends, send text messages, go **(fare)** jogging, take walks in the park; I take short trips, etc.

le uova di Pasqua

Suggerimenti: I give chocolates to my girlfriend/ boyfriend **(alla mia ragazza/al mio ragazzo)**; we go to the movies **(al cinema)**; I give a party and invite friends and schoolmates to the party. I make many phone calls; I also make long-distance phone calls. I download music on my **(sul mio)** iPod, etc.

Suggerimenti: I receive many presents and birthday cards from friends and relatives. I eat in a very expensive restaurant; I order my favorite food; I eat the whole birthday cake; I go to a **discoteca**, I go to a rock concert, etc.

VOCABOLARIO UTILE

relatives	parenti
to ski	sciare
cards	cartoline
download	scaricare
chocolates	cioccolatini

Vedute d'Italia

La vita degli studenti

A. Prima di leggere

You are about to read part of an interview between a **giornalista** *(reporter)* and three Italian students studying in Milan: Leonardo (from Milan), Daniele (from Rome), and Vincenzo (from Naples). The reporter is interested in talking to them about their studies and leisure-time activities.

GIORNALISTA Buon giorno ragazzi. Grazie di essere stati così **disponibili. Potete dirmi** i **vostri** nomi e di dove siete? *available / Can you tell me / your*

DANIELE **Certo!** Io mi chiamo Daniele e sono di Roma. Lui è Leonardo ed è di Milano, lui invece è Vincenzo ed è di Napoli. *Sure!*

GIORNALISTA Benissimo, grazie. Adesso **ditemi** che cosa studiate all'università. *tell me*

LEONARDO Io studio economia e commercio.

DANIELE Io invece sono qui perché mio padre fa il training per sei mesi in una **ditta** di Milano; così frequento due corsi di lingue straniere per imparare l'inglese e il tedesco. *firm*

VINCENZO Io studio informatica. Così, con **questo** diploma, **posso** trovare **facilmente** un lavoro. *this / I can / easily*

GIORNALISTA Allora, ditemi cosa fate durante il tempo libero?

DANIELE Andiamo al pub o in discoteca. Oppure facciamo un giro in macchina.

LEONARDO Oppure andiamo al cinema.

VINCENZO Andiamo anche a fare un giro in centro, guardiamo i negozi e incontriamo altri ragazzi e ragazze.

GIORNALISTA Bene, grazie ragazzi! Leggete l'articolo sul *Giornalino dei giovani*!

DANIELE, LEONARDO, VINCENZO Certo! Prego, arrivederci!

B. Alla lettura. Rispondete alle seguenti domande.

1. Come si chiamano i tre ragazzi che il giornalista intervista?
2. Di dove sono?
3. Che cosa studia Leonardo all'università?
4. Perché Daniele è a Milano? Quali corsi frequenta? Quali lingue straniere desidera imparare?
5. Che cosa studia Vincenzo? Che cosa spera *(hopes)* di trovare con il suo diploma?
6. Che cosa fanno i tre ragazzi quando hanno tempo libero?
7. Dove leggeranno *(will they read)* l'articolo i ragazzi?

Vocabolario

Nomi

l'abitante	inhabitant
l'appuntamento	appointment, date
il dollaro	dollar
l'euro	euro
il fine settimana	weekend
l'ingegnere	engineer
il mese	month
il padre	father
il papà	dad
la piscina	swimming pool
il pomeriggio	afternoon
il progetto	project
la risposta	answer
la settimana	week

Aggettivi

breve	brief, short
pubblico	public

Verbi

andare	to go
bastare	to be enough, to suffice
bere	to drink
costare	to cost
dare	to give
fare	to do; to make
nuotare	to swim
ritornare	to return
stare	to stay; to feel

Altre espressioni

allora	so, then
andare al cinema	to go to the movies
andare a piedi	to go on foot
dare del «tu»	to address somebody in the **tu** form
dare del «Lei»	to address somebody in the **Lei** form
dare la mano	to shake hands
essere al verde	to be broke
fare attenzione	to pay attention
fare colazione	to have breakfast
fare il bagno, la doccia	to take a bath, a shower
fare una domanda	to ask a question
fare una foto	to take a picture
fare un giro	to go for a spin (in the car or on foot)
fare una gita	to take a short trip
fare una passeggiata	to take a walk
fare una pausa	to take a break
fare un regalo	to give a present
fare la spesa	to go shopping (for groceries)
fare le spese	to go shopping
fare un viaggio	to take a trip
finalmente	finally
insieme	together
mi dispiace	I'm sorry
quante volte... ?	how many times . . . ?
Quanto fa... ?	How much is . . . ?
Quanti anni hai?	How old are you?
una volta, due volte	once, twice
stare attento(a)	to be careful, to pay attention
stare bene (male)	to feel well (badly, ill)
stare per...	to be about to . . .
stare zitto(a)	to be quiet
veramente	actually, truly

Capitolo 6
La famiglia

Oggi, generalmente, tanto il padre quanto la madre lavorano. Più che una scelta è una necessità, a causa *(because of)* dell'alto costo della vita. Oggi l'uomo partecipa attivamente alla cura dei figli e al disbrigo delle faccende domestiche *(household chores)*.

Punti di vista

Benetton © 2008; photo by David Sims

Nel passato, la famiglia italiana era molto numerosa. Oggi la famiglia è piccola, con uno o due figli, a causa dei cambiamenti *(changes)* economici e culturali avvenuti in Italia.

Una famiglia numerosa CD 1, Track 26

È sạbato, e Ornella **va a trovare** gli zii che ạbitano **in campagna.** Va in mạcchina, e la sua amica va con lei.

goes to visit
in the country

BIANCA Quante persone ci sono nella tua famịglia?

ORNELLA Mio padre, mia madre, mio fratello, le mie due sorelle ed io.

BIANCA Hai una famịglia numerosa.

ORNELLA **Abbastanza.**

Quite.

BIANCA Come si chiama tuo fratello e quanti anni ha?

ORNELLA Marco ha venticinque anni, e **fa l'ụltimo anno di medicina** all'Università di Bologna. È un bel ragazzo, intelligente. I suoi professori hanno un'opinione eccellente di lui. **Vuoi conọscerlo?**

he is in his last year
of medical school

Do you want to meet him? / with pleasure

BIANCA Sì, **volentieri!** Quando?

ORNELLA Domani sera. **Possiamo uscire** insieme; tu con mio fratello e io con il mio ragazzo.

We can go out

BIANCA Splẹndido!

Comprensione

1. Che giorno è? **2.** Con chi va a trovare gli zii Ornella? **3.** Quanti figli *(children)* ci sono nella famịglia di Ornella? **4.** Come si chiama suo fratello? **5.** Che opinione hanno di lui i suoi professori? **6.** Bianca vuole conọscere Marco? **7.** Secondo te, Bianca ha un ragazzo? **8.** Con chi esce *(goes out)* Bianca domani sera?

Studio di parole — L'albero genealogico

i genitori parents	**il genero** son-in-law
il marito husband	**la nuora** daughter-in-law
la moglie wife	**il cognato** brother-in-law
il fratello brother	**la cognata,** sister-in-law
la sorella sister	**nubile, single** unmarried, single female
lo zio uncle	**celibe, single** unmarried, single male
la zia aunt	**fidanzato(a)** fiancé(e)
il cugino/la cugina cousin	**sposato(a)** married
il nipote grandson; nephew	**separato(a)** separated
la nipote granddaughter; niece	**divorziato(a)** divorced
il (la) parente relative	**vedovo(a)** widower, widow
i parenti relatives	**il mio ragazzo** my boyfriend
i figli children	**la mia ragazza** my girlfriend
il suocero father-in-law	
la suocera mother-in-law	

Benché i nomi corrispondenti per *stepfather/mother, stepson/daughter* siano *(are)*: **patrigno/matrigna, figliastro/figliastra,** questi nomi sono raramente usati, perchè hanno una connotazione negativa. Riferendosi al «figliastro» o alla «figliastra», gli Italiani preferiscono usare: il figlio/la figlia di mio marito/mia moglie. I figli, generalmente, si rivolgono *(address)* al patrigno/alla matrigna usando il loro primo nome.

Informazioni — La parentela

Oggi è raro trovare in Italia la famiglia tradizionale del passato, quando due o tre generazioni vivevano nella stessa casa. La necessità di trovare un lavoro ha spinto *(forced)* i figli ad allontanarsi dalla casa paterna e a crearsi la loro famiglia altrove *(elsewhere)*. Molte volte i giovani, anziché *(instead of)* sposarsi, preferiscono convivere. Oggi, a causa della lontananza, è più difficile dare un aiuto ai genitori anziani *(elderly)*, che si ritrovano spesso soli e sono costretti ad andare nelle case di riposo. Inoltre, *(besides)* i nonni non possono più badare *(take care)* ai nipotini, che devono stare negli asili d'infanzia *(child-care facilities)* quando i genitori sono al lavoro.

Nonostante ciò *(In spite of this)*, la famiglia italiana è ancora unita da forti legami *(ties)* e i suoi membri si riuniscono spesso per festeggiare matrimoni, battesimi, compleanni, lauree e feste religiose o civili.

Applicazione

A. Chi è? Completate le seguenti frasi con l'espressione appropriata.

1. Il fratello di mio padre è mio _____.
2. La madre di mia madre è mia _____.
3. I nonni hanno un debole (*a weak spot*) per i loro _____.
4. La moglie di mio fratello è mia _____.
5. Rina non ha marito; è _____.
6. La figlia dello zio Piero è mia _____.

B. L'albero genealogico. Guardate l'albero genealogico a pagina 124 e rispondete alle seguenti domande con una frase completa.

1. Luigi e Maria sono marito e moglie. Chi sono i loro due figli? Chi è il loro genero? Chi sono i loro nipoti?
2. Anna è la moglie di Paolo. Chi è suo padre? Chi è suo fratello? Chi è sua cognata?
3. Chi è la suocera di Luisa? Chi sono i suoi due nipoti?
4. Enzo è il fratello di Marina. Chi è suo nonno? Chi è sua zia? Chi sono i suoi cugini?

C. Conversazione. In coppie, fatevi a turno le domande che seguono sulle vostre famiglie.

1. Hai fratelli o sorelle?
2. Quante persone ci sono nella tua famiglia? (Nella mia famiglia...) Hai una famiglia numerosa?
3. Come si chiama tuo padre? E tua madre?
4. Vai spesso a trovare i parenti?
5. Dove abitano i tuoi genitori, in città o in campagna?
6. Hai molti cugini?

Ascoltiamo!

 CD 1, Track 27

A casa degli zii. Ornella and her friend Bianca have just arrived at the house of her aunt and uncle in the country. Listen as everyone exchanges greetings and a few words; then answer the following questions.

Comprensione

1. Dove arrivano Ornella e la sua amica Bianca?
2. Dove abitano gli zii?
3. Cosa dice lo zio quando Ornella presenta la sua amica?
4. Come stanno i genitori di Ornella?
5. Dove lavora suo padre?
6. Qual è la professione di sua madre?
7. Cosa prepara la zia?

Dialogo

With another student, expand on the conversation you have just heard. For example, one of you can play the role of Bianca, and the other, that of Ornella's aunt or uncle. Ornella's aunt or uncle might ask Bianca if she is married or has a boyfriend and if she works or goes to school. Bianca might ask how many children there are in her hostess's (host's) family and what their names and ages are.

Punti grammaticali

6.1 Aggettivi e pronomi possessivi

La mamma porta a passeggio la sua bambina.
La bambina gioca con i suoi giocattoli *(toys)*.

Possessor	Singular		Plural	
	Masculine	Feminine	Masculine	Feminine
io *my*	il mio	la mia	i miei	le mie
tu *your (familiar sing.)*	il tuo	la tua	i tuoi	le tue
lui, lei *his, her, its*	il suo	la sua	i suoi	le sue
Lei *your (formal sing.)*	il Suo	la Sua	i Suoi	le Sue
noi *our*	il nostro	la nostra	i nostri	le nostre
voi *your (familiar pl.)*	il vostro	la vostra	i vostri	le vostre
loro *their*	il loro	la loro	i loro	le loro
Loro *your (formal pl.)*	il Loro	la Loro	i Loro	le Loro

1. Possessive adjectives express ownership or relationship (*my, your, his,* etc.). They agree in gender and number with the noun they modify, *not* with the possessor, and they are preceded by an article.

   È **la famiglia** di Antonio? Sì, è **la sua** famiglia.
   Sono **i fratelli** di Antonio? Sì, sono **i suoi** fratelli.
   Sono **le sorelle** di Antonio? Sì, sono **le sue** sorelle.

Il mio ragazzo, **la mia** ragazza	*My boyfriend, my girlfriend*
I nostri nonni	*Our grandparents*
Signor Riva, **la Sua** macchina è pronta.	*Mr. Riva, your car is ready.*

   NOTE

   a. Remember that whenever certain prepositions precede a definite article, the two words contract (see **Capitolo 3**): *Nella mia famiglia ci sono sei persone.*

Telefona **dal Suo** ufficio?	*Are you calling from your office?*
Ritornano **dal loro** viaggio.	*They are returning from their trip.*

b. The article is *not* used when a possessive adjective precedes a singular noun that refers to a relative. The article is used, however, if the noun referring to relatives is plural or if it is modified by an adjective or a suffix.

mio zio Baldo	*my uncle Baldo*
nostra cugina Nella	*our cousin Nella*
suo fratello	*his/her brother*

BUT

i miei zii e **le mie** cugine	*my uncles and my cousins*
la mia bella cugina Lia	*my beautiful cousin Lia*
il tuo fratellino	*your little brother*

c. **Loro** is invariable and is *always* preceded by the article.

la loro sorella	*their sister*
i loro vicini	*their neighbors*

d. Phrases, such as *a friend of mine* and *some books of yours* translate as **un mio amico** and **alcuni tuoi libri.**

e. The idiomatic constructions **a casa mia, a casa tua,** etc., mean *at (to) my house, at (to) your house,* etc.

2. The *possessive pronouns* have the same forms as the possessive adjectives. They are preceded by an article, even when they refer to relatives.

mia madre e **la sua**	*my mother and his/hers*
la tua casa e **la nostra**	*your house and ours*
i suoi amici e **i miei**	*his/her friends and mine*
Ecco mio fratello; dov'è **il Suo**?	*There is my brother; where is yours?*

—Mio figlio si chiama Luigi. E i Loro?
—I nostri si chiamano Mina, Lisa, Tino, Gino e Nino.

Pratica

 A. Cosa cerchi? Tu e il tuo compagno/la tua compagna siete un po' disorganizzati, e cercate alcune cose. In coppie, fatevi a turno le domande che seguono usando gli aggettivi possessivi.

Esempio quaderni
— *Cosa cerchi?*
— *Cerco i miei quaderni.*

1.
2.
3.
4. cartoline (*postcards*)
5.
6.
7.

3. orologio   5. giornali

B. Chi portate? La tua università celebra il centenario della sua fondazione. Alla celebrazione gli studenti possono invitare due persone, oltre *(besides)* ai loro genitori. Ogni studente/studentessa dice chi porta.

Esempio   cugino / amico Marco
 — *Io porto mio cugino e il mio amico Marco.*

1. sorella / fratellino
2. zio / zia
3. fratello / compagno(a) di liceo
4. parenti dall'Italia

5. nonna / migliore *(best)* amica
6. cugine di Roma
7. ?

 C. Di chi è? Domandate ad un altro studente/un'altra studentessa di chi sono i seguenti oggetti *(the following objects)*.

Esempio   È il cappotto di tuo fratello? / sì
 — *Sì, è il suo cappotto.*

1. È la Mini di tua sorella? / no
2. Sono i CD del tuo amico? / sì
3. È la Mercedes di tuo zio? / no
4. Sono gli indirizzi dei tuoi compagni di scuola? / sì
5. È il telefonino di tuo cugino? / no
6. È la ragazza di tuo fratello? / sì

È la Mercedes di tuo zio?

 D. Un'amica curiosa. Una compagna di stanza desidera sapere molte cose. In coppie, fatevi a turno le domande che seguono, usando nella risposta la preposizione articolata + aggettivo possessivo. Seguite l'esempio.

Esempio   Dove sono le chiavi? / (my) borsa *(bag)*
 — *Sono nella mia borsa.*

1. A chi scrivi? / (my) parenti
2. Di chi è la foto? / (my) nonni
3. Dov'è l'indirizzo di Luigi? / (his) scrivania
4. Dov'è la macchina di Fiona? / (her) garage
5. Dove sono gli appunti di storia? / (your) scaffale *(m.)*
6. Di chi è quest'orologio? / (my) amica
7. Dov'è il gatto? / (your) letto
8. Dove sono i libri di Luisa e Marco? / (their) zaini

E. Una telefonata interurbana. Completate la conversazione telefonica tra Milena e Gianna. Usate gli aggettivi possessivi preceduti dalla preposizione articolata corretta.

MILENA   Ciao, Gianna! Come va? Quando ritorni _____ viaggio?

GIANNA   _____.

MILENA   Io festeggio la mia laurea e vorrei invitarti _____ festa.

GIANNA   Molto volentieri. Posso venire (*May I come*) _____ fidanzato?

MILENA   Certamente. Vorrei invitare anche Gino e Franco. Ma ho bisogno _____ numeri di telefono.

GIANNA   Mi dispiace, ma non ho i loro numeri di telefono. Domani li cerco _____ agenda del telefono.

MILENA   Bene, allora (*then*) tu puoi (*can*) telefonare a Gino e Franco ed invitarli _____ festa.

GIANNA   Bene. Grazie dell'invito e a presto (*I'll see you soon*).

F. Completate con il pronome possessivo corretto: **il tuo, la tua, i tuoi, le tue.** Usate la preposizione quando è necessaria.

Esempio   Io scrivo a mio padre e tu scrivi _____.
   Io scrivo a mio padre e tu scrivi al tuo.

1. Io faccio i miei compiti e tu fai _i tuoi_.
2. Io parlo alla mia insegnante e tu parli _alla tua_.
3. Io vedo mio cugino e tu vedi _il tuo_.
4. Io invito le mie sorelle e tu inviti _le tue_.
5. Io scrivo a mio fratello e tu scrivi _al tuo_.
6. Io pago i miei conti e tu paghi _i tuoi_.
7. Io leggo il mio libro e tu leggi _il tuo_.

G. Come si chiama...? In coppie, fatevi a turno le seguenti domande. Seguite l'esempio.

Esempio   la madre
   — *Come si chiama tua madre?*
   — *Mia madre si chiama..., e la tua?*
   — *La mia si chiama...*

1. il (la) cantante preferito(a)
2. il padre
3. il liceo
4. gli attori/le attrici preferiti(e)
5. il migliore amico/la migliore amica
6. il cugino/la cugina
7. gli animali che hai

6.2 Verbi irregolari in *-ere* e in *-ire*

Il sabato possiamo fare attività
sportive al parco.

The following verbs ending in **-ere** are irregular in the present tense:

bere (to drink)		dovere (to have to, must; to owe)		potere (can, may, to be able to)		volere (to want)	
bevo	beviamo	devo	dobbiamo	posso	possiamo	voglio	vogliamo
bevi	bevete	devi	dovete	puoi	potete	vuoi	volete
beve	bevono	deve	devono	può	possono	vuole	vogliono

Dovere and **potere** are followed by an infinitive. **Volere** may be followed by an infinitive or a noun.

Oggi **beviamo** del Chianti.	*Today we are drinking Chianti.*
Stasera **devo** uscire.	*Tonight I have to go out.*
Possiamo fare molte cose.	*We can do many things.*
Cosa **vuoi** mangiare?	*What do you want to eat?*
Vuole un succo d'arancia?	*Do you want (a glass of) orange juice?*

NOTE

a. **Dovere,** followed by a noun, corresponds to the English *to owe*.

| **Devo** cento euro a mia zia. | *I owe my aunt one hundred euro.* |

b. The expression **voler(e) bene** translates as *to love (to have affection for someone)*.

| **Voglio bene** a mia mamma e a mio papà. | *I love my mom and my dad.* |
| Mia sorella **vuole bene** al suo gattino. | *My sister loves her kitten.* |

In closing a letter, the expression *Love* is translated as **Con affetto.**

c. The expression **voler(e) dire** translates as *to mean*.

| Cosa **vuol dire** questa parola? | *What does this word mean?* |
| Non capisco. Cosa **vuoi dire?** | *I don't understand. What do you mean?* |

The following verbs ending in **-ire** are irregular in the present tense:

dire *(to say, to tell)*		uscire* *(to go out)*		venire *(to come)*	
dico	diciamo	esco	usciamo	vengo	veniamo
dici	dite	esci	uscite	vieni	venite
dice	dicono	esce	escono	viene	vengono

Un proverbio dice: «Dopo la pioggia viene il sole». Che cosa vuol dire questo proverbio? C'è un proverbio simile in inglese?

I genitori **dicono** «Buon compleanno!»	*The parents are saying "Happy birthday!"*
Veniamo domani.	*We'll come tomorrow.*
Esce tutte le sere.	*He/She goes out every night.*
Lia **riesce** bene a scuola.	*Lia is very successful in school.*

Pratica

 A. Cosa beviamo? In coppie, fatevi e turno le domande che seguono e completate le seguenti frasi usando il verbo **bere.**

—Cosa <u>bevi</u> tu quando hai molta sete? Io <u>bevo</u>.

—Quando <u>bevete</u> dello champagne tu e i tuoi amici? Noi <u>beviamo</u>.

—Cosa <u>bevono</u> gli Italiani, in generale, a cena? Gli Italiani <u>bevono</u>.

—Cosa <u>bevi</u> tu la mattina, a colazione? Io <u>bevo</u>.

 B. Cosa possiamo fare con 1.000 euro? In coppie, tu dici ad un amico/un'amica quello che *(what)* le seguenti persone vogliono fare con 1.000 euro. L'amico(a) esprime *(expresses)* la sua opinione: se le persone possono, o non possono fare, con 1.000 euro quello che desiderano.

Esempio   i miei genitori / andare in Italia
 —*I miei genitori vogliono andare in Italia.*
 —*I tuoi genitori non possono andare in Italia.*

1. io / comprare una macchina fotografica
2. mio fratello / fare un viaggio a New York
3. mia sorella ed io / portare i nostri genitori all'opera
4. i miei cugini / comprare una barca *(boat)*
5. tu ed io / dare una festa per tutti gli studenti
6. io / affittare *(to rent)* una villa in Toscana per un mese
7. mio marito ed io / fare una crociera *(cruise)* alle isole Hawaii
8. tu / comprare un computer Macintosh

*The verb **riuscire** *(to succeed)* is conjugated like **uscire.**

C. Cosa fate se... ? In coppie, fatevi a turno le seguenti domande. Nella risposta usate la forma corretta del verbo **dovere** e un po' d'immaginazione.

Esempio   — *Cosa fai se hai un problema con la tua macchina?*
— ***Devo*** *portare la macchina dal meccanico.*

1. Cosa fai se tuo padre non ti dà abbastanza soldi?
2. Cosa fanno gli studenti quando non stanno bene?
3. Cosa fate tu e i tuoi compagni quando non capite una spiegazione?
4. Cosa fanno gli studenti se ricevono un brutto voto in italiano?
5. Cosa fate tu e il tuo compagno/la tua compagna di stanza se non volete cucinare *(to cook)*?
6. Cosa fai se vuoi invitare i tuoi genitori a cena?

 D. Quanto dobbiamo a... ? Tu e il tuo compagno/la tua compagna avete preso in prestito *(borrowed)* dei soldi quando avete affittato insieme un appartamento. Chiedetevi a turno quanti soldi dovete restituire.

Esempio   Quanto devi a tuo fratello? / 50 euro
— *Devo 50 euro a mio fratello.*

1. Quanto devi ai tuoi genitori? / 575 euro
2. Quanto devi a tua nonna? / 100 euro
3. Quanto devi ai tuoi zii? / 200 euro
4. Quanti euro dobbiamo restituire in totale?
5. _____.

 E. Cosa diciamo? In coppie, fatevi a turno le seguenti domande. Seguite l'esempio.

Esempio   tu / quando arrivi in classe
— *Cosa dici tu quando arrivi in classe?*
— *Dico «Buon giorno». o...*

1. voi / al compleanno di un amico
2. noi / quando rispondiamo al telefono
3. i tuoi genitori / quando vedono i tuoi voti
4. tu / quando un tuo parente o un tuo amico parte
5. tu / a un compagno prima di un esame difficile
6. voi / agli amici la sera tardi *(late)* dopo una festa
7. gli Italiani / quando fanno un brindisi *(they make a toast)*

F. Qual è il verbo corretto? Completate con le forme corrette di **uscire** e **venire**, secondo il caso *(according to the context)*.

1. Questa sera io non _esco_ perché i miei nonni _vengono_ a cena.
2. Tu e il tuo compagno _uscite_ tutte le sere! Dove andate?
3. Oggi mia madre non _esce_ di casa perché aspetta sua sorella che _viene_ dall'Italia.
4. Se noi _veniamo_ presto *(early)* dall'ufficio, possiamo fare una passeggiata.
5. Quando _venite_ a casa mia voi?
6. Se volete, possiamo _uscire_ insieme stasera.

G. Un breve messaggio. Enrico manda un sms a Francesca. Completate i loro sms usando i verbi **uscire** e **venire** nella forma corretta.

ENRICO   Francesca, _____ al cinema con me stasera?

FRANCESCA   Stasera dovrei (*I should*) stare a casa per finire un paper. Posso _____ domani sera.

ENRICO   Perché (noi) non _____ stasera, e domani, che è domenica, io ti aiuto (*I'll help you*) a finire il paper?

FRANCESCA   D'accordo, _____ .

ENRICO   Io _____ a casa tua verso (*at about*) le otto.

H. Conversazione

    1. Esci spesso il sabato sera?

    2. Esci solo(a) o con gli amici?

    3. Quando tu e il tuo amico/la tua amica uscite, dove andate di solito?

    4. Dite ai vostri genitori a che ora tornate?

    5. Sabato sera do una festa a casa mia, vieni anche tu?

    6. Viene anche il tuo compagno/la tua compagna? Venite insieme?

6.3   *Sapere* e *conoscere*

In Italian there are two verbs that both translate as *to know* in English: **sapere** and **conoscere.** They are conjugated as follows:

sapere		conoscere	
so	sappiamo	conosco	conosciamo
sai	sapete	conosci	conoscete
sa	sanno	conosce	conoscono

—Pietro! Cosa fai? Mia madre non sa nuotare!

   1. Sapere is an irregular verb. It means *to know how to do something, to know a fact.*

Sai la lezione?	*Do you know the lesson?*
Nino **sa** suonare il piano.	*Nino knows how to play the piano.*
Sai che domani è vacanza?	*Do you know that tomorrow is a holiday?*

NOTE: Sapere takes the direct-object pronoun **lo** to replace a dependent clause.

Sai chi è Sophia Loren?	*Do you know who Sophia Loren is?*
Sì, **lo** so. È un'attrice.	*Yes, I know (it). She is an actress.*
Sapete **quando è morto JFK?**	*Do you know when JFK died?*
No, **non lo** sappiamo.	*No, we do not know (it).*

   2. Conoscere is a regular verb. It means *to be acquainted with a person or a place* and *to meet someone for the first time.*

Non **conosco** il sig. Paoli.	*I don't know Mr. Paoli.*
Conosciamo bene Venezia.	*We know Venice well.*
Desidero **conoscere** i tuoi genitori.	*I would like to meet your parents.*

Pratica

 A. Sapete... ? In coppie, fatevi a turno le seguenti domande.

1. Quante lingue sai parlare?
2. Tu e i tuoi compagni sapete sempre quando c'è un esame o qualche volta è una sorpresa?
3. Tuo padre e tua madre sanno che voti ricevi? Cosa dicono?
4. Sai suonare il piano?
5. Nella tua famiglia, chi sa suonare uno strumento musicale?
6. Sai dov'è nato *(was born)* tuo nonno? E il tuo bisnonno *(great grandfather)*?

 B. Un padre preoccupato. Il padre di Gabriella fa molte domande su *(about)* Filippo (il ragazzo di Gabriella) a un conoscente *(acquaintance)*. In coppie, fate la parte del padre di Gabriella e della persona che risponde. Incominciate le domande con **Sa... ?** o **Conosce... ?** Elaborate le risposte.

Esempio   suo padre
—Conosci suo padre?
—Sì, conosco suo padre. È un uomo simpatico. o No, non conosco suo padre.

1. dove abita
2. dove lavora
3. la sua famiglia
4. se è un ragazzo che ha voglia di lavorare
5. i suoi amici

6. i suoi genitori
7. quanti anni ha
8. se spende troppi soldi
9. quanti fratelli o quante sorelle ha
10. quando si laurea

 C. Lo sai o non lo sai? In gruppi di tre studenti, uno studente/una studentessa fa le seguenti domande agli altri due studenti. Se uno studente/una studentessa non sa rispondere, dice: «**Non lo so**».

Esempio   —Sai chi ha inventato la radio?
—Lo so. Guglielmo Marconi.

1. Sai se Torino è nell'Italia settentrionale o meridionale?
2. Sai come si chiamano le montagne a nord dell'Italia?
3. Sai qual è la capitale d'Italia? Sai in quale regione si trova *(is)*?
4. Sai quante regioni ci sono in Italia?
5. Sai in quale città si trova il Colosseo?
6. Sai cos'è *La Divina Commedia?*
7. Sai chi è l'autore?
8. Sai in quale isola si trova Palermo?
9. Sai cos'è il tiramisù?

6.4 I pronomi diretti

The direct-object pronouns are used to replace direct-object nouns. The direct object of a sentence answers the questions *whom?* or *what?*

Chiamo **il cameriere. Lo** chiamo.　　Vịsito **il museo. Lo** vịsito.
Chiamo **la signora. La** chiamo.　　Vịsito **la chiesa. La** vịsito.
Chiamo **gli amici. Li** chiamo.　　Vịsito **i giardini. Li** vịsito.
Chiamo **le ragazze. Le** chiamo.　　Vịsito **le città. Le** vịsito.
Mi chiami? **Sì, ti** chiamo.　　**Ci** chiami? **Sì,** vi chiamo.

Here is a chart showing all of the direct-object pronouns:

Singular		Plural	
mi (m') *me*	**mi** chiạmano	**ci** *us*	**ci** chiạmano
ti (t') *you* (familiar)	**ti** chiạmano	**vi** *you* (familiar)	**vi** chiạmano
lo (l') *him, it*	**lo** chiạmano	**li** *them (m.)*	**li** chiạmano
la (l') *her, it*	**la** chiạmano	**le** *them (f.)*	**le** chiạmano
La (L')* *you* (formal, m. & f.)	**La** chiạmano	**Li, Le** *you* (formal, m. & f.)	**Li/Le** chiạmano

*The formal pronoun **La (L')** is both masculine and feminine, as in **arrivederLa.**

1. A direct-object pronoun immediately precedes the conjugated verb even in the negative form.

   Leggo le lẹttere. **Le** leggo.　　*I read the letters. I read them.*
   Buona sera, dottore. **La** chiamo domani.　　*Good evening, Doctor. I'll see you tomorrow.*

   Non **ci** invịtano mai.　　*They never invite us.*

2. Usually the singular pronouns **lo** and **la** drop the final vowel before a verb beginning with a vowel sound.

   Inviti **Lucia?**　　Ascolti **la rạdio?**
   Sì, **l'**invito.　　No, non **l'**ascolto.

3. Unlike their English equivalents, Italian verbs, such as **ascoltare** (*to listen to*), **guardare** (*to look at*), **cercare** (*to look for*), and **aspettare** (*to wait for*) are not followed by a preposition; they therefore take a direct object.

   Cerchi la ricetta?　　*Are you looking for the recipe?*
   Sì, **la** cerco.　　*Yes, I am looking for it.*
   Vi aspetto stasera alle otto.　　*I will be waiting for (expecting) you at eight o'clock tonight.*

— Compri il panettone a Natale?
— Sì, lo compro ogni Natale.

Il dolce tradizionale di Natale è il panettone, che gli Italiani regalano a parenti, amici e colleghi di lavoro. È un dolce farcito *(filled)* con frutta candita *(candied)* e uva sultanina *(raisins)*. Hai mangiato il panettone qualche volta? In quale occasione l'hai mangiato?

Lisa　Guarda Gina! Quello è Luigi che ti fa la proposta di matrimonio!
Gina　Oh! Luigi è così romantico!
Lisa　Vuoi sposarlo?
Gina　Sì, voglio sposarlo! E tu, vuoi farmi da damigella d'onore?
Lisa　Con molto piacere!

4. When a direct pronoun is the object of an infinitive, it is attached to the infinitive, which drops the final -**e**.

Non desidero veder**la**.	*I don't wish to see her.*
Preferisco aspettar**ti** al caffè.	*I prefer to wait for you at the coffee shop.*

NOTE: With the verbs **potere, volere, dovere,** and **sapere,** the object pronoun may either be placed before the conjugated verb or attached to the infnitive.

Ti posso chiamare? ⎫
Posso chiamarti? ⎭   *May I call you?*

5. A direct-object pronoun attaches to the expression **ecco!**

Ecco**lo**!	*Here (There) he is!*
Ecco**mi**!	*Here I am!*

Pratica

A. Sostituzione. In coppie, fatevi a turno le seguenti domande. Rispondete sostituendo le parole sottolineate *(underlined)* con un pronome diretto.

Esempio   – *Dove aspetti il <u>tuo amico</u>?*
          – *L'aspetto al caffè.* o…

1. Dove incontri <u>i tuoi compagni</u>?
2. Quando guardi <u>la TV</u>?
3. Vedi spesso *(often)* <u>i tuoi genitori</u>?
4. <u>Mi</u> chiami stasera dopo cena?
5. Usi <u>il telefonino</u> tutti i giorni?
6. Fai <u>i compiti</u> da solo(a) o con i compagni?
7. <u>Ci</u> offri qualcosa *(something)* da bere?
8. Quando pulisci <u>la tua stanza</u>?
9. Fai <u>colazione</u> la mattina? Cosa mangi?
10. Prendi <u>il caffè</u> nero o macchiato *(with a drop of milk)*?

B. Quando? Un amico ti chiede quando fai le seguenti cose. In coppie, fatevi a turno le domande, e rispondete usando i pronomi, secondo l'esempio.

Esempio   fare la spesa
          – *Quando fai la spesa?*
          – *La faccio il sabato.* o…

1. comprare i fiori per la mamma
2. mandare le cartoline di auguri
3. fare i compiti
4. incontrare gli amici
5. usare il computer
6. invitare i tuoi genitori a cena

C. Scambi rapidi. I genitori parlano con il figlio Aldo, giornalista, che è ritornato da un lungo viaggio. Completate il dialogo con i pronomi appropriati.

ALDO   Cari mamma e papà, finalmente _____ rivedo *(I see you again)*! Come state?

PAPÀ   Noi stiamo benone. Ma tu, come _____ trovi *(do you find us)*? Tristi e vecchi forse?

ALDO   Anzi *(On the contrary)*, _____ trovo sempre giovani e in ottima forma, e _____ rivedo con tanto piacere!

MAMMA   Anche noi _____ rivediamo con tanta gioia. Siamo tanto contenti quanto tu _____ chiami e vieni a trovarci.

ALDO   Purtroppo devo partire domani! A proposito, papà, domani tu _____ accompagni alla stazione in macchina?

PAPÀ   Sì, _____ accompagno volentieri.

MAMMA   Noi _____ aspettiamo sempre, e speriamo che tu ritorni ad abitare nella nostra città.

D. Breve conversazione tra amici. In coppie, fatevi a turno le domande che seguono e rispondete usando i pronomi diretti.

Esempio   – Vuoi invitare *i nostri compagni* a cena?
              – *Sì, voglio invitarli a cena.*

1. Devo mandare *gli inviti*?
2. Hai bisogno di usare *il mio computer portatile*?
3. Vuoi vendere *(to sell) la tua macchina*?
4. Vuoi guidare *(to drive) la mia Mini*?
5. Pensi di finire *gli studi* l'anno prossimo?
6. Vuoi preparare *la cena* per stasera?
7. Preferisci fare *i compiti* stasera o domani mattina?
8. Puoi chiamar*mi* dopo cena?

E. Dove sono? Il tuo compagno/La tua compagna domanda dove sono alcune cose nella classe. Tu rispondi usando **ecco** e il pronome appropriato.

Esempio   – *Dov'è la penna?*
              – *Eccola!*

F. Un vero amico. Completate la conversazione tra Gino e Marco. Usate i pronomi diretti e la vostra immaginazione per individuare le parole che mancano *(missing)*.

GINO   Marco, tu capisci i pronomi diretti?

MARCO   Sì, io _____, e tu no?

GINO   No, io non _____, e domani abbiamo un esame. Mi aiuti *(help)* a fare i compiti?

MARCO   Sì, posso _____ questa sera. Tu hai la macchina?

GINO   No, _____.

MARCO   Puoi prendere l'autobus?

GINO   Sì, posso _____. Passa vicino a casa mia.

MARCO   Allora ci incontriamo in centro, al Caffè Internet.

GINO   Grazie, Marco. Io _____ aspetto davanti al Caffè Internet. A proposito *(By the way)*, puoi portare i tuoi appunti? Io non so dove sono i miei.

MARCO   Sì, posso _____, se _____ trovo.

GINO   Dopo i compiti io _____ offro un cappuccino o, se vuoi, una pizza.

MARCO   No, grazie, ma puoi _____ un gelato.

Per finire CD 1, Track 28

Un matrimonio tradizionale: La sposa, accompagnata dalle damigelle d'onore, si reca in chiesa.

Il fidanzamento

Stasera c'è una festa a casa di Gabriella. Gabriella festeggia il suo fidanzamento con Filippo.

Gabriella è figlia unica. È studentessa universitaria. Suo padre lavora in **una ditta** di assicurazioni. Sua madre è professoressa di musica ed è una bravissima cuoca.

firm

Alla festa ci sono anche i nonni di Gabriella, suo zio Aldo e sua zia Milena con i loro due figli: Nino e Franco, due ragazzini di otto anni. Nino e Franco sono gemelli. Viene anche Betulla, la cugina di Gabriella che abita a Brescia. Filippo viene con i suoi genitori. Gabriella e sua madre hanno preparato una cena squisita.

Dopo cena tutti **sono seduti** in **salotto**. Betulla ammira **l'anello** di fidanzamento di Gabriella: un anello in oro bianco con tre piccoli **brillanti**.

are sitting / living room / ring diamonds

LA ZIA MILENA Gabriella, dove hai conosciuto Filippo?

GABRIELLA L'ho conosciuto all'università.

BETULLA Quando pensate **di sposarvi**?

to get married

GABRIELLA Speriamo l'anno prossimo.

FILIPPO Prima dobbiamo prendere la laurea **tutt'e due**.

both

LO ZIO ALDO Quando finite gli studi?

GABRIELLA Li finiamo quest'anno.

FILIPPO **Poi** dobbiamo trovare un lavoro.

Then

LA MADRE DI GABRIELLA Devono anche cercare un appartamento.

GABRIELLA Speriamo di trovarlo vicino ai miei genitori.

NINO Possiamo venire anch'io e Franco al matrimonio?

GABRIELLA Certamente, voi siete tutti invitati.

Comprensione

1. Che cosa festeggia Gabriella questa sera? **2.** Che cosa fa Gabriella? Lavora?
3. Dove lavora suo padre? **4.** Che cosa sa fare molto bene la mamma di
Gabriella? **5.** Chi viene alla festa di stasera? **6.** Dove ha conosciuto il suo
fidanzato Gabriella? **7.** Cosa devono fare Gabriella e Filippo prima di sposarsi?
8. Quando finiscono gli studi? **9.** Dove vogliono trovare un appartamento?
10. Che cosa chiede Nino?

Conversazione

1. Quando vedi i tuoi parenti? Spesso o solo in occasioni speciali (Festa del
Ringraziamento, Natale, Hannukah, compleanni, anniversari,...)?

2. Quale parente vedi più spesso?

3. I tuoi parenti vivono vicino o lontano?

4. Hai parenti che vivono in altri paesi? Quali?

5. Qual è il tuo (la tua) parente più simpatico(a)? Perché?

Adesso scriviamo!

La descrizione di una famiglia

Strategy: Writing more elaborate descriptions

Previously, you learned how to write a simple description and how to construct a good paragraph with a topic sentence. Now you can combine these
and write a more elaborate description. In this activity, you will write three
short paragraphs, each with a topic sentence: the first paragraph will be a
short general description of your family; the second, a brief but more specific
description of particular family members; and the third concludes with a
general thought about your family.

Adesso, con la tua immaginazione pensa a una
descrizione della famiglia di Antonio illustrata
nel disegno.

A. Prima descrivi tutta la famiglia insieme:
È numerosa? Quante persone ci sono?
Qual è la relazione tra loro *(among them)*?

B. Poi descrivi ogni membro: Quanti anni ha?
Qual è la sua professione o attività scolạ-
stica? Com'è il suo carạttere? Quali sono i
suoi passatempi preferiti?

C. Concludi con uno o due commenti:
Pạssano *(Do they spend)* molto tempo
insieme? Prạnzano insieme? È una famiglia divertente? Unita?
Affettuosa *(Warm)*?

D. Adesso controlla la tua descrizione. Tutte le parole sono scritte correttamente? Hai controllato l'accordo tra l'aggettivo possessivo e il nome? Controlla in modo particolare la forma degli aggettivi possessivi con i termini
di parentela: Hai sempre bisogno dell'articolo? Ora, con un compagno/una
compagna leggete le vostre descrizioni: Sono divertenti? Sono interessanti?

Parliamo insieme!

A. Un'occasione speciale. Un amico/Un'amica annuncia il suo fidanzamento. Voi volete sapere molte cose e domandate:

1. if you know his/her fiancé(e)
2. if you may see his/her picture
3. what he/she is like
4. how old he/she is
5. if he/she is a student or has a diploma or **laurea** (or is working and where)
6. where he/she lives

Add that you would like to meet the fiancé(e) and to be invited to the wedding (**nozze**, *f. pl.*).

B. Scegliamo *(Let's chose)* **il marito.** Attività in gruppi di tre studenti/studentesse. Uno/Una di voi ha una cugina di 32 anni che cerca marito. Leggete i quattro annunci e decidete insieme qual è il miglior partito *(the best choice)* per la cugina nubile.

♥♥ MATRIMONIALI

33ENNE bella presenza, romantico, buon lavoro, sposerebbe ragazza carina, affettuosa, lavoratrice, anchè nullatenente massimo trentenne, possibilmente residente in Torino. Gradito tel. Scrivere: Publikompass 8602 - 10100 Torino.

30ENNE bella presenza alto 1,85, diplomato, cerca scopo matrimonio bella e diplomata. Scrivere: Publikompass 8601 - 10100 Torino.

ATTRAENTE, sportivo, 55enne, ottimo livello socio/culturale, sposerebbe bella signora/ina, snella, fine, pulita, 30/50enne, anche straniera. Scrivere: Publikompass 8549 - 10100 Torino.

51ENNE vedovo cerca signora/ina o vedova 40/48enne seria scopo matrimonio max serietà, no perditempo. Scrivere: Publikompass 7022 - 10100 Torino.

VOCABOLARIO UTILE

nullatenente	*poor*
scopo	*purpose*
pulita	*clean*
no perditempo	*no waste of time*

C. Un lieto evento. In coppie, leggete l'annuncio e fatevi a turno le domande che seguono. Usate gli aggettivi possessivi.

1. Come si chiama la neonata?
2. Qual è la sua data di nascita?
3. In quale città è nata?
4. Chi è Liliana?
5. Come si chiamano i suoi genitori?
6. Chi dà l'annuncio della sua nascita?

C'è Roberta!

La piccola Liliana con Carla e Giorgio

danno l'annuncio della sua nascita.

Milano, 24 Novembre 2001

Vedute d'Italia

La famiglia in Italia

A. Prima di leggere

You are about to read how the Italian family has evolved historically and socially. The two wars of the 20th century were the catalysts that have propelled the Italian woman into the workforce. In 1970, the Italian Parliament passed a law permitting divorce. In 1975, the new **Diritto di famiglia** declared moral and judicial equality between husband and wife. The family nucleus has changed.

In Italia i Governi **sono stati lenti** a seguire i cambiamenti sociali. **Inoltre,** gli Italiani **hanno sempre avuto** un **comportamento** tradizionale e abitudinario. In Italia, la famiglia **risentiva ancora** del concetto patriarcale. Il marito-padre era il capofamiglia: a lui **spettavano** le decisioni principali per la famiglia (come, ad esempio, la **scelta** della residenza e l'educazione dei figli). La donna-moglie-madre **doveva** rispettare la sua autorità. Certamente, anche in Italia incominciavano i primi movimenti femministi che rivendicavano la parità tra uomo e donna in tutti i **campi** della vita sociale e familiare. Le due guerre mondiali del **XX secolo** sono state i **catalizzatori** dei cambiamenti sociali. Le due guerre **hanno messo in evidenza** tutte le capacità delle donne nel campo produttivo e **gestionale**, quando le donne **hanno dovuto sostituire** gli uomini andati in guerra.

have been slow
Besides
always had / behavior

was still under the influence

was supposed to make

choice
had to

fields

20th century / catalysts
have shown

managerial
had to replace

Un momento decisivo nel cambiamento della mentalità dell'epoca **è stato** il movimento degli studenti (chiamato il movimento studentesco del Sessantotto-1968). L'Italia **si era ripresa** dai disastri dell'ultima guerra e la società era **pronta** ad **affrontare** i cambiamenti sociali. Nel 1970 il Parlamento italiano approvò la legge sul divorzio. A quel tempo il *New York Times* **aveva scritto** che con quella legge anche l'Italia **era uscita** dal **Medioevo**. La componente cattolica del Paese, naturalmente, **non si era arresa** e nel 1974 **domandò** un referendum abrogatorio. La popolazione, in grande maggioranza, **votò contro** il referendum. Nel 1975 il nuovo Diritto di famiglia **dichiarò** finalmente l'uguaglianza morale e **giuridica** del marito e della moglie. I cambiamenti sociali ed economici sono evidenti nella composizione del nucleo familiare, una volta molto numeroso, oggi

was

had recovered
ready / to face

wrote / had come out
Middle Ages / did not give up the fight / demanded
voted against
declared / Judicial

con uno o due figli **solamente**. Il nucleo familiare è
cambiato: marito e moglie; marito e moglie e uno o due
figli; nuclei composti da «single», sia uomini che donne;
nuclei **allargati** che comprendono **coniugi già** divorziati
e risposati oppure conviventi, **sia** con nuovi figli **sia**
con i figli dei matrimoni precedenti. È di data recente
una proposta del Governo di riconoscere i diritti delle
«coppie di fatto», **cioè** non sposate, ma semplicemente
conviventi.

only

*extended / couples
already / both . . . /
and*

that is (i.e.)

B. Alla lettura. Completate le seguenti frasi.

1. Gli Italiani hanno sempre avuto un comportamento _____
   _____.

2. Le due guerre mondiali del XX secolo _____
   _____.

3. Nel 1970 il Parlamento Italiano _____
   _____.

4. Nel 1975 il nuovo Diritto di famiglia dichiarò _____
   _____.

5. I cambiamenti sociali ed economici sono evidenti _____
   _____.

- **Famiglie italiane: 21.503.080 milioni con un numero medio di componenti di 2,6**
- **Coppie con figli: 45%; Coppie senza figli: 26%; Persone sole 23%**
- **Coppie miste sposate o conviventi nel 1991: 65.000; nel 2006: 600.000
  Dati statistici da censimenti decennali e da indagini ISTAT.**

Massimo e Laura, sposi novelli, dopo la cerimonia

Vocabolario 🔊

Nomi

la campagna	countryside
il carattere	temperament
la donna	woman
la famiglia	family
il fidanzamento	engagement
il fratellino	little brother
la sorellina	little sister
i gemelli	twins
la giornata	(the whole) day
i giovani	young people
il matrimonio	marriage, wedding
il membro	member
la montagna	mountain
la nascita	birth
le nozze	wedding ceremony
l'opinione (*f.*)	opinion
due o tre persone	two or three people
la riunione	reunion
la serata	(the whole) evening
lo sposo	groom
la sposa	bride
gli sposi	newlyweds
la storia	story
l'uomo (*pl.* gli uomini)	man

Aggettivi

eccellente	excellent
felice	happy
importante	important
meraviglioso	wonderful
numeroso	numerous
preoccupato	worried, preoccupied
strano	strange
tranquillo	quiet

Verbi

accompagnare	to accompany
aiutare	to help
bere	to drink
conoscere	to know, to be acquainted with
descrivere	to describe
dire	to say, to tell
dovere	to have to, must; to owe
fumare	to smoke
presentare	to introduce
potere	to be able to, can
raccontare	to tell (a story)
riuscire	to succeed
sapere	to know, to know how
sperare	to hope
usare	to use
uscire	to go out
venire	to come
volere	to want

Altre espressioni

andare a trovare	to visit (people)
a proposito	by the way
meravigliosamente	wonderfully
voler(e) bene	to love
voler(e) dire	to mean
Cosa vuole dire... ?	What does . . . mean?

Intermezzo
Attività video

La mia famiglia

A. Dopo che avete guardato la sezione del video «La mia famiglia», in gruppi di tre studenti, fatevi a turno le seguenti domande.

1. Chi telefona a Marco? Perché Marco non può parlare al telefono?
2. In quale città si trovano Marco e Giovanni quando Marco telefona alla mamma?
3. Che cosa gli ricorda *(reminds him)* sua madre? Come si chiama suo zio?
4. Com'è la famiglia in Italia, secondo Marco?

B. Guardate il video una seconda volta e poi completate le seguenti frasi.

1. La prima intervistata dice che è sposata ed ha due _____ di _____ anni che fanno l'università a _____ .

2. La seconda persona intervistata dice che suo padre è medico, sua madre è _____ e sua sorella _____ .

3. L'ultima intervistata dice che ha 45 anni, è sposata, non ha _____, ma ha _____.

Partecipazione. Fate una conversazione sui seguenti argomenti *(topics)*.

- Quante volte (più o meno) usate il vostro cellulare ogni giorno. A chi telefonate più spesso. A chi mandate ogni giorno degli sms.
- Quali sono i vantaggi e gli svantaggi del cellulare.
- Parlate della vostra famiglia: quanti sono i membri della vostra famiglia, chi sono e cosa fanno.
- Conoscete delle famiglie italiane? Dite se avete notato delle differenze tra la famiglia italiana e quella americana. Se non conoscete famiglie italiane, dite se avete qualche opinione guardando i film italiani.

C. Buon compleanno!

1. Guardate questa sezione del video e in gruppi di tre o quattro studenti, fatevi a turno le domande.
   a. Chi compie gli anni oggi?
   b. Quando è andato in America lo zio Jerry? Prima o dopo la seconda guerra mondiale?
   c. È andato con la sua famiglia? Ha avuto successo in America? Come?
   d. Perché Marco gli telefona oggi? Cosa vuole sapere da lui Marco?
   e. Che cosa fa Marco in giro per l'Italia?

2. a. Come festeggiano i loro compleanni alcuni intervistati?
   1. _____ 2. _____
   b. Cosa fa un intervistato il giorno di Natale?
   c. Come passa *(spends)* il giorno di Pasqua un altro intervistato? Chi cucina?

Partecipazione

- Dite quand'è il vostro compleanno e come lo festeggiate.

- Dite cosa fate, in generale, il giorno di Natale. Dite se, durante le vacanze di Natale, preferite stare a casa e mangiare tante cose buone, o se preferite andare a sciare *(to ski)* in montagna con gli amici.

- Spiegate cosa vi piace fare durante le vacanze di primavera: una gita? Un viaggio all'estero? Visitare dei posti nuovi? Iniziare una nuova attività sportiva?

«IL PESCATORE», FABIO DE ANDRÉ

La canzone «Il Pescatore *(The fisherman)*» è di Fabrizio De André, cantante, cantautore e poeta nato a Genova nel 1940. Fabrizio De André è considerato uno dei migliori musicisti del ventesimo secolo. Le sue canzoni e le sue ballate raccontano le vite di coloro che *(those who)* vivono ai margini della società: i poveri, gli oppressi, i ribelli, gli zingari, le minoranze. Affrontano il problema dell'emarginazione, della criminalità e altri problemi sociali. Fabrizio De André ha pubblicato molti album, tra cui *La buona novella*, basato sulla vita di Cristo. De André ha composto anche molte canzoni in dialetto genovese e sardo *(Sardinian)*. Ai funerali per la sua morte prematura, avvenuta nel 1999, era presente una folla immensa. A strade, teatri e scuole è stato dato il suo nome *(have been named after him)*.

In «Il Pescatore», Fabrizio suggerisce che a volte l'estrema povertà e la troppa fame può ridurre un individuo alla criminalità. Il vecchio pescatore non giudica *(does not judge)* l'assassino, ma lo comprende e perdona.

A. Comprensione

In gruppi di tre studenti, fatevi a turno le seguenti domande.

1. Chi dormiva al sole sulla spiaggia?
2. Com'erano i suoi occhi? Cosa ricordavano *(remind)*? Cosa rivelavano?
3. Che cosa ha chiesto *(asked)* l'assassino al vecchio pescatore?
4. Ha rivelato chi era *(who he was)*?
5. Il vecchio gli ha dato *(gave him)* il pane e il vino? Perché?
6. Dopo che il giovane assassino è andato via *(run away)*, sono arrivati due uomini *(arrived)*. Chi erano?
7. Cosa aveva il pescatore *(what did he have)* sul suo viso *(face)*?

B. Completate insieme le frasi.

1. Un pescatore dormiva sulla spiaggia all'ombra _____.
2. È arrivato sulla spiaggia un _____.
3. Aveva *(He had)* gli occhi come quelli di _____.
4. Ha domandato al pescatore del _____ e del _____.
5. ... e l'assassino via di nuovo verso _____.
6. Sono arrivati sulla spiaggia due _____.
7. Hanno domandato al pescatore se _____.
8. Il pescatore aveva sul viso una specie di _____.

Partecipazione. Conversate insieme sui seguenti punti.

- Dite che sentimento prova *(feels)* il pescatore per l'assassino: paura o compassione?
- Quali motivi avranno spinto *(must have taken)* il giovane assassino sulla strada della criminalità? la fame? la povertà? l'ingiustizia sociale?
- La musica di Fabrizio De André si ricollega alla tradizione musicale di Bob Dylan e di Woody Guthrie. Come loro, De André parla di argomenti sociali e politici. Dite se vi piace questo genere musicale.
- Può la musica dare una voce alla coscienza sociale? Può denunciare le ingiustizie e difendere gli oppressi? Quali cantautori americani conoscete che seguono questo genere musicale?

VOCABOLARIO UTILE

all'ombra	*in the shadow*
s'era assopito	*had fallen asleep*
un solco lungo il viso	*a deep line on his face*
una specie di sorriso	*a kind of smile*
dietro alle spalle	*at his shoulders*
vennero in sella due gendarmi	*two soldiers came on horseback*
venne alla spiaggia	*arrived at the beach*
specchi	*mirrors*
gli occhi dischiuse	*opened his eyes*
non si guardò intorno	*didn't look around*
rimpianto	*regret*

Capitolo 7

Buon viaggio

Pisa, in Toscana: il Duomo fu completato nel 1118. La Torre pendente *(Leaning Tower)* è un capolavoro. La sua costruzione fu sospesa a metà *(halfway)* a causa del grave cedimento del terreno sul lato sud *(because the ground level on the southern side had seriously subsided)*.

Punti di vista

La stazione ferroviaria: il cartello annuncia l'orario, la destinazione e la provenienza dei treni in partenza e in arrivo.

Alla stazione 🔊 CD 1, Track 29

La famiglia Betti, padre, madre e un ragazzo, sono alla Stazione Centrale di Milano. I Betti vanno a **Rapallo** per il weekend. La stazione è **affollata.**

resort town on the Italian Riviera / crowded

SIG.RA BETTI Rodolfo, hai i biglietti, vero?

SIG. BETTI Sì, ho i biglietti, ma **non ho fatto** le prenotazioni.

I didn't make

SIG.RA BETTI Oggi è venerdì. Ci sono molti viaggiatori. Perché **non hai comprato** i biglietti di prima classe?

didn't you buy

SIG. BETTI Perché c'è una **bella** differenza di **prezzo** tra la prima e la seconda classe. E **poi,** non è un viaggio lungo.

big / price
besides

SIG.RA BETTI Ma l'impiegato dell'agenzia di viaggi **ha detto** che il venerdì i treni sono molto affollati.

said

SIG. BETTI Sì, è vero, ma uno o due posti ci sono sempre.

SIG.RA BETTI Sì, ma io non voglio viaggiare in una **carrozza** per **fumatori...**

coach, train car
smokers

PIPPO Mamma, **hai messo** la mia racchetta da tennis nella valigia?

did you put

SIG.RA BETTI Sì, e anche il tuo libro di storia.

PIPPO Papà, il treno per Rapallo **è arrivato** sul **binario** 6.

has arrived / track

SIG. BETTI Presto, **andiamo!**

let's go

Comprensione

1. Dove vanno i Betti? 2. Da dove partono? 3. Perché il padre non ha comprato i biglietti di prima classe? 4. Come sono i treni il venerdì? 5. Perché la madre è preoccupata? 6. Che cosa desidera sapere Pippo? Perché? 7. Su quale binario è arrivato il treno?

Studio di parole

Arrivi e partenze
(Arrivals and departures)

BIGLIETTERIA

l'orologio

l'orario

PARTENZE

il treno

la carrozza

lo zaino

la valigia

il controllore

il binario *(track)*

la viaggiatrice

il viaggiatore

i bagagli

in ritardo *(late)*

— A che ora parte il treno espresso per Roma?
— Parte alle 8.25.
— Non c'è un espresso che parte alle 9?
— No, signora, parte alle 9.15.

La stazione ferroviaria (*The train station*)

l'agenzia di viaggi travel agency

prenotare to reserve

la prenotazione reservation

fare il biglietto to buy the ticket

viaggiare to travel

il viaggio trip

la gita short trip, excursion

il pullman tour bus

la carta d'identità I.D. card

il passaporto passport

all'estero abroad

la nave ship

la crociera cruise

la dogana customs

la fermata del treno (dell'autobus, del tram) train (bus, street car) stop

il biglietto di andata e ritorno round-trip ticket

confermare to confirm

annullare to cancel

la prima (seconda) classe first (second) class

il posto seat

salire to get on

scendere to get off

la coincidenza connection

in orario on time

perdere il treno (l'aereo, ecc.) to miss the train (plane, etc.)

il cartello sign

—**Scusi, sono liberi questi posti?** Excuse me, are these seats free?

—**No, sono occupati.** No, they are taken.

—**Dove scende Lei?** Where do you get off?

L'aeroporto

la linea aerea airline
la classe turistica economy class
il volo flight
l'assistente di volo flight attendant

L'interno dell'aeroporto Marco Polo, a Venezia.

Espressioni di tempo al passato

Here are some expressions that may be used to refer to actions or events that occurred recently or some time ago.

Quando?	When?
stamattina	*this morning*
ieri	*yesterday*
ieri mattina	*yesterday morning*
ieri pomeriggio	*yesterday afternoon*
ieri sera	*yesterday evening/last night*
l'altro ieri	*the day before yesterday*
la notte scorsa	*last night*
la settimana scorsa	*last week*
l'anno scorso	*last year*

Quanto tempo fa?	How long ago?
poco tempo fa	*a little while ago, not long ago*
due ore fa	*two hours ago*
tre giorni fa	*three days ago*
quattro settimane fa	*four weeks ago*

Applicazione

 A. Guardate il disegno a pagina 148. In coppie, fatevi a turno le seguenti domande.

1. Cosa fanno le persone in fila *(in line)* davanti alla biglietteria?
2. Un viaggiatore guarda l'orologio e corre *(runs)*: di cosa ha paura?
3. Se i viaggiatori vogliono essere sicuri *(sure)* di trovare un posto in treno (o in aereo), che cosa devono fare?
4. Per viaggiare comodamente *(comfortably)*, in quale classe devono viaggiare?
5. Di quale documento hanno bisogno se vanno all'estero?

B. Conversazione

1. Come preferisci viaggiare: in treno, in macchina o in aereo? Perché?
2. Quando viaggi in aereo, viaggi in prima classe? Perché?
3. Di solito, viaggi con molte valigie?
4. Con chi viaggi di solito?
5. Quando sei in aereo dormi, leggi, ascolti musica, parli con altri viaggiatori o guardi un film?
6. Hai paura di viaggiare in aereo?
7. Che cosa dicono i tuoi amici quando parti per un viaggio?

C. Il biglietto del treno. In coppie, fatevi a turno le seguenti domande.

1. Dove va questo viaggiatore?
2. Da quale città parte?
3. Vuole una carrozza per fumatori?
4. Fino a quando è valido il biglietto?
5. Per quante persone (posti) è valido questo biglietto?
6. Quanto costa?

Informazioni   I treni

Il sistema ferroviario *(railway system)* in Italia è gestito *(run)* dallo Stato: è efficiente e i treni rispettano gli orari. Oltre ai servizi dei treni Eurostar (ad alta velocità), Eurocity e Intercity, le Ferrovie dello Stato (FFSS) hanno iniziato recentemente il servizio Frecciarossa *(Red Arrow)*, un treno che collega Milano a Roma, in 3 ore e mezzo, ad una velocità di 300–350 chilometri orari *(190 miles per hour)*. La Frecciarossa è in concorrenza *(competition)* con le linee aeree.

Autobus e treni speciali collegano gli aeroporti alle stazioni dei treni; i biglietti si comprano all'aeroporto. Prima di salire sul treno, i viaggiatori devono convalidare *(validate)* il loro biglietto ad una macchinetta (di solito gialla) situata vicino ai binari del treno. I viaggiatori che non convalidano

il biglietto prima della partenza ricevono una multa *(fine)* dal controllore, sul treno.

Viaggiamo insieme! In gruppi di tre o quattro studenti, guardate insieme la cartina e organizzate un viaggio in macchina. Decidete insieme l'itinerario e i dettagli del viaggio. Ogni studente contribuisce con le sue idee. Partite da Genova.

- Noleggiate *(Do you rent)* una macchina o uno di voi ha già la macchina?

- In quanti siete a partire?

- Decidete di viaggiare in autostrada o prendete strade secondarie che passano per *(go through)* paesi e cittadine?

- A mezzogiorno, fermate *(you stop)* la macchina a un autogrill o decidete di cercare una trattoria dove si mangia bene e non si spende molto? (Se vedete molti camion *(trucks)* parcheggiati *(parked)* davanti a una trattoria, è un'indicazione che lì si mangia bene.) Oppure avete deciso di portare con voi la colazione al sacco *(your lunch bags)*?

- Quali cittadine lungo la costa decidete di visitare? Quando arrivate in un luogo che vi piace, cosa decidete di fare? Fermate la macchina e fate un giro in barca *(boat)*? O cercate una gelateria perché fa caldo *(it is hot)*? Oppure decidete di fare una passeggiata a piedi ed ammirare il panorama, mentre mangiate un gelato da passeggio?

- Decidete di ritornare a Genova lo stesso giorno o pernottate *(you spend the night)* in una pensione? Dove cenate?

- Comprate cartoline e francobolli da spedire *(to mail)* ai vostri amici o decidete di mandare degli sms?

- Prima di ritornare, non pensate che sia *(it is)* una buon'idea fare il pieno di benzina *(fill up)*? Come pagate?

Ascoltiamo!

 CD 1, Track 30

In treno. The Betti family has boarded the train for Rapallo. They are now in a compartment where there is already one other person, to whom they speak briefly. Listen to their conversation; then answer the following questions.

Comprensione

1. Di quanti posti hanno bisogno i Betti?

2. Dove scendono?

3. Con chi iniziano una conversazione?

4. Il loro compagno di viaggio va a Genova per un viaggio di piacere *(pleasure)* o per un viaggio d'affari *(business)*?

5. Che cosa domanda la signora Betti al viaggiatore?

6. Perché è contenta la signora Betti?

Dialogo

All'ufficio prenotazioni: una conversazione con l'impiegato della stazione. Dopo una notte in albergo, tu sei pronto(a) a continuare il viaggio e prenoti un biglietto sul treno Milano–Roma. (Osserva attentamente il biglietto del treno.)

Cominci con: Vorrei prenotare un posto sul treno. Di' *(Tell)* all'impiegato dove desideri andare, che tipo di biglietto desideri comprare e in che tipo di carrozza desideri viaggiare; chiedi quanto costa il biglietto e in quante ore il treno arriva a... Alla fine, paghi il biglietto, ringrazi e saluti l'impiegato.

Punti grammaticali

7.1 Il passato prossimo con *avere*

Jane ha comprato un biglietto per Roma.

A Roma ha visto il Colosseo.

Ha dormito in una pensione vicino a Piazza Navona.

1. The **passato prossimo** *(present perfect)* expresses an action completed in the recent past. Today, however, many Italians also use it informally to indicate an action or an event that occurred either in the recent or not-so-recent past. Like the present perfect tense in English, the **passato prossimo** is a compound tense. For most Italian verbs and all transitive verbs (verbs that take a direct object), the **passato prossimo** is conjugated with the present tense of the auxiliary verb **avere** + the *past participle* **(participio passato)** of the main verb.

   The **participio passato** of regular verbs is formed by replacing the infinitive endings **-are, -ere,** and **-ire** with **-ato, -uto,** and **-ito,** respectively.

comprare	**comprato**
ricevere	**ricevuto**
dormire	**dormito**

comprare		ricevere		dormire	
ho		ho		ho	
hai		hai		hai	
ha	comprato	ha	ricevuto	ha	dormito
abbiamo		abbiamo		abbiamo	
avete		avete		avete	
hanno		hanno		hanno	

2. The **passato prossimo** is expressed in English in the following ways, depending on the context:

   Ho portato due valigie.

   I have carried two suitcases.
   I carried two suitcases.
   I did carry two suitcases.

3. The *negative form* is expressed by placing **non** in front of the auxiliary verb.

Hai telefonato all'agenzia di viaggi?	*Did you call the travel agency?*
Non ho avuto tempo.	*I did not have time.*
Non hai viaggiato con l'Alitalia?	*Haven't you traveled with Alitalia?*
Non ha finito i suoi studi.	*He did not finish his studies.*
Non hanno ripetuto la domanda.	*They have not repeated the question.*

4. The past participle of the **passato prossimo** conjugated with the auxiliary **avere** must agree in gender and number with the direct-object pronouns **lo, la, li,** and **le** when they precede the verb.

Hai comprato **il giornale?** Sì, **l'**ho **comprato.** No, non **l'**ho **comprato.**
Hai comprato **la rivista?** Sì, **l'**ho **comprata.** No, non **l'**ho **comprata.**
Hai comprato **i biglietti?** Sì, **li** ho **comprati.** No, non **li** ho **comprati.**
Hai comprato **le vitamine?** Sì, **le** ho **comprate.** No, non **le** ho **comprate.**

La prenotazione? L'ho già **fatta!**	*The reservation? I already made it!*
Quando hai visto **i tuoi cugini?**	*When did you see your cousins?*
Li ho **visti** ieri.	*I saw them yesterday.*

5. Many verbs, especially those ending in **-ere,** have an irregular past participle. Here are some of the most common:

fare *(to make)*	**fatto**
bere *(to drink)*	**bevuto**
chiedere *(to ask)*	**chiesto**
chiudere *(to close)*	**chiuso**
conoscere *(to know)*	**conosciuto**
leggere *(to read)*	**letto**
mettere *(to put, to wear)*	**messo**
perdere* *(to lose)*	**perduto (perso)**
prendere *(to take)*	**preso**
rispondere *(to answer)*	**risposto**
scrivere *(to write)*	**scritto**
spendere** *(to spend)*	**speso**
vedere* *(to see)*	**veduto (visto)**
aprire *(to open)*	**aperto**
dire *(to say, to tell)*	**detto**
offrire *(to offer)*	**offerto**

Cartelli che possiamo leggere sulle porte dei negozi Usando la vostra immaginazione, dite dove sono andati i negozianti *(store keepers)* che hanno chiuso i negozi. Quali possono essere i motivi *(reasons)* familiari? un matrimonio? un funerale? una malattia *(illness)*? una vincita *(win)* alla lotteria?

In Italia, durante il mese di agosto, molti negozi chiudono per le ferie *(paid vacation)*. Le città sono semideserte perché la gente è in vacanza o in ferie.

Hai letto il giornale di ieri?	*Did you read yesterday's newspaper?*
Abbiamo scritto ai nonni.	*We wrote to our grandparents.*
Hanno preso un tassì.	*They took a cab.*

NOTE: Some verbs that are irregular in the present have a regular past participle: **dare:** *dato;* **avere:** *avuto;* **volere:** *voluto;* **potere:** *potuto;* **dovere:** *dovuto;* **sapere:** *saputo.*

---

*Perdere and **vedere** have a regular and an irregular past participle. The two forms are interchangeable, but the irregular ones, **perso** and **visto,** are more frequently used.
Spendere means *to spend money; to spend time* is **passare.

Ho **speso** troppi soldi.	*I spent too much money.*
Abbiamo **passato** due giorni in campagna.	*We spent two days in the countryside.*

Pratica

A. Scambi rapidi. Completate i dialoghi con la forma corretta del passato prossimo dei verbi seguenti.

1. regalare — Marco, che cosa _____ voi a Peppino per Natale?

   — Io _____ un orologio Swatch e i miei genitori _____ una bella enciclopedia per bambini e una biciclettina.

2. ricevere — Mirella, che regali _____ tu per il tuo compleanno?

   — _____ un profumo di Armani da mia madre e una macchina fotografica da mio padre.

3. dormire — Che festa divertente sabato sera! E anche lunga!

   — È vero! Ieri mattina noi _____ fino alle *(until)* undici.

   — Anche mio marito _____ tutta la mattinata, ma io _____ solo quattro ore.

B. Un viaggio a Marostica (Veneto). Ho organizzato un viaggio! Seguendo *(Following)* una sequenza logica, dite cosa avete fatto per organizzare un viaggio. Usate il passato prossimo.

1. salutare la mia famiglia
2. preparare la valigia
3. telefonare all'agenzia di viaggi
4. invitare un amico
5. chiedere dei soldi a papà
6. prendere l'aereo
7. fare le prenotazioni
8. comprare i biglietti

C. Quante scuse! Roberto ha sempre una giustificazione da dare a sua madre per le cose che non ha fatto. Con un compagno/una compagna, ricreate la loro conversazione seguendo l'esempio.

Esempio rispondere / sentire il telefonino
   —*Perché non hai risposto?*
   —*Perché non ho sentito il telefonino.*

1. fare colazione / non avere tempo
2. bere un succo d'arancia / prendere un caffè al bar
3. mangiare alla mensa / comprare un panino in paninoteca
4. fare la spesa al supermercato / dovere tornare a casa a studiare
5. preparare la cena / il mio compagno cucinare

D. Quando? Il fratello chiede a Paolo quando pensa di fare le seguenti cose. Paolo risponde che le ha fatte. Ricreate il loro dialogo e usate le espressioni di tempo al passato nella risposta.

Esempio finire il paper
   —*Quando finisci il paper?*
   —*Ho finito il paper ieri sera.* o...

1. rispondere alla lettera dei nonni
2. spedire (-isc-) le cartoline
3. chiedere dei soldi a papà
4. leggere l'itinerario del nostro viaggio
5. comprare un computer portatile *(laptop)*
6. offrire un pranzo agli amici

E. Cosa avete fatto voi... ? In coppie, fatevi a turno le seguenti domande.

Esempio   in cucina
— *Cosa avete fatto voi in cucina?*
— *Abbiamo preparato un'insalata mista.* o...

1. al supermercato
2. all'agenzia di viaggi
3. al ristorante
4. in biblioteca
5. alla stazione dei treni
6. al telefono pubblico

7. al caffè
8. alla piscina
9. alla conferenza del professore
10. al cinema
11. al campo da tennis

Alla stazione dei treni

F. Che cosa hai fatto a Milano? Marco è andato a Milano e l'amico Fulvio vuole sapere che cosa ha fatto lì. In coppie, fatevi a turno le domande e rispondete usando i pronomi diretti.

Esempio   vedere il Teatro alla Scala
— *Hai visto il Teatro alla Scala?*
— *Sì, l'ho visto.*

Teatro alla Scala
CALENDARIO DAL 9 AL 17 SETTEMBRE

1. visitare la Pinacoteca di Brera
2. prendere il caffè in Galleria*
3. incontrare gli amici in centro
4. mangiare il risotto alla milanese
5. prendere la metropolitana
6. ordinare le pappardelle ai funghi al ristorante
7. mandare le cartoline
8. comprare i ricordini *(souvenirs)* per gli amici

*Galleria Vittorio Emanuele is an historical shopping arcade with upscale restaurants and cafés.

7.2 Il passato prossimo con *ẹssere*

Roma, Piazza del Campidoglio
(disegnata da Michelangelo), con il
Palazzo del Senato

1. Most intransitive verbs (verbs that do not take a direct object) are conjugated with the auxiliary **essere.** In this case, the past participle *must agree with the subject* in gender and number.

andare			
sono		siamo	
sei	andato(a)	siete	andati(e)
è		sono	

2. Most verbs that take the auxiliary **essere** are verbs of coming and going. Here is a list of the most common ones:

andare *(to go)*	è andato(a)
arrivare *(to arrive)*	è arrivato(a)
cadere *(to fall)*	è caduto(a)
diventare *(to become)*	è diventato(a)
entrare *(to enter)*	è entrato(a)
essere *(to be)*	è stato(a)
morire *(to die)*	è morto(a)
nascere *(to be born)*	è nato(a)
partire *(to leave)*	è partito(a)
restare *(to remain)*	è restato(a)
(ri)tornare *(to return)*	è ritornato(a)
rimanere *(to remain, to stay)*	è rimasto(a)
salire *(to go up, to climb)*	è salito(a)
scendere *(to go down)*	è sceso(a)
stare *(to be, to stay)*	è stato(a)
uscire *(to go out)*	è uscito(a)
venire *(to come)*	è venuto(a)

Note that **essere, morire, nascere, scendere,** and **venire,** have irregular past participles.

Ieri noi **siamo andati** al cinema.   *Yesterday we went to the movies.*

Maria non **è uscita** con il suo   *Maria didn't go out with her*
  ragazzo.   *boyfriend.*

Siete partiti in treno o in aereo?   *Did you leave by train or by plane?*

Dove **sei nata?**   *Where were you born?*

Giovanni **è stato** in Italia tre volte.   *Giovanni has been to Italy*
    three times.

Ieri **siamo stati** a Fiesole.   *Yesterday we were in Fiesole.*

NOTE: The verbs **camminare** *(to walk)*, **viaggiare,** and **passeggiare** are conjugated in the past tense with **avere.**

Ho viaggiato in treno.   *I traveled by train.*

Abbiamo camminato per due ore.   *We walked two hours.*

Pratica

A.   **Scambi rapidi.** Completate con la forma corretta del passato prossimo dei verbi seguenti.

1. nascere   — Paolo, tu e i tuoi genitori ___siete~~hati~~___ in Toscana?

        — Io ___sono nato___ a Siena, ma mio padre e mia madre ___sono stati___ in Calabria, a Cosenza.

2. andare   — Io ___sono andato___ in montagna durante le vacanze di Natale. E tu, Graziella, dove ___sei andata___?

    stare   — Io purtroppo *(unfortunately)* ___sono stata___ a casa perché ho avuto l'influenza.

3. uscire   — Ieri sera io e Marco ___siamo usciti___ e siamo andati in pizzeria. E tu, Chiara?

        — Anch'io ___sono uscita___. Io e Mara ___siamo uscite___ dopo cena e siamo andate a prendere un cappuccino.

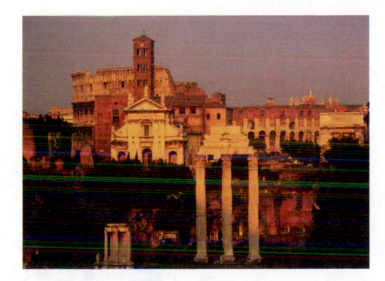

Il Foro Romano: Situato ai piedi dei colli romani, era *(was)* in effetti il cuore *(heart)* dell'antica Roma, dove i cittadini s'incontravano *(would meet)* per discutere degli affari pubblici e giudiziari.

B. Un breve tour di Roma. Ieri avete fatto il tour di Roma in pullman, con una guida. Immaginate di raccontare il tour agli amici.

Esempio   la guida e l'autista *(driver)* / arrivare all'albergo alle 9
La guida e l'autista sono arrivati all'albergo alle 9.

1. io e gli altri turisti / uscire dall'albergo
2. noi / salire in pullman
3. il pullman / partire la mattina
4. noi / passare davanti al Colosseo
5. noi / arrivare al Foro Romano a mezzogiorno
6. la guida / scendere con noi per visitare le rovine
7. l'autista / restare sul pullman
8. noi tutti / ritornare all'albergo la sera
9. l'autista e la guida / andare a pranzare in una trattoria lì vicino

C. Il primo giorno a Firenze. Che cosa hanno fatto i giovani signori Jones dopo il loro arrivo all'aeroporto?

Esempio   prendere un tassì
Hanno preso un tassì.

1. dare l'indirizzo della pensione al tassista
2. salire alla loro camera
3. fare la doccia
4. chiedere informazioni sulla città
5. mangiare in un buon ristorante
6. visitare Santa Maria del Fiore
7. ammirare le vetrine *(windows)* dei negozi sul Ponte Vecchio
8. passare alcune ore in Piazza della Signoria
9. scrivere delle cartoline *(postcards)* ad alcuni amici
10. ritornare alla pensione
11. cenare nella loro camera

D. La giornata di un'impiegata. Un'amica curiosa vuole sapere molti particolari *(details)* sulla giornata di lavoro che Luisa Rossi ha avuto ieri. Create il loro dialogo seguendo l'esempio. Usate l'ausiliare **essere** o **avere,** secondo il verbo, e il pronome corretto.

Esempio fare colazione
     — *Hai fatto colazione?*
     — *L'ho fatta.* o *No, perché non ho avuto tempo.* o...

1. quando partire da casa
2. dove prendere l'autobus
3. dove scendere
4. cosa fare in ufficio
5. la pausa di mezzogiorno essere lunga o breve
6. dove andare per la spesa
7. ritornare a casa stanca

E. Incontro tra due amici. In coppie, completate la conversazione tra Gigi e Tino usando il passato prossimo dei verbi elencati *(listed)*. Completate con le parti mancanti *(missing)*, usando la vostra immaginazione.

invitare andare portare uscire vedere mangiare

TINO Ciao, Gigi. Ieri ho cercato *(I tried)* di telefonarti, ma non ti ho trovato. Dove _____?

GIGI Ieri io e Mirella _____ insieme.

TINO Voi _____ a fare una gita?

GIGI No, _____ al cinema.

TINO Quale film _____?

GIGI _____, con George Cloony e Brad Pitt.

TINO Dopo il film, voi _____ al ristorante?

GIGI No, la mamma di Mirella ci _____ a cena.

TINO Cosa _____?

GIGI _____.

TINO E tu, cosa _____ alla mamma di Mirella?

GIGI Io _____ una scatola *(box)* di cioccolatini e _____.

7.3 L'ora *(Time)*

1. The hour and its fractions are expressed in Italian as follows:

È l'una.

È l'una e dieci.

È l'una e un quarto
(*or* e quindici).

È l'una e mezzo
(*or* e trenta).

Sono le due meno
venti.

Sono le due meno un quarto
(*or* meno quindici).

2. To ask what time it is, either of two expressions can be used:

> **Che ora è?** *or* **Che ore sono?**

To answer, **è** is used in combination with **l'una, mezzogiorno,** and **mezzanotte. Sono le** is used to express all other hours.

È l'una.	*It is one o'clock.*
È mezzogiorno.	*It is noon.*
È mezzanotte.	*It is midnight.*
Sono le due, le tre, ecc.	*It is two o'clock, three o'clock, etc.*

To distinguish A.M. and P.M., the expressions **di mattina, del pomeriggio, di sera,** and **di notte** are added after the hour.

Sono le cinque **di mattina.**	*It is 5:00 A.M.*
Sono le tre **del pomeriggio.**	*It is 3:00 P.M.*
Sono le dieci **di sera.**	*It is 10:00 P.M.*
È l'una **di notte.**	*It is 1:00 A.M.*

3. The question **A che ora?** *(At what time?)* is answered as follows:

A mezzogiorno (o mezzanotte).	*At noon (or midnight).*
All'una e mezzo.	*At 1:30.*
Alle sette di sera.	*At 7:00 P.M.*

4. Italians use the 24-hour system for official times (travel schedules, museum hours, theater times).

La Galleria degli Uffizi apre **alle nove** e chiude **alle diciotto.**	*The Uffizi Gallery opens at 9:00 A.M. and closes at 6:00 P.M.*
L'aereo da Parigi arriva **alle diciassette.**	*The plane from Paris arrives at 5:00 P.M.*

5. The following expressions are associated with time:

la mattina	*in the morning*	**in anticipo**	*ahead of time, early*
il pomeriggio	*in the afternoon*	**in orario**	*on time*
la sera	*in the evening*	**in ritardo**	*late*
la notte	*at night*	**presto**	*early*
in punto	*sharp, precisely*	**tardi**	*late*

La mattina vado in biblioteca.	*In the morning I go to the library.*
La sera guardiamo la TV.	*In the evening we watch TV.*
Il treno è **in orario**.	*The train is on time.*
Sono le due **in punto**.	*It is two o'clock sharp.*
Franco è uscito **presto** ed è arrivato a scuola **in anticipo**.	*Franco left early and arrived at school ahead of time.*
Gina si è alzata **tardi** e ora è **in ritardo** all'appuntamento.	*Gina got up late and now she is late for her appointment.*

The adverbs **presto** and **tardi** are used with **essere** only in impersonal expressions.

È presto (tardi).	*It is early (late).*
BUT:	
Lui è in anticipo (in ritardo).	*He is early (late).*

6. The English word *time* is translated as **tempo, ora,** or **volta,** depending on the context.

Non ho **tempo**.	*I don't have time.*
Che **ora** è?	*What time is it?*
Tre **volte** al giorno.	*Three times a day.*

Pratica

A. I fusi orari *(Time zones).* In coppie, confrontate *(compare)* l'ora di alcune città del mondo *(world).*

Esempio   – *Quando a New York sono le sette di sera, che ore sono a Roma?*
  – *È l'una di notte.*

LONDRA (A.M.)   ROMA (A.M.)   SAN PIETROBURGO (A.M.)   NAIROBI (A.M.)   PECHINO (A.M.)

TOKYO (A.M.)   SYDNEY (A.M.)   LOS ANGELES (P.M.)

B. Orari. Leggete l'orario ferroviario (dei treni) e delle linee aeree. Poi formate delle frasi complete, trasformando l'ora ufficiale in ora normale.

Esempio   aereo Parigi–New York / 17.20
               L'aereo Parigi–New York parte alle cinque e venti del pomeriggio.

1. aereo Milano–Roma / 13.30
2. treno Bologna–Firenze / 21.50
3. treno Firenze–Napoli / 1.05
4. aereo Roma–New York / 11.45
5. aereo Torino–Londra / 14.35

San Gimignano, in Toscana: alcune delle torri che dominano questa cittadina medioevale.

 C. A che ora parte/arriva? Siete a Firenze per una conferenza. Nel pomeriggio siete liberi e desiderate fare delle brevi gite fuori città. All'albergo dove alloggiate c'è una bacheca *(bulletin board)* con gli orari degli autobus che portano a varie destinazioni. In coppie, fatevi domande sugli orari degli autobus.

Esempio   —*A che ora parte l'autobus per Fiesole?*
               —*Alle tredici e trentadue.*
               —*A che ora arriva?*
               —*Alle quattordici e trentacinque.*

Autobus	Parte	Arriva
San Gimignano	12.30	14.45
Siena	13.00	14.00
Fiesole	13.32	14.35
Pisa	15.11	16.15
Viareggio	11.40	13.55

D. La puntualità è un problema. Rispondete usando l'espressione appropriata.

1. La lezione di matematica comincia alle nove. Oggi Gianna è arrivata alle nove e un quarto. È arrivata in anticipo?

2. Tu devi essere dal dentista alle tre del pomeriggio e arrivi alle tre in punto. Sei in ritardo?

3. È sabato. Noi siamo a letto e guardiamo l'orologio: sono le sei di mattina. Restiamo ancora *(still)* a letto. Perché?

4. Ieri sera Pippo è andato a cinema ed è ritornato alle due di mattina. È ritornato presto?

 E. A che ora? Domandate a un compagno/una compagna a che ora fa di solito le seguenti attività.

1. fare colazione

2. uscire di casa

3. arrivare al lavoro o a scuola

4. ritornare a casa

5. cenare

6. andare a letto

7.4 Usi di *a, in, da* e *per*

I turisti vanno in pullman da Napoli a Pompei per vedere le rovine.

1. The prepositions **a, in,** and **da** are used to indicate location or means of transportation. Each is used as follows:

The preposition **a:**

♦ before the names of cities and small islands

♦ before nouns, such as **casa, scuola, teatro, piedi** *(on foot),* **letto,** and **tavola**

Abitano **a** Venezia.	*They live in Venice.*
Siamo andati **a** Capri.	*We went to Capri.*
Sei venuta **a** scuola ieri?	*Did you come to school yesterday?*
No, sono restata **a** casa.	*No, I stayed (at) home.*
Andiamo a casa **a** piedi?	*Are we going home on foot?*
Vado **a** letto.	*I'm going to bed.*

The preposition **in:**

- before the names of continents, countries, states, regions, and large islands
- before nouns, such as **classe, biblioteca, ufficio, chiesa, città, montagna, campagna, viaggio, crociera,** and **vacanza**
- before nouns indicating means of transportation, such as **treno, aereo, macchina, bicicletta, autobus, tassì,** and **pullman** (*tour bus*)

Siete stati **in** Europa?	*Have you been to Europe?*
Vorrei abitare **in** Toscana.	*I would like to live in Tuscany.*
Vai **in** montagna?	*Are you going to the mountains?*
Vivono **in** città o **in** campagna?	*Do they live in the city or in the country?*
Avete viaggiato **in** treno o **in** aereo?	*Did you travel by train or by plane?*
Siamo venuti **in** macchina.	*We came by car.*
Sono andati **in** vacanza **in** Sicilia.	*They went on vacation to Sicily.*

The preposition **da:**

- before a person's name, title, or profession to refer to that person's home or workplace
- before a disjunctive pronoun to represent a person's home or workplace

Stasera andiamo **da** Pietro.	*Tonight we are going to Pietro's.*
Vado **dalla** dottoressa Pini.	*I'm going to Doctor Pini's office.*
Mangiate **da** Maria stasera?	*Are you eating at Maria's house tonight?*
Venite **da** me domani?	*Are you coming to my house tomorrow?*

NOTE: If the *definite article* is expressed, it contracts with **da.**

Vai **dal** tuo amico?	*Are you going to your friend's house?*

2. To indicate purpose, Italian uses **per** + *infinitive*. This construction corresponds to the English (*in order*) *to* + *infinitive.*

Studio **per** imparare.	*I study (in order) to learn.*
Lavoro **per** vivere.	*I work (in order) to live.*

Pratica

A. Dove e come vanno queste persone? Dite dove e come vanno le seguenti persone.

Esempio   Pietro / scuola / bicicletta
Pietro va a scuola in bicicletta.

1. Gabriella e Filippo / teatro / tassì
2. la signora Giacomi / chiesa / piedi
3. i signori Betti e il figlio / Rapallo / treno
4. il signor Agnelli / montagna / aereo

B. Dove sono andate queste persone? L'anno scorso *(Last year)* le seguenti persone hanno fatto un viaggio. In coppie, chiedetevi dove sono andate.

Esempio   Liliana / Inghilterra
—*Dove è andata Liliana?*
—*Liliana è andata in Inghilterra.*

1. tu / Austria
2. voi / Alaska
3. Gabriella e Filippo / Toscana, Roma, Napoli e Capri
4. i signori Betti / Liguria
5. la famiglia Catalano / Sicilia
6. Marcello e suo zio / Africa

C. Da chi è andato Marcello la settimana scorsa? In coppie, chiedetevi a turno da chi è andato Marcello.

Esempio   lunedì mattina / signor Vari
—*Da chi è andato Marcello lunedì mattina?*
—*Lunedì mattina è andato dal signor Vari.*

1. martedì pomeriggio / Filippo
2. martedì sera / nonni
3. mercoledì / sua zia
4. giovedì pomeriggio / dottore

D. In vacanza. Completate il seguente paragrafo con le preposizioni corrette.

L'anno scorso sono andata _____ vacanza _____ Italia. Ho viaggiato _____ aereo. Sono arrivata _____ Milano. Sono andata _____ macchina _____ mia madre. Sono restata _____ mia madre per tre settimane. Ho visitato la città _____ piedi e _____ autobus. Sono andata _____ miei nonni che abitano _____ campagna, e sono andata _____ sciare _____ montagna. Dopo tre settimane sono ritornata _____ California _____ aereo.

E. Perché... ? Con un compagno/una compagna, fatevi a turno delle domande. Spiegate il perché *(the reason)* delle vostre azioni. Nelle risposte usate **per** + l'infinito.

Esempio   telefonare all'agenzia di viaggi
—*Perché hai telefonato all'agenzia di viaggi?*
—*Ho telefonato all'agenzia di viaggi per chiedere informazioni. o...*

1. ritornare a casa presto ieri sera
2. andare al supermercato
3. comprare i biglietti di prima classe
4. chiedere dei soldi a tuo padre
5. stare a casa ieri sera
6. leggere l'orario dei treni

F. Conversazione

1. Sei stato(a) in Europa? Quanto tempo fa? Con chi sei andato(a)? Per quanto tempo?
2. Quali paesi stranieri hai visitato? Qual è la tua città europea preferita?
3. Come hai viaggiato in Europa? Hai comprato l'Eurail pass? Hai guidato *(drive)* una macchina in Europa?
4. Hai avuto dei problemi con le lingue straniere? Quante lingue parli? Hai incontrato dei giovani turisti americani in Europa? degli studenti americani? In quale città?

Per finire

L'isola di Capri, nel golfo
di Napoli

Un viaggio di nozze CD 1, Track 31

Ieri Lucia ha ricevuto un'e-mail da Gabriella. L'amica
si è sposata alcuni giorni fa e ora è in viaggio di nozze.   *got married*

Cara Lucia, ho scritto solo due giorni fa dal computer
dell'albergo qui a Capri, ma oggi Filippo ha fatto una
passeggiata nel pomeriggio e ha trovato questo posto che
si chiama Internet Point, molto comodo, vicino al porto.
Così, ora, **mentre** aspettiamo l'aliscafo per Napoli, scrivo   *while*
le ultime notizie. Capri è bellissima, ieri pomeriggio
abbiamo visitato la grotta azzurra e abbiamo conosciuto
due turisti americani molto simpatici e abbiamo parlato
inglese. È stata una conversazione un po' difficile perché
abbiamo dimenticato molte delle espressioni che abbiamo
studiato a scuola. **Ricordi?**   *Do you remember?*

Ieri sera, **invece** di mangiare la solita pizza, siamo andati   *instead*
in un piccolo ristorante qui vicino al porto, molto
romantico. Io ho mangiato una **zuppa** ai **frutti di mare**   *seafood / soup*
buonissima. Filippo, invece, non ha voluto mangiare pesce
e ha preso una bistecca con delle verdure. Mah! Forse non
ha capito che a Capri il pesce è squisito. Poi abbiamo trovato
una gelateria e io ho preso un gelato gigante con tanta frutta
mentre Filippo ha bevuto solo un caffè. Dopo una settimana di matrimonio conosco **meglio** Filippo. Adesso so che   *better*
prende troppi caffè e poi perde la pazienza perché è troppo
nervoso. Scusa, **devo scappare** perché è arrivato l'aliscafo.   *I must go*
                              A presto, Gabriella

Comprensione

1. A chi ha scritto l'e-mail Gabriella?
2. Perché è in viaggio?
3. Da quale città scrive Gabriella?
4. Che cosa hanno visitato lei e Filippo ieri pomeriggio?
5. Chi hanno conosciuto?
6. Perché la loro conversazione in inglese è stata un po' difficile?
7. Che cosa hanno mangiato al ristorante ieri sera?
8. Dove sono andati dopo la cena? Che cosa hanno preso?
9. Come finisce il messaggio Gabriella? Perché ha fretta?

Conversazione

1. Tu hai fatto un viaggio recentemente? Dove sei andato(a)? Come hai viaggiato?
2. Hai viaggiato in treno? Quando?
3. Quali sono, secondo te, le città più belle che hai visitato all'estero o nell'America del Nord?
4. Preferisci fare un viaggio in Europa o una crociera nel mare dei Caraibi?
5. Dove vuoi andare in luna di miele *(honeymoon)*?

Adesso scriviamo!

Un viaggio interessante

Strategy: Writing a good, brief summary

Sometimes you only have a short space within which to describe something or give an account of an activity. In this task you will do this in a postcard to a friend, so here are some suggestions to follow:

a. Begin with an interesting or evocative sentence to get the readers' attention.

b. Set the scene with a sentence or two on the context (perhaps a beach, mountain, or beautiful city).

c. Highlight what is distinctive, unique, or memorable about where you are or what you are doing.

Con questo in mente, scrivi una cartolina ad un amico/un'amica. Descrivi un viaggio o una gita interessante che hai fatto recentemente.

A. Includi le seguenti informazioni nel tuo messaggio.

1. dove sei andato(a) e con chi

2. alcune cose che hai fatto o visto

3. che cosa non hai fatto

B. Adesso rileggi il tuo messaggio. Tutte le parole sono scritte correttamente? Hai controllato l'accordo tra il verbo e il soggetto e tra il nome e l'aggettivo? Controlla in modo particolare la forma del passato prossimo: è un verbo con **avere** o con **essere?** Il participio è regolare o no? Ora spedisci *(send)* la tua cartolina a un compagno/una compagna. Se sei fortunato(a) ricevi una risposta da lui/lei!

Parliamo insieme!

A. Il viaggio di Marisa. Guardate i disegni e dite dove è andata e cosa ha fatto Marisa. Mettete i tempi al **passato prossimo.**

1.

2.

3.

4.

5.

6.

7.

8.

9.

10.

B. Un breve viaggio in Italia. In gruppi di tre studenti, immaginate di aver fatto un breve viaggio in Italia. Ogni studente racconta una parte del viaggio usando il passato prossimo. Seguite i suggerimenti *(suggestions)*. **Attenzione:** Questa è un'attività di ripasso *(review)* del vocabolario che già conoscete. Il vocabolario utilizzato nella descrizione è infatti di questo capitolo e dei capitoli precedenti; le parole nuove sono qui messe in parentesi.

Esempio   *Noi abbiamo fatto un viaggio... siamo partiti da...* (Usate i verbi al plurale.)

Primo studente. Racconta *(Tell):* you made the reservations for the trip (travel agency, Internet); how much you paid for the tickets; from which city the three of you left; who took you **(accompagnare)** to the airport; what each of you did during the flight (slept, ate, watched movies, talked to other passengers, etc.); what time you arrived at Milan's airport; how you showed **(mostrare)** your passports to customs and picked up **(prendere)** your suitcases.

Secondo studente. Racconta: you called a cab that **(che)** took **(portare)** you to the hotel Les Etrangers; you went up to your room, took a shower and went out to dinner; you ate at a small restaurant downtown, close to your hotel; you went back to your hotel and went to sleep; the next day **(il giorno dopo)** you visited the city, bought a few presents, and wrote postcards to your friends; you stayed in Milan two days; you met some young American tourists in your hotel, went together to a discotheque, found an Internet Cafe, and sent an e-mail home.

Terzo studente. Racconta: on Thursday you took the subway and went to the train station; you bought the tickets for Portofino and waited one hour for the train; you took the train and arrived in Portofino at noon; you went into a coffee shop, ate ham sandwiches, and drank sparkling mineral water; you visited Portofino and admired the landscape; you spent two days in Portofino; you ate, shopped, took a boat ride **(un giro in barca)**; you went back to America, but you left **(lasciare)** your heart **(cuore)** in Portofino.

Vedute d'Italia

La Toscana

A. Prima di leggere

You are about to read why Tuscany is such a historically fascinating region. Tuscany was the cradle of the Renaissance, producing great writers, painters, philosophers, and scientists. The landscape is still dotted with towers, castles and churches of that period, and the artistic tradition lives on today in handicraft and artisan shops. Tuscany, and Florence in particular, today also attract many students, art lovers, and those who are searching for the peaceful and idyllic countryside.

Firenze: veduta della Cattedrale Santa Maria del Fiore. La cupola *(dome)* è il capolavoro di Brunelleschi e il magnifico campanile è opera di Giotto. La grandiosa costruzione della cattedrale fu *(was)* iniziata nel 1296. La consacrazione avvenne nel 1436. Sullo sfondo, le colline toscane.

La Toscana è una delle regioni più affascinanti d'Italia. L'antico nome «Tuscia», deriva dalla misteriosa **civiltà**   *civilization*
etrusca, esistente prima di Roma. Firenze, fondata dai Romani sul **fiume** Arno, è il capoluogo della regione.   *river*
Dante, Petrarca e Boccaccio sono nati in Toscana e le loro **opere** sono diventate un modello per gli scrittori italiani   *works*
e dell'Europa occidentale. Il **Rinascimento*** è nato in   *Renaissance*
Toscana. Una tra le più famose famiglie del periodo è la famiglia dei Medici, **signori** di Firenze e protettori delle   *rulers*
arti. Donatello, Brunelleschi, il Beato Angelico, Botticelli, Michelangelo e Leonardo da Vinci sono solo alcuni dei grandi artisti del Rinascimento toscano. Il contributo filosofico, politico e scientifico non è stato inferiore, se pensiamo, per esempio, a Niccolò Machiavelli e a

---

***Rinascimento** means *Renaissance*, that is, the *rebirth* or *revival*, of human values, art, literature, and learning after the prevailing religiosity of the Middle Ages.

Galileo Galilei. La storia e la civiltà di questa splendida
epoca hanno lasciato un'**impronta** speciale nel paesaggio   *mark*
toscano, straordinariamente ricco di castelli, **torri**,   *towers*
monasteri, chiese, piazze e palazzi. La tradizione artistica
dei grandi maestri continua a vivere nell'**artigianato**   *handicrafts*
delle **botteghe** e delle piccole industrie toscane.   *shops*

    Ancora oggi, la Toscana **attira** appassionati dell'arte e   *attracts*
turisti da tutto il mondo. Molti studenti stranieri vivono a
Firenze per lunghi periodi dell'anno. Alcune persone **note**   *well known*
hanno acquistato delle proprietà in Toscana: Sting ha una
spendida tenuta, dove **si è trasferito** con la sua numerosa   *he moved*
famiglia. Russel Crowe ha comprato una casa vicino alla
tenuta del popstar inglese. Richard Gere, **buddista di fede**   *Buddhist by faith /*
e **toscano di adozione**, abita vicino all'istituto Lama Tzong   *Tuscan by adoption*
Khapa. George Cloony e Julia Roberts hanno trovato casa
nella **Maremma**. La Toscana è un posto dove sia i nativi   *Tuscan countryside*
sia i neo residenti cercano la pace e la serenità.

B. Alla lettura. Rispondete alle seguenti domande.

    1. Qual è il capoluogo della Toscana?

    2. Come si chiama il fiume che attraversa Firenze?

    3. Chi sono i tre grandi scrittori nati in Toscana?

    4. Qual è una delle famiglie toscane protettrici delle arti?

    5. Chi sono alcuni grandi artisti del Rinascimento?

    6. Di cosa è ricco il paesaggio toscano?

    7. Chi attira, ancora oggi, la Toscana?

    8. Che cosa cercano in Toscana i neo residenti?

Vocabolario

Nomi

l'agente *(m.)*	agent
l'albergo	hotel
la camera	room
la cartolina	postcard
il documento	document
il fumatore/la fumatrice	smoker
l'itinerario	itinerary
la mezzanotte	midnight
il mezzogiorno	noon
l'ora	time, hour
la pensione	inn
il posto	place; seat
il prezzo	price
la racchetta da tennis	tennis racket
il tassì	taxi
il tassista	taxi driver
la trattoria	restaurant
la vacanza	vacation

Aggettivi

affollato	crowded
comodo	comfortable
nervoso	nervous
scorso	last
sicuro	sure
stanco	tired

Verbi

ammirare	to admire
cadere	to fall
cercare di (followed by **infinitive**)	to try
correre (*p.p.* **corso**)	to run
(di)scendere (*p.p.* **[di]sceso**)	to descend, to go down, to get off
diventare	to become
entrare	to enter
lasciare	to leave (someone, something)
mettere (*p.p.* **messo**)	to put; to wear
morire (*p.p.* **morto**)	to die
nascere (*p.p.* **nato**)	to be born
passare	to spend (time)
restare	to remain
ricordare	to remember
rimanere (*p.p.* **rimasto**)	to remain
salire	to climb, to go up, to get on
salutare	to greet; to say good-bye
spendere (*p.p.* **speso**)	to spend (money)
spedire (-isc)	to mail
trovare	to find
visitare	to visit (a place)

Altre espressioni

A presto	See you soon
Buon viaggio!	Have a nice trip!
comodamente	comfortably
durante	during
fa	ago
ieri	yesterday
in anticipo	early, ahead of time
in orario	on time
in punto	sharp, precisely (time)
in ritardo	late
lì	there
presto; Presto!	early, fast, soon; Hurry up!
prima	before
purtroppo	unfortunately
tardi	late
viaggio d'affari	business trip
di nozze	honeymoon trip
di piacere	pleasure trip

Capitolo 8
Soldi e tempo

Hotel Continental, Santa Margherita Ligure

🌿 Punti di vista

Un viaggio d'affari 🔊 CD 1, Track 32

John White è un uomo d'affari americano. È arrivato a Roma
e **soggiorna** all'albergo Excelsior, in via Veneto*, dove ha   *stays*
prenotato una **camera singola** con doccia. Dall'albergo   *single room*
telefona a Davide, un collega che lavora alla **filiale** di Roma.   *branch*

JOHN Pronto, Davide? Sono John White. Come stai?

DAVIDE **Salve,** John! Come va? Hai fatto un buon viaggio?   *Hello*

JOHN Sì, **abbastanza,** però è stato un viaggio lungo e   *good enough*
    mi sono annoiato parecchio.   *I got bored a lot*

DAVIDE In che albergo stai? Hai una macchina?

JOHN Sono all'Excelsior. No, **non ho noleggiato** la   *I haven't rented*
    macchina. A Roma preferisco prendere il tassì.

DAVIDE **Allora, ci vediamo** per il pranzo? Al Gladiatore?   *Well, shall we meet*

JOHN Sì, certo, però prima devo **farmi la doccia** e poi   *to take a shower*
    andare in banca per cambiare dei dollari.

DAVIDE Allora, **ci incontriamo** al ristorante all'una. Va bene?   *we will meet*

JOHN D'accordo. A presto.

Comprensione

1. Chi è John White? **2.** È venuto a Roma per un viaggio di piacere? **3.** Cos'ha
prenotato all'albergo? **4.** Perché John si lamenta *(complain)* del viaggio? **5.** Ha
noleggiato una macchina? Perché? **6.** Prima di vedere Davide, John deve farsi
la doccia e...

*Street with luxury hotels and chic shops

Studio di parole   Albergo e banca

Sig. White: Vorrei cambiare un traveler's check di mille dollari.
Impiegato: Ha il passaporto, per favore?

prenotare to reserve

alloggiare/soggiornare to lodge, to stay

un albergo hotel

   di lusso deluxe

   economico moderately priced

una pensione boarding house

un ostello della gioventù youth hostel

una camera singola single room

   doppia double room

   a due letti with twin beds

   con bagno with bath

   con doccia with shower

   con televisione with TV

   con aria condizionata with air conditioning

l'ufficio cambio currency exchange office

cambiare un traveler's check to cash a traveler's check

Qual è il cambio del dollaro oggi? What is the rate of exchange for the dollar today?

noleggiare una macchina to rent a car

il denaro, i soldi money

pagare in contanti to pay cash

   con carta di credito with a credit card

lo sportello N. 1 (2...) window number 1 (2. . .)

il Bancomat ATM machine

la valuta currency

cambiare to change, to exchange

il cambio rate of exchange

mostrare un documento d'identità to show an ID

la firma signature

firmare to sign

la ricevuta receipt

Si accomodi alla cassa. Please go to the cashier.

Applicazione

 A.   Domande. In coppie, fatevi a turno le seguenti domande.

1. Quando uno studente/una studentessa che non ha molti soldi viaggia all'estero, dove alloggia?
2. Una coppia prenota una camera singola o doppia?
3. Quando è una buon'idea prenotare una camera con aria condizionata?
4. Dove andiamo a cambiare i soldi quando siamo in un paese straniero?

B.   Conversazione

1. Quando vai all'estero, soggiorni in un albergo di due o quattro stelle?
2. Sei mai stato(a) in un ostello della gioventù?
3. Quando vuoi prenotare una camera in un albergo all'estero, telefoni all'albergo o mandi un fax?

 C.   Dialogo. In coppie, fate il seguente dialogo: Immaginate di fare una telefonata intercontinentale per prenotare una camera a Roma per tre giorni. Vi risponde un impiegato(a) dell'albergo Excelsior di Roma. Nella conversazione con l'impiegato(a) usate la forma di cortesia **Lei**.

Informazioni   Alberghi e pensioni

In Italia, gli alberghi sono classificati in categorie: da una a cinque stelle *(stars)*. Una pensione è generalmente più piccola e più economica di un albergo ed è spesso gestita *(run)* da una famiglia. Gli alberghi e le pensioni offrono la scelta *(choice)* tra pensione completa *(full board)*, con i tre pasti, e mezza pensione, con solo colazione e cena (o pranzo).

Molti conventi e monasteri in Italia hanno aperto le porte ai turisti ed ai viaggiatori a prezzi modici *(very reasonable)*. Poiché, oggi, sempre meno *(less and less)* persone entrano in convento o in monastero, offrire alloggio ai turisti è una soluzione pratica per poter affrontare *(to face)* le alte spese di manutenzione *(maintenance)*. Per i giovani viaggiatori, specialmente studenti, che non vogliono spendere molto, gli ostelli della gioventù sono la soluzione più economica, però sono molto affollati durante l'estate.

Pensione Giustina, nel cuore delle Alpi

D. Vorrei prenotare. In coppie, fate la parte del(la) turista e dell'impiegato(a) dell'albergo Porto Roca. Il/La turista vuole prenotare una camera (singola o doppia) per... giorni, dal... al... Ha anche un cane. L'impiegato(a) gli/le domanda *(asks him/her)* se vuole anche la mezza pensione e gli/le dice quant'è il costo totale.

Hotel
PORTO ROCA

Via Corone, 1 - 19016 Monterosso al mare
5 Terre (La Spezia) - ITALY

I PREZZI COMPRENDONO
- Iva, Servizio, Tasse
- Spiaggia
(ombrelloni/sdraio da Giugno a Settembre)
- Terrazza Solarium
- Aria condizionata

★ ★ ★ ★

Prezzi

CAMERA	BASSA STAGIONE Marzo - Aprile - Maggio - Ottobre	ALTA STAGIONE Pasqua - Giugno - Luglio - Agosto - Settembre	SUPPLEMENTO MEZZA PENSIONE (superiore a 3 giorni)
DOPPIA VISTA MARE	€ 260,00	€ 280,00	€ 44,00
DOPPIA STANDARD SENZA VISTA MARE	€ 222,00	€ 240,00	€ 44,00 (per 2 persone)
SINGOLA VISTA MARE	€ 230,00	€ 250,00	€ 22,00
SINGOLA SENZA VISTA MARE	€ 165,00	€ 195,00	
SPECIALE FAMIGLIA 4 PERSONE 2 CAMERE	€ 385,00	€ 430,00	€ 85,00 (per 4 persone)

SUPPLEMENTO TERZO LETTO	SUPPLEMENTO CULLA	SUPPLEMENTO CANE
€ 75,00	€ 26,00	€ 11,00

Ascoltiamo! CD 1, Track 33

In banca, allo sportello del cambio. John White has arrived at the bank to change some American traveler's checks into euros. He is talking with the clerk at the exchange window. Listen to their conversation; then answer the following questions.

Comprensione

1. Perché è andato in banca il signor White?
2. Quanti dollari vuole cambiare?
3. Secondo l'impiegato, è una settimana fortunata per il dollaro? Perché?
4. Quale documento ha voluto vedere l'impiegato?
5. Che cosa vuole sapere?
6. Come si chiama l'impiegato?

Dialogo

Immaginate di essere in una banca italiana per cambiare dei dollari. Domandate quant'è il cambio del dollaro e decidete quanti dollari volete cambiare. L'impiegato(a) vi chiederà *(will ask you)* prima un documento di identità e poi vi chiederà di firmare la ricevuta.

Punti grammaticali

8.1 I verbi riflessivi e reciproci

Mi chiamo Gino; sono impiegato di banca.

Mi alzo alle sette.

Mi lavo e mi vesto.

Mi riposo la sera.

1. I verbi riflessivi

a. A verb is reflexive when the action expressed by the verb refers back to the subject. Only transitive verbs (verbs that take a direct object) may be used in the reflexive construction.

Lavo la macchina.	*I wash the car.* (transitive)
Mi lavo.	*I wash myself.* (reflexive)
Vedo la ragazza.	*I see the girl.* (transitive)
Mi vedo nello specchio.	*I see myself in the mirror.* (reflexive)

The infinitive of a reflexive verb is formed using the infinitive of the non-reflexive form without the final **-e** + the reflexive pronoun **si** *(oneself):* **lavar-si, metter-si, vestir-si.**

lavarsi *to wash oneself*			
mi lavo	*I wash myself*	**ci laviamo**	*we wash ourselves*
ti lavi	*you wash yourself*	**vi lavate**	*you wash yourselves*
si lava	*he/she/it washes himself/herself/itself*	**si lavano**	*they wash themselves*
Si lava	*you wash yourself (formal sing.)*	**Si lavano**	*you wash yourselves (formal pl.)*

The reflexive pronouns are **mi, ti, ci, vi,** and **si.** They must always be expressed and must agree with the subject, since the object and subject are the same. Usually the pronoun precedes the reflexive verb. Some common reflexive verbs are:

chiamarsi	*to be called*	**sentirsi**	*to feel*
svegliarsi	*to wake up*	**fermarsi**	*to stop (oneself)*
alzarsi	*to get up*	**riposarsi**	*to rest*
lavarsi	*to wash (oneself)*	**addormentarsi**	*to fall asleep*
vestirsi	*to get dressed*	**arrabbiarsi**	*to get angry*
prepararsi	*to get ready*	**innamorarsi**	*to fall in love*
mettersi	*to put on*	**sposarsi**	*to get married*
divertirsi	*to have fun, to*	**scusarsi**	*to apologize*
	enjoy oneself	**laurearsi**	*to graduate from*
annoiarsi	*to get bored*		*a university*

(Noi) **ci alziamo** presto.	*We get up early.*
(Lei) **si veste** bene.	*She dresses well.*
Come **ti chiami?**	*What's your name?*
Mi sveglio tutti i giorni alle otto.	*I wake up every day at eight.*

NOTE: Many Italian reflexive verbs are idiomatic and do not translate literally into English. Some verbs also change their meaning when they are reflexive.

Teresa **chiama** Rosa.	*Teresa calls Rosa.*
Mi chiamo Rosa.	*My name is Rosa.*
Sento la musica.	*I hear the music.*
Mi sento male.	*I feel sick.*

b. If a reflexive verb is used in an infinitive form, the appropriate reflexive pronoun is attached to the infinitive after dropping the final **-e.**

Desidero divertir**mi.**	*I want to enjoy myself (have a good time).*
Non dobbiamo alzar**ci** presto.	*We do not have to get (ourselves) up early.*
Oggi preferisce riposar**si.**	*Today she prefers to rest (herself).*

NOTE: With **dovere, potere,** and **volere,** the reflexive pronoun may be placed *before* the conjugated verb:

Voglio alzar**mi.**	
Mi voglio alzare.	*I want to get (myself) up.*

Risparmiate oggi se volete riposarvi domani.

c. When an action involves parts of the body or clothing, Italian uses the reflexive construction and the definite article instead of the possessive adjective.

Mi lavo **le** mani.	*I wash my hands.*
Mi metto **il** vestito rosso.	*I put on my red dress.*

d. **Sedersi** *(To sit down)* has an irregular conjugation.

mi siedo	**ci sediamo**
ti siedi	**vi sedete**
si siede	**si siedono**

Passato prossimo: mi sono seduto(a)

Carlo e Maria si telefonano.

2. I verbi reciproci

When a verb expresses reciprocal action (we know *one another,* you love *each other*), it follows the pattern of a reflexive verb. In this case, however, only the plural pronouns **ci, vi,** and **si** are used.

Lia e Gino **si salutano.** (Lia saluta Gino e Gino saluta Lia.)	*Lia and Gino greet each other.*
Noi **ci scriviamo** spesso, ma voi non **vi scrivete** mai.	*We write to each other often, but you never write to each other.*

Pratica

A. Divertimenti. Dove si divertono le seguenti persone?

Esempio mio zio / in montagna
Mio zio si diverte in montagna.

1. io / al caffè con gli amici
2. Mirella e Luisa / al campo da tennis
3. noi / alla discoteca
4. mia madre / a teatro
5. voi / al cinema
6. mio padre e i suoi amici / davanti alla televisione
7. E tu, dove ti diverti?

B. Una questione di abitudini *(habits).* Completate il paragrafo.

Io (chiamarsi) _mi chiamo_ Alberto e il mio compagno di stanza (chiamarsi) _si chiama_ Stefano. Lui (svegliarsi) _si sveglia_ molto presto la mattina, ma io (svegliarsi) _mi sveglio_ tardi. Lui (lavarsi) _si lava_ e (vestirsi) _si veste_ rapidamente e io (lavarsi) _mi lavo_ e (vestirsi) _mi vesto_ lentamente *(slowly).* Io non (prepararsi) _mi preparo_ la colazione perché non ho tempo, ma Stefano (prepararsi) _si prepara_ una colazione abbondante. Io (divertirsi) _mi diverto_ quando gioco a tennis, ma Stefano non (divertirsi) _si diverte_. Io (annoiarsi) _mi annoio_ quando guardo la TV e lui (annoiarsi) _si annoia_ quando è solo. Io (innamorarsi) _mi innamoro_ delle ragazze bionde e lui (innamorarsi) _si innamora_ delle ragazze brune. Io (arrabbiarsi) _mi arrabbio_ perché Stefano è sempre in ritardo, e lui (arrabbiarsi) _si arrabbia_ perché io dimentico sempre i miei appuntamenti. A mezzogiorno Stefano ed io (fermarsi) _ci fermiamo_ a una tavola calda e mangiamo insieme. Poi noi (riposarsi) _ci riposiamo_ un po' al parco prima di ritornare in banca. La sera noi (addormentarsi) _ci addormentiamo_ presto perché siamo stanchi morti *(dead tired).*

C. Che cosa fate quando... ? Rispondete alle domande con il verbo riflessivo appropriato.

Esempio   la sveglia suona (*goes off*) svegliarsi
— *Cosa fate quando la sveglia suona?*
— *Ci svegliamo.*

1. un amico è in ritardo   mettersi un golf (*sweater*)
2. avete freddo   addormentarsi
3. andate a una festa   divertirsi
4. ascoltate un discorso (*speech*) noioso   arrabbiarsi
5. avete sonno   fermarsi a salutare
6. vedete un amico/un'amica   annoiarsi

D. Cosa fate durante il weekend? Lilli, Aldo e Gino parlano di come si divertono durante il weekend. In gruppi di tre studenti, completate il loro dialogo con i verbi riflessivi dati (*given*) nella forma corretta, scegliendo (*choosing*) alcune delle espressioni suggerite (*suggested*).

svegliarsi   alzarsi   annoiarsi   divertirsi   fermarsi
andare al cinema   fare jogging   andare in montagna
uscire con gli amici   fare le spese   andare ai concerti
giocare a tennis   andare in palestra (*gym*)

LILLI   Cosa fate voi durante il weekend? Come vi _____?

ALDO   Noi _____ quando _____, e tu?

LILLI   Io _____ quando _____.

GINO   Noi questa domenica andiamo in montagna. Vuoi venire con noi?

LILLI   Sì, _____.

ALDO   Però tu devi _____ presto, perché noi partiamo la mattina presto.

LILLI   Io di solito _____ alle 6.30. Andate in macchina?

GINO   Sì, se vuoi venire, noi possiamo _____ a casa tua verso (*at about*) le 7.

LILLI   Sì, vengo volentieri, perché io la domenica _____ a casa da sola.

E. Conversazione. Rispondete usando la costruzione reciproca.

1. Dove vi incontrate tu e i tuoi compagni?
2. Dove vi vedete tu e il tuo ragazzo/la tua ragazza?
3. Quante volte all'anno vi scrivete tu e i tuoi genitori?
4. Quando vi telefonate tu e tua madre?
5. Quando tu e i tuoi amici vi vedete, vi abbracciate, vi baciate o vi date la mano?

F. Conosciamoci. Hai un nuovo compagno/una nuova compagna di stanza e desiderate conoscervi meglio *(better)*. Create delle domande con i verbi della lista e poi praticate insieme.

**alzarsi   prepararsi   divertirsi   riposarsi
addormentarsi   arrabbiarsi   laurearsi**

Esempio   svegliarsi
— *A che ora ti svegli di solito?*
— *Mi sveglio alle otto.*

8.2 Il passato prossimo con i verbi riflessivi e reciproci

Pippo l'astuto si è seduto.

All reflexive and reciprocal verbs are conjugated with the auxiliary **essere** in the **passato prossimo.** The past participle must agree with the subject in gender and number.

lavarsi *to wash oneself*			
mi sono lavato(a)	*I washed myself*	**ci siamo lavati(e)**	*we washed ourselves*
ti sei lavato(a)	*you washed yourself*	**vi siete lavati(e)**	*you washed yourselves*
si è lavato(a)	*he/she washed himself/herself*	**si sono lavati(e)**	*they washed themselves*

Verbi riflessivi:

Lia, **ti sei divertita** ieri?	*Lia, did you have fun yesterday?*
Ci siamo alzati alle sei.	*We got up at six.*
Il treno **si è fermato** a Parma.	*The train stopped in Parma.*

Verbi reciproci:

Ci siamo incontrati(e).	*We met each other.*
Vi siete incontrati(e).	*You (plural) met each other.*
Si sono incontrati(e) ieri.	*They met each other.*
Le due ragazze **si sono salutate** e **si sono baciate.**	*The two girls greeted each other, and they kissed each other.*

Pratica

A. Sì, ma... Completate con il verbo riflessivo al passato prossimo.

Esempio   Ti alzi presto? / Sì, ma questa mattina (alzarsi) _____ tardi.
Ti alzi presto? Sì, ma questa mattina mi sono alzato(a) tardi.

1. Vi fermate a salutare i nonni? / Di solito sì, ma questa volta noi non (fermarsi) _____.

2. Ti annoi alle conferenze? / Di solito sì, ma alla conferenza di ieri io non (annoiarsi) _____ affatto *(at all)*.

3. Ti svegli presto la mattina? / Sì, ma questa mattina io (svegliarsi) _____ tardi.

4. Vi scrivete spesso tu e la tua famiglia? / Sì, ma quest'anno noi (scriversi) _____ poco.

B. Una storia d'amore. Raccontate la storia di Laura e Francesco al passato prossimo.

Un bel giorno Laura e Francesco s'incontrano. Si guardano e si parlano: s'innamorano a prima vista *(at first sight)*. Si scrivono e si rivedono spesso. Finalmente si fidanzano e, dopo pochi mesi, si sposano.

C. Vacanze romane. Completate il seguente paragrafo usando il passato prossimo.

Raffaella (arrivare) _____ a Roma ieri sera per incontrare l'amica Marina. Stamattina Raffaella (svegliarsi) _____ presto, (alzarsi) _____ e (telefonare) _____ all'amica. Poi (lavarsi) _____ e (vestirsi) _____. Quando le due ragazze (incontrarsi) _____, (salutarsi) _____ con molto affetto e (uscire) _____ dall'albergo. Marina e Raffaella (visitare) _____ la città e (divertirsi) _____ molto. A mezzogiorno le due ragazze (sentirsi) _____ stanche e (fermarsi) _____ a una tavola calda *(snack bar)*, dove (riposarsi) _____ per un'ora. Dopo il pranzo, Marina e Raffaella (fare) _____ le spese nei negozi e (comprare) _____ delle cartoline e dei francobolli *(postage stamps)*. Poi le due amiche (sedersi) _____ a un caffè e (scrivere) _____ le cartoline ai loro parenti ed amici.

D. Conversazione

1. A che ora ti sei alzato(a) stamattina?
2. Hai avuto tempo di prepararti la colazione?
3. Ti sei fermato(a) al caffè a prendere qualcosa?
4. Ti sei divertito(a) o ti sei annoiato(a) in classe?
5. Tu e i tuoi amici vi siete visti o vi siete scambiati *(exchanged)* sms oggi?
6. Come pensate di divertirvi il prossimo weekend?

8.3 I pronomi indiretti

—Che cosa regali a tua madre per Natale?
—Le regalo un bell'oggetto per la casa.

1. An indirect object designates the person *to whom* an action is directed. It is used with verbs of *giving:* **dare, prestare, offrire, mandare, restituire, regalare, portare,** etc., and with verbs of *oral* and *written communication:* **parlare, dire, domandare, chiedere, rispondere, telefonare, scrivere, insegnare, spiegare, consigliare,** etc. The preposition **a** follows these verbs and precedes the name of the person to whom the action is directed.

Scrivo **una lettera.**	*(direct object)*
Scrivo una lettera **a Lucia.**	*(indirect object)*

   An indirect-object pronoun replaces an indirect object. Here are the forms of the indirect-object pronouns:

Singular			Plural		
mi (m')	*(to) me*	**mi** scrivono	**ci**	*(to) us*	**ci** scrivono
ti (t')	*(to) you (familiar)*	**ti** scrivono	**vi**	*(to) you (familiar)*	**vi** scrivono
gli	*(to) him*	**gli** scrivono	**loro** *or* **gli**	*(to) them (m. & f.)*	scrivono **loro**
le	*(to) her*	**le** scrivono			(**gli** scrivono)
Le*	*(to) you (formal, m. & f.)*	**Le** scrivono	**Loro** *or* **Gli***	*(to) you (formal, m. & f.)*	scrivono **Loro** *(very formal)*

2. Note that the pronouns **mi, ti, ci,** and **vi** can be used as both direct- and indirect-object pronouns. With the exception of **loro,** which always follows the verb, indirect-object pronouns, like direct-object pronouns, precede the conjugated form of the verb. In negative sentences, **non** precedes the pronouns.

Mi dai un passaggio?	*Will you give me a lift?*
Chi **ti** telefona?	*Who is calling you?*
Non **gli** parlo.	*I am not speaking to him.*
Perché non **ci** scrivete?	*Why don't you write to us?*
Le offro un caffè.	*I am offering you a cup of coffee.*
Domando **Loro** se era giusto.	*I am asking you if it was right.*

   NOTE: In contemporary italian, the tendency is to replace **loro** with the plural **gli.**

Gli parlo *or* Parlo **loro.**	*I am speaking **to them.***

*The capital letter in **Le, Loro,** and **Gli** is optional and is used to avoid ambiguity.

3. In the **passato prossimo,** the past participle *never* agrees with the indirect-object pronoun.

Le ho parla**to** ieri.   *I spoke to her yesterday.*
Non **gli** abbiamo telefona**to**.   *We did not call them.*

4. Unlike in English, **telefonare** and **rispondere** take an indirect-object pronoun.

Quando telefoni a Lucia?   *When are you going to call Lucia?*
Le telefono stasera.   *I'll call her tonight.*
Hai risposto a Piero?   *Did you answer Piero?*
No, non **gli** ho risposto.   *No, I didn't answer him.*

5. The chart below presents all the forms of the direct- and indirect-object pronouns. Note that they differ only in the third-person singular and plural forms.

Direct-Object Pronouns	Indirect-Object Pronouns
mi	mi
ti	ti
lo, la, La ←————————→	gli, le, Le
ci	ci
vi	vi
li, le, Li, Le ←————————→	gli (loro), Loro

Pratica

A. **Sostituzione.** Sostituite le parole in corsivo con i pronomi appropriati.

1. Scrivo *a mia cugina.*
2. Perché non telefoni *a tuo fratello?*
3. Lucia spiega una ricetta *a Liliana.*
4. Presto il libro di cucina *al mio ragazzo.*
5. Do cento dollari *a mia sorella.*
6. I due ragazzi chiedono un favore *al padre.*
7. Liliana scrive un biglietto di auguri *a sua madre.*
8. Date spesso dei consigli *ai vostri amici?*
9. Paolo manda un mazzo di fiori *alla sua ragazza.*

B. **Quando?** Una persona curiosa vuole sapere quando tu fai le seguenti cose. Un compagno/Una compagna fa la parte della persona curiosa.

Esempio   —Quando dai dei consigli *al tuo amico?* / quando ha dei problemi
                  —*Gli do dei consigli quando ha dei problemi.*

1. Quando telefoni *a tua madre?* / la domenica
2. Quando *ci* mandi una cartolina? / quando arrivo a Roma
3. Quando presti il libro di cucina *alla tua amica?* / quando dà una festa
4. Quando scrivi *ai tuoi genitori?* / quando ho bisogno di soldi
5. Quando *mi* fai gli auguri? / il giorno del tuo compleanno
6. Quando *ci* offri un gelato? / dopo cena
7. Quando rispondi *ai tuoi parenti?* / quando ho tempo
8. Quando porti un regalo *a tua madre?* / per Natale

C. **Un ragazzo generoso.** Per Natale, Gianfranco ha comprato regali per tutti i parenti e gli amici. Che cosa ha regalato loro? In coppie, fatevi a turno le domande che seguono. Usate gli aggettivi possessivi nella domanda e i pronomi indiretti nella risposta.

> **Esempio**   fratello / un maglione
> — *Che cos'ha regalato a suo fratello?*
> — *Gli ha regalato un maglione.*

1. madre / una macchina per fare il cappuccino
2. sorelle / dei DVD
3. fratellino / un giocattolo *(toy)* e delle caramelle *(candies)*
4. zia Maria / una scatola di cioccolatini Perugina
5. amico Luciano / un portafoglio di pelle marrone
6. nonni / ...
7. ragazza / ...
8. professore(ssa) d'italiano / ...

D. **Quando lo fai?** Domandatevi quando avete intenzione di fare le seguenti cose. Usate i pronomi nella risposta.

> **Esempio**   parlare al professore
> — *Quando parli al professore?*
> — *Gli parlo quando ho bisogno di una spiegazione.* o...

1. chiedere consiglio a tuo padre
2. scrivere ai tuoi parenti
3. mandare un'e-mail alla tua amica
4. offrire a me un pranzo
5. portare dei fiori a tua madre
6. telefonare al dottore
7. chiedere un appuntamento alla professoressa
8. mandare a me e al mio compagno/alla mia compagna gli inviti per la festa

 E. **Diretto o indiretto?** Tu e il tuo compagno/la tua compagna organizzate una cena per gli amici. Il tuo compagno/La tua compagna doveva fare alcune cose e tu vuoi sapere se le ha fatte.

> **Esempio**   invitare Luisa
> — *Hai invitato Luisa?*
> — *Sì, l'ho invitata.*

1. mandare gli inviti
2. telefonare a Gino
3. comprare gli antipasti
4. scrivere a Marco
5. invitare anche i due fratelli Rossi
6. chiedere a Luisa la ricetta del tiramisù
7. comprare le bottiglie di vino bianco
8. chiamare Marisa

F. Cosa regaliamo? Flora e suo fratello Gianni discutono su cosa comprare per parenti ed amici. Completate il loro dialogo usando i pronomi diretti e indiretti e scegliete *(choose)* tra gli articoli *(items)* suggeriti.

pantofole *(slippers)*   **pigiama camicia da notte** *(night gown)*
profumo   crema da giorno   portachiavi d'argento *(silver keyholder)*
borsa di pelle *(leather purse)*

FLORA   Cos'hai comprato per i nonni?

GIANNI   _____, e tu cos'hai comprato per la mamma?

FLORA   _____. E per il nostro nipotino Luca? Hai dimenticato il nostro nipotino?

GIANNI   No, _____.

FLORA   Hai comprato i regali?

GIANNI   Sì, _____. Ho comprato un orsacchiotto *(teddy bear)* e un gioco della Lego.

FLORA   E per la tua ragazza, cos'hai comprato?

GIANNI   _____, e tu, per il tuo ragazzo?

FLORA   _____.

8.4 I pronomi indiretti con l'infinito

As for the direct-object pronouns, when the indirect-object pronoun is the object of an infinitive, it—with the exception of **loro**—is attached to the infinitive, which drops the final **-e.**

Preferisco scriver**le.**   *I prefer to write to her.*
Devi parlar**gli.**   *You have to speak to him.*

— Vuole darmi quel salame, per favore?

NOTE: With the verbs **potere, volere, dovere,** and **sapere,** the object pronoun may either be placed before the conjugated verb or attached to the infinitive.

Ti posso parlare?
Posso parlar**ti?**   } *May I speak to you?*

Pratica

A. Brevi domande. In coppie, fatevi a turno le domande che seguono, come dall'esempio.

   Esempio   —*Hai bisogno di parlare al professore?*
   —*Sì, ho bisogno di parlargli.*

1. Quando pensi di rispondere *alla zia?* Penso di _____ .
2. Preferisci telefonare *all'agente di viaggi?* Sì, _____ .
3. Vuoi scrivere o telefonare *al direttore della banca?* _____ .
4. Puoi presta*rmi* la macchina per stasera? Sì, _____ , ma solo per stasera.
5. Vuoi mandare un'e-mail *alla tua ragazza?* Sì, _____ .

Giulia è contenta perché suo padre le ha prestato la macchina per una sera.

B. In banca. Sig. Johnson è entrato in una banca a Vicenza per cambiare dei dollari in euro. In coppie, fate la parte del Sig. Johnson e dell'impiegato della banca. Completate il loro dialogo con i pronomi mancanti *(missing).*

SIG. JOHNSON	Buon giorno.
IMPIEGATO(A)	Buon giorno.
SIG. JOHNSON	Scusi, può cambiar _____ 1.500 dollari in euro?
IMPIEGATO(A)	Mi dispiace, _____ posso cambiare solo 1.000 dollari questa mattina.
SIG. JOHNSON	Quando _____ può cambiare il resto?
IMPIEGATO(A)	Posso cambiar _____ il resto domani, oppure Lei può andare in un'altra banca dove _____ cambiano gli altri 500 dollari.
SIG. JOHNSON	Va bene. Preferisco ritornare domani.
IMPIEGATO(A)	Può mostrar _____ un documento d'identità per favore?
SIG. JOHNSON	_____ posso mostrare il passaporto. Eccolo.
IMPIEGATO(A)	Devo fare una fotocopia. Ecco gli euro. Lei _____ deve firmare la ricevuta.
SIG. JOHNSON	Ecco fatto. Grazie e arriveder _____ .
IMPIEGATO(A)	Grazie a Lei e buona permanenza in Italia.

Per finire

Il primo giorno di lavoro 🔊 CD 1, Track 28

Andrea si è laureato in economia e commercio, l'anno
scorso, all'Università Bocconi di Milano. Dopo una breve
vacanza per riposarsi, Andrea ha incominciato a cercarsi
un impiego. Si è presentato a molti **colloqui**, ma l'unico   *interviews*
impiego che ha potuto trovare è un lavoro part-time in una
ditta di **consulenze**.   *consulting firm*

Sono le sei di sera, e Andrea e il suo amico Gianni si sono
incontrati in centro. Sono seduti al caffè Verdi, in via
Durini, e Andrea parla a Gianni della sua prima giornata
di lavoro.

ANDREA Stamattina mi sono alzato presto per essere
    sicuro di arrivare al lavoro in orario.

GIANNI E non è una cosa facile per te, alzarti presto; non ti
    svegli mai prima delle otto. Ti piace il lavoro?

ANDREA Non lo so ancora. Per il momento ho accettato
    questo lavoro part-time perché non ho trovato **niente**   *nothing better*
    di meglio, ma continuo a cercare.

GIANNI **Non dirlo a me!** Sono due anni che mi sono   *Don't tell me about it!*
    laureato, e sto ancora cercando. Per fortuna, qualche
    giorno fa, un amico di mio padre mi ha offerto di fare
    il **tirocinio** nella sua ditta farmaceutica. Con uno   *apprenticeship*
    stipendio minimo, naturalmente.

ANDREA È sempre meglio di niente. **Intanto** ci facciamo   *Meanwhile*
    un po' di esperienza e poi **vedrai** che **riusciremo** a   *you will see / we will be able*
    sistemarci bene **tutt'e due**.   *both*

Comprensione

1. Quando si è laureato Andrea? In quale università?
2. Ha trovato un lavoro a tempo pieno (*full time*)? Dove lo ha trovato?
3. Dove si sono incontrati Andrea e il suo amico?
4. Perché Andrea ha dovuto alzarsi presto? Perché non è una cosa facile per lui?
5. Andrea è entusiasta di questo lavoro? Perché lo ha accettato?
6. Perché Gianni è stato fortunato?
7. Secondo Andrea, qual è il lato (*side*) positivo della loro situazione?

Un albergo di lusso offre lavori part-time per l'estate.

Conversazione

1. Tu hai incominciato a pensare seriamente alla tua carriera?
2. Hai già lavorato? Dove? Lavori adesso?
3. Per il momento, preferisci un lavoro a tempo pieno (*full time*) o un lavoro part-time?
4. Preferisci un lavoro in un ufficio o un lavoro all'aria aperta (*outdoors*)?
5. Vuoi cercare un lavoro immediatamente dopo che hai finito i tuoi studi, o preferisci divertirti e viaggiare per qualche tempo?

Adesso scriviamo!

Il primo giorno di lavoro

Strategy: Effective use of a dictionary

For this task you will write about your first day at a new job, or your first day of classes at the university. So you may wish to use a dictionary to add to your vocabulary and to make your account more interesting. Here are some suggestions for the best use of an English–Italian dictionary.

a. You may find more than one Italian equivalent for the word you are searching, so make sure that you choose one that corresponds most closely, e.g., make sure it is a noun, adjective, adverb, or as appropriate.

b. Make sure that if it is a noun, you check to see whether it is feminine or masculine so that your adjectives can correspond.

c. Sometimes you may find that the dictionary provides brief examples of the word in context; these are very useful and may give you a sense of how to use it in your own writing.

Racconta *(Tell)* il tuo primo giorno di lavoro per una nuova ditta *(firm)*. O, se preferisci, racconta il tuo primo giorno di lezioni all'università.

A. Leggi e rispondi alle seguenti domande per organizzare il tuo tema *(composition)*.

1. È stato un giorno diverso dal solito? Perché?

2. A che ora ti sei svegliato(a)? A che ora ti sei alzato(a)?

3. A che ora sei uscito(a) di casa?

4. Che cosa hai fatto al lavoro (all'università)?

5. Il tuo primo giorno di lavoro—o di lezioni—è stato interessante o noioso?

B. Adesso, scrivi un paragrafo sulla tua giornata.

Esempio   *Questa mattina mi sono alzata presto perché oggi è il primo giorno di lezioni all'università. Mi sono svegliata alle sei, ma non mi sono alzata fino alle sei e mezzo. Ho fatto la doccia, mi sono vestita e mi sono preparata una bella colazione abbondante. Sono uscita alle sette e trenta e sono arrivata all'università alle otto per seguire la prima lezione di matematica. Mi sono annoiata molto!*

   Nel pomeriggio, Marisa ed io ci siamo incontrate in biblioteca e abbiamo studiato per due ore. Quando sono tornata a casa, due amiche sono venute a casa mia. Ci siamo salutate e ci siamo abbracciate, poi abbiamo preparato insieme la cena. Alle undici di sera mi sono addormentata e stamattina, quando la sveglia è suonata, mi sono arrabbiata molto.

C. Leggi di nuovo il tuo paragrafo. Tutte le parole sono scritte correttamente? Controlla l'accordo tra il verbo e il soggetto e tra il nome e l'aggettivo. Controlla in modo particolare la forma del passato prossimo: ti sei ricordato(a) che con i verbi riflessivi devi usare **essere** al passato prossimo? Infine, con un compagno/una compagna, leggete le vostre narrazioni. Avete avuto una giornata interessante o noiosa?

Parliamo insieme!

A. La telefonata di un amico/un'amica. Un amico/Un'amica è arrivato(a) nella tua città e ti telefona. In gruppi di due studenti, fate una conversazione, seguendo l'esempio di «Una viaggio d'affari». Tu gli/le domandi:

if he/she had a good trip; in which hotel he/she is staying; if he/she has rented a car. Tell him/her that if he/she does not have a car you can give him/her a lift. He/She will thank you and will tell you it is not a problem to find a cab. Invite him/her to dinner and ask which type of restaurant he/she prefers (Italian, Mexican, French, Chinese, Japanese, etc.). Tell him/her the name of the restaurant where you will meet and what time. Give him/her your cell phone number. You say good-bye to each other.

Proverbi.

1. Il tempo è denaro.
2. Il tempo è buon maestro.
3. I soldi non fanno la felicità.

B. All'hotel. Immagina di essere un uomo/una donna d'affari che è arrivato(a) a Firenze ed è andato(a) all Hotel Morandi, dove vuole pernottare *(spend the night)*. Un compagno/Una compagna fa la parte dell'impiegato(a) dell'albergo.

You want to know if they have a room for one night, if it has air conditioning, how much it costs, and if breakfast is included **(compresa)**. You also ask if you can make a phone call to rent a car and ask for the phone number. Then you thank the employee. The employee will ask you how many suitcases you have and after you answer, he/she will tell you that he/she will take your suitcase(s) to your room.

He/She tells you that if you want to wake up early he/she can call your room. You thank him/her and tell him/her that you have an alarm clock. He/She also tells you that breakfast is served **(è servita)** from 6:30 to 10:30.

HOTEL
MORANDI ALLA CROCETTA

Un ambiente raccolto, signorile e confortevole, ove sorgeva il convento della Crocetta, è oggi, nel rispetto di una antica tradizione di ospitalità, il naturale riferimento di un piacevole e tranquillo soggiorno fiorentino. Ubicato nel centro storico di Firenze, attiguo al Museo Archeologico e a pochi passi dall'Accademia delle Belle Arti, offre la possibilità di raggiungere facilmente ogni punto di interesse artistico, culturale ed economico della città.

Vedute d'Italia

In Italia dopo l'euro

A. Prima di leggere

On January 1, 2002, the euro became the national currency of Italy and of other participating countries in the European Union. Although adoption of the euro, which replaced the **lira**, was greeted with feverish excitement by Italians, their subsequent experience with the new currency has not fully lived up to expectations. Read about their experience in the passage below, focusing especially on how adoption of the euro has benefited Italians and how, on the other hand, it has caused problems.

Strasburgo. Il Parlamento Europeo.

L'Unione Europea

L'introduzione della moneta unica nei paesi europei ha avuto una grande influenza sull'economia italiana. Gli Italiani hanno dovuto **affrontare** un **aumento** del costo della vita: i prezzi di molte cose, specialmente dei **generi alimentari**, sono aumentati. Molti negozianti hanno alzato i prezzi: in pratica, l'euro è diventato l'equivalente di mille lire, quando in realtà ha il valore di quasi duemila lire. Così i prezzi sono diventati il **doppio.** Per esempio, se prima dell'euro, in un buon ristorante, gli Italiani **pagavano** cinquantamila lire per una cena, oggi pagano il doppio, **cioè** cinquanta euro. Mentre i prezzi sono aumentati, le pensioni e gli stipendi sono rimasti gli stessi. Le persone che pagano di più le conseguenze sono gli **anziani,** che hanno delle difficoltà a **farcela** con la loro pensione. L'euro ha dimostrato di **essere** una moneta stabile, ma la **debolezza** del dollaro nei confronti dell'euro ha causato una diminuzione delle esportazioni dei prodotti italiani negli Stati Uniti.

to face
increase
food

double
used to pay
that is
older people
to make it
weakness

L'adozione dell'euro ha apportato indubbiamente dei vantaggi: ha **reso** più stabile l'Unione Europea; lo scambio delle **merci** è diventato totalmente libero; i turisti e viaggiatori non devono più cambiare la loro moneta quando si trovano nei paesi europei dove l'euro è la valuta nazionale. C'è stato anche un aumento del turismo italiano negli Stati Uniti perché oggi il cambio euro/dollaro è più vantaggioso di prima per gli Italiani. **Inoltre,** gli Italiani, come la maggior parte degli Europei, si sentono ora cittadini di un unico grande paese: l'Europa Unita, un paese bellissimo per le sue differenze, culturalmente ricco e pieno di iniziative.

made
goods

In addition

B. Alla lettura. Rispondete alle seguenti domande.

1. Qual è una conseguenza positiva e una negativa dell'introduzione dell'euro?

2. Chi sono le persone che pagano di più le conseguenze degli aumenti dei prezzi?

3. Perché i turisti italiani che viaggiano negli Stati Uniti hanno un vantaggio?

4. Perché l'esportazione e l'importazione tra i paesi dell'Unione Europea costano meno?

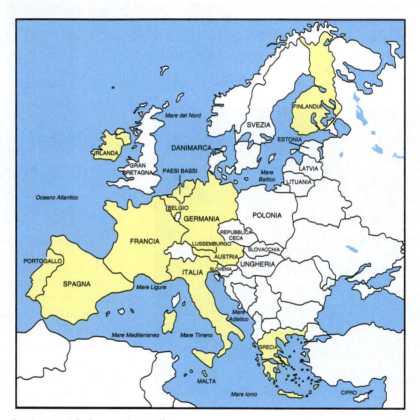

Paesi europei che hanno adottato l'euro

Vocabolario 🔊

Nomi

l'abbraccio	hug
l'affare *(m.)*	business
l'affetto	affection
il bacio	kiss
il/la collega	colleague
*(pl.*i colleghi,	
le colleghe)	
il consiglio	advice
la coppia	couple
il francobollo	stamp
la giornata	day
l'impiego	job, work
la stella	star
lo stipendio	salary
la sveglia	alarm clock
la tavola calda	snack bar

Aggettivi

abbondante	abundant
arrabbiato	mad
straniero	foreign

Verbi

abbracciarsi	to embrace each other
accettare	to accept
addormentarsi	to fall asleep
alzarsi	to get up
annoiarsi	to get bored
arrabbiarsi	to get mad
baciarsi	to kiss each other
chiamarsi	to be called
divertirsi	to have fun, to enjoy oneself
fermarsi	to stop

fidanzarsi	to get engaged
innamorarsi (di)	to fall in love (with)
laurearsi	to graduate (from a university)
lavarsi	to wash (oneself)
mettersi	to put on, to wear
prepararsi	to prepare oneself, to get ready
riposarsi	to rest
risparmiare	to save
salutarsi	to greet each other; to say good-bye
scambiarsi	to exchange
scusarsi	to apologize
sedersi	to sit down
sentirsi	to feel
sposarsi	to get married
suonare	to ring; to play (an instrument)
svegliarsi	to wake up
vestirsi	to get dressed

Altre espressioni

alta/bassa stagione	high/low season
darsi la mano	to shake hands
è meglio di niente	it is better than nothing
il lavoro a tempo pieno	full-time job
un mazzo di fiori	a bouquet of flowers
per affari	on business
per fortuna	luckily
prima	first; before
tutt'e due	both
un uomo/una donna d'affari	a businessman/woman

Intermezzo

Attività video

A. Che ore sono?

Dopo che avete guardato la sezione del video «Che ore sono?», in gruppi di tre studenti, fatevi a turno le seguenti domande.

1. Cosa ha intenzione di visitare Marco adesso? Perché deve rinunciare?
2. A che ora va a lavorare la prima persona intervistata? Quanto tempo ha per l'intervallo del pranzo? A che ora smette *(stop)* di lavorare la sera?
3. Una persona intervistata dice che i negozi sono sempre aperti, eccetto per un mese all'anno. Quale mese? Da quanto tempo esiste il mercato?
4. Che dolci piacciono a Marco? Sono i dolci tipici di una città: quale?
5. Perché Marco decide di aprire il tetto della macchina *(sunroof)*?

Partecipazione. Iniziate una conversazione sui seguenti argomenti.

- Parlate degli orari della vostra giornata: a che ora vi alzate e a che ora iniziate le attività della giornata (all'università o al lavoro); quanto tempo avete di solito per il pranzo; dove mangiate a mezzogiorno; se vi portate un panino da casa o se mangiate alla mensa *(cafeteria)*.
- Molti studenti italiani hanno preso l'abitudine di mangiare al fastfood, tipo McDonald's. Gli piacciono moltissimo le «french fries» che in italiano si chiamano «patatine fritte». E voi, mangiate spesso al fastfood?
- Quando fate lo shopping? Cosa fate la domenica?

B. Che tempo fa?

Dopo che avete guardato questa sezione del video, in gruppi di tre studenti, decidete quali delle due affermazioni è corretta.

1. Marco dice che:
   a. preferisce l'estate   b. non ama il caldo
2. Marco dice che:
   a. qualche volta nevica a Roma   b. Roma è bella in primavera
3. la prima intervistata dice che:
   a. per lei l'inverno è un problema   b. preferisce la primavera
4. Marco dice che:
   a. ama l'inverno perché c'è Natale   b. oggi a Firenze non fa molto caldo
5. un'intervistata dice che:
   a. Firenze è una città grande   b. l'arte di Firenze è eccezionale

Partecipazione. Fate conversazione insieme sui seguenti argomenti.

- Dite quale delle quattro stagioni (la primavera, l'estate, l'autunno, l'inverno) preferite e perché.
- Dite qual è, per voi, la festa più importante dell'inverno e quella della primavera.
- Cosa fate durante l'estate (luglio, agosto)? Andate in vacanza? Dove? all'estero? Oppure seguite dei corsi anche durante l'estate? O lavorate?
- Siete stati a Firenze? Quando? Cosa vi piace di Firenze? Vi piacerebbe vivere a Firenze o studiare a Firenze per un anno?

«VA' PENSIERO», dal coro dell'opera *Nabucco*, di
GIUSEPPE VERDI

Giuseppe Verdi (1813–1901), nato a Le Roncole, in provincia di Parma, fu *(was)* uno dei più grandi musicisti e compositori. Il diciannovesimo *(19th)* secolo fu dominato dal suo genio drammatico. Le prime opere di Verdi si ispirarono *(were inspired by)* a temi nazionali che lo fecero apparire *(made him appear)* come l'interprete del sogno politico degli Italiani. I patrioti diedero *(gave)* alle lettere del suo nome la seguente interpretazione: V(ittorio) E(manuele) R(e) D(i) I(talia), e il suo nome diventò il loro grido di battaglia *(battle cry)*.

Il grande musicista fu insuperabile nella creazione di arie e di cori che accompagnano grandi scene drammatiche. Basti ricordare di lui alcune opere come *Rigoletto, il Trovatore, La Traviata, Aida, Otello, Nabucco*.

«Va' pensiero» è un coro del *Nabucco*: gli Ebrei esiliati sulle rive *(banks)* dell'Eufrate rimpiangono *(lament)* la perdita *(loss)* della libertà e della loro amata Patria *(fatherland)*.

The Hebrews exiled on the banks of the Euphrates river send their thoughts on golden wings toward the gentle slopes and hills covered in the fragrance of their beloved land. Their thoughts greet the Jordan river and the destroyed towers of Zion (Jerusalem). They long for their land, so beautiful, and now lost. They invoke their prophets' golden harp: why, they ask, are you silent? Rekindle, they beg, the memories of our past. Either sound a song of lament, or let the Lord inspire you with a harmony of sounds and our sufferings will be our virtue.

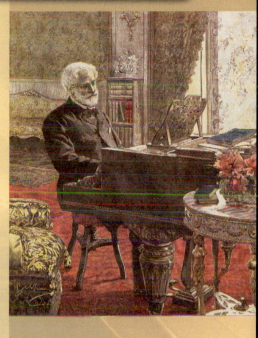

A. In gruppi di tre studenti, completate le seguenti frasi.

1. Il pensiero degli esuli va e si posa sui _____ e sui _____.
2. Saluta le rive del fiume _____ e le torri di _____.
3. La Patria è sì _____ e _____!
4. L'arpa d'or dei vati è _____ *(silent)*.
5. Gli esuli chiedono all'arpa di riaccendere le _____.

B. Fatevi a turno le seguenti domande.

1. Che emozioni esprimono *(express)* gli Ebrei esiliati? tristezza? nostalgia? sofferenza? Per che cosa?
2. Dove inviano *(they send)* il loro pensiero?
3. Quali immagini evocano *(conjure up)* ricordi del suolo natale?
4. A chi mandano il loro saluto gli Ebrei esiliati?
5. Com'è la Patria lontana?
6. Quale strumento dei «fatidici» vati invocano?
7. L'arpa parla (favella) del presente o del passato?

Partecipazione. Conversate insieme sui seguenti argomenti.

- Che emozioni provereste *(would you feel)* se doveste *(if you had to)* lasciare la vostra Patria? tristezza? nostalgia? preoccupazione? malinconia? insicurezza? [Proverei...]
- Avete mai lasciato il vostro paese per qualche tempo? Quando e per dove?
- Se doveste andare in un paese straniero per motivi di lavoro, in quale preferireste andare? [Preferirei andare...]
- Avete considerato di diventare un «exchange student» e di scambiare, per un anno, la vostra abitazione e la vostra famiglia con quelle di uno studente/una studentessa straniero(a)?

VOCABOLARIO UTILE	
va' pensiero	*go, thoughts*
fatidici vati	*our prophets*
ali dorate	*golden wings*
riaccendi le memorie	*awake our memories*
clivi e i colli	*gentle slopes and hills*
ci favella	*tells us*
l'aure dolci del suolo natal	*sweet air of native land*
del tempo che fu	*of the past*
le torri di Sionne	*the tower of Zion (Jerusalem)*
traggi un suono di lamento	*sound a song of lamentation*
arpa d'or	*golden harp*
che ne infonda al patire virtù	*our sufferings will become our virtues*
un concento	*harmony of sounds*

Capitolo 9
Mezzi di diffusione

La vetrina di una libreria

Punti di vista | Una serata alla TV
    Studio di parole: Stampa, televisione, cinema
    Informazioni: La televisione
    Ascoltiamo! Dove vi siete conosciuti?

Punti grammaticali
    9.1 L'imperfetto
    9.2 Contrasto tra imperfetto e passato prossimo
    9.3 Il trapassato prossimo
    9.4 Avverbi
    9.5 Da quanto tempo? Da quando?

Per finire | Al cinema
    Adesso scriviamo! Editing your composition
    Parliamo insieme!

Vedute d'Italia | Il cinema italiano

Punti di vista

Dopo la cena e il telegiornale delle 8.00, gli Italiani hanno un'ampia scelta di programmi alla TV, su canali nazionali o su canali esteri.

Una serata alla TV CD 2, Track 2

Giovanni e Marina hanno finito di cenare e pensano di passare una serata tranquilla in casa. Giovanni accende la televisione.

GIOVANNI Sono le 8.00, possiamo vedere il telegiornale.

MARINA Veramente, abbiamo già letto le notizie di oggi sul giornale, quando eravamo in treno.

GIOVANNI Allora, cambio canale e vediamo le notizie sportive.

MARINA No, perché **non mi va** di sentire che pagano cifre astronomiche per i **giocatori di calcio.**

I don't feel like
soccer players

GIOVANNI Allora, cosa vuoi vedere?

MARINA Vediamo la guida della TV. T'interessa un documentario sulle foreste tropicali? È su canale 5.

GIOVANNI Per carità! In cinque minuti mi addormento. Non c'è per caso un bel film, un classico? Quando eravamo fidanzati, andavamo al cinema ogni domenica.

MARINA Sì, infatti c'è un bel film: *La vita è bella!*, con Roberto Benigni, su Rete 4. Ti va?

GIOVANNI D'accordo. L'ho già visto, ma lo rivedo volentieri.

Comprensione

1. Hanno voglia di uscire Giovanni e Marina questa sera? **2.** Cosa pensano di fare? **3.** Perché Marina non vuole vedere il telegiornale? **4.** A Marina interessano le notizie sportive? Perché no? **5.** Perché Giovanni non vuole vedere il documentario? **6.** Che cosa facevano Marina e Giovanni quando erano fidanzati? **7.** Che programma ha trovato Marina su Rete 4? **8.** Giovanni vede questo film per la prima volta? È contento di rivederlo?

Studio di parole — Stampa, televisione, cinema

Davanti al cinema

La stampa (*The press*)

il (la) giornalista reporter
il giornale newspaper
la rivista magazine
le notizie news
l'autore/l'autrice author
lo scrittore/la scrittrice writer
il racconto short story
il romanzo novel
   —giallo mystery
   —di fantascienza science fiction
il riassunto summary
la trama plot
il personaggio character
il titolo title

La televisione (tivù) (*Television*)

il televisore TV set
il canale channel
l'annunciatore anchorman, newscaster
l'annunciatrice anchorwoman, newscaster
il telegiornale TV news

il programma TV program
la telenovela soap opera
il documentario documentary
il videoregistratore VCR
accendere (*p.p.* **acceso**) to turn on
spegnere (*p.p.* **spento**) to turn off
il telecomando remote control
i video giochi video games

Il cinema (*Cinema*)

girare un film to make a movie
l'attore actor
l'attrice actress
il (la) regista director
lo spettatore/la spettatrice viewer, spectator
i sottotitoli subtitles
il cartone animato cartoon
l'articolo (il libro, il film) tratta di... the article (book, movie) deals with . . .
fare la parte to play the role
dare un film to show a movie

NOTE: A mystery or detective book is called **un giallo** because of the color of the cover. During the Fascist era, the publication of the genre was forbidden. After WWII, the Italian publisher Mondadori resumed publication of these types of books using yellow covers, which are still used today. By analogy, a movie portraying mystery stories is also called **un giallo.**

Informazioni   La televisione

In Italia esistono tre canali televisivi pubblici (RAI), per i quali si paga un canone annuo *(annual fee)* di circa 100 euro. Oltre a questi, ci sono i canali privati, che trasmettono il telegiornale, film e programmi vari: «la televisione commerciale», con gli spot pubblicitari e con programmi che sono spesso imitazione dei programmi americani. Con il sistema SKY, a pagamento, si ricevono via satellite canali europei, russi, statunitensi (CNN), arabi, cinesi ed asiatici. Tra i programmi preferiti dai giovani ci sono quelli di imitazione americana come: *Grande fratello, Chi vuol essere milionario?, La ruota della fortuna*. La TV italiana offre nel pomeriggio spettacoli istruttivi e divertenti per i bambini. Si programmano anche corsi universitari la sera tardi.

Applicazione

A. Domande

1. Cosa sono *The New York Times* e il *Corriere della sera*?
2. Che cosa fa un(a) giornalista?
3. Chi era Steinbeck? Puoi nominare il titolo di qualche suo romanzo?
4. Se andiamo a vedere un film straniero, che cosa ci aiuta *(help us)* a capire il dialogo?
5. Che cosa offre il telegiornale? Chi lo presenta?
6. Quando si usa il telecomando?

B. Per i patiti *(fans)* del cinema

1. Guardate la lista dei film che sono popolari in Italia. Sapete dire il titolo in inglese di questi film?
2. Quale di questi film è sentimentale? drammatico? un giallo? una commedia? di fantascienza?
3. Leggete i giudizi dei critici. Voi come giudicate *(judge)* i film di questa lista? Qual è un film memorabile? molto bello? niente male? così così? brutto? Quante stelle dareste *(would you give)* al film *Il signore degli anelli*?

LE NOSTRE INDICAZIONI

- sentimentale
- avventura
- giallo
- drammatico
- commedia

GIUDIZI	
★★★★★	Memorabile
★★★★	Molto bello
★★★	Niente male
★★	Così così
★	Brutto

- *La Bella e la Bestia* di Walt Disney
- *Mi presenti i tuoi* con Ben Stiller, Robert De Niro, Barbra Streisand
- *Il gladiatore* con Russell Crowe
- *Il signore degli anelli* con Elijah Wood
- *Pantera rosa* con Peter Sellers
- *Harry Potter e il principe mezzosangue* con Daniel Radcliffe
- *Il silenzio degli innocenti* con Anthony Hopkins
- *Le cronache di Narnia: il principe Caspian* con Liam Neeson
- *Senza paura* con Jeff Bridges
- *A qualcuno piace caldo* con Marilyn Monroe
- *Il pirata dei Caraibi* con Johnny Depp

C. Conversazione

1. Vai spesso al cinema? Che genere di film ti piace?
2. Noleggi spesso videocassette? Preferisci noleggiare un film o andarlo a vedere al cinema?
3. Chi è il tuo attore/la tua attrice preferito(a)?
4. Quali programmi preferisci vedere alla TV (film, spettacoli, giochi, programmi di politica, musica, sport, scienze, «National Geographic»)?
5. A che ora guardi la TV di solito? Tieni la TV accesa quando fai i compiti, o ascolti la musica?

Ascoltiamo!

 CD 2, Track 3

Dove vi siete conosciuti? This evening Diletta and Luciano have invited a new colleague of Luciano's to dinner. While Diletta is in the kitchen, the colleague asks Luciano a bit about himself and Diletta. Listen to the conversation; then answer the following questions.

Comprensione

1. Dove si sono conosciuti Luciano e la moglie?
2. In quale facoltà erano *(were)* Luciano e Diletta?
3. Sono ancora idealisti, o non lo sono più? Perché?
4. Si sono sposati prima della laurea?
5. Perché si considerano fortunati?
6. Che cosa pensa il collega della situazione economica?

Dialogo

Immaginate di essere una personalità della TV e intervistate uno studente/una studentessa della classe che fa la parte di uno scrittore/una scrittrice. Fate domande sul suo nuovo romanzo in corso di pubblicazione *(in press)* e sulla vita personale dello scrittore/della scrittrice.

Punti grammaticali

9.1 L'imperfetto

C'era una volta un burattino di legno *(wooden puppet)* che si chiamava Pinocchio. Aveva il naso molto lungo perché diceva molte bugie…

1. The **imperfetto** (from the Latin *imperfectum*) means *imperfect*, that is, incomplete. It is used to express an action that took place in the past but whose duration cannot be specified. Its endings are identical in all three conjugations.

parlare → parla-**vo** = *I was speaking, I used to speak, I spoke*

parlare	ricevere	dormire
parla**vo**	riceve**vo**	dormi**vo**
parla**vi**	riceve**vi**	dormi**vi**
parla**va**	riceve**va**	dormi**va**
parla**vamo**	riceve**vamo**	dormi**vamo**
parla**vate**	riceve**vate**	dormi**vate**
parla**vano**	riceve**vano**	dormi**vano**

2. The following verbs are irregular in the imperfect tense:

essere:	**ero, eri, era, eravamo, eravate, erano**
fare:	**facevo, facevi, faceva, facevamo, facevate, facevano**
bere:	**bevevo, bevevi, beveva, bevevamo, bevevate, bevevano**
dire:	**dicevo, dicevi, diceva, dicevamo, dicevate, dicevano**

3. The imperfect tense is used to describe:

   a. environment, time, weather; physical and mental states; and age in the past.

Erano le sette di sera.	*It was 7:00 P.M.*
Fuori **faceva** freddo e **pioveva**.	*Outside it was cold and it was raining.*
La gente **aveva** fame.	*People were hungry.*
L'attrice **era** preoccupata.	*The actress was worried.*
Nel 1996 **avevo** dieci anni.	*In 1996 I was ten years old.*

   b. habitual actions in the past.

Da bambino **andava** spesso al teatro dei burattini.	*As a child he often went to the marionette theater.*
Leggeva favole tutte le sere.	*He read (used to read) fables every night.*

   c. an action in progress while another action was taking place or was completed.

Mentre **scrivevo** una lettera, Nino **suonava** il piano.	*While I was writing a letter, Nino was playing the piano.*
Luisa **pranzava** quando Marcello è entrato.	*Luisa was having dinner when Marcello walked in.*

Pratica

A. **Vacanze veneziane.** Che cosa faceva tutti i giorni Franca quand'era a Venezia?

Esempio   visitare la città
   Visitava la città.

   1. prendere il vaporetto *(motorboat)*
   2. ammirare i palazzi veneziani
   3. camminare lungo le calli *(narrow Venetian streets)* e i ponti *(bridges)*
   4. entrare nelle chiese e nei negozi
   5. visitare i musei
   6. fare le spese
   7. la sera, sedersi a un caffè di Piazza San Marco
   8. divertirsi a guardare la gente

Un angolo di Venezia con i palazzi antichi e le calli *(narrow streets)*

B. **Frammenti di ricordi.** Sostituite l'infinito con la forma appropriata dell'imperfetto.

Ricordo che quand'ero bambino, io (passare) _____ ogni estate con i nonni. I nonni (abitare) _____ in una piccola casa in collina *(hill)*. La casa (essere) _____ bianca, con un tetto *(roof)* rosso. Davanti alla casa (esserci) _____ un bel giardino. Ogni giorno, quando (fare) _____ caldo, io (stare) _____ in giardino, e se (avere) _____ sete, la nonna (portare) _____ delle bevande fresche. Il pomeriggio io (guardare) _____ i cartoni animati alla tivù, (divertirsi) _____ a giocare a palla o (fare) _____ lunghe passeggiate nei campi con il vecchio cane dei nonni. Alle sette, la nonna (chiamare) _____ me e il nonno per la cena, ed io (aiutarla) _____ ad apparecchiare *(to set)* la tavola. La sera noi (stare) _____ fuori a guardare il cielo stellato *(starry)*.

C. **Da ragazzini** *(As young children).* Tommaso, Luca e suo fratello Rico parlano di quand'erano ragazzini. Completate il loro dialogo con i verbi suggeriti *(suggested)*, all'imperfetto.

incontrarsi   guardare   andare   divertirsi   fare passeggiate giocare (a tennis, a pallavolo, a pallone)   annoiarsi   preferire

TOMMASO   Dove andavate in vacanza tu e Rico?

LUCA   Noi _____ in montagna, e tu?

TOMMASO   Io _____ al mare. Come vi divertivate voi?

LUCA   Io _____.

RICO   Io, invece *(instead)*, _____.

TOMMASO   E la sera, cosa facevate?

LUCA   Qualche volta noi _____ la TV.

RICO   No, tu _____ la TV. Io _____ ai video giochi.

LUCA   Sì, è vero, mi dimenticavo. Tu e i tuoi amici _____ ai video giochi.

TOMMASO   Io non mi divertivo ai video giochi, mi _____. Io _____ guardare i cartoni animati.

D. **Cosa facevate?** Tu e tuo fratello siete andati in vacanza. Un tuo amico/Una tua amica ti chiede cosa facevate tutti i giorni. In coppie, fatevi a turno le domande che seguono.

Esempio   alzarsi la mattina
              — A che ora vi alzavate la mattina?
              — Ci alzavamo alle 10.00. o...

1. dove fare colazione
2. come essere la cucina dell'albergo
3. cosa fare alla spiaggia
4. come divertirsi la sera
5. noleggiare le videocassette
6. andare spesso al cinema
7. cos'altro fare

9.2 Contrasto tra imperfetto e passato prossimo

1. Both the **passato prossimo** and the **imperfetto** present events and facts that took place in the past. However, they are not interchangeable.

   a. If a past action took place only *once*, was repeated a *specific* number of times, or was performed within a *definite* time period, the **passato prossimo** is used.

   b. If a past action was *habitual*, was repeated an *unspecified* number of times, or was performed for an *indefinite* period (with no beginning or end indicated), the **imperfetto** is used. It is also used to *describe circumstances* surrounding a past action or event (time, weather, physical appearance, age, feelings, attitudes, etc.).

— Mi hanno detto che era un film interessante. Invece era grottesco!

The following pairs of sentences illustrate further the contrast between these two tenses.

Ieri sera **ho ascoltato** la radio.	*Last night I listened to the radio.*
Tutte le sere **ascoltavo** la radio.	*Every evening I would (= used to) listen to the radio.*
La settimana scorsa Gianni mi **ha telefonato** tre volte.	*Last week Gianni phoned me three times.*
Prima mi **telefonava** molto spesso.	*Before he used to phone me very often.*
L'estate scorsa **ho giocato** a tennis tutti i giorni.	*Last summer I played tennis every day.*
Quando **ero** giovane, **giocavo** a tennis tutti i giorni.	*When I was young I would (= used to) play tennis every day.*
Gina **ha preso** l'impermeabile ed **è uscita**.	*Gina took her raincoat and went out.*
Gina **ha preso** l'impermeabile perché **pioveva**.	*Gina took her raincoat because it was raining.*

2. Certain verbs, such as **dovere, potere, sapere, volere,** and **conoscere,** have different meanings depending on whether they are used in the **imperfetto** or in the **passato prossimo;** the **imperfetto** describes circumstances and states of being, while the **passato prossimo** describes actions.

Doveva lavorare, ma non stava bene.	*He/She was supposed to work, but he/she was not well.*
Ha dovuto lavorare anche se non stava bene.	*He/She had to work even if he/she was not well.*
Potevo uscire, ma non ne avevo voglia.	*I was able to go out, but I did not feel like it.*
Ho potuto finire il lavoro in un'ora.	*I was able to finish the job in one hour.*
Sapevamo che le elezioni erano in giugno.	*We knew the elections were in June.*
Abbiamo saputo che i socialisti non hanno vinto.	*We found out that the Socialists didn't win.*
Lui **voleva** divertirsi, ma non aveva soldi.	*He wanted to have fun, but he did not have any money.*
Maria **ha voluto** comprare una casa in Riviera.	*Maria wanted to buy a house on the Riviera (and she did).*
Conoscevo il senator Fabbri.	*I knew Senator Fabbri.*
Ieri **ho conosciuto** suo padre.	*Yesterday I met his father (for the first time).*

Pratica

A. Discussioni pericolose *(dangerous)*. Sei stato(a) testimone *(witness)* a una discussione di politica e adesso la racconti a un amico/un'amica. Usa il passato prossimo o l'imperfetto, a seconda del caso *(according to the context)*.

1. È il primo giugno. **2.** Sono le otto di sera. **3.** Piove. **4.** Entro al Caffè Internet. **5.** Ordino un espresso. **6.** Un giovane arriva al bar. **7.** Ha circa vent'anni. **8.** Porta un vecchio impermeabile. **9.** Incomincia a parlare male del Governo. **10.** Un cliente s'arrabbia. **11.** I due litigano. **12.** La confusione è grande. **13.** Un cameriere telefona alla polizia.

B. Di solito..., ma una volta... In coppie, fatevi a turno le domande su quello che facevate una volta e su quello che avete fatto questa volta.

Esempio   tu e la tua ragazza *andare* al cinema la domenica / sì, ma ieri noi *andare* alla partita di calcio
    — *Tu e la tua ragazza* **andavate** *al cinema la domenica?*
    — *Sì, ma ieri* **noi siamo andati** *alla partita di calcio.*

1. tu una volta *annoiarsi* ai film di fantascienza / sì, ma ieri *divertirsi* al film italiano *Manuale d'amore*

2. tu di solito non *guardare* i programmi culturali / no, ma ieri io *guardare* un documentario molto istruttivo sulla natura

3. tu una volta non *volere* i programmi via satellite / sì, ma ora io *capire* che ci sono dei programmi interessanti

4. tu prima non *accendere* mai la TV prima delle 9 / sì, ma ieri sera io *volere* vedere il telegiornale delle 8

5. tu non *comprare* mai la guida della TV / sì, ma la settimana scorsa io *decidere* che *essere* una buon'idea comprarla

C. Passato prossimo o imperfetto? Sostituite all'infinito la forma corretta dell'imperfetto o del passato prossimo, a seconda del significato *(meaning)*.

1. Questa mattina mia moglie ed io (svegliarsi) _____ presto e (uscire) _____ di casa alle 7.30.

2. Poiché la nostra macchina non (funzionare) _____, noi (andare) _____ a prendere l'autobus.

3. Alla fermata dell'autobus (esserci) _____ molte persone che (aspettare) _____.

4. Ma l'autobus non (arrivare) _____.

5. Un uomo (venire) _____ e (dire) _____ che (esserci) _____ lo sciopero *(strike)* degli autobus fino alle 11.00, e che noi (dovere) _____ aspettare per molto tempo.

6. Mia moglie (dire) _____ che lei (volere) _____ andare al lavoro a piedi, perché il suo ufficio (essere) _____ vicino. Io, invece, (dovere) _____ fare circa tre chilometri a piedi per arrivare al lavoro.

7. Così io (pensare) _____ che (essere) _____ una buon'idea prendere un tassì, anche se (costare) _____ molto.

8. Ma a causa dello *(because of)* sciopero degli autobus, io non (trovare) _____ un tassì e (tornare) _____ a casa.

9. Ma prima di andare a casa io (noleggiare) _____ un DVD: un bel film giallo, *Il silenzio degli innocenti*. Così io (passare) _____ un bel pomeriggio in casa mentre (io, aspettare) _____ il ritorno di mia moglie.

D. Conversazione. Completate la conversazione tra Silvia e Marina usando i verbi in parentesi all'imperfetto o al passato prossimo.

SILVIA   Ciao Marina, come va?

MARINA   Oggi va abbastanza bene, ma ieri ero proprio *(really)* stressata.

SILVIA   Perché, cos'è successo *(what happened)*?

MARINA   Il mio computer _____ *(was not working =* **funzionare****)*. _____ *(I had to)* telefonare a Massimo. Lui è un mago *(wizard)* con i computer e _____ *(he repaired it =* **riparare**).

SILVIA   Che tipo di computer è?

MARINA   È un computer portatile.

SILVIA   _____ *(Did it cost)* molto quando _____ *(it was)* nuovo?

MARINA   _____ *(I bought it)* usato da un amico. Lui _____ *(wanted)* 500 dollari.

SILVIA   Con la stampante *(printer)*?

MARINA   No, senza. Gli ho detto che _____ *(I could)* dargli solo 300 dollari, e lui _____ *(accepted =* **accettare**).

SILVIA   Adesso funziona?

MARINA   Per il momento.

SILVIA   Hai dato dei soldi a Massimo?

MARINA   _____ *(I wanted)* dargli dei soldi, ma lui _____ *(did not want them)*. Gli pagherò una cena.

9.3 Il trapassato prossimo

The **trapassato prossimo** *(pluperfect tense)* expresses an action that took place prior to another action in the past (**avevo ascoltato** = *I had listened*). It is a compound tense formed with the *imperfect tense* of the auxiliary (**avere** or **essere**) + *the past participle* of the main verb. It is conjugated as follows:

parlare		partire		alzarsi	
avevo		ero		mi ero	
avevi		eri	partito(a)	ti eri	alzato(a)
aveva	parlato	era		si era	
avevamo		eravamo		ci eravamo	
avevate		eravate	partiti(e)	vi eravate	alzati(e)
avevano		erano		si erano	

Non aveva fame perché **aveva** già **mangiato.**   *She wasn't hungry because she had already eaten.*

Non siamo andati a San Remo perché c'**eravamo** già **stati** l'anno scorso.   *We didn't go to San Remo because we had already been there last year.*

Prima di morire, Giulietta aveva parlato molte volte a Romeo da questo balcone (Verona, Veneto).

***Funzionare** = to work (for equipment, cars, watches, etc.)

Pratica

A. A Cinecittà. Un vostro amico romano ha visitato il set dove si girava *(they were shooting)* un film con un'attrice americana. Ora vi parla del suo incontro con questa attrice. Completate il paragrafo, usando il trapassato prossimo.

La signorina X parlava abbastanza bene l'italiano perché lo (studiare) _____ al liceo. Prima di venire in Italia, (leggere) _____ molte volte il copione *(script)*. Mi ha detto che (accettare) _____ con piacere di girare quel film. Quando io l'ho conosciuta, (finire) _____ di girare una scena importante. Mi ha raccontato che (venire, già) _____ in Italia, ma che ora voleva conoscerla meglio *(better)*. Nei giorni liberi, (visitare) _____ il Lazio e l'Umbria con il suo regista, ed era entusiasta dell'arte italiana e degli Italiani.

 B. Amici curiosi. In coppie, fatevi a turno le seguenti domande. Usate il passato prossimo e il trapassato prossimo, come nell'esempio.

Esempio   non andare al cinema / andare al cinema la sera prima
   — *Perché non sei andato(a) al cinema?*
   — *Perché ero andato(a) al cinema la sera prima.*

1. non fare colazione / fare colazione la mattina presto
2. non guardare il programma alla TV / guardare lo stesso programma il mese scorso
3. non ascoltare le notizie alle 8 / ascoltare le notizie alle 6
4. non uscire / uscire la sera prima
5. non andare alla conferenza sull'unione europea / andare alla stessa conferenza due mesi fa

 C. Un compagno/Una compagna troppo curioso(a). In coppie, fatevi a turno le seguenti domande e rispondete usando il trapassato prossimo e la vostra immaginazione.

Esempio   — *Perché non sei venuto(a) a scuola ieri?*
   — *Perché non avevo fatto i compiti. o…*

1. Perché tu e Massimo non siete usciti domenica sera?
2. Come mai *(How come)* non sei andato(a) al concerto nel parco?
3. Perché tu e il tuo ragazzo/la tua ragazza non siete andati a vedere il film *Vulcano*?
4. Perché non hai telefonato a tua cugina per il suo compleanno?
5. Perché non mi hai comprato la rivista *Panorama*?
6. Come mai non hai guardato il telegiornale?
7. Perché non hai portato il tuo fratellino ai video giochi?

9.4 Avverbi

1. You have learned several adverbs (**molto, troppo, ora, presto,** etc.) in earlier chapters. In Italian, many adverbs are formed by adding **-mente** to the feminine form of the adjective. The suffix **-mente** corresponds to the English adverbial suffix *-ly*.

Pippo l'ottimista.
PIPPO: Papà, quando sarò grande *(when I'm grown up)*, comprerò una Ferrari o probabilmente una Lamborghini.
PAPÀ: Certamente. Però prima devi lavorare duramente, risparmiare continuamente, spendere moderatamente...
PIPPO: Papà, non voglio più la Ferrari.

attento	attenta	**attentamente** *(carefully)*
fortunato	fortunata	**fortunatamente** *(fortunately)*
lento	lenta	**lentamente** *(slowly)*
rapido	rapida	**rapidamente** *(rapidly)*

Adjectives ending in **-e** add **-mente** without changing the final vowel.

paziente	**pazientemente** *(patiently)*
semplice	**semplicemente** *(simply)*
veloce	**velocemente** *(fast, quickly)*

Adjectives ending in **-le** and **-re** drop the final **-e** before **-mente.**

facile	**facilmente** *(easily)*
particolare	**particolarmente** *(particularly)*
probabile	**probabilmente** *(probably)*

2. The following are some useful adverbs of time:

adesso, ora *now*	≠	**dopo** *later*
prima *first, before*	≠	**poi** *then*
presto *early, soon*	≠	**tardi, più tardi** *late, later*
spesso *often*	≠	{ **raramente** *seldom* **qualche volta** *sometimes*
già *already*	≠	**non... ancora** *not . . . yet*
ancora *still, more, again*	≠	**non... più** *not . . . any longer, not . . . anymore*
sempre *always*	≠	**non... mai** *never*

(**Mai** in an affirmative question means *ever:* **Hai** *mai* **visto Roma?**)

3. Adverbs generally follow the verb.

Viaggio **spesso** per affari.	*I often travel on business.*
Vado **sempre** in aereo.	*I always go by plane.*
Scrivono **raramente.**	*They seldom write.*

With *compound tenses,* however, the following adverbs of time are placed *between* the auxiliary verb and the past participle: **già, non... ancora, non... più, non... mai,** and **sempre.**

Non sono **mai** andata in treno.	*I've never gone by train.*
Non ho **ancora** fatto colazione.	*I have not had breakfast yet.*
Sei **già** stata in banca?	*Have you already been to the bank?*
Tina **non** è **più** ritornata a Perugia.	*Tina didn't return to Perugia anymore.*

Pratica

A. Come... ? Rispondete con un avverbio, seguendo l'esempio.

Esempio   Sei una persona cordiale: come saluti?
— *Saluto cordialmente.*

1. Sei molto rapido a leggere: come leggi?
2. Stai attento quando il professore spiega: come ascolti?
3. Fai una vita tranquilla: come vivi?
4. Per te *(you)* è facile scrivere: come scrivi?
5. Sei sempre pronto a rispondere: come rispondi?
6. I tuoi vestiti *(clothes)* sono sempre eleganti: come ti vesti?

 B. Conversazione. In coppie, fatevi a turno le seguenti domande e usate nella risposta una delle espressioni suggerite in parentesi.

Esempio   Sei già stato(a) in Italia? *(not yet)*
— *Sei già stato(a) in Italia?*
— *Non sono ancora stato(a) in Italia.*

1. Hai già visitato Roma? *(not yet)*
2. Sei andato(a) in metropolitana? *(sometimes)*
3. Vai spesso al cinema? *(seldom)*
4. Guardi ancora i cartoni animati? *(not . . . anymore)*
5. Ti sei alzato(a) presto stamattina? *(late)*
6. Hai già cenato? *(not yet)*
7. Hai mai viaggiato in nave? *(never)*
8. Vai adesso in biblioteca? *(later)*

9.5 *Da quanto tempo? Da quando?*

1. To ask *how long?* (**da quanto tempo?**) something has been going on, the following construction is used:

Da	+	**(quanto tempo)**	+	*present tense*
Da		**quanti anni**		**abiti** qui?
(For) How		*many years*		*have you been living here?*

To answer, the following construction is used:

present tense	+	**da**	+	**(tempo)**
Abito qui		**da**		**dieci anni.**
I have been living here		*(for)*		*ten years.*

— Da quando hai la patente?
— Da stamattina.

Da quanti giorni sei a Roma?	*How many days have you been in Rome?*
Sono a Roma **da tre giorni.**	*I have been in Rome (for) three days.*
Da quanto tempo siete sposati?	*How long have you been married?*
Siamo sposati **da due anni.**	*We have been married (for) two years.*

2. If the question is **da quando?** *(since when?)*, **da** means *since*.

Da quando studi l'italiano?	*Since when have you been studying Italian?*
Studio l'italiano **dall'anno scorso.**	*I have been studying Italian since last year.*

3. The **imperfetto + da** is used to express an action that had started at some point in the past and was still in progress when another action occurred.

Parlava da trenta minuti quando l'amico è arrivato.

He had been speaking for thirty minutes when his friend arrived.

NOTE: The **passato prossimo + per** is used when the action began and was completed in the past.

Ha parlato per trenta minuti.

He spoke for thirty minutes.

Pratica

A. Da quanto tempo? In coppie, chiedetevi a turno le seguenti informazioni.

Esempio   abitare in questa città
   — *Da quanto tempo abiti in questa città?*
   — *Abito in questa città da sei mesi (un anno, due anni, ecc.).*

1. frequentare l'università
2. studiare l'italiano
3. essere alla lezione d'italiano
4. abitare all'indirizzo attuale *(present)*
5. non vedere la tua famiglia
6. non andare a un ristorante cinese
7. avere la patente *(driver's license)*

B. Date importanti. Completate le seguenti frasi, che rispondono alla domanda **Da quando?**

Esempio   L'Italia è una nazione unita, 1861
   L'Italia è una nazione unita dal 1861.

1. L'Italia è una repubblica, 1946
2. Il Vaticano è uno stato indipendente, 1929
3. L'Italia fa parte del Mercato Comune Europeo, 1957
4. L'Italia usa l'euro, 2002
5. Il divorzio esiste in Italia, 1970

C. Non facevo queste cose da... Un amico/Un'amica ti chiede se hai fatto le seguenti cose. Rispondi affermativamente, aggiungendo *(adding)* che non le facevi da tanto tempo. In coppie, fatevi a turno le seguenti domande.

Esempio   andare al cinema
   — *Sei andato(a) al cinema?*
   — *Sì, non andavo al cinema da due mesi. o...*

1. invitare i tuoi colleghi a cena
2. comprare un televisore
3. ricevere un aumento *(increase)* di stipendio
4. andare dal dentista
5. comprare la guida TV
6. portare la macchina dal meccanico

Per finire 🔊 CD 2, Track 4

Al cinema

Gabriella e Lucia s'incontrano **per caso** in centro.   *by chance*

LUCIA Gabriella! Che bella sorpresa!

GABRIELLA Veramente! Non ci vedevamo da diverse settimane.

LUCIA Ti ho telefonato la settimana scorsa, ma tu eri
fuori. Volevo **fare quattro chiacchiere** con te, e non ho   *have a chat*
lasciato un messaggio in segreteria.

GABRIELLA Forse quella sera Filippo ed io eravamo andati
al cinema.

LUCIA Hai tempo di prendere qualcosa al bar?

GABRIELLA Sì, certo. Entriamo in questo caffè.

(Le due amiche sono sedute ad un tavolino del caffè.)

LUCIA Io vado raramente al cinema; noleggio spesso le
videocassette. Quale film avete visto?

GABRIELLA *Mamma mia!*

LUCIA Ti è piaciuto?

GABRIELLA Sì, è un film divertente. È un musical
ambientato in una incantevole isola della Grecia.   *set*
È basato sulla musica degli ABBA.

LUCIA E Filippo si è divertito?

GABRIELLA Sì. Lui voleva andare a vedere un film poliziesco,
ma io l'**ho trascinato** a vedere *Mamma mia!* Alla fine lui   *dragged*
ha ammesso che il film era piacevole e che si è divertito.

LUCIA Allora vado a vederlo anch'io.

Comprensione

1. Da quanto tempo non si vedevano Gabriella e Lucia? **2.** Che cosa voleva Lucia quando ha telefonato all'amica? **3.** Perché Gabriella non ha risposto al telefono? **4.** Che cosa suggerisce di fare Lucia? **5.** Lucia va spesso al cinema? **6.** Che film hanno visto Gabriella e Filippo? Com'era? **7.** Che cosa voleva vedere Filippo invece di *Mamma mia!*? **8.** Che cosa ha ammesso Filippo dopo il film? **9.** Che cosa pensa di fare Lucia?

Conversazione

1. Hai visto il film *Mamma mia!*?
2. Quali film hai visto recentemente? Quale ti è piaciuto di più *(more)*?
3. Ricordi il nome di qualche regista italiano?
4. Ricordi il nome di qualche attore italiano o di qualche attrice italiana? Quali?
5. Vai spesso al cinema? Che genere di film preferisci: romantici, polizieschi, di fantascienza? Ti piacerebbe *(Would you like)* fare l'attore/l'attrice?
6. Hai mai recitato in una commedia? Se sì, quando e dove?
7. Quand'eri bambino(a) guardavi i cartoni animati?

Adesso scriviamo!

Un film

Strategy: Editing your composition

It is important to properly edit your own work when writing in a foreign language. Here are some suggestions for editing, revising, or improving your composition:

a. Make sure that your composition is properly and logically structured: Have you introduced the topic in the first paragraph? Have you elaborated on it in the second and perhaps third paragraphs? Have you offered concluding thoughts in the final paragraph?

b. Does each paragraph begin with a concise and clear topic sentence?

c. Are the sentences in each paragraph logically ordered?

d. Are there any grammatical errors? Do all the nouns and adjectives properly correspond? Are all the verbs correctly conjugated and in the right tense?

e. Are there any words that could be changed in order to better express your meaning? Would the use of a dictionary be appropriate?

f. Do you include both simple sentences and complex sentences in order to make the composition more varied in its pace, and therefore more interesting to the reader?

g. Does the composition as a whole flow smoothly? Overall, does it communicate what you intend?

Scrivi la recensione *(review)* di un film che hai visto recentemente.

A. Nel primo paragrafo, presenta informazioni specifiche sul film rispondendo alle seguenti domande:

1. Era americano o straniero?
2. Qual era il titolo?
3. Chi erano il regista e gli attori principali?
4. Dove è stato girato?
5. Chi sono i personaggi principali?
6. Che genere di film era (avventuroso, comico, poliziesco, romantico, ecc.)?

B. Nel secondo paragrafo, descrivi brevemente la trama e la fine.

C. Nel terzo paragrafo, parla della tua reazione, rispondendo alle seguenti domande.

1. È stato un film interessante? noioso? divertente? drammatico? romantico?
2. Inviti un amico/un'amica ad andare a vedere questo film?

D. Leggi di nuovo la tua descrizione. Tutte le parole sono scritte correttamente? L'accordo tra il verbo e il soggetto e tra il nome e l'aggettivo sono corretti? Hai usato il passato prossimo e l'imperfetto correttamente?

E. Alla fine, con un compagno/una compagna, leggete le vostre narrazioni. Avete visto gli stessi film? Avete avuto la stessa reazione? Perché sì? Perché no?

Parliamo insieme!

 A. Programmi televisivi. In piccoli gruppi, discutete dei programmi televisivi che preferite guardare alla TV americana (telegiornale; telefilm; teleromanzi; notizie sportive; programmi di varietà; documentari; dibattiti politici; giochi come *OK: il prezzo è giusto!, La ruota della fortuna; Grande fratello;* spot pubblicitari).

 B. Indovinate insieme! In gruppi di due o tre studenti, divertitevi a scoprire *(to discover)* quali sono in inglese i titoli dei seguenti film:

- *Via col vento*
- *Cantando sotto la pioggia*
- *Tutti gli uomini del presidente*
- *L'uomo che sussurrava ai cavalli*
- *Senza paura*
- *Per un pugno di dollari*
- *Vivi e lascia morire*
- *HP e la pietra filosofale*
- *La notte dell'aquila*
- *Quando tutto cambia*
- *A qualcuno piace caldo*
- *Il padrino*

Fumetti Il progresso della tecnologia. In gruppi di due o tre studenti, guardate le vignette, leggete le didascalie *(captions)* e discutete insieme sui vantaggi e gli svantaggi del progresso della tecnologia moderna.

L'uomo delle caverne ha inventato l'arte.

Nei secoli scorsi l'uomo ha inventato la penna e l'inchiostro.

L'uomo moderno ha inventato il PC e il MAC.

L'uomo del futuro inventerà l'arte.

C. Un'intervista. Due studenti(esse) fanno la parte di due attori famosi/attrici famose appena ritornati(e) *(who have just returned)* dalla Sicilia. Gli altri studenti sono i giornalisti/le giornaliste che li(le) intervistano, e fanno le domande a turno. (Se i due intervistati sono già stati in Italia possono rispondere facilmente alle domande; se nessuno degli studenti è stato in Italia, usate la vostra immaginazione.)

I giornalisti/Le giornaliste vogliono sapere molte cose sull'Italia e sugli Italiani:

- Se la gente in Italia è cordiale
- Quali città hanno visitato e quali preferiscono
- Com'è il cibo
- Come hanno viaggiato in Italia
- Se è vero che gli Italiani guidano spericolatamente *(recklessly)*
- Se è vero che gli automobilisti non danno sempre la precedenza *(right of way)* ai pedoni *(pedestrians)* e i pedoni attraversano *(cross)* la strada a loro rischio e pericolo
- Se il costo della vita *(of living)* è alto o è come negli Stati Uniti
- Se la vita ha un ritmo differente da quello degli Stati Uniti (più lento o più veloce)
- Se è vero che gli Italiani hanno più tempo degli Americani per gli amici, per la conversazione, per le vacanze
- Se è facile fare amicizie
- Se i nuovi immigrati si inseriscono facilmente nella comunità
- Quali sono le cose importanti per gli Italiani, oltre alle vacanze e al calcio

  (Potete aggiungere altre domande)

Taormina: il Teatro Greco

Vedute d'Italia

Il regista Federico Fellini riceve un Oscar speciale. Al suo fianco sono gli attori Sophia Loren e Marcello Mastroianni.

A. Prima di leggere

The reading that follows describes the outline of Italian cinema, from the early neorealism of De Sica and Rossellini, through Fellini and Antonioni, to more recent directors. Most notable is Fellini, for his experimentation of new themes and new forms; he is considered the genius of Italian cinema. Today's generation of directors is no less impressive: Benigni's film, *La vita è bella*, won three Oscars.

Il cinema italiano

Per il cinema italiano il riconoscimento internazionale è arrivato nel dopoguerra, con i due grandi maestri del neorealismo, Vittorio De Sica e Roberto Rossellini. Questi registi hanno descritto la realtà povera del paese durante e dopo la seconda guerra mondiale.

Negli anni Cinquanta-Settanta, due nomi hanno dominato la scena cinematografica: Federico Fellini e Michelangelo Antonioni, due registi sempre pronti a sperimentare nuovi temi e nuove forme. Fellini è considerato il grande genio del cinema italiano: **ha ritratto** l'Italia e gli Italiani con l'occhio di un visionario. Il film *La Strada* è diventato un classico, e alcuni titoli di altri suoi film sono entrati a far parte del linguaggio comune: «**vitelloni**», «**la dolce vita**» e «**amarcord**». *painted*

the loafers / the sweet life / I remember

Negli ultimi dieci anni, il cinema italiano si è affermato **oltre frontiera** con film quali *Nuovo Cinema Paradiso* di Giuseppe Tornatore, *Mediterraneo* e *Io non ho paura* di Giuseppe Salvatore, e *La vita è bella*, vincitore di tre Oscar, diretto e interpretato da Roberto Benigni. Una nuova generazione di registi promette di continuare la gloria del cinema italiano: Ferzan Orzpetec, Gabriele Mucino, Nanni Moretti, Silvio Soldini, solo per nominarne alcuni. Il futuro del cinema italiano si presenta **promettente**. *beyond its borders*

promising

Una scena dal film *La vita è bella!* con l'attore e regista Roberto Benigni.

B. Alla lettura. Rispondete alle seguenti domande.

1. Chi sono i due grandi maestri del neorealismo?
2. Che cosa hanno descritto nei loro film?
3. Quali due registi hanno dominato la scena cinematografica italiana negli anni Cinquanta-Settanta?
4. Com'è considerato Fellini?
5. Quale dei suoi film è diventato un classico?
6. Quale film, diretto da Roberto Benigni, ha vinto tre Oscar?

Vocabolario 🔊

Nomi

la bugia	lie
la cifra	amount
il discorso	speech
la discussione	discussion
l'edicola	newsstand
la fine	end
la gente	people
il giudizio	judgment
l'inizio	beginning
l'intervista	interview
la nazione	nation
la politica	politics
la polizia	police

Aggettivi

culturale	cultural
diverso	various; different
estero	foreign
idealista	idealist
ottimista	optimistic
pessimista	pessimistic
politico	political
romantico	romantic

Verbi

decidere (*p.p.* **deciso**)	to decide
discutere (*p.p.* **discusso**)	to discuss
esprimere (*p.p.* **espresso**)	to express
funzionare	to work (car, equipment, watches, etc.)

giudicare	to judge
intervistare	to interview
interessarsi (di)	to be interested (in)
litigare	to argue, to quarrel
noleggiare	to rent
partecipare	to participate
succedere (*p.p.* **successo**)	to happen

Altre espressioni

a causa di	because
adesso, ora	now
ancora	still, yet
c'era una volta	once upon a time
circa	about
Cos'è successo?	What happened?
un classico	a classic
così così	so so
Da quando?	Since when?
Da quanto tempo?	How long?
dare un film	to show a movie
dopo	after, later
fino a	until
già	already
invece	instead
non... ancora	not yet
non... mai	never
non... più	not any longer
per caso	by chance
più tardi	later
poi	then
poiché	since
raramente	seldom

Capitolo 10

La moda

Abiti per l'autunno nella vetrina di un negozio di Luisa Spagnoli

Punti di vista | Che vestiti metto in valigia?

Studio di parole: Articoli di abbigliamento
Informazioni: Lo stile che piace ai giovani
Ascoltiamo! Che vestiti compriamo?

Punti grammaticali

10.1 L'imperativo
10.2 L'imperativo con un pronome (diretto, indiretto o riflessivo)
10.3 Aggettivi e pronomi dimostrativi
10.4 Le stagioni e il tempo

Per finire | Alla Rinascente

Adesso scriviamo! Sequencing the sentences in your writing
Parliamo insieme!

Vedute d'Italia | La moda in Italia

Intermezzo | Attività video/ Attività musicale

Punti di vista

Una cliente sceglie una giacca in un negozio di abbigliamento del centro

Che vestiti metto in valigia? CD 2, Track 5

Lucia e la sua amica Marina abitano a Perugia e oggi studiano insieme nella stanza di Lucia. Lucia ha appena ricevuto una e-mail da Lindsay, una ragazza americana di Boston, figlia di un amico di famiglia. Lindsay viene a Perugia in primavera per studiare all'Università per Stranieri e vuole sapere che vestiti deve portare.

LUCIA Devo rispondere all'e-mail di Lindsay; **dammi** un consiglio. — *give me*

MARINA Scrivi che in primavera fa fresco a Perugia; ha bisogno di una giacca di lana, di un maglione, dei pantaloni e di una gonna pesante. **Dille** di portare anche un impermeabile perché piove spesso in primavera. — *Tell her*

LUCIA *(mentre scrive)*... e porta anche delle scarpe comode, perché nelle città italiane si gira a piedi e non in macchina. Non mettere in valigia troppa roba. Metti due o tre magliette e dei jeans.

(a Marina) Cos'altro devo dirle di portare?

MARINA Dille di portare un vestito elegante per le occasioni speciali.

LUCIA *(mentre scrive)*... porta anche un vestito elegante per quando andiamo a una festa o a teatro. **Non vedo l'ora** che tu arrivi: io e la mia amica Marina vogliamo farti vedere la città e portarti fuori a cena. E non dimenticare che a Perugia puoi mangiare tanti Baci Perugina! — *I can't wait*

Comprensione

1. Chi è Lindsay? **2.** Dove vuole andare a studiare Lindsay? **3.** Perché ha scritto una e-mail a Lucia? **4.** Perché Marina suggerisce di dirle di portare una giacca di lana? E perché un impermeabile? **5.** Perché Lucia suggerisce di portare scarpe comode? E perché un vestito elegante? **6.** Cosa hanno intenzione di fare Lucia e Marina quando Lindsay arriva? **7.** Come si chiamano i cioccolatini che sono la specialità di Perugia?

Studio di parole — Articoli di abbigliamento (clothing)

LA MODA Abbigliamento per Uomo Donna Bambini

- l'impermeabile
- l'ombrello
- gli stivali
- gli occhiali
- i guanti
- il completo (giacca e gonna)
- la camicetta
- il cappello
- la camicia
- la cravatta
- il cappotto
- il golf (cardigan)
- il maglione
- le scarpe
- i jeans
- la maglietta (T-shirt)
- la felpa (sweat shirt)
- i calzini
- il vestito (l'abito)
- la borsetta
- i sandali
- il completo (l'abito) (giacca e pantaloni)

SALDI di fine stagione sconti fino al 60%

NOTE: The word *jeans* comes from the name of the city of Genova. The strong blue fabric, made in the French city of Nîmes (hence, *denim*) was very suitable for making the sails on ships and for covering merchandise. When it was shipped in crates to the U.S., on the crates was written the port of origin, Genova, in French—Gênes, which was then read as *Jeans*. Later the spelling was changed.

la moda fashion
la sfilata di moda fashion show
mettersi (*p.p.* **messo**) to put on
portare to wear
provare to try on
il portafoglio wallet
la pelle leather
la seta silk
la lana wool
il cotone cotton
leggero light
pesante heavy
pratico practical
i vestiti clothes

la taglia size
la misura size
un paio di calze (scarpe, pantaloni) a pair of stockings (shoes, pants)
i pantaloncini shorts
sportivo casual
elegante elegant
a buon mercato cheap
in svendita on sale
lo sconto discount
il commesso/la commessa salesperson
la vetrina shop window, display window

Informazioni   ## Lo stile che piace ai giovani

Un sondaggio sulla moda, condotto tra i giovani, rivela che il loro stile di abiti preferito è quello della Benetton. Il gruppo Benetton è una delle compagnie italiane di abbigliamento più conosciute nel mondo. L'attività di questo gruppo, iniziata nel 1965, si è estesa oggi in più di 120 paesi del mondo, con negozi situati in posizioni strategiche nei centri delle maggiori città.

L'abbigliamento prodotto da Benetton ha uno stile tipicamente italiano: pratico ma elegante, con tessuti *(fabrics)* di eccellente qualità. Benetton offre un'ampia scelta *(choice)* nell'abbigliamento per uomo, donna e bambini: abiti eleganti, da portare in città, e abiti casual per le vacanze e lo sport.

Benetton © 2008; photo by David Sims

Che taglia *(size)* porti?

Abiti da donna					Abiti da uomo				
Italia	40	42	44	46	48	44	46	48	50	52
USA	6	8	10	12	14	34	36	38	40	42

Applicazione

A. La comodità prima di tutto

1. Che cosa portiamo quando piove *(it rains)*? **2.** Che cosa ci mettiamo per proteggere *(to protect)* gli occhi dal sole? **3.** Che cosa si mette un uomo sotto la giacca? **4.** Quando ci mettiamo il cappotto? **5.** Quando ci mettiamo un vestito leggero? **6.** Com'è una camicetta di seta? **7.** Quando ci mettiamo le scarpe da tennis? **8.** Se vogliamo sentirci comodi *(comfortable)*, ci mettiamo dei pantaloni eleganti o dei jeans? **9.** Dove mettiamo i soldi e le carte di credito?

 B. Acquisti in un negozio d'abbigliamento. Leggete questo dialogo. Poi, in coppie, fate la parte del commesso/della commessa e del(la) cliente e formate brevi dialoghi sugli articoli *(items)* che seguono. Usate un po' d'immaginazione.

Esempio

— *Le piace questo vestito di seta a fiori? È in svendita.*
— *Quant'è lo sconto?*
— *È del 20% (per cento).*
— *È la mia taglia?*
— *Sì, è taglia 40.*
— *Va bene, lo provo.*

C. Che cosa portate? In gruppi, descrivete il vostro abbigliamento di oggi.

D. Conversazione

1. Ti piace la moda italiana? Compri articoli di abbigliamento italiani? Quali?
2. Porti vestiti eleganti o pratici quando viaggi? Che vestiti porti?
3. Cosa ti piace portare nel weekend? E quando esci con gli amici?
4. Come ti vesti per un'occasione speciale (il matrimonio di un tuo parente, per esempio)?
5. Tu sei in Italia, e vuoi comprare un regalo per un amico/un'amica. Sai che lui/lei preferisce un articolo d'abbigliamento. Cosa compri per lui/lei?

Ascoltiamo!   CD 2, Track 6

Che vestiti compriamo? Lindsay has been in Perugia for several weeks. Today she is shopping for clothes with her friend Lucia in a store on Corso Vannucci. Listen to their comments as Lindsay makes a decision about buying a blouse and talks with a clerk. Then answer the following questions.

Comprensione

1. Dove sono Lindsay e Lucia oggi? Perché?
2. Che cosa ammirano le due ragazze?
3. Perché Lindsay non compra la camicetta di seta?
4. C'è uno sconto sulla camicetta di cotone? Di quanto?
5. Che taglia ha Lindsay?
6. Paga in contanti Lindsay?

Dialogo

In un negozio d'abbigliamento. Avete bisogno di comprare un articolo d'abbigliamento: quale? In coppie, discutete con il commesso/la commessa che cosa preferite: il colore, la stoffa *(material)*, la taglia. Domandate il costo dell'articolo che vi piace e se è in svendita. L'articolo è troppo caro; vi scusate e uscite.

Punti grammaticali

10.1 L'imperativo

1. The **imperativo** *(imperative mood)* is used to express a command, an invitation, an exhortation, or advice. The **noi** and **voi** forms of all three conjugations and the **tu** form of **-ere** and **-ire** verbs are identical to the corresponding forms of the present tense. The **tu** form of **-are** verbs and all of the **Lei** and **Loro** forms differ from the present tense.

—Questi pantaloni sono un po' larghi.
—*Non mandare* le tue misure via Internet!

	ascoltare	prendere	partire
(tu)	ascolta!	prendi!	parti!
(Lei)	ascolti!	prenda!	parta!
(noi)	ascoltiamo!	prendiamo!	partiamo!
(voi)	ascoltate!	prendete!	partite!
(Loro)	ascoltino!	prendano!	partano!

The pattern of the imperative for **-isc-** verbs is as follows: fin**isci**!, fin**isca**!, fin**iamo**!, fin**ite**!, fin**iscano**!

NOTE

a. Subject pronouns are ordinarily *not* expressed in imperative forms.

b. The imperative **noi** form corresponds to the English *Let's . . .* (**Guardiamo!** = *Let's look!*).

Mangiate la minestra!	*Eat the soup!*
Leggi la lettera!	*Read the letter!*
Non viaggi in treno, signora!	*Don't travel by train, madam!*
Viaggi in treno, signora!	*Travel by train, madam!*
Prenda l'aereo, signora!	*Take the airplane, madam!*
Non prenda l'aereo!	*Don't take the airplane!*
Partiamo domani!	*Let's leave tomorrow!*
Non partiamo oggi!	*Let's not leave today!*
Spedisci queste lettere!	*Mail these letters!*
Entrino, signorine!	*Come in, young ladies!*

2. The *negative imperative* of the **tu** form uses **non** + *infinitive*.

Non mangiare quei dolci!	*Don't eat those sweets!*
Non leggere quella rivista!	*Don't read that magazine!*

3. Here are the imperative forms of some irregular verbs:

	tu	Lei	noi	voi	Loro
andare	va' (vai)	vada	andiamo	andate	vadano
dare	da' (dai)	dia	diamo	date	diano
fare	fa' (fai)	faccia	facciamo	fate	facciano
stare	sta' (stai)	stia	stiamo	state	stiano
dire	di'	dica	diciamo	dite	dicano
avere	abbi	abbia	abbiamo	abbiate	abbiano
essere	sii	sia	siamo	siate	siano
venire	vieni	venga	veniamo	venite	vengano

NOTE: The forms **va'**, **da'**, **fa'**, and **sta'** are abbreviations of the regular forms. Either form may be used.

Di' la verità!	*Tell the truth!*
Sii buono(a)!	*Be good!*
Non fare rumore!	*Don't make noise!*
Non abbia paura!	*Don't be afraid!*
Stia qui!	*Stay here!*
Vadano avanti!	*Go ahead!*
Venite a casa mia!	*Come to my house!*

Pratica

A. Consigli di una madre al figlio/alla figlia

Esempio studiare
  —*Studia!*

1. telefonare alla nonna
2. guidare *(to drive)* con prudenza
3. prendere le vitamine
4. bere il succo d'arancia
5. spendere poco
6. venire a casa presto

B. **Esortazioni a degli amici.** Usate la forma **tu** o **voi,** secondo il caso.

Esempio Tino/stare zitto
— *Tino, sta' zitto!*

1. Enrico/avere pazienza
2. ragazzi/fare attenzione al traffico
3. Paola/dare l'ombrello a Luisa
4. Pippo/dire la verità
5. Luisa e Roberta/essere in orario

C. **Sì, certo** *(By all means)***!** Gabriella (Filippo) è in una boutique di via Montenapoleone a Milano e fa delle domande alla commessa/al commesso che risponde affermativamente.

Esempio domandare una cosa
— *Posso domandare una cosa?*
— *Domandi pure!*

1. guardare

2. provare questa giacca

3. entrare nel camerino *(dressing room)*

4. vedere se c'è un'altra giacca

5. fare una telefonata a mio marito/mia moglie

6. aspettare qui mio marito/mia moglie

7. pagare con la carta di credito

D. **Facciamo le spese.** Giulia e Marina sono in centro a fare le spese. Entrano in un negozio di abbigliamento e la commessa offre la sua assistenza. Fate la loro parte completando il dialogo. Usate l'imperativo del verbo suggerito.

GIULIA   Scusi signorina, posso provare questa giacca?

COMMESSA Certamente. *(Enter)* _____ nel camerino, dove c'è lo specchio *(mirror)*. *(Try on)* _____ anche questa gonna. Va benissimo con la giacca.

GIULIA   Sì, grazie. Marina, *(come inside)* _____ con me.

MARINA   Ti stanno benissimo! *(Buy)* _____ tutt'e due.

GIULIA   Sei matta *(Are you nuts)*? Non posso spendere tutti questi soldi! *(Look)* _____ il prezzo della giacca! E anche della gonna.

MARINA   *(Let's see)* _____! La giacca costa 300 euro e la gonna 150 euro... Questo negozio ha della bella roba *(stuff)* ma i prezzi sono cari e salati*! Ma... *(wait)* _____ un momento! La commessa ha detto che c'è uno sconto.

GIULIA   *(Ask)* _____ alla commessa di quant'è lo sconto.

MARINA   È del 20 per cento. Ti preoccupi per Gianni?

GIULIA   No. Gianni dice sempre: «*(Spend)* _____ i soldi e *(buy)* _____ quello che ti serve *(what you need)*». Gianni è buono come il pane.

MARINA   Allora *(do)* _____ una cosa: *(pay)* _____ la gonna in contanti e *(put)* _____ il costo della giacca sulla carta di credito. Poi per due mesi *(don't buy)* _____ altri vestiti.

GIULIA   Eh! Questa non è una cattiva idea!

*****cari e salati** = very expensive

E. Un amico/Un'amica fa dei commenti. In coppie, rispondi dando *(giving)* dei consigli.

Esempio   He/She wants to buy a pair of Gucci shoes. You tell him/her not to buy Gucci shoes because they are too expensive.
   — *Vorrei comprare un paio di scarpe Gucci.*
   — *Non comprare le scarpe Gucci perché sono troppo care.*

1. He/She wants to go shopping downtown. You tell him/her not to go today because it is raining **(piove)**.
2. He/She is going on vacation and wants to pack **(mettere in valigia)** only light-weight clothes. You tell him/her to pack a heavy sweater because it is cold **(fa freddo)** in the evening.
3. He/She is going to dinner at the home of Italian friends and wants to know what to bring. Tell him/her to bring a bouquet of flowers and a bottle of good wine.
4. He/She is going to Milan to a fashion show and asks if you know of a good inexpensive hotel. Tell him/her not to go downtown, but to stay at the Marini Hotel near the train station.

10.2 L'imperativo con un pronome (diretto, indiretto o riflessivo)

1. Object and reflexive pronouns attach to the end of the familiar imperative forms **(tu, noi, voi)** and precede the formal forms **(Lei, Loro). Loro** always follows the imperative form (familiar or formal).

—Scusami, mamma! Non l'ho fatto apposta.

AFFIRMATIVE	Familiar	Formal	
	Chiama**mi**! Chiamate**mi**!	**Mi** chiami! **Mi** chiamino!	*Call me! [direct object]*
	Parla**gli**! Parlate**gli**!	**Gli** parli! **Gli** parlino!	*Talk to him! (to them!) [ind. object]*
	Ferma**ti**! Ferma**vi**!	**Si** fermi! **Si** fermino!	*Stop! [reflexive pronoun]*
	BUT		
	Parla **loro**! Parli **loro**!		*Talk to them!*

NEGATIVE	Familiar	Formal	
	Non chiamar**mi**!	Non **mi** chiami!	*Don't call me!*
	Non chiamate**mi**!	Non **mi** chiamino!	
	Non parlar**gli**!	Non **gli** parli!	*Don't talk to him!*
	Non parlate**gli**!	Non **gli** parlino!	*(to them!)*
	Non ferma**rti**!	Non **si** fermi!	*Don't stop!*
	Non fermate**vi**!	Non **si** fermino!	

Note the imperative construction with reflexive and reciprocal verbs:

fermarsi (riflessivi)		scriversi (reciproci)	
(tu) **fermati**!	*stop!*		
(noi) **fermiamoci**!	*let's stop!*	**scriviamoci**!	*let's write to each other!*
(voi) **fermatevi**!	*stop!*	**scrivetevi**!	*write to each other!*
(Lei) **si fermi**!	*stop!*		
(Loro) **si fermino**!	*stop!*	**si scrivano**!	*write to each other!*

Dimmi, Luigi, cos'è questo «coso*»?

*Coso = familiar word, talking about an object of undetermined nature or purpose

2. When a pronoun attaches to the monosyllabic **va'**, **da'**, **fa'**, **sta'**, and **di'**, the initial consonant of the pronoun—except **gli**—is doubled.

Dammi il libro!   *Give me the book!*
Dicci qualcosa!   *Tell us something!*
Falle un regalo!   *Give her a gift!*

BUT

Digli la verità!   *Tell him the truth!*

3. In the familiar forms of the *negative imperative,* the pronouns may precede or follow the verb. With the **tu** form, the infinitive drops the final **-e.**

Non **gli** dite niente! OR Non dite**gli** niente!   *Don't tell him anything!*
Non **ti** alzare! OR Non alzar**ti!**   *Don't get up!*

Pratica

A. In una nuova città. Fabio si è appena trasferito nella tua città e ha bisogno di informazioni.

   a. Tu rispondi con un po' d'immaginazione.

Esempio   dire dov'è l'ufficio postale
                   — *Per favore, dimmi dov'è l'ufficio postale.*
                   — *L'ufficio postale è qui vicino, in Piazza Garibaldi. o...*

   1. consigliare una buona banca   **4.** aiutare a trovare una stanza
   2. suggerire un buon ristorante   **5.** telefonare a questo numero
   3. mostrare dov'è l'università   **6.** mandare un'e-mail

   b. Fabio chiede le stesse informazioni a un impiegato/un'impiegata in un'agenzia.

Esempio   *Per favore, mi dica dov'è l'ufficio postale.*

B. Consigli e suggerimenti. I tuoi amici di New York sono venuti a trovarti per alcuni giorni. Tu dai loro dei consigli e suggerimenti.

Esempio   gli suggerisci di *alzarsi* presto se vogliono vedere molte cose
                   — *Alzatevi presto se volete vedere molte cose.*

   1. gli suggerisci di *vestirsi* con abiti leggeri perché fa molto caldo

   2. li inviti a *prepararsi* la colazione che preferiscono

   3. li inviti a *sentirsi* come a casa loro

   4. li incoraggi a *divertirsi*

   5. gli dici di *non arrabbiarsi* se hanno perso la carta di credito

   6. gli dici di *non preoccuparsi* se ritornano tardi la sera

   7. prepari la vasca *(bath tub)* con l'acqua calda e li inviti a *farsi* un bagno rilassante

   8. gli dici di *fermarsi* ancora qualche giorno

C. Che fare? Lavorate in coppie. Aldo ha litigato con la sua fidanzata, che gli ha restituito l'anello di fidanzamento e domanda all'amico se fare o non fare certe cose. L'amico risponde di sì o di no.

Esempio   telefonarle / no
                 — *Le telefono?*
                 — *Sì, telefonale! o No, non telefonarle!*

   1. chiederle scusa / sì   **4.** inviarle *(to send)* un fax / sì
   2. mandarle un mazzo di fiori / sì   **5.** regalarle un braccialetto / no
   3. scriverle una lunga lettera / no   **6.** offrirle due biglietti per il balletto / sì

10.3 Aggettivi e pronomi dimostrativi

1. The demonstrative adjectives (**aggettivi dimostrativi**) are **questo, questa** *(this)* and **quello, quella** *(that)*. A demonstrative adjective always precedes the noun. Like all other adjectives, it must agree in gender and number with the noun.

   Questo has the singular forms **questo, questa, quest'** (before a noun beginning with a vowel); the plural forms are **questi, queste** and mean *these*.

Quanto hai pagato **questa** maglietta?	*How much did you pay for this T-shirt?*
Quest'anno vado in montagna.	*This year I'll go to the mountains.*
Queste scarpe sono larghe.	*These shoes are wide.*

   Quello, quella have the same endings as the adjective **bello** and the partitive (see *Punti grammaticali 4.3*). The singular forms are **quel, quello, quella, quell'**; the plural forms are **quei, quegli, quelle** and mean *those*.

Ti piace **quel** completo?	*Do you like that outfit?*
Preferisco **quell'**impermeabile.	*I prefer that raincoat.*
Quella gonna è troppo lunga.	*That skirt is too long.*
Quegli stivali non sono più di moda.	*Those boots are no longer fashionable.*
Guarda **quei** vestiti!	*Look at those dresses!*
Quelle borsette sono italiane.	*Those handbags are from Italy.*

2. **Questo(a)** and **quello(a)** are also pronouns when used alone.

   Questo(a) means *this one* and **quello(a)** means *that one, that of,* or *the one of*. Both have regular endings (**-o, -a, -i, -e**).

Compra questo vestito; **quello** rosso è caro.	*Buy this dress; the red one is expensive.*
Questa macchina è **quella** di Renzo.	*This car is Renzo's (that of Renzo).*
Ho provato queste scarpe e anche **quelle.**	*I tried on these shoes and also those.*

—Mi piacciono molto *questi* colori vivaci, e a te?
—Sì, anche a me. Sono *quelli* di moda quest'anno.

Pratica

A. **Come sono... ?** In coppie, siete in un negozio d'abbigliamento e domandate l'opinione del vostro amico/della vostra amica sui seguenti articoli. Usate l'aggettivo **questo** nelle forme corrette.

   Esempio   scarpe / comodo
   — *Come sono queste scarpe?*
   — *Queste scarpe sono comode.*

   1. gonna / pratico **2.** borsetta / elegante **3.** scarpe / stretto **4.** impermeabile / leggero **5.** pantaloncini / corto

B. Quello... Completate con la forma corretta dell'aggettivo **quello.**

1. Vorrei _____ stivali e _____ scarpe marrone.
2. Preferisci _____ gonna o _____ vestito?
3. Ho bisogno di _____ impermeabile e di _____ calzini.
4. Dove hai comprato _____ occhiali da sole?
5. _____ negozio d'abbigliamento è troppo caro.
6. _____ commesse sono state molto gentili.

C. È il tuo... ? In coppie, fatevi a turno le domande e rispondete usando il pronome **quello** nella forma corretta.

Esempi   cappotto / mio cugino
— *È il tuo cappotto?*
— *No, è* **quello** *di mio cugino.*

scarpe / mio fratello
— *Sono le tue scarpe?*
— *No, sono* **quelle** *di mio fratello.*

1. sandali / mio amico **2.** felpa / sorellina **3.** occhiali / mio padre
4. chiavi *(f. pl.)* / ... **5.** golf / ... **6.** riviste / ... **7.** telefonino / ...

10.4   Le stagioni e il tempo

In primavera fa bel tempo. Ci sono molti fiori.

In estate fa caldo. C'è molto sole.

In autunno fa brutto tempo. Piove e tira vento.

In inverno fa freddo e nevica.

1. The seasons are **la primavera** *(spring)*, **l'estate** *(f.) (summer)*, **l'autunno** *(autumn)*, and **l'inverno** *(winter)*. The article is used before these nouns except in the following expressions: **in primavera, in estate, in autunno, in inverno.**

L'autunno è molto bello.   *Fall is very beautiful.*
In estate vado in montagna.   *I go to the mountains in the summer.*

2. **Fare** is used in the third-person singular to express many weather conditions.

Che tempo fa?	*How is the weather?*
Fa bel tempo.	*The weather is nice.*
Fa brutto tempo.	*The weather is bad.*
Fa caldo.	*It is hot.*
Fa freddo.	*It is cold.*
Fa fresco.	*It is cool.*

3. Other common weather expressions are:

Piove (piovere).	*It is raining.*	**È nuvoloso.**	*It is cloudy.*
Nevica (nevicare).	*It is snowing.*	**È sereno.**	*It is clear.*
Tira vento.	*It is windy.*	**la pioggia**	*the rain*
C'è il sole.	*It is sunny.*	**la neve**	*the snow*
C'è nebbia.	*It is foggy.*	**il vento**	*the wind*

NOTE: **Piovere** and **nevicare** may be conjugated in the **passato prossimo** with either **essere** or **avere.**

Ieri ha piovuto OR è piovuto.
Ieri ha nevicato OR è nevicato.

Pratica

 A. Che tempo fa? In coppie, fatevi a turno delle domande sul tempo in alcuni luoghi *(places)*.

Esempio　　estate / New York
　　　　　　　– *Che tempo fa d'estate a New York?*
　　　　　　　– *Fa molto caldo.*

1. agosto / Sicilia
2. primavera / Perugia
3. inverno / montagna
4. novembre / Chicago
5. dicembre / Florida
6. autunno / Londra

 B. Variabilità del tempo. In coppie, fate la parte di Gino e Franco nei loro dialoghi, usando la vostra immaginazione.

Esempio　　**Gino**　*Perché ti metti il berretto* (cap)*?*
　　　　　　　Franco　*Perché fa fresco.*

1. **In città** (inverno)

　　Gino　　Perché ti metti il cappotto?

　　Franco　Perché _____, e tu no?

　　Gino　　Io _____.

　　Gino　　Ti metti anche gli stivali?

　　Franco　Sì, perché _____, e tu?

　　Gino　　Io invece _____ l'ombrello e _____.

2. **Al mare** (estate)

　　Gino　　Perché ti metti i jeans e la maglietta leggera?

　　Franco　_____ e tu, cosa ti metti?

　　Gino　　Sì, oggi fa caldo, io _____.

　　Franco　Io porto un golf; forse stasera _____.

　　Gino　　Ma va *(Come on)*! Tu hai sempre paura _____!

　　Franco　Ti metti i sandali?

　　Gino　　No, _____, e tu?

　　Franco　_____.

3. **In campeggio a Yosemite** (autunno)

　　Gino　　Che vestiti metti nel tuo zainetto *(backpack)*?

　　Franco　_____, e tu?

　　Gino　　_____.

　　Franco　Cosa dicono le previsioni del tempo *(weather forecast)*?

　　Gino　　Dicono che oggi _____ e domani _____.

　　Franco　Con la tenda *(tent)* non abbiamo problemi.

　　Gino　　Abbiamo problemi se _____.

　　Franco　Allora torniamo a casa!

 C. Che tempo fa dove abiti tu? In coppie, fatevi a turno le domande che seguono.

1. Che tempo fa nella tua città?
2. Nevica qualche volta?
3. Piove molto in autunno?
4. In quali mesi fa molto caldo?
5. C'è nebbia in inverno?
6. Quale stagione preferisci e perché?
7. Che tempo ha fatto l'estate scorsa?

Per finire 🔊 CD 2, Track 7

Alla Rinascente

Questa mattina Antonio è andato alla **Rinascente** per comprarsi un completo nuovo. Di solito, Antonio porta jeans, camicia e maglione, ma venerdì ha un **colloquio** importante e ha bisogno di un completo nuovo. **Eccolo** ora nel reparto Abbigliamento maschile. Un commesso **si avvicina.**

name of a department store
interview
Here he is
is approaching

COMMESSO Buon giorno. Posso aiutarLa?

ANTONIO Vorrei vedere un completo.

COMMESSO Pesante o leggero? Chiaro o scuro?

ANTONIO Di **mezza stagione,** scuro.

between seasons

COMMESSO Che taglia porta?

ANTONIO La 52 o la 54.

COMMESSO Ecco un completo che **fa per lei**, grigio scuro.

suits you

ANTONIO OK. *(Dopo la prova.)* La giacca mi va bene, ma i pantaloni sono lunghi.

COMMESSO Non si preoccupi! Li **accorciamo.**

we will shorten

ANTONIO Sono pronti per giovedì? Ho un colloquio importante...

COMMESSO Oggi è lunedì... sì, **senz'altro**! Mi lasci il suo numero di telefono. Se sono pronti prima, Le do un colpo di telefono.

of course

ANTONIO Quanto costa il completo?

COMMESSO Trecentoventi euro.

ANTONIO Così caro?! Costa **un occhio della testa**!

a fortune

COMMESSO Ma Lei compra un abito di ottima qualità.

ANTONIO Avrei bisogno anche di un paio di scarpe.

COMMESSO Per le scarpe scenda al primo piano, al reparto Calzature. Per pagare il completo si accomodi alla cassa.

ANTONIO Grazie. ArrivederLa.

COMMESSO Grazie a Lei e... auguri per il suo colloquio.

Comprensione

1. Perché Antonio è andato in un negozio di abbigliamento?
2. Perché ha bisogno di un completo nuovo?
3. Come vuole il completo Antonio?
4. Il completo che Antonio prova va bene? Perché sì? Perché no?
5. Perché il commesso chiede ad Antonio il numero di telefono?
6. Antonio trova il completo a buon mercato? Cosa pensa?
7. Di cos'altro ha bisogno Antonio? Trova quello che cerca nello stesso reparto?

Conversazione

1. Tu vai spesso a fare le spese in un negozio di abbigliamento?
2. Ti piace fare lo shopping?
3. Preferisci fare le spese in un grande magazzino o in negozi specializzati?
4. Preferisci andare a fare le spese solo(a) o con amici? Chiedi spesso i loro consigli?
5. Preferisci un abbigliamento sportivo o elegante? Qual è il tuo colore preferito?
6. Spendi molto per vestirti?

Adesso scriviamo!

Cosa devo portare?

Strategy: Sequencing the sentences in your writing

In order to write a letter with clear and well-coordinated sentences, make first a list of the main points you are going to cover. In this case a friend is coming to visit you. He/She is asking what clothes he/she should bring. Your friend is also telling you in which season he/she is coming (in the spring). This will help you to start organizing the sequence of your sentences.

You will write how the weather is where you live in the spring and tell him/her what clothes to bring. Then, give him/her detailed information about the events you are planning to attend together (parties, school reunion, etc.) or the activities you are planning to do together. You conclude by saying how happy you are to see your friend and having him/her stay with you. You close your letter with warm greetings.

Un amico/Un'amica che hai conosciuto in Italia la scorsa estate viene a trovarti durante le vacanze di Pasqua, in primavera. Lui/Lei ti chiede dei consigli su cosa mettere in valigia.

A. Per organizzare i tuoi pensieri, completa la seguente tabella:

Clima: _____   Vestiti: _____

Eventi all'università: _____   Accessori: _____

Feste: _____

B. Ora che hai completato la tabella, scrivi una lettera alla tua amica/al tuo amico e dai dei suggerimenti su cosa deve mettere in valigia.

Esempio   *Cara Susanna,*
Siamo in primavera, ma fa già caldo. Quando prepari la valigia, metti delle magliette e dei pantaloncini. Porta anche il costume da bagno perché c'è una piscina vicino al mio appartamento.
La settimana prossima, all'università, ci sono le gare di nuoto e noi andiamo a vederle.
Compra un cappellino e non dimenticare gli occhiali da sole. Non vedo l'ora di vederti (I can't wait to see you)! Un caro abbraccio (A warm hug), Giovanna

C. Quando hai finito di scrivere la tua lettera controlla tutte le parole: hai scritto tutto correttamente? Hai usato la forma del **tu** dell'imperativo? Con un compagno/una compagna leggete le vostre lettere. Vi siete ricordati tutti gli eventi all'università? I vostri suggerimenti su cosa deve mettere in valigia sono simili?

Parliamo insieme!

  A. **Dammi un consiglio.** Tu e tuo fratello/tua sorella vi consigliate a vicenda *(each other)* su quale regalo comprare (o non comprare) per la mamma.

Esempio
— *Compro la spilla?*
— *Sì, comprala! o No, non comprarla!*

1. pigiama	**6.** foulard di seta	**8.** cintura
5. saponetta	**7.** profumo	**9.** braccialetto

B. Consigliatemi come vestirmi! In gruppi di due o tre studenti, datevi l'un l'altro *(each other)* dei consigli su come vestirvi per le seguenti occasioni:

1. Il Presidente degli Stati Uniti mi ha invitato(a) ad un pranzo ufficiale alla Casa Bianca. Come devo vestirmi?

2. Un mio amico e la sua famiglia mi hanno invitato(a) a passare con loro la settimana bianca nel loro cottage in montagna durante il periodo di Natale. Ci sarà la neve e andremo a sciare. Che vestiti e scarpe devo portare?

3. Una mia compagna di università, molto simpatica, mi ha invitato a un concerto rock sulla spiaggia alla fine di luglio. Come mi devo vestire?

 C. Commenti sulla moda italiana. Attività in gruppi di tre o quattro studenti. Ogni studente/studentessa fa dei commenti sulla moda. Per esempio:

- Dite se la moda italiana vi piace. Senza dubbio *(doubt)* avete visto, nelle sfilate di moda o nelle riviste, degli abiti di alcuni di questi stilisti italiani.

- Dite se avete comprato alcuni dei loro articoli di abbigliamento. Di Benetton, per esempio.

- Dite se, secondo voi, gli Italiani comprano dei vestiti nuovi più spesso o meno spesso degli Americani, e se spendono di più o di meno per l'abbigliamento.

- Se avete viaggiato in Italia, dite quali sono le vostre impressioni sul modo *(manner)* di vestire dei giovani italiani. Si vestono in modo elegante? sportivo? pratico?

- Ai giovani italiani piace molto la moda «sportiva» americana: le giacche a vento, i jeans, le scarpe da tennis, gli scarponcini da trekking. Dite che cosa piace della moda italiana agli Americani.

- Dite che cosa desiderate comprare la prossima volta (o la prima volta) che andate in Italia. Delle scarpe? una borsa in pelle? un abito di Laura Biagiotti? O dei gioielli in oro: un braccialetto, una catenina *(chain)*, un anello, degli orecchini? O preferite spendere i vostri soldi nelle gelaterie?

Vedute d'Italia

A. Prima di leggere

The following paragraphs present the world of contemporary Italian fashion. Italian fashion continues to be world-renowned, with Milan, Florence, and Rome as the main fashion centers. Every season designers introduce new collections, from "haute couture" to "prêt à porter." The "Made in Italy" brand is most popular because of the high quality fabrics and expert workmanship of the designs. In part, for this reason, Italian women tend to prefer quality over quantity: They usually purchase one or two fashionable items each season.

La moda in Italia

Una bellissima borsa Zagliani: merito della lavorazione che, con microiniezioni di botulino, rende il pellame morbido *(soft)* e resistente (4.750 euro).

La moda italiana si è affermata in tutto il mondo grazie al buon **gusto** e alla creatività degli **stilisti** italiani. I loro nomi sono di fama internazionale. **Per citarne** alcuni: Armani, Versace, Valentino, Trussardi, Moschino, Prada, Roberto Cavalli, Dolce e Gabbana, Laura Biagiotti, Bulgari, Bottega Veneta.

taste / designers
To mention

In ogni stagione ci sono **sfilate di moda** nei maggiori centri: Milano, Firenze e Roma sono le città più **rinomate** per la moda. Molto suggestiva è la sfilata d'estate «Donna sotto le stelle», a Roma, in Piazza di Spagna.

fashion shows
renown

Alle sfilate, le «top models» presentano le creazioni degli stilisti: abiti **«haute couture»**, e abiti di linea **«prêt à porter»** di costo più accessibile al pubblico generale. Alle sfilate sono presenti stilisti italiani e stranieri, i primi a **scoprire** le novità nella moda della nuova stagione. Sono presenti anche **gli acquirenti** che **piazzano** le loro ordinazioni.

high fashion / ready
to wear
to discover

buyers / place

Molti stilisti hanno abbinato alla loro collezione di abiti la creazione di accessori: scarpe e borsette, oltre a gioielli e a profumi. Il «Made in Italy» si è imposto anche grazie alla qualità dei **tessuti**, molto apprezzati dagli stilisti stranieri. La lavorazione della lana, della seta e della **pelle vanta** una tradizione di molti secoli.

fabric
leather / boasts

Le donne italiane, in generale, preferiscono la qualità alla quantità: meno abiti ma di **ottima fattura**. È il desiderio di ogni donna di **possedere** almeno uno o due **capi firmati** nel loro **guardaroba**.

well made
to own / designer's
clothes / closet

B. Alla lettura. Rispondete alle seguenti domande.

1. Per quali ragioni la moda italiana si è affermata nel mondo?
2. Quali sono le città italiane più rinomate per la moda?
3. Dove ha luogo la sfilata «Donna sotto le stelle»?
4. Qual è la differenza fra gli abiti «haute couture» e quelli «prêt à porter»?
5. Chi è presente alle sfilate di moda?
6. Che cosa hanno abbinato gli stilisti alla collezione dei loro abiti?
7. Che cosa preferiscono le donne italiane?
8. Che cosa vorrebbero avere nel loro guardaroba?

Vocabolario 🔊

Nomi

l'acquisto	purchase
l'articolo	item
l'autunno	autumn, fall
il Capodanno	New Year's Day
la cassa	cash register
il cielo	sky
il (la) cliente	customer
l'estate (*f.*)	summer
il gusto	taste
l'inverno	winter
la misura	size (for clothes and shoes)
il Natale	Christmas
la nebbia	fog
la neve	snow
la Pasqua	Easter
la pioggia	rain
la primavera	spring
il reparto	department
la roba	stuff, things
la sfilata	fashion show
il sole	sun
la stagione	season
lo (la) stilista	designer
la taglia	size (for clothes only)
il tempo	weather
il vento	wind
la vetrina	display window

Aggettivi

largo (*pl.* larghi)	large; wide
quello	that
questo	this
stretto	narrow, tight

Verbi

consigliare	to advise
nevicare	to snow
piovere	to rain
preoccuparsi	to worry

Altre espressioni

andare bene	to fit
C'è il sole.	It is sunny.
C'è nebbia.	It is foggy.
Che tempo fa?	What is the weather like?
costare un occhio della testa	to cost a fortune
Ma va!	Come on!
di mezza stagione	between seasons
di moda	fashionable
È nuvoloso.	It is cloudy.
È sereno.	It is clear.
le previsioni del tempo	weather forecast
Fa bel tempo.	It is nice weather.
Fa brutto tempo.	It is bad weather.
Fa caldo.	It is hot.
Fa freddo.	It is cold.
Fa fresco.	It is cool.
fare le valigie	to pack (suitcases)
Ho sentito dire che...	I heard that . . .
scarpe da tennis	tennis shoes
Tanti auguri!	Best wishes!
Tira vento.	It is windy.

Intermezzo

Attività video

Quanto costa?

A. Dopo che avete guardato questa sezione del video, «Quanto costa?», in gruppi di tre studenti, fatevi a turno le seguenti domande.

1. Perché è ora di fare un po' di shopping per Marco?
2. Che tempo fa?
3. In che negozio entra Marco? È mattina o pomeriggio?
4. Che cosa ha visto Marco in vetrina?
5. Che cosa chiede al commesso?
6. Che cosa gli mostra il commesso?
7. Che cosa prova Marco?
8. Di che colore è la maglietta? Quanto costa?
9. Oltre alla maglietta, che cosa prova Marco (che costa 18 euro)?
10. Che misura di scarpe porta? Quanto costano quelle che prova? Gli vanno bene?
11. Cosa costa duecentotrentadue euro?
12. C'è uno sconto sulla giacca? Perché?

B. Completate insieme le frasi.

1. Marco va a fare lo shopping perché non ha _____ _____.
2. Ha anche bisogno di un _____.
3. Marco dice al commesso: Volevo _____. Che cosa _____?
4. Marco trova nel negozio i seguenti articoli: _____ _____ _____ _____
5. Le scarpe che Marco prova sono di colore _____ e costano _____.
6. Il commesso spiega che questo negozio è nato _____.
7. L'età della clientela va dai _____ ai _____ anni circa.
8. Il commesso dice: «Siamo molto contenti perché _____».

Partecipazione. Conversate insieme sui seguenti argomenti. Dite:

- se vi piace fare lo shopping.
- in che tipo di negozio vi piace fare lo shopping (di abbigliamento, calzature).
- se preferite scegliere *(to choose)* gli articoli da soli *(by yourself)* o con l'assistenza di un(a) commesso(a).
- se quando fate lo shopping preferite andare da soli o con un amico/ un'amica che vi può dare dei consigli.
- se spendete molto per l'abbigliamento. Capite il significato del proverbio «Chi più spende meno spende»?
- se andate in Italia, che articoli di abbigliamento desiderate comprare?
- nominate due articoli che potete comprare in ognuno *(each one)* di questi negozi:

PROFUMERIA	PELLETTERIA	CALZOLERIA	ABBIGLIAMENTO
_____	_____	_____	_____
_____	_____	_____	_____

«VECCHIO FRACK», DOMENICO MODUGNO

«Vecchio frack» è una canzone (parole e musica) di Domenico Modugno. Domenico Modugno, cantante, compositore e attore, è nato nel 1928 a Polignano a Mare, in Puglia. Dopo un esordio come attore, nel 1957 Modugno ha ottenuto il riconoscimento del suo talento come compositore vincendo *(winning)* il secondo premio al Festival della Canzone Napoletana con la canzone «Lazzarella». Nel 1958 Modugno ha presentato al Festival Musicale di San Remo la canzone «Nel blu dipinto di blu» (Volare...), che ha avuto immediatamente un successo strepitoso *(striking)*, ed anche un successo discografico internazionale, e specialmente negli Stati Uniti: milioni di copie sono state vendute in tutto il mondo.

Modugno ha presentato la sua canzone al pubblico americano cantandola al *Ed Sullivan Show*. Altre sue canzoni vincitrici di premi sono: «Piove», «Libero», «Addio, addio» ed altre ancora. Nel 1986 Modugno è stato eletto deputato al Parlamento Italiano. Si è battuto *(he fought)* per migliorare la condizione dei poveri e degli ammalati. È morto a Lampedusa nel 1994.

A. Comprensione

1. Che cosa si spengono a mezzanotte?
2. Che cosa splende in cielo?
3. Come sono le strade?
4. Chi cammina solo nelle strade deserte?
5. Di cosa è fatto *(is made of)* il suo bastone?
6. Cosa sono i suoi gemelli?
7. Cosa porta all'occhiello?
8. Che aspetto *(look)* ha l'uomo in frack?
9. Che cosa dice mentre cammina?
10. A chi dice «adieu»?

VOCABOLARIO UTILE

un uomo in frack	*a man wearing a coat and tails*
si spengono	*are turned off*
rumori	*noises*
bastone	*stick*
occhiello	*button-hole*
ricordi	*memories*
gemelli	*cufflinks*

B. Vero o Falso?

Leggete le seguenti affermazioni e decidete se sono vere o false.

	Vero	Falso
1. Nelle strade ci sono molte persone.	_____	_____
2. Un uomo in frack cammina solo nella strada.	_____	_____
3. L'uomo ha un aspetto malinconico e assente.	_____	_____
4. Ha un papillon rosso sul gilet.	_____	_____
5. L'uomo cammina senza parlare.	_____	_____
6. All'alba *(sunrise)* la città si sveglia.	_____	_____
7. Il vecchio frack dice addio ai ricordi del passato.	_____	_____

Partecipazione. Insieme, descrivete lo sfondo *(background)*, la strada, il cielo, le luci, l'ora; e l'uomo in frack.

Capitolo 11

Le vacanze

Proposte Vacanza
Tutta una valle per te! Itinerari trekking, in vacanza con mamma e papà, proposte beauty e termali, soggiorni gastronomici… molti pacchetti su misura, per una vacanza veramente unica.

Rigenerati nella valle più bella, assapora una vacanza attiva che profuma di verde e di azzurro.

Punti di vista

Bagnanti su una spiaggia dell'Adriatico

Al mare CD 2, Track 8

Due **bagnini** su una spiaggia dell'Adriatico parlano fra di loro. — *lifeguards*

GIOVANNI Hai visto quanti turisti ci sono quest'anno?

LORENZO Sì, e molti altri arriveranno nelle prossime settimane.

GIOVANNI Arrivano con le loro tende e i loro camper da tutta l'Europa.

LORENZO Il campeggio è un modo economico di fare le vacanze.

GIOVANNI Molti non hanno la tenda, ma solo uno **zaino** e un **sacco a pelo.** Quando sono stanchi di stare sulla spiaggia, fanno l'autostop e vanno in montagna. — *backpack* / *sleeping bag*

LORENZO E hai visto come sono **attrezzati?** Hanno **tutto l'occorrente** per passare l'estate in Italia. — *equipped / all they need*

GIOVANNI Sì, e viaggiano con le loro carte geografiche. Molti conoscono l'Italia **meglio di** noi. — *better than*

LORENZO Quest'estate saremo più occupati **del solito.** Non ho mai visto tanta gente! — *than usual*

GIOVANNI È vero. Ma mi piace questo lavoro perché posso ammirare lo spettacolo magnifico del mare.

UNA VOCE Bagnino, **aiuto!** Aiuto! — *help*

LORENZO **Addio** spettacolo! — *Good-bye*

Comprensione

1. Chi sono e dove si trovano i due che fanno commenti sui turisti? **2.** Come viaggiano e cos'hanno molti turisti europei che vengono in Italia? **3.** Dove vanno quando sono stanchi di stare sulla spiaggia? Si perdono facilmente? Perché? **4.** Dove e come dormono? **5.** Chi interrompe la conversazione dei due bagnini?

Studio di parole In vacanza

l'ombrellone

la barca a vela

il mare

il costume da bagno

la spiaggia

l'asciugamano

la sabbia (*sand*)

AL MARE

la guida tour guide; guidebook

la gita turistica tour, excursion

la villeggiatura summer vacation

passare le vacanze to take a vacation

    in montagna in the mountains

    al lago at the lake

    in campagna in the country

    al mare at the beach

    all'estero abroad

fare una crociera to take a cruise

abbronzarsi to tan

nuotare to swim

annegare to drown

pericoloso dangerous

il/la bagnino(a) lifeguard

salvare to rescue

la carta geografica

il bosco

la tenda

lo zaino

gli scarponi da montagna

IN MONTAGNA

la giacca a vento windbreaker

il sacco a pelo sleeping bag

montare le tende to pitch the tents

fare {

    l'autostop to hitchhike

    il campeggio to go camping, to camp

    un'escursione (*f.*) to take an excursion

    l'alpinismo to climb a mountain

Informazioni — La villeggiatura

Fare la villeggiatura significa «passare un periodo di riposo e di svago *(relaxation)* fuori città, in una località di campagna, di montagna, di lago o di mare». **Andare in ferie** è l'espressione usata per le vacanze dei lavoratori. Di solito agosto è il mese preferito per le ferie. Per il Ferragosto (15 agosto) quasi tutti sono in vacanza e le città sono semideserte. Molti negozi sono chiusi e i mezzi di trasporto riducono il servizio.

Nelle località di villeggiatura del Nord e nel Centro, le spiagge sono in genere occupate da stabilimenti balneari *(beachfront businesses)*. Si deve pagare un biglietto d'ingresso per accedere alla spiaggia e ai servizi necessari. I tratti di spiaggia libera sono pochi.

Negli ultimi tempi gli amanti del mare si dirigono, sempre più numerosi, verso il Sud dell'Italia: in Puglia, Calabria, Sicilia e Sardegna. In queste regioni, lunghi tratti di costa sono ancora liberi e le acque sono più pulite *(clean)*. Vicino, ci sono villaggi turistici con sport e svaghi per tutti, grandi e piccoli.

Oggi, però, gli Italiani sono diventati più curiosi e avventurosi, e molti preferiscono le vacanze «intellettuali» alla scoperta di nuove città e di paesi sconosciuti.

Applicazione

A. Domande

1. Quando andiamo all'estero, come risolviamo il problema della lingua straniera?
2. Con quali mezzi possiamo viaggiare se vogliamo passare delle vacanze economiche? E se preferiamo vacanze lussuose?
3. Alla spiaggia, chi salva le persone in pericolo di annegare?
4. Che cosa ci mettiamo quando andiamo a nuotare?
5. Perché si sta molte ore al sole?
6. Dove si dorme quando si fa il campeggio?
7. Siamo in montagna. Le previsioni del tempo *(weather forecast)* annunciano vento e pioggia: come ci vestiamo?
8. Quando ci perdiamo, di cosa abbiamo bisogno per ritrovare la strada?

 ### B. Weekend multisport!!! In coppie, fatevi a turno le domande seguenti.

1. Secondo te, il rafting è uno sport pericoloso?
2. Lo hai mai fatto?
3. Che cosa invita a fare questo dépliant *(ad)*?
4. Che altre attività propone oltre *(besides)* al rafting?

C. Conversazione

1. Ti piace fare il campeggio? Dove preferisci farlo?
2. Preferisci dormire in tenda o in un bell'albergo?
3. Hai mai viaggiato in un camper? Dove sei andato(a)?
4. Preferisci una vacanza a contatto con la natura o un viaggio turistico in qualche città europea? Perché?
5. Quando sei in vacanza al mare, quali di queste attività preferisci fare: barca a vela, sci nautico, pedalò *(pedaling boat)*, surf, windsurfing, pallavolo, rilassarti su una sedia a sdraio sotto un ombrellone, gite in barca, serate in discoteca?
6. Quando sei in vacanza in montagna, quali di queste attività preferisci fare: trekking a piedi o a cavallo, passeggiate nelle pinete *(pine groves)*, salite ai rifugi *(mountain huts)*, raccolta *(pick)* dei frutti di bosco (dei funghi in autunno), parapendio *(hang-gliding)*, discese con gli sci e con il bob nella stagione invernale?

Week-end & multisport !!!
RAFTING MORGEX & VALSESIA
Escursioni di Canyoning Hydrospeed e Kajak
Naviga con noi...www.rafting.it

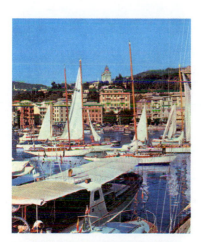

La costa ligure è il luogo ideale per la barca a vela e il surfing.

Ascoltiamo!

 CD 2, Track 9

Un salvataggio. The lifeguards, Giovanni and Lorenzo, rush into the water to rescue a swimmer who seems to be drowning. They return to the beach, carrying an apparently lifeless woman. Listen to the ensuing conversation; then answer the following questions.

Comprensione

1. Chi hanno salvato i due bagnini?

2. Perché Giovanni deve praticarle la respirazione artificiale?

3. Dopo qualche minuto che cosa fa la ragazza?

4. È riconoscente *(grateful)* la ragazza? Che cosa dice a Giovanni?

5. Ha avuto paura di annegare perché non sa nuotare?

6. Dove l'accompagna Lorenzo?

Dialogo

In coppie, progettate *(plan)* di passare una giornata al mare. Decidete come andare, cosa portare, come vestirvi e cosa fare alla spiaggia.

Punti grammaticali

11.1 Il futuro

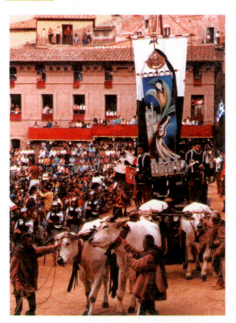

Siena: processione in onore di Santa Caterina, patrona d'Italia (1347–1380). Il dipinto *Notturno senese* è opera dell'affermato artista senese Enzo Santini.

—Dove *andrai* quest'estate?
—Io e la mia famiglia *andremo* a Siena a vedere il Palio, la famosa corsa dei cavalli.

1. The future **(futuro)** is a simple tense expressing an event that will take place in the future. It is formed by adding the endings of the future to the infinitive after dropping the final **-e.**

   rispondere → risponder**ò** = *I will answer*

The future is conjugated as follows:

parlare	rispondere	partire
parler**ò**	risponder**ò**	partir**ò**
parler**ai**	risponder**ai**	partir**ai**
parler**à**	risponder**à**	partir**à**
parler**emo**	risponder**emo**	partir**emo**
parler**ete**	risponder**ete**	partir**ete**
parler**anno**	risponder**anno**	partir**anno**

The endings are the same for all conjugations. Note that the **-a** of the first conjugation infinitive ending changes to **-e** before adding the future endings.

I turisti **prenderanno** il pullman.	*The tourists will take the tour bus.*
Noi **visiteremo** un castello.	*We will visit a castle.*
Quando **finirai** gli studi?	*When will you finish (your) studies?*

2. The following groups of verbs are irregular in the future tense:

a. Verbs that end in **-are** but do not undergo a stem change

dare:	**darò, darai,** ecc.
fare:	**farò, farai,** ecc.
stare:	**starò, starai,** ecc.

b. Verbs that end in **-care, -gare, -ciare,** and **-giare** and undergo a spelling change for phonetic reasons

dimenticare:	**dimenticherò, dimenticherai,** ecc.
pagare:	**pagherò, pagherai,** ecc.
cominciare:	**comincerò, comincerai,** ecc.
mangiare:	**mangerò, mangerai,** ecc.

c. Verbs that drop a stem vowel

andare:	**andrò, andrai,** ecc.
avere:	**avrò, avrai,** ecc.
cadere:	**cadrò, cadrai,** ecc.
dovere:	**dovrò, dovrai,** ecc.
potere:	**potrò, potrai,** ecc.
sapere:	**saprò, saprai,** ecc.
vedere:	**vedrò, vedrai,** ecc.
vivere:	**vivrò, vivrai,** ecc.

d. Verbs that have an irregular stem

essere:	**sarò, sarai,** ecc.
bere:	**berrò, berrai,** ecc.
venire:	**verrò, verrai,** ecc.
volere:	**vorrò, vorrai,** ecc.

—Dove cadrà?
—Chi vivrà, vedrà!

Saremo pronti alle otto.	*We will be ready at eight.*
Dovrà studiare se **vorrà** riuscire.	*He will have to study if he wants to succeed.*
Pagherai tu il conto?	*Will you pay the bill?*
A che ora **mangerete**?	*At what time will you eat?*
Prometto che non **berrò** più.	*I promise that I will not drink any more.*

3. When the main verb of a sentence is in the future, the verb of a subordinate clause introduced by **se, quando,** or **appena** *(as soon as)* is also in the future.

Andremo alla spiaggia se **farà** bello.	*We will go to the beach if the weather is nice.*
Ti **racconterò** tutto quando ti **vedrò.**	*I will tell you everything when I see you.*
Mi **scriverà** appena **arriverà** a Roma.	*He will write to me as soon as he arrives in Rome.*

NOTE: Colloquial Italian often uses the present tense to express the near future.

Quando **parti?**	*When are you leaving?*
Parto la settimana prossima.	*I am leaving next week.*

4. Futuro di probabilità. The future tense is also used to convey probability or conjecture in the present.

Dov'è la guida? **Sarà** al bar.   *Where is the tour guide? He/She is probably (He/She must be) in the bar.*

Che ore sono? **Saranno** le tre.   *What time is it? It is probably (It must be) 3:00.*

Quanto costa una Ferrari? **Costerà** 100.000 dollari.   *How much does a Ferrari cost? It probably costs $100,000.*

Here are a few expressions of time used with the future tense.

domani	*tomorrow*
dopodomani	*the day after tomorrow*
la settimana prossima	*next week*
l'anno (il mese) prossimo	*next year (month)*
fra un anno	*one year from now*
fra tre giorni (una settimana, ecc.)	*in three days (a week, etc.)*
fra poco	*in a little while*

Pratica

 A. Progetti di vacanze. Attività in piccoli gruppi. Un vostro compagno/Una vostra compagna di classe andrà in vacanza e voi volete sapere cosa farà. Ogni studente del gruppo gli/le rivolge una domanda.

Esempio   dove andare / …
        − Dove andrai?
        − Andrò alle Cinque Terre.

1. quando partire / …
2. andare solo(a) / …
3. con che mezzo viaggiare / …
4. quanti giorni stare / …
5. dove alloggiare / …
6. cosa vedere / …
7. mandare delle cartoline / …
8. comprare dei ricordi *(souvenirs)* per gli amici / …
9. fare delle foto / …

Vernazza, una delle Cinque Terre, Liguria

 B. Il campeggio. Attività in piccoli gruppi. Tu ed alcuni amici, in vacanza in Italia, farete il campeggio sulle montagne del Trentino. Gli studenti del gruppo sono curiosi di sapere cosa farete.

Esempio   in quanti essere / …
        − In quanti sarete?
        − Saremo in cinque.

1. viaggiare in treno o in macchina / …
2. portare la tenda o comprarla in Italia / …
3. montare la tenda nel bosco *(woods)* o vicino a un fiume / …
4. pescare le trote / …
5. cosa mangiare / …
6. dormire nel sacco a pelo / …
7. fare dell'alpinismo / …
8. quanto tempo restare in Trentino / …

C. Indovinello *(Guessing game).* A turno, chiedetevi dove saranno queste persone (e il gatto) in questo momento. Scegliete i luoghi della colonna di destra che vi sembrano appropriati.

1. i turisti   in giardino, con un topo
2. alcuni studenti assenti   a Roma o in viaggio
3. il gatto   in crociera
4. Bill Gates   a casa, a dormire
5. il presidente degli Stati Uniti   in ufficio, a contare i suoi soldi
6. il Papa   alla Casa Bianca

D. Conversazione

1. Se l'estate prossima avrai un mese di vacanza, dove andrai: al mare o in montagna?
2. Quale preferisci e perché?
3. Andrai in vacanza da solo(a), con amici o con la famiglia?
4. Quali attività farai se andrai in montagna?
5. E se andrai al mare, quali attività farai?

E. Vacanze in Europa. Marina, Gianni e Marco fanno progetti per le vacanze. Completate il loro dialogo con i verbi suggeriti al futuro.

**fare   dare   lavorare   costare   viaggiare   stare   visitare
divertirsi   essere   domandare   fermarsi   trovare   andare**

MARINA   Dove _____ tu e Gianni quest'estate?

MARCO   Noi _____ un viaggio in Europa per tre settimane.

MARINA   Quest'anno i biglietti dell'aereo _____ cari, con il prezzo della benzina.

MARCO   Lo so. Mio nonno mi ha promesso che mi _____ i soldi per il viaggio.

MARINA   E tu, Gianni, dove li _____ i soldi?

GIANNI   Ho dei risparmi *(savings).* E prima di partire, io _____ part-time per due mesi.

MARINA   Come _____ in Europa? In macchina? In treno? Con l'Eurail pass?

GIANNI   _____ e _____ anche l'autostop.

MARCO   Perché non vieni con noi?

MARINA   Non so se i miei genitori mi _____ il permesso.

MARCO   Domandalo a tuo padre. Noi _____ le prenotazioni la settimana prossima.

MARINA   Quali paesi europei _____?

GIANNI   _____.

MARCO   Però noi _____ in Italia più a lungo *(for a longer time).*

MARINA   Ma gli alberghi costano molto. Dove _____?

GIANNI   _____ il campeggio e _____ in ostelli per la gioventù.

MARINA   OK, stasera io _____ a mio padre il permesso di venire con voi.

MARCO   Ottimo. Vedrai che noi _____ e il viaggio _____ un'esperienza fantastica.

11.2 I pronomi tonici

Sciatori sulle piste di sci a Misurina, nelle Alpi Orientali: È la «settimana bianca», la settimana di vacanze che si passa in montagna con la neve.

—Gianni, a me piace andare in montagna quando c'è la neve, e a te?
—Anche a me, però a me piace stare al caldo vicino al caminetto, a guardare la neve che cade.
—Non sei sportivo. A me piace di più sciare.

1. Disjunctive pronouns (**I pronomi tonici**) are personal pronouns that are used after a verb or a preposition. They are:

Singular		Plural	
me	*me, myself*	**noi**	*us, ourselves*
te	*you (familiar), yourself*	**voi**	*you (familiar), yourselves*
lui	*him*		
lei	*her*	**loro**	*them*
Lei	*you (formal)*	**Loro**	*you (formal)*
sé	*himself, herself, yourself*	**sé**	*themselves, yourselves*

2. As a direct or indirect object, a disjunctive pronoun is used after the verb for emphasis, to avoid ambiguity, and when the verb has two or more objects.

Vedo **te!**	*I see you!*
Parlo **a lui,** non **a lei.**	*I'm speaking to him, not her.*
Ha scritto a Franco e **a me.**	*He wrote to Franco and me.*

3. A disjunctive pronoun is also used as the object of a preposition.

Parto **con loro.**	*I'm leaving with them.*
Abita vicino **a noi.**	*He lives near us.*
Sono arrivati **prima di me.**	*They arrived before me.*
Siamo andati **da lei.**	*We went to her house.*
Luisa impara il francese **da sé.**	*Luisa is learning French by herself.*
Pensa solo **a sé stesso.**	*He thinks only of himself.*

4. This chart summarizes the pronouns you have now learned:

Subject pronouns	Direct-object pronouns	Indirect-object pronouns	Reflexive pronouns	Disjunctive pronouns
io	mi	mi	mi	me
tu	ti	ti	ti	te
lui/lei, Lei	lo/la, La	gli/le, Le	si	lui/lei, Lei, sé
noi	ci	ci	ci	noi
voi	vi	vi	vi	voi
loro, Loro	li/le, Li/Le	gli (loro), Loro	si	loro, Loro, sé

Pratica

A. Tra compagni. Immaginate di avere un nuovo compagno/una nuova compagna di classe e di fargli(le) delle domande. Seguite l'esempio.

> **Esempio** — Abiti con *i tuoi genitori?*
> — *Sì, abito con loro.* o *No, non abito con loro. Abito solo(a).*
> o *Abito con...*

1. Sei venuto(a) all'università con *degli amici* oggi? *Sì, sono venuta con loro.*
2. Hai già parlato con *il professore/la professoressa d'italiano?* *Sì, ho già parlato con Lei.*
3. Hai bisogno di *me* per qualche informazione?
4. Io abito in via _____. E tu, abiti vicino a *me?*
5. A mezzogiorno vado a mangiare alla mensa degli studenti con due compagni. Vieni con *noi?* *Sì, vengo con voi.*
6. Sei hai bisogno di soldi, li chiedi *a tuo padre* o *a tua madre?*
7. Inviti anche *il mio compagno/la mia compagna* alla tua festa? *Sì, invito anche Lei.*
8. Aspetti *me* o Luigi?
9. Ascolti *me* o pensi *al tuo ragazzo/alla tua ragazza?*

B. Da chi? In coppie, fatevi a turno le seguenti domande. Rispondete con una frase negativa usando **da** con il pronome tonico.

> **Esempio** — *Vai a casa di Paolo oggi?*
> — *No, non vado da lui. Vado...*

1. Vieni a casa mia a studiare oggi pomeriggio?
2. Andrai dai tuoi genitori per le vacanze estive?
3. Se hai bisogno di consigli, vai da tua madre? O da un amico/un'amica?
4. Vai dal dottore quando stai male?
5. Vieni da noi stasera? Guardiamo l'ultimo film di Moretti.

(handwritten answers in right margin)
vado da lui.
No, non ... (illegible)
Sì, vado dal lui.
Sì, vengo da voi.

11.3 *Piacere*

1. The irregular verb **piacere** means *to please.* It is used mainly in the third-person singular and plural (present: **piace, piacciono**) and in an indirect construction that corresponds to the English phrase *to be pleasing to.*

| mi piace
ti piace
gli piace
le, Le piace | } leggere | ci piace
vi piace
piace loro, Loro
(gli piace) | } cantare |

Participio passato: piaciuto

Mi piace la pasta.	*I like pasta. (Pasta is pleasing to me.)*
Ci piace l'appartamento.	*We like the apartment. (The apartment is pleasing to us.)*
Le piacciono queste scarpe?	*Do you like these shoes? (Are these shoes pleasing to you?)*

NOTE

a. In Italian, the word order is *indirect object + verb + subject;* in English it is *subject + verb + direct object.*

b. The singular form **piace** is followed by a singular noun; the plural form **piacciono** is followed by a plural noun.

Un paese di montagna nel cuore delle Dolomiti (Alpi orientali), una delle mete preferite dagli alpinisti *(mountain climbers)*

—Dove ti piace passare le vacanze?
—Mi piacciono i laghi. Mi piace nuotare, pescare, prendere il sole in barca e fare il campeggio in riva al lago.
—Non mi piace dormire sotto una tenda. Mi piacciono le comodità dell'albergo.

2. Piacere is singular when followed by an infinitive.

Ti piace fare il campeggio?	*Do you like to go camping?*
Vi piacerà andare alla spiaggia.	*You will like to go to the beach.*

3. When the indirect object is a noun or a disjunctive pronoun, the preposition **a** is used.

Ai bambini piace il gelato.	*Children like ice cream.*
Ad Antonio piacerà la Sardegna.	*Antonio will like Sardinia.*
A me piacevano le feste.	*I used to like parties.*

4. The opposite of **piacere** is **non piacere. Dispiacere** has the same construction as **piacere,** but it translates as *to be sorry, to mind.*

Non mi piace la birra.	*I don't like beer.*
Non mi piacevano gli spinaci.	*I didn't like spinach.*
Non sta bene? **Mi dispiace.**	*You are not well? I am sorry.*
Le dispiace se fumo?	*Do you mind if I smoke?*

5. The **passato prossimo** of **piacere** is conjugated with **essere.** Therefore, the past participle **(piaciuto)** agrees in gender and number with the subject.

Ti **è piaciuta** la sala?	*Did you like the living room?*
Non mi **sono piaciuti** i mobili.	*I did not like the furniture.*

Pratica

A. Cosa ci piace? Completate le frasi con la forma corretta di **piacere.**

1. Ti _____ fare il campeggio?
2. Vi _____ le vacanze all'estero?
3. Ci _____ nuotare nel lago.
4. Le _____ abbronzarsi al sole.
5. Mi _____ le escursioni in montagna.
6. Non mi _____ montare le tende.
7. Ti _____ questi scarponi da montagna?
8. Non mi _____ la mia giacca a vento.

B. Tutti i gusti sono gusti! Rispondete affermativamente o negativamente usando i pronomi indiretti.

Esempio   ai bambini / giocare
                 – *Ai bambini piace giocare?*
                 – *Sì, gli piace giocare.*

1. ai tuoi amici / le feste
2. a te / il cappuccino
3. a voi / fare una crociera
4. a voi / i concerti rock
5. a te / alzarsi presto la mattina
6. agli studenti / i bei voti in italiano
7. a te / scaricare la musica sul tuo iPod
8. ai bambini / fare i castelli di sabbia
9. ai ragazzi / giocare a pallavolo sulla spiaggia

C. Ricordi piacevoli o no? Domandatevi a turno se vi sono piaciute o no le seguenti cose. Usate il verbo **piacere** al passato.

Esempio   il film di ieri sera
— *Ti è piaciuto il film di ieri sera?*
— *No, non mi è piaciuto.* o *Sì, mi è piaciuto molto (abbastanza, moltissimo).*

1. le vacanze dell'estate scorsa
2. l'ultima gita che hai fatto
3. il ristorante dove hai mangiato recentemente
4. gli anni passati al liceo
5. la pensione dove sei stato(a) durante l'ultimo viaggio
6. le feste di Natale
7. l'ultimo libro che lai letto
8. il film *La vita è bella*

 D. Conversazione. In piccoli gruppi, ogni persona nomina due cose che gli/le piacciono e due cose che non gli/le piacciono.

Esempio   —*Mi piacciono i gelati al pistacchio. Mi piace la lingua italiana.*
—*Non mi piace la pioggia* (rain). *Non mi piacciono i film gialli.*

E. Preferenze. Quali sono i gusti delle seguenti persone? Usate **piacere** e il pronome tonico.

Esempio   Luisa preferisce cantare.
A lei piace cantare.

1. Antonio preferisce insegnare.
2. Noi preferiamo divertirci.
3. La signora Tortora ha preferito le spiagge del mare Adriatico.
4. Io ho preferito una casa al mare.
5. Gabriella e Filippo hanno preferito un appartamento in città.
6. So che voi preferite viaggiare in pullman.
7. I miei genitori preferiscono stare in un albergo di prima categoria.
8. Io, invece, preferisco dormire sotto la tenda.

11.4 Il *si* impersonale

The impersonal **si** + *verb* in the third-person singular is used:

1. in general statements corresponding to the English words *one, you, we, they,* and *people* + verb.

Come **si dice** «...»?	*How do you say, " . . . "?*
Se **si studia, s'impara.**	*If one studies, one learns.*

2. conversationally, meaning **noi.**

Che **si fa** stasera?	*What are we doing tonight?*
Si va in palestra?	*Are we going to the gym?*

*At the beginning of his mystic journey, Dante comes to the gate of hell and reads the following solemn inscription: "Through me one goes to the grieving city, Through me one goes to the eternal sorrow, Through me one goes among the lost souls."

Dante. *Divina Commedia, Inferno, Canto III.**

3. as the equivalent of the passive construction. In this case, the verb is singular or plural depending on whether the noun that follows is singular or plural.

In Francia **si parla** francese. — *In France, French is spoken.*
In Svizzera, **si parlano** diverse lingue. — *In Switzerland, several languages are spoken.*

Pratica

A. Si dice anche così. Ripetete le seguenti frasi usando il **si** impersonale.

1. Mangiamo bene in quel ristorante.
2. Se tu studi, impari.
3. In montagna, la gente va a dormire presto.
4. Se vuoi mangiare, devi lavorare.
5. Andiamo al cinema stasera?
6. Oggi la gente non ha più pazienza.
7. Mangiamo per vivere, non viviamo per mangiare.

B. Dove... ? Immaginate di essere in viaggio in Italia e di rivolgere molte domande alle persone del luogo per avere informazioni.

Esempio   comprare le carte geografiche / libreria
— *Scusi, dove si comprano le carte geografiche?*
— *Si comprano in una libreria.*

1. potere telefonare / cabina telefonica
2. fare ginnastica / palestra *(gym)*
3. affittare un ombrellone e una sedia a sdraio *(beach chair)* / (a) spiaggia
4. comprare le carte telefoniche / (in) negozio di Sali e Tabacchi
5. chiedere informazioni sui tour / ufficio turistico
6. pagare il conto delle bevande / (a) cassa

 C. Che cosa si fa quando... ? In coppie, fatevi a turno le domande. Rispondete con il **si** impersonale e con la vostra immaginazione.

Esempio   si va in vacanza
— *Cosa si fa quando si va in vacanza?*
— *Si fa il campeggio. Si dorme sotto una tenda.* o...

1. si ricevono brutti voti a scuola
2. il frigorifero è vuoto *(empty)*
3. si è senza soldi
4. si è stanchi e si ha sonno
5. si perde il treno
6. si è stressati

Per finire   🔊 **CD2, Track 10**

Sicilia: uno dei magnifici templi
lasciati dai Greci

Vacanze in Sicilia

L'estate è vicina e Antonio scrive una lettera ai nonni in
Sicilia.

4 giugno

Carissimi nonni,

Come state? Noi in famiglia stiamo tutti bene e così
speriamo di voi. Le mie vacanze arriveranno presto e io
verrò **a trovarvi** per qualche settimana. Arriverò prima di   *to visit you*
Ferragosto, **verso** il 2 o il 3 del mese. Purtroppo non potrò   *around*
fermarmi **a lungo** perché incomincerò a lavorare la prima   *for a long time*
settimana di settembre.

Vorrei chiedervi un favore: vorrei portare con me il mio
amico Marcello. Durante il viaggio, ci fermeremo sulla costa
amalfitana e visiteremo Ercolano e Pompei. Resteremo là
una settimana, poi partiremo per la Sicilia. Viaggeremo
con la macchina di Marcello. Pensate! Vostro nipote arriverà
in una Ferrari!

Siccome ha paura di **disturbarvi,** Marcello starà in un   *Since / to bother you*
albergo o in una **pensione.** Ma gli ho detto che per mangiare   *boardinghouse*
potrà venire da voi. Sono certo che Marcello vi piacerà. Non
vedo l'ora di venire in Sicilia per rivedere voi, cari nonni,
e tanti posti che amo. Visiterò certamente la Valle dei
Templi e Siracusa. Sono sicuro che Marcello preferirà
visitare la spiaggia di Taormina, perché è innamorato
del sole e del mare. Ma saliremo **tutti e due** sull'Etna e ci   *both*
divertiremo **da matti.**   *a lot*

Aspetto una vostra telefonata per sapere se posso
portare Marcello con me. Saluti **affettuosi** anche **da parte**   *affectionate / from*
dei miei genitori.

Antonio

Comprensione

1. A chi scrive Antonio? Perché? **2.** Potrà fermarsi per molto tempo dai nonni?
Perché no? **3.** Che favore vuole chiedere loro? **4.** Antonio e Marcello andranno
subito in Sicilia? Dove andranno prima? **5.** Antonio non vede l'ora di arrivare
in Sicilia. Per quale ragione? **6.** Perché Marcello non visiterà con lui la Valle dei
Templi? **7.** Si annoieranno i due in Sicilia? **8.** Con quale saluto ha finito la sua
lettera Antonio?

Conversazione

1. Quali aspetti (o attrazioni) dell'Italia del Sud vi interessano in particolare? Perché?

2. Immaginate di visitare un giorno la Sicilia: andrete alla spiaggia o vedrete le antichità dell'isola? Perché?

3. Avete mai fatto un lungo viaggio in auto con amici? Dove siete andati? Lungo il viaggio, vi siete mai fermati in qualche posto per visitare le attrazioni del luogo? Che cosa? Siete passati a salutare parenti o amici? Chi?

Adesso scriviamo!

Vacanze in Italia

Strategy: Incorporating new grammatical points

As your vocabulary expands and as you learn new and more complex grammatical structures, it is important to actively try to incorporate them into your compositions. In this task, try to include as much of the new grammar from this chapter as possible. Here are some suggestions for doing this effectively:

a. Review the new vocabulary introduced in this chapter and make notes of words that you might use.

b. Review the use of the **futuro** in section 11.1 and make sure that you know how to use it.

c. Now review the use of **piacere** and make sure that you are able to properly conjugate it, especially in the future tense.

d. As you write your description, try to ensure that you are using the future tense and **piacere** as much as possible. Also try to incorporate as much of the new vocabulary as you can.

Scegli una regione italiana dove passerai le vacanze e scrivi una lettera ai parenti o agli amici che andrai a trovare in Italia. Cerca, su Internet o in biblioteca, informazioni sulla regione che hai scelto.

A. Parla delle varie attività che farai. Rispondi alle seguenti domande.

1. Quanto tempo sarai in vacanza e dove andrai?
2. Quali posti visiterai?
3. Dove alloggerai?
4. Dove mangerai?

B. Per cominciare, segui questo esempio.

Esempio   *Carissimi nonni/Carissimi tutti/Carissimi Luca e Marianna, non vedo l'ora di vedervi! Arriverò il primo di luglio nella vostra bellissima città in Liguria: Rapallo.*

Andrò anche a Genova, perché voglio conoscere la città natale di Cristoforo Colombo. Viaggerò in treno per vedere le Cinque Terre. Andrò al mare, nuoterò molto e mi abbronzerò.

Affitterò una camera da una famiglia del posto, così spenderò poco. Mangerò molte pizze e molti gelati, perché mi piacciono moltissimo. Quando verrò a trovarvi, voi mi porterete al vostro ristorante preferito: Da Ponte, dove assaggerò le specialità liguri...

Sono sicuro(a) che mi divertirò molto.

Un caro saluto (firma)

C. Leggi di nuovo il tuo paragrafo. Tutte le parole sono scritte correttamente? Controlla l'accordo tra il verbo e il soggetto e tra il nome e l'aggettivo. Controlla in modo particolare la forma del futuro: ti sei ricordato(a) gli accenti?

Alla fine, con un compagno/una compagna, leggete le vostre lettere. Avete qualche suggerimento per il vostro compagno/la vostra compagna? C'è un altro posto o monumento da visitare?

Parliamo insieme!

 A. Identificate le seguenti foto. In piccoli gruppi, uno studente/una studentessa rivolge una domanda a ogni studente/studentessa del gruppo.

1.

2.

3.

Foto numero 1: **1.** Riconosci questa piazza? Si trova nel più piccolo Stato del mondo. Quale? **2.** In quale regione si trova la città che lo circonda? È una regione dell'Italia settentrionale, centrale o meridionale? **3.** Come si chiama il fiume che attraversa la città? **4.** Conosci il nome di alcuni artisti che hanno contribuito alla ricchezza artistica e architettonica di questa città?

Foto numero 2: **1.** Riconosci la città? In quale regione si trova? **2.** Come si chiama il fiume che l'attraversa? Conosci il nome del suo ponte famoso (visibile nella foto)? **3.** Puoi nominare una statua, una chiesa o un museo di questa città? **4.** Sai come si chiama il movimento umanistico nato nel'400 in questa città? **5.** Ricordi il nome di alcuni dei suoi più illustri cittadini nel campo dell'arte o della letteratura?

Foto numero 3: **1.** Sai in che città si trova questa cattedrale? Come si chiama? Di che stile è? **2.** In che regione si trova questa città? **3.** La regione si trova in una pianura molto fertile che prende il nome dal fiume che l'attraversa. Sai come si chiama la pianura e come si chiama il fiume? **4.** Sai con quali altre regioni confina questa regione? **5.** Sai perché questa città si chiama «la capitale industriale d'Italia»? **6.** Puoi nominare alcune industrie che esportano i loro prodotti all'estero?

Se hai la possibilità di visitare soltanto una delle tre città, quale preferisci visitare e perché?

QUANTO SPENDE CHI STA VIA UNA SETTIMANA

	2007	2008	Differenza
Viaggio in auto Carburante, pedaggio autostradale, autogrill	244	268,40	+10%
Albergo 2 camere doppie pensione completa	1.731	1.806	+4%
Spiaggia 2 lettini, ombrellone, bar	308	329	+7%
2 Escursioni 1/2 giornata in auto e 1 giornata in barca	244	264	+10%
Sport ecc. Discoteca, pedalò, parchi giochi	210	238	+13%
Ristorante Una cena per 4	161	171	+6%
Pub 1 serata, 2 consumazioni	22	23	+5%
TOTALE	2.920	3.099	+6%

2007 e 2008: valori in euro
Fonte: Federconsumatori

Dalla rivista *OGGI*

B. Il costo di una settimana di vacanza. Attività in gruppi di quattro studenti. La tabella *(chart)* indica il costo di una vacanza di una settimana al mare per quattro persone (due adulti e due bambini). Il costo include un viaggio in macchina (circa 150 km.), due pieni di carburante *(fill up)*, pedaggio autostradale *(freeway toll)* e fermata in autogrill *(restaurant on freeway)* per il pranzo. Date un'occhiata *(Take a look)* alla tabella ed elaborate il costo totale in dollari di una vacanza di una settimana al mare per quattro persone negli Stati Uniti. Paragonate *(Compare)* i due costi (quello della vacanza in Italia e quello della vacanza begli Stati Uniti).

- Viaggio in auto: (100 miglia) benzina (andata e ritorno), due pranzi   Costo _____
- Albergo: due camere doppie, pensione completa   Costo _____
- Spiaggia: biglietto d'ingresso *(entrance to beach)*, bevande   Costo _____
- Escursioni: una gita in barca   Costo _____
- Attività: pedalò *(boat)* per quattro giorni   Costo _____
- Ristorante: una cena per quattro   Costo _____
- Discoteca: una serata, due consumazioni (bevande)   Costo _____

Costo approssimativo di una vacanza di una settimana in Italia per quattro persone: euro 3.100

Costo approssimativo di una vacanza di una settimana negli U.S.A. per quattro persone: dollari _____

(Costo della baby-sitter: extra)

Vedute d'Italia

Inverno tutto italiano

A. Prima di leggere

You are about to read about winter travel opportunities in two very different parts of Italy. As preparation for approaching these texts, spend a little time looking at the maps—**la carta politica** and **la carta fisica**—in this textbook, and locate the two regions, Trentino–Alto Adige and Campania.

Trentino

Una proposta offerta a tutti gli innamorati, **ma non solo:** vacanze sulla neve per la settimana bianca di San Valentino. Il Residence Lastei propone un soggiorno a San Martino di Castrozza, sulle Dolomiti. Il residence offre ai suoi ospiti per il pomeriggio, dopo lo sci, delle **merende** a base di cioccolata calda, **vin brulè** e pasticcini assortiti, in un'atmosfera romantica. Il costo di una settimana per un appartamento **arredato** a due posti letto è di euro 445,00.

but not for them alone

snacks / hot wine

Il Residence Lastei a San Martino di Castrozza, *furnished* nota località sciistica trentina

Campania

A chi desidera fare un viaggio culturale, storico e archeologico, Imperatore Travel, il tour operator specializzato nei viaggi nell'Italia del Sud, propone il giro della Campania. Il viaggio, che **dura** otto giorni e sette notti, è in pullman. *lasts* La prima fermata è Napoli, con le sue allegre piazze, la sua gente cordiale e i

Pompei

suoi musei. Poi c'è il Vesuvio, il famoso vulcano **oramai** diventato simbolo della città; e Pompei, *by now* città distrutta dall'eruzione del Vesuvio all'epoca degli antichi Romani. Poi c'è Capri, un'isola molto romantica che ha **incantato** imperatori, poeti *enchanted* e letterati di tutto il mondo. Infine, **è la volta** *it is the time* della costiera amalfitana con Sorrento, Amalfi e Positano. La partenza **avviene** sempre di sabato, *takes place* da Napoli. È organizzato il pernottamento in hotel a tre o quattro stelle, con trattamento di pensione completa. Il costo, nel mese di gennaio, è di euro 506,00. Nei mesi di febbraio e marzo, invece, il costo sale ad euro 542,00.

B. Alla lettura. Rispondete alle seguenti domande.

1. Che cosa propone il Residence Lastei a tutti gli innamorati?
2. Che cosa offre il Residence ai suoi ospiti (*guests*) nel pomeriggio?
3. Quant'è il costo di una settimana al Residence Lastei per due persone?
4. Se i turisti desiderano fare un viaggio storico e archeologico, dove possono andare?
5. Quanto dura il viaggio? Con quale mezzo di trasporto?
6. Quando è stata distrutta Pompei? Da che cosa?
7. Perché l'isola di Capri è famosa?

Vocabolario

Nomi

la barca	boat
il caminetto	fireplace
la carta geografica	map
le comodità	comfort
le ferie	annual vacation
il Ferragosto	August holidays
il fiume	river
il lago	lake
il luogo	place
il mezzo di trasporto	means of transportation
la pallavolo	volleyball
il saluto	greeting
lo spettacolo	spectacle, view, sight

Aggettivi

affettuoso	affectionate
attrezzato	equipped
economico	economical
lussuoso	deluxe
prossimo	next
stressato	stressed

Verbi

andare (venire) a trovare	to visit (a person)
dispiacere	to be sorry; to mind

disturbare	to disturb, to bother
gridare	to scream
perdersi	to get lost
pescare	to fish
piacere	to like
progettare	to plan
rilassarsi	to relax

Altre espressioni

Addio!	Good-bye (forever)!
Aiuto!	Help!
da matti	a lot
da parte di	from
del solito	than usual
dopodomani	the day after tomorrow
fra (tra) poco	in a little while
fra (tra) un mese (un anno)	in a month (a year)
non vedo l'ora di (+ *inf.*)...	I can't wait to . . .
ottimo!	excellent!
prendere il sole	to get some sun
prima di	before
siccome	since
verso	around; toward

Capitolo 12
La casa

Appartamenti in città: Spesso i negozianti abitano in un appartamento dello stesso edificio dove hanno il negozio.

Punti di vista | Il nuovo appartamento
Studio di parole: La casa e i mobili
Informazioni: Case e appartamenti
Ascoltiamo! Il giorno del trasloco

Punti grammaticali
12.1 Ne
12.2 Ci
12.3 I pronomi doppi
12.4 I numeri ordinali

Per finire | Nel negozio di mobili
Adesso scriviamo! Writing imaginative descriptions
Parliamo insieme!

Vedute d'Italia | La cucina italiana

Intermezzo | Attività video/Attività musicale

Punti di vista

Un appartamento al terzo piano

Il nuovo appartamento 🔊 CD 2, Track 11

Emanuela e Franco abitano a Napoli in un piccolo appartamento e da qualche mese ne cercavano uno più grande. Finalmente ne hanno trovato uno che piace a tutt'e due. È in via Nazionale, al terzo piano. Ha una camera da letto, soggiorno, cucina, bagno e una piccola **anticamera.** Ora sono nell'appartamento con il padrone di casa.   *entrance*

PADRONE DI CASA L'appartamento ha molta **luce:** ci sono tre finestre e un balcone. La cucina è abbastanza grande.   *light*

FRANCO Sì, l'appartamento ci piace, ma nell'annuncio non è indicato quant'è l'affitto.

PADRONE DI CASA Sono 600 euro al mese, più le spese: acqua, luce, gas, **spazzatura.** Avete già i mobili?   *garbage*

EMANUELA Li abbiamo per la camera da letto e la cucina, ma dovremo comprare divano e poltrone perché dove abitiamo adesso non abbiamo il soggiorno.

PADRONE DI CASA Dovete firmare il contratto per un anno.

FRANCO Non ci sono problemi, possiamo firmarglielo.

PADRONE DI CASA Benissimo. Allora se venite domani verso quest'ora a firmare il contratto, vi darò le chiavi.

FRANCO Grazie e arrivederci a domani.

Comprensione

1. Perché Emanuela e Franco vogliono cambiare casa? **2.** Com'è l'appartamento che piace a tutt'e due? **3.** Oltre all'affitto, che altre spese ci sono? **4.** L'appartamento è vuoto o ammobiliato? **5.** Di quali nuovi mobili hanno bisogno? Perché? **6.** Quando gli darà le chiavi il padrone di casa?

Studio di parole La casa e i mobili *(furniture)*

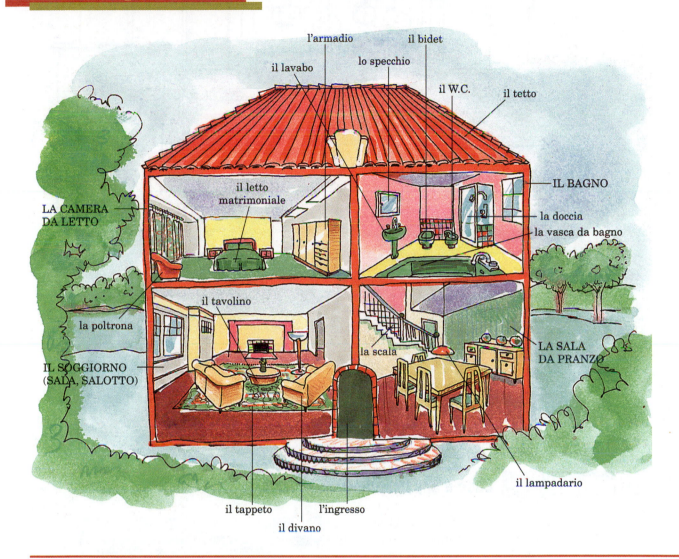

l'armadio
il bidet
il lavabo
lo specchio
il W.C.
il tetto

IL BAGNO

il letto matrimoniale

LA CAMERA DA LETTO

la doccia
la vasca da bagno

il tavolino

la poltrona

la scala

LA SALA DA PRANZO

IL SOGGIORNO (SALA, SALOTTO)

il lampadario

il tappeto
l'ingresso
il divano

L'alloggio *(Housing)*

il monolocale studio apartment

il palazzo building

la villetta small villa

il padrone/la padrona di casa landlord/landlady

l'inquilino(a) tenant

l'affitto rent

affittare to rent

traslocare to move

il trasloco move

il pianterreno ground floor

il primo (secondo, terzo) piano first (second, third) floor

l'ascensore elevator

la roba household goods, stuff

le chiavi keys

In cucina

cucinare to cook, to prepare (food)

al forno to bake

alla griglia to grill

le posate silverware

apparecchiare la tavola to set the table

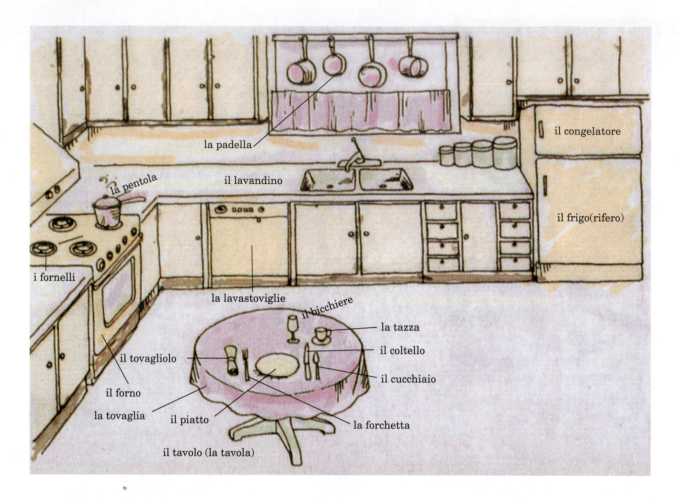

la padella
il congelatore
la pentola
il lavandino
il frigo(rifero)
i fornelli
la lavastoviglie
il bicchiere
la tazza
il tovagliolo
il coltello
il forno
il cucchiaio
la tovaglia
il piatto
la forchetta
il tavolo (la tavola)

Informazioni — Case e appartamenti

Nei centri urbani e di provincia, come anche nell'immediata periferia *(suburbs)*, la gente vive in appartamenti. Questi si trovano in palazzi antichi o moderni a tre o più piani. Nella maggior parte dei casi, gli appartamenti sono occupati dai loro proprietari. In periferia, e soprattutto nei paesi di campagna, sono comuni le case singole a due piani: ville, villette e case coloniche *(farmhouses)*.

Il piano a livello della strada è chiamato **pianterreno** ed è occupato da negozi o uffici, mentre gli altri piani sono occupati da appartamenti.

Fra il 1950 e il 1970, i cambiamenti *(changes)* economici e sociali hanno determinato un'espansione notevole dei centri urbani: intorno alla vecchia città ne è nata una interamente nuova, fatta di edicifi a molti piani.

Molti Italiani che abitano in città possiedono *(own)* anche una casetta o un appartamento in montagna o al mare, dove vanno a passare le vacanze o le ferie. In montagna, d'inverno, vanno a passare la setttimana bianca.

Una graziosa casetta in montagna: I proprietari, che di solito vivono in città, vi trascorrono le vacanze o l'affittano per i mesi estivi.

Applicazione

 A. **L'appartamento.** A turno, fatevi le seguenti domande.

1. Se tu affitti un appartamento, lo preferisci al primo piano o ai piani alti?
2. In generale, gli studenti preferiscono affittare un appartamento **vuoto** o **ammobiliato**?
3. Preferisci affittarlo soltanto per te o condividerlo con un'altra persona? Se lo condividi, quali ne sono i vantaggi e gli svantaggi?
4. Cosa ti piace, o non ti piace, del tuo alloggio?
5. Puoi tenere *(to keep)* degli animali domestici *(pets)*? Ne hai?
6. Nel soggiorno preferisci i tappetti orientali o la moquette *(wall-to-wall carpet)*?
7. Ti piacciono di più i mobili antichi o i mobili moderni?

 B. **In cucina.** In coppie, fatevi a turno le domande che seguono.

1. Hai una cucina grande? Hai un forno a microonde *(microwave)*? una lavastoviglie?
2. Ti piace cucinare? Qual è il tuo piatto preferito?
3. Dove mettiamo il latte per conservarlo *(to keep it)* fresco?
4. Dove cuciniamo una torta?
5. Dove laviamo i piatti? (due possibilità)
6. Puoi nominare *(name)* quali sono le posate?
7. Quando hai degli invitati, prepari tu la torta o la compri in pasticceria *(bakery)*?

 C. **Dove li mettiamo?** Tu e il tuo compagno/la tua compagna avete traslocato. A turno, domandatevi dove mettere questi mobili.

Esempio   — *Dove devo mettere questa sedia?*
— *Mettila in cucina.*

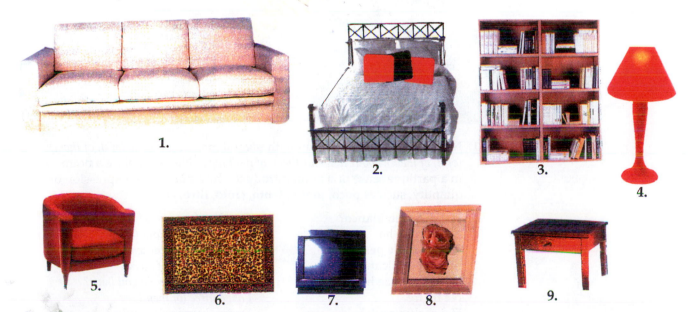

Ascoltiamo!

 CD 2, Track 12

Il giorno del trasloco. Emanuela and Franco, exhausted from moving into their new apartment today, are taking a break and talking about what they have yet to do and what it has all cost them. Listen to their conversation; then answer the following questions.

Comprensione

1. Emanuela e Franco hanno dimenticato qualche cosa nel vecchio appartamento? Hanno portato tutta la loro roba?

2. Chi è Mimì? Dove sarà?

3. Perché Franco sembra preoccupato? Che cosa ha dovuto dare al padrone di casa?

4. Mentre loro parlano, chi arriva? Sembra contento o scontento lui? Perché, secondo a te?

Dialogo

In coppie, immaginate di avere affittato insieme un appartamento vuoto di due locali *(rooms)*; ora dovete arredarlo *(furnish it)*. Discutete insieme quali mobili comprare e dove metterli.

Punti grammaticali

12.1 Ne

Giulia fa la spesa dal fruttivendolo.
—Buon giorno, signora. Mi dica!
—Vorrei delle pere, per favore.
—Quante ne vuole?
—Ne vorrei un chilo.
—Vuole anche delle banane?
—No, grazie, ne ho ancora tre o quattro.
—Bene. Grazie e buona giornata.
—Grazie a Lei e arrivederci.

1. **Ne** is an invariable pronoun with several meanings: *some (of it, of them); any (of it, of them); about it, about them; of it, of them.* **Ne** can replace a noun used in a partitive sense or a noun introduced by a number or expression of quantity, such as **poco, molto, tanto, chilo, litro,** etc.

Hai **del vino bianco?**	*Do you have some white wine?*
No, non **ne** ho.	*No, I don't have any (of it).*
Volevo **delle pesche.**	*I wanted some peaches.*
Ne volevo alcune.	*I wanted some (of them).*
Quante **stanze hai?**	*How many rooms do you have?*
Ne ho tre.	*I have three (of them).*
Hai molti **vestiti?**	*Do you have many outfits?*
Sì, **ne** ho molti.	*Yes, I have many (of them).*

Notice the following examples:

Compri **le** mele?	Sì, **le** compro.
Compri **delle** mele?	Sì, **ne** compro.
Compri **alcune** mele?	Sì, **ne** compro.
Compri **qualche** mela?	Sì, **ne** compro.
Quante mele compri?	**Ne** compro tre o quattro.

2. **Ne** replaces the noun or infinitive used after verbs, such as **avere bisogno di, avere paura di, essere contento(a) di, parlare di,** and **pensare di** (when asking for an opinion).

Hai bisogno **di lavorare?**	*Do you need to work?*
No, non **ne** ho bisogno.	*No, I do not need to.*
Che pensi **di quel film?**	*What do you think of that movie?*
Che **ne** pensi?	*What do you think of it?*

3. Like object pronouns, **ne** attaches to the end of the infinitive and the **tu, noi,** and **voi** forms of the imperative.

Desideri comprare **delle arance?**	*Do you want to buy some oranges?*
Desidero comprar**ne** quattro o cinque.	*I want to buy four or five (of them).*
Compra**ne** due chili!	*Buy two kilos (of them)!*

4. When **ne** is used with the **passato prossimo,** the past participle agrees with the noun replaced by **ne** only when this noun is a direct object.

Quanti **annunci** hai letto?	*How many ads have you read?* (direct object)
Ne ho letti molti.	*I have read many (of them).*
BUT: Avete parlato **dei vostri problemi?**	*Did you talk about our problems?*
Sì, **ne** abbiamo parlato.	*Yes, we talked about them.*

Pratica

 A. **In un negozio di frutta.** In coppie, fate la parte del fruttivendolo e del cliente. Usate il pronome **ne.**

Esempio   arance
— *Vorrei delle arance.*
— *Quante ne desidera?*
— *Ne vorrei quattro (mezzo chilo, un chilo). o...*

1. zucchini **2.** patate **3.** pomodori **4.** fragole **5.** uva **6.** mele **7.** funghi **8.** pere

B. **Ritorno dall'Italia.** Rispondete affermativamente alle domande di un amico/ una amica. Usate **lo, la, li, le** o **ne,** secondo il caso.

Esempio   —Hai comprato i libri?   — *Sì, li ho comprati.*
                —Hai comprato dei libri?   — *Sì, ne ho comprati.*

1. Hai veduto le fontane di Roma?
2. Hai visitato i Musei Vaticani?
3. Hai incontrato dei turisti americani?
4. Hai bevuto il Frascati?
5. Hai comprato dei regali?
6. Hai noleggiato la macchina?
7. Hai fatto delle escursioni?
8. Hai comprato l'Eurailpass?

C. A colazione. Ti sei fermato(a) a dormire a casa di un(a) amico(a). La mattina dopo l'amico(a) ti prepara la colazione. Rispondi alle sue domande usando **ne** o **lo, la, li, le.**

L'AMICO(A) Bevi del latte?

TU Sì, _____.

L'AMICO(A) Quante fette *(slices)* di pane vuoi?

TU _____.

L'AMICO(A) Vuoi le fette con la marmellata o con il miele *(honey)*?

TU _____.

L'AMICO(A) Mangi la frutta?

TU Sì, _____.

L'AMICO(A) Quante uova vuoi?

TU _____.

L'AMICO(A) Come preferisci le uova: strapazzate, all'occhio di bue *(sunny side up)* o sode?

TU _____.

L'AMICO(A) Ho del succo d'arancia. Ne vuoi?

TU No, grazie, _____.

D. Quando hai bisogno di... ? In coppie, fatevi a turno le seguenti domande. Usate **ne** nella risposta e seguite l'esempio.

Esempio carta da scrivere
– *Quando hai bisogno di carta da scrivere?*
– *Ne ho bisogno quando devo scrivere una lettera.*

1. passaporto **2.** carta telefonica **3.** soldi **4.** occhiali da sole **5.** carta geografica **6.** impermeabile **7.** coperta **8.** telecomando **9.** chiave

E. La crostata di mele *(apple pie).* Anna e Lisa hanno deciso di preparare insieme una crostata di mele. In coppie, fate la loro parte mentre parlano in cucina. Usate **lo, la, li, le** o **ne.**

ANNA Hai misurato la farina?

LISA Sì, _____, e tu hai preso le uova?

ANNA Sì, _____.

LISA Quante uova hai messo nell'impasto *(dough)*?

ANNA _____. Hai preso il burro dal frigo?

LISA _____. Quanti cucchiai di zucchero hai messo?

ANNA _____.

LISA Quante mele hai tagliato *(cut)* a pezzetti?

ANNA _____, e tu hai messo la cannella *(cinnamon)*?

LISA _____.

ANNA Hai acceso il forno?

LISA Sì, _____. La crostata sarà pronta in 45 minuti.

ANNA Questa è la prima crostata che faccio.

LISA Anche per me.

F. Conversazione. Rispondete usando **ne.**

1. Quanti corsi segui questo trimestre (semestre)? **2.** Hai dei fratelli? Quanti? **3.** Quanti anni avevi quando hai incominciato a guidare *(to drive)*? **4.** Fai molti viaggi in macchina? Fai viaggi lunghi? **5.** Spendi molti soldi per i divertimenti? **6.** Dai molte o poche feste? Perché?

12.2 *Ci*

— Ci sono delle belle ville intorno al lago di Como?
— Sì, ce ne sono molte.

1. The adverb **ci** means *there* when it is used in the expressions **c'è** and **ci sono.**

Scusi, **c'è** una galleria d'arte qui vicino?	*Excuse me, is there an art gallery nearby?*
Ci sono due lampade in sala.	*There are two lamps in the living room.*

2. **Ci** is also used to replace an expression indicating location and introduced by **a, in, su,** or **da.** Its position is the same as that of object pronouns.

Quando vieni **da me?**	*When are you coming to my house?*
Ci vengo stasera.	*I am coming (there) tonight.*
Sei stato(a) **in Italia?**	*Have you been to Italy?*
No, non **ci** sono mai stato(a).	*No, I have never been there.*
Voglio andar**ci.** ⎫	
Ci voglio andare. ⎭	*I want to go there.*

3. **Ci** may also replace a prepositional phrase introduced by **a** after verbs, such as **credere** *(to believe in)* and **pensare** *(to think about).*

Credi **all'astrologia?**	*Do you believe in astrology?*
No, non **ci** credo.	*No, I don't believe in it.*
Devi pensare **al futuro!**	*You have to think about the future!*
Pensa**ci** bene!	*Think hard about it!*

4. **Ci + vuole** or **vogliono** has the idiomatic meaning *it takes* or *one needs.*
   ci vuole + *singular noun:*

Ci vuole un'ora per andare da Bologna a Firenze.	*It takes one hour to go from Bologna to Florence.*

   ci vogliono + *plural noun:*

Ci vogliono venti minuti per andare da Firenze a Fiesole.	*It takes twenty minutes to go from Florence to Fiesole.*

5. When **ci** is followed by a direct-object pronoun or **ne,** it becomes **ce.**

Ci sono quadri in sala?	*Are there paintings in the living room?*
Sì, **ce ne** sono quattro.	*Yes, there are four.*

Pratica

 A. **Piccoli e grandi viaggi.** Quando sei stato(a) in questi posti? In coppie, fatevi a turno le domande che seguono. Usate **ci** nella risposta.

Esempio a Los Angeles
— *Quando sei stato(a) a Los Angeles?*
— *Ci sono stato(a) l'estate scorsa.* o *Non ci sono mai stato(a).*

1. in Europa **2.** a teatro **3.** dal dentista **4.** dal medico (dottore) **5.** al cinema
6. all'ospedale **7.** in montagna a sciare *(to ski)*

 B. **Quanti? Quante?** A turno, fatevi le seguenti domande.

Esempio Quanti giorni ci sono a dicembre? / ...
— *Quanti giorni ci sono a dicembre?*
— *Ce ne sono 31.*

1. Quanti piani ci sono nel tuo palazzo? / ... **2.** Quanti bagni ci sono nel tuo appartamento? / ... **3.** Quante camere da letto ci sono? / ... **4.** Quante finestre ci sono nella tua stanza? / ...

 C. **Quanto tempo ci vuole?** In coppie, fatevi a turno le seguenti domande.

1. Quante ore di aereo ci vogliono per andare da San Francisco a New York?

2. Quanto tempo ci vuole per arrivare all'università dal tuo appartamento (dormitorio)?

3. Quanto tempo ci vuole per trovare un lavoro part-time per l'estate?

4. Quanto tempo ci vuole per trovare un compagno/una compagna di stanza compatibile?

5. Quanti minuti ci vogliono per prepararsi per l'esame d'italiano?

12.3 | I pronomi doppi

— Mi compri quel lampadario di Murano? *Me lo* compri?
— Certo, *te lo* compro per il nostro anniversario. O, se preferisci, posso comprar*telo* per il tuo compleanno.

1. When two object pronouns accompany the same verb, the word order is the following:

indirect object + direct object + verb
Me   **lo**   **leggi?**

(**Mi** leggi il giornale?)
Me lo leggi?   *Will you read it to me?*
Sì, **te lo** leggo.   *Yes, I'll read it to you.*

Here are all the possible combinations.

mi		me lo, me la, me li, me le, me ne
ti		te lo, te la, te li, te le, te ne
ci	+ lo, la, li, le, ne =	ce lo, ce la, ce li, ce le, ce ne
vi		ve lo, ve la, ve li, ve le, ve ne
gli		
le (Le)	+ lo, la, li, le, ne =	glielo, gliela, glieli, gliele, gliene

NOTE

   a. **Mi, ti, ci,** and **vi** change to **me, te, ce,** and **ve** before **lo, la, li, le,** and **ne** (for phonetic reasons).
   b. **Gli, le,** and **Le** become **glie-** in combination with direct-object pronouns.
   c. **Loro** does *not* combine with direct-object pronouns and always follows the verb.

2. The position of double-object pronouns is the same as that of the single-object pronouns. The following chart illustrates the position of the double-object pronouns.

with present tense:	Dai il libro a Luigi?
	Glielo do.
with past tense:	Hai dato le chiavi a Pietro?
	Gliele ho date.
with infinitive:	Vuoi dare i regali ai bambini?
	Voglio dar**glieli**.
with imperative:	Do la penna a Marco?
	Da**gliela**!
	Non dar**gliela**!
	Gliela dia! *(formal)*

NOTE

   a. if the infinitive is governed by **dovere, volere,** or **potere,** the double pronouns may either precede these verbs or attach to the infinitive.

   Posso dare il libro a Gino?   *Puoi darglielo.* OR *Glielo puoi dare.*

   b. **Ne** has the same position as that of object pronouns. In the **passato prossimo** the past participle agrees with the noun replaced by **ne** only when this noun is a direct object.

Dai i soldi a Pietro?	*Glieli do.*
Dai dei soldi a Pietro?	*Gliene do.*
Hai dato dei soldi a Pietro?	*Gliene ho dati.*
BUT: Hai parlato della situazione a Pietro?	*Gliene ho parlato.*

3. With reflexive verbs, the reflexive pronouns combine with the direct-object pronouns **lo, la, li, le,** and **ne,** and follow the same word order as double-object pronouns.

Mi metto		**Me lo** metto.
Ti metti		**Te lo** metti.
Si mette		**Se lo** mette.
Ci mettiamo	il vestito. =	**Ce lo** mettiamo.
Vi mettete		**Ve lo** mettete.
Si mettono		**Se lo** mettono.

Mi lavo la faccia.	*I wash my face.*
Me la lavo.	*I wash it.*

If the reflexive verb is in a compound tense, the past participle must agree with the *direct-object pronoun* that precedes the verb.

Gino si è lavato **le mani.**   *Gino washed his hands.*
Gino **se le** è lavat**e.**   *Gino washed them.*

Pratica

 A. Subito *(Right away)*! In una trattoria, durante l'ora del pranzo. (A questa attività partecipano tutti gli studenti.) Uno studente fa la parte del cameriere e gli altri studenti/le altre studentesse sono i clienti. Ogni studente/studentessa chiede al cameriere di portarle/gli il piatto che ha scelto sul menù. Aggiungete altri piatti a quelli suggeriti.

Esempio   gelato al caffè
                —*Cameriere, mi porta il gelato al caffè, per favore?*
                —*Glielo porto subito, signore (signora, signorina)!*

1. ravioli alla panna **2.** tagliatelle alla bolognese **3.** spinaci al burro **4.** scaloppine al marsala **5.** insalata di pomodori **6.** formaggio Bel Paese **7.** frutta di stagione **8.** ... **9.** ... **10.** ... **11.** ... **12.** ... **13.** ... **14.** ... **15.** ... **16.** ...

 B. Volentieri! Fatevi a turno le seguenti domande.

Esempio   — *Ci presti la cassetta?*
                — *Sì, ve la presto volentieri!*

1. Mi mostri la tua casa?   **5.** Mi regali il tuo tavolino?
2. Ci offri il caffè?   **6.** Mi presti la macchina?
3. Ci dai il tuo nuovo indirizzo?   **7.** Ci mostri i tuoi quadri?
4. Ci presti l'aspirapolvere
     (vacuum cleaner)?

C. Un amico generoso. Gianni ha vinto dei soldi alla lotteria, e tu vuoi sapere se ha intenzione di essere generoso con i parenti e gli amici.

Esempio   Regali la tua poltrona al nonno?
                — *Sì, gliela regalo.*

1. Compri dei vestiti a tua sorella?   **5.** Paghi la cena al tuo compagno di stanza?
2. Regali il motorino a tuo fratello?   **6.** Regali la televisione allo zio Beppe?
3. Porti i fiori alla tua ragazza?   **7.** Dai molti soldi ai poveri?
4. Compri tanti giocattoli alla tua sorellina?   **8.** Mi compri la Ferrari?

 D. Conversazione. A turno, fatevi le domande che seguono. Usate i pronomi doppi e il passato prossimo.

Esempi   —Quando hai spedito *le cartoline ai parenti?*
               —*Gliele ho spedite per Natale.* o...

               —Quando hai mandato *dei regali ai tuoi zii?*
               —*Gliene ho mandati per Pasqua.* o...

1. Quando hai regalato *dei fiori a tua mamma*?

2. Quando hai mandato *degli sms ai tuoi amici*?

3. Hai lasciato *il messaggio al tuo professore* quando non sei andato(a) in classe?

4. Hai portato *il panettone alla tua professoressa* per le feste di Natale?

5. Hai portato *il regalo al tuo ragazzo/alla tua ragazza* per il suo compleanno? Che cosa?

6. Hai mandato *delle cartoline ai tuoi genitori* quando hai fatto un viaggio? Da dove?

7. Hai dato *dei soldi ai senzatetto (homeless)*?

Il mercato all'aperto: Al banco *(stand)* del salumiere si possono comprare molti generi alimentari, come, per esempio: prosciutto, salame, salsicce, vari tipi di formaggio (parmigiano, ricotta, mozzarella, gorgonzola, fontina), yogurt, uova, burro, olive, funghi sott'olio, acciughe *(anchovies)*, eccetera.

 E. Il mercato all'aperto. Tu hai invitato alcuni amici per stasera e vuoi offrire degli antipasti a base di salumi e formaggi. Ora sei al mercato all'aperto, al banco del **salumiere.** (Uno studente fa la parte del salumiere). In coppie, prima leggete il dialogo, poi create un nuovo dialogo usando la vostra immaginazione. (Suggerimenti: leggete la lista dei generi alimentari elencati *(listed)* a lato della foto.)

(1 chilo = *2.2 pounds;* 1 etto = *.1 kilo*)

—Buon giorno. Mi dica!

—Vorrei del grana padano, per favore.

—Quanto gliene do? Mezzo chilo?

—No, è troppo! Me ne dia tre etti. E mi dia anche due etti di gorgonzola.

—Ha bisogno d'altro?

—Sì, del prosciutto di Parma, tagliato fine *(sliced thin),* alcune uova, del burro e delle olive. Le uova sono fresche?

—Freschissime. Sono di ieri mattina. Gliene do una dozzina?

—No, me ne dia sei.

—Basta così?

—Sì, grazie. Quanto fa?

—Benissimo, il totale è di 35 euro e 50 centesimi.

—Va bene. Ecco a Lei e arrivederci.

—ArrivederLa e grazie!

Andrea Palladio, architetto del sedicesimo secolo, rivoluzionò l'architettura del diciassettesimo e del diciottesimo secolo e influenzò l'architettura degli Stati Uniti (due esempi: U.S. Capitol e Monticello). Maser, Villa Barbaro, una delle più belle ville palladiane.

12.4 I numeri ordinali

1. *Ordinal numbers* (*first, second, third,* etc.) are adjectives and must agree in gender and number with the noun they modify. From *first* through *tenth,* they are:

primo (a, i, e)	quarto	settimo
secondo	quinto	ottavo
terzo	sesto	nono
		decimo

From **undicesimo** (*eleventh*) on, ordinal numbers are formed by dropping the final vowel of the cardinal number and adding the suffix -**esimo (a, i, e).** Exceptions: Numbers ending in -**trè** (**ventitrè, trentatrè,** etc.) and in -**sei** (**ventisei, trentasei,** etc.) preserve the final vowel.

quindici	quindic**esimo**
venti	vent**esimo**
trentuno	trentun**esimo**
trentatrè	trentatre**esimo**
ventisei	ventisei**esimo**
mille	mill**esimo**

Ottobre è il **decimo** mese dell'anno.	*October is the tenth month of the year.*
Hai letto le **prime** pagine?	*Did you read the first pages?*
Ho detto di no, per **la millesima** volta.	*I said no, for the thousandth time.*

2. Ordinal numbers precede the noun they modify except when referring to popes and royalty. When referring to centuries, they may follow or precede the noun.

Papa Giovanni XXIII (ventitreesimo)	*Pope John XXIII*
Luigi XIV (quattordicesimo)	*Louis XIV*
il secolo XXI (ventunesimo) *or* il ventunesimo secolo	*the twenty-first century*

Pratica

A. **Nomi nella storia.** Completate le frasi con il numero ordinale appropriato.

1. Machiavelli è vissuto (*lived*) nel secolo (XVI) _____.
2. Il Papa Giovanni (XXIII) _____ ha preceduto il Papa Paolo (VI) _____.
3. Enrico (VIII) _____ ha avuto sei mogli.
4. La regina (*queen*) d'Inghilterra è Elisabetta (II) _____.
5. Dante è nato nel secolo (XIII) _____.

 B. **Lo sai o non lo sai?** A turno, fatevi le seguenti domande.

Esempio   — *In quale capitolo di questo libro ci sono gli articoli?*
— *Nel primo capitolo.*

1. Quale pagina del libro è questa? 2. A quale capitolo siamo arrivati? 3. Quale giorno della settimana è mercoledì? E venerdì? 4. Aprile è il sesto mese dell'anno? E dicembre? 5. In quale settimana di novembre festeggiamo il Thanksgiving? 6. In quale settimana di settembre festeggiamo la Festa del Lavoro? 7. Un minuto è un cinquantesimo di un'ora?

Per finire 🔊 CD 2, Track 13

Un elegante appartamento semiarredato

Nel negozio di mobili

Lilli e Marina si sono laureate l'anno scorso. **Poiché** hanno trovato un buon **impiego,** hanno affittato insieme un elegante appartamentino semiarredato in centro. Le due amiche hanno bisogno di alcuni mobili. **Purtroppo** l'affitto è **piuttosto** caro, e non possono spendere molti soldi per i mobili. Ora sono in un negozio di arredamento e parlano con il proprietario.

Since
job

Unfortunately
quite

MARINA Abbiamo bisogno di alcuni mobili, ma non vogliamo spendere troppo.

PROPRIETARIO Non è un problema: ne abbiamo di tutti i prezzi. Posso mostrarvene alcuni belli e a buon prezzo. Quale stile preferite? Moderno? Tradizionale? Mobili antichi?

LILLI No, mobili moderni. Quelli antichi costano un patrimonio.

MARINA Quanto costa questo divano?

PROPRIETARIO Posso farvi un prezzo speciale: 580 euro. È in **pelle.**

leather

MARINA E la poltrona?

PROPRIETARIO Posso vendervela per 220 euro.

LILLI Ci serve anche un tavolino. Questo mi piace.

PROPRIETARIO Se comprate il divano e la poltrona, ve lo regalo.

MARINA Allora in totale sono 800 euro. Non c'è uno sconto?

PROPRIETARIO Ve l'ho già fatto: vi ho regalato il tavolino.

LILLI Quando può **consegnarceli?**

deliver them to us

PROPRIETARIO Domani pomeriggio. Lasciatemi il numero del cellulare. A che piano abitate?

MARINA Al terzo piano. C'è l'ascensore.

PROPRIETARIO Non è importante. Il divano **non entrerebbe comunque** nell'ascensore.

would not fit anyway

LILLI Possiamo pagarglieli adesso?

PROPRIETARIO No. Me li pagherete alla consegna.

Comprensione

1. Quando si sono laureate Lilli e Marina? **2.** Cosa hanno affittato in centro? **3.** Perché non possono spendere molto per i mobili? **4.** Che tipo di mobili può mostrargli il proprietario del negozio? **5.** Quant'è il costo totale per il divano e la poltrona? **6.** Perché il proprietario dice che gli ha già fatto lo sconto? **7.** Quando può consegnarglieli? **8.** A che piano abitano le due ragazze? **9.** Quando pagheranno i mobili al proprietario del negozio?

Conversazione

1. Tu abiti in un appartamento, in una casa o in un dormitorio?
2. Com'è? Che mobili ci sono?
3. Abiti da solo(a) o condividi la tua abitazione con un compagno/una compagna?
4. Preferisci vivere da solo(a) o con un compagno/una compagna. Perché?
5. Che tipo di persona deve essere il compagno/la compagna che cerchi per condividere la tua abitazione?
6. Quando decidi di scegliere *(to choose)* un compagno/una compagna, metti un annuncio sul giornale, metti un cartello *(sign)* sulla bacheca *(notice-board)* all'università o chiedi agli amici se conoscono qualcuno che vuole condividere un appartamento?

Adesso scriviamo!

La casa ideale

Strategy: Writing imaginative descriptions

A well-written description allows the reader to really imagine the scene. The details that you choose to include—and those that you exclude—are therefore very important. In this task you will describe your ideal house, so you might want to focus on the physical description of the house (how many floors, how many bedrooms, etc.). But you might also wish to include other details that give the reader a sense of the atmosphere or character or the house (comfortable, elegant, modern, etc.).

Com'è la tua casa ideale? Descrivila in due o tre brevi paragrafi.

A. Per mettere in ordine le tue idee, rispondi alle seguenti domande, con una o due frasi per ognuna.

1. Dove si trova la casa? In città, in campagna, in montagna, ... ? **2.** È una casa moderna, tradizionale o in uno stile particolare? **3.** Quanti piani ci sono? **4.** Quali stanze ci sono? **5.** Quante camere? Quanti bagni? **6.** C'è un giardino?

B. Ora scrivi la tua descrizione. Usa gli appunti che hai scritto.

Esempio   *La mia casa ideale si trova in campagna perché mi piace essere a contatto con la natura. È una casa tradizionale, vecchia, che farò ristrutturare. Ci sono due piani, uno per la zona giorno e uno per la zona notte. Deve avere una bella cucina moderna, perché mi piace cucinare, una sala da pranzo e un salotto. Ci sono tre camere e due bagni perché voglio avere uno(a) o due compagni(e) di stanza. Non mi piace vivere da solo(a). Naturalmente in campagna c'è molto verde ed anche la mia casa avrà un bel giardino pieno di fiori.*

C. Leggi di nuovo la tua descrizione. Tutte le parole sono scritte correttamente? Controlla l'accordo tra il verbo e il soggetto e tra il nome e l'aggettivo. Alla fine, con un compagno/una compagna, paragonate le vostre descrizioni. In che cosa sono simili le vostre case ideali? In che cosa sono differenti?

Parliamo insieme!

A. Alla ricerca di un alloggio. Un padrone/Una padrona di casa e due eventuali *(probable)* inquilini(e). Voi cercate un appartamento in affitto e leggete nel giornale i seguenti annunci. Sceglietene *(Choose)* uno e telefonate al numero indicato: specificate l'appartamento che cercate e discutete le condizioni dell'affitto con il padrone/la padrona di casa.

AFFITTASI

Vicino al centro affitto appartamento ristrutturato, ultimo piano: grande soggiorno, cucina, due camere, bagno, balcone, ripostigli e cantina. Vicinanza metropolitana.
Euro 1.200 + spese.
Fax 02/47127896

Appartamento ammobiliato, in zona signorile, terzo piano, con ascensore, composto da: soggiorno-cucina, camera, bagno, ripostiglio, box posto auto. Euro 950 + spese, solo referenziati. Telefornare dopo le ore 17.30 al 02/2954578

Monolocale con balcone, grande bagno e ripostiglio; secondo piano; giardino condominiale; senza ascensore; ben servito da mezzi di trasporto pubblici.
Euro 780 + spese tel. ore pasti 02/3567897

B. Gli eletrodomestici *(Appliances)*. Tu e il tuo amico/la tua amica avete affittato un appartamento ammobiliato vicino all'università. Di soldi ne avete pochi e i tuoi genitori (troppo generosi) hanno deciso di comprarvi alcuni elettrodomestici. In coppie, fate la parte dei genitori e seguite l'esempio.

Esempio — *Hanno bisogno della cucina?*
— *Sì, ne hanno bisogno.*
— *Allora compriamogliela!*

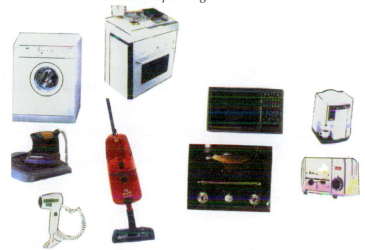

1.	*washing machine*	La lavatrice	**5.** *toaster*	Il tostapane
2.	*iron*	Il ferro da stiro	**6.** *vacuum cleaner*	L'aspirapolvere *(m.)*
3.	*microwave oven*	Il forno a microonde	**7.** *hair dryer*	L'asciugacapelli *(m.)*
4.	*espresso machine*	La macchina per l'espresso	**8.** *oven*	Il forno

C. Proprietari o in affitto? In gruppi di tre o quattro, guardate la cartina e leggete il trafiletto *(excerpt)* al lato *(on the side)* della cartina.

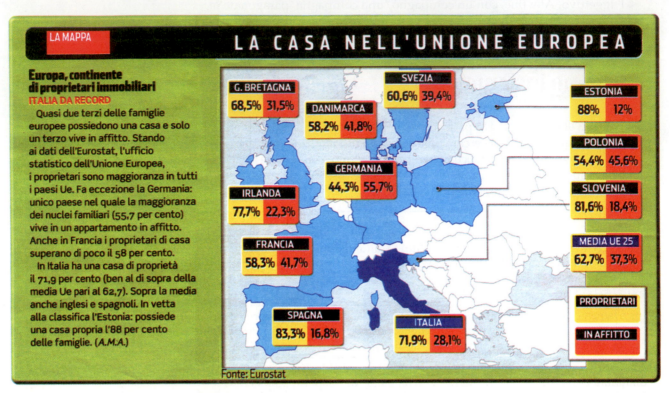

LA MAPPA

LA CASA NELL'UNIONE EUROPEA

Europa, continente di proprietari immobiliari

ITALIA DA RECORD

Quasi due terzi delle famiglie europee possiedono una casa e solo un terzo vive in affitto. Stando ai dati dell'Eurostat, l'ufficio statistico dell'Unione Europea, i proprietari sono maggioranza in tutti i paesi Ue. Fa eccezione la Germania: unico paese nel quale la maggioranza dei nuclei familiari (55,7 per cento) vive in un appartamento in affitto. Anche in Francia i proprietari di casa superano di poco il 58 per cento.

In Italia ha una casa di proprietà il 71,9 per cento (ben al di sopra della media Ue pari al 62,7). Sopra la media anche inglesi e spagnoli. In vetta alla classifica l'Estonia: possiede una casa propria l'88 per cento delle famiglie. (A.M.A.)

	Proprietari	In affitto
G. BRETAGNA	68,5%	31,5%
SVEZIA	60,6%	39,4%
DANIMARCA	58,2%	41,8%
ESTONIA	88%	12%
POLONIA	54,4%	45,6%
GERMANIA	44,3%	55,7%
SLOVENIA	81,6%	18,4%
IRLANDA	77,7%	22,3%
FRANCIA	58,3%	41,7%
MEDIA UE 25	62,7%	37,3%
SPAGNA	83,3%	16,8%
ITALIA	71,9%	28,1%

Fonte: Eurostat

Dalla rivista *Panorama*

1. A turno, fatevi le seguenti domande.
   a. In quale paese dell'Unione Europea il maggior numero di cittadini sono proprietari della casa dove abitano?
   b. In quale paese il maggior numero di cittadini sono in affitto?
   c. In quale posizione si trova l'Italia rispetto *(compared to)* agli altri paesi? (Al primo posto, al secondo, al terzo, al quarto, al quinto, al sesto?)
2. a. Nei paesi dell'UE, la maggior parte *(most of)* delle famiglie possiede la casa. Dite se negli U.S.A. è la stessa cosa, o se dipende da uno Stato all'altro.
   b. Dite quali sono i vantaggi di possedere una casa o un appartamento, e quali sono gli svantaggi.
   c. Dite quali sono i vantaggi di essere in affitto, e quali sono gli svantaggi.

VOCABOLARIO UTILE

costi di riparazione
aumento *(increase)* dell'affitto
aumento del valore *(value)* della casa

facilità o difficoltà di vendere la casa
problemi con il padrone di casa

Vedute d'Italia

La cucina italiana

A. Prima di leggere

You are going to read about the Italian cuisine and the eating habits of Italians. For weeks A.C. Nielsen, a market research company, monitored the eating habits of 17,000 men and women older than 14 from all parts of Italy and reported the findings in an article in the magazine *Panorama*. One of the objectives of the research was to determine which food Italians prefer.

La gastronomia italiana **vanta** una delle tradizioni più illustri d'Europa. La cucina italiana si distingue sopratutto per la varietà dei suoi primi piatti, a base di pasta. La pasta può essere cucinata in brodo o asciutta, con salse elaborate o con condimenti semplici. Il burro è il condimento predominante nel Nord, che è ricco di latte di **mucca.** È usato con generosità nella gastronomia dell'Emilia-Romagna, forse la cucina più opulenta d'Italia. L'olio d'oliva è invece il condimento principale nelle regioni dove cresce **l'ulivo.** L'olio è anche l'ingrediente di base per la preparazione della pasta al pesto, piatto tipico della Liguria.

boasts

cow

olive tree

Gli gnocchi

Mozzarella e pomodori

Gli altri due protagonisti della tavola italiana sono il riso e la **polenta.** Il riso è coltivato nella **pianura padana,** dove è consumato in gran quantità. L'ingrediente principale della polenta è il mais, che è arrivato dall'America, così come le patate e i pomodori. Si è stabilito nel Veneto con il nome di «granoturco», perché i Veneziani chiamavano «turco» **tutto quello che veniva** da lontano. La polenta di farina di granoturco ha sostituito per secoli il pane sulla tavola dei **contadini** e dei **montanari** del Nord.

corn meal, similar to grits
Po valley

everything that came

farmers
mountain people

Che cosa preferiscono mangiare oggi gli Italiani? Per alcuni mesi la A.C. Nielson, società leader nel campo delle **indagini** di mercato, ha monitorato le abitudini alimen-tari di 17.000 Italiani (primi piatti, secondi piatti, dolci, salumi, formaggi, bevande) con l'obiettivo di stabilire quali sono i loro piatti preferiti. La classifica dei «top ten», i cibi più amati dagli Italiani, vede il trionfo assoluto della tradizione. Le prime posizioni sono occupate da prodotti tipici: parmigiano reggiano, prosciutto crudo, gelato, pizza, lasagne, cannelloni, pasta al forno. Per i se-condi piatti, **si preferiscono** le pietanze alla griglia: di carne o di pesce. **Quanto al** bere, gli Italiani preferiscono l'acqua minerale, il caffè, il tè, il latte e **persino** la camomilla.

research

are preferred

As to

even

Il tiramisù *(pick me up)*

L'immigrazione in Italia su larga scala ha introdotto nel Paese cibi etnici: ristoranti cinesi, indiani, africani e di altre nazionalità sono stati aperti specialmente nelle grandi città. I ristoranti halal servono le comunità musulmane. Agli Italiani piacciono questi nuovi cibi e i ristoranti che li servono sono molto frequentati.

Gli Italiani della nuova generazione sono più **consapevoli** dell'importanza di un'alimentazione sana. **Scelgono** dunque piatti a base di salse e condimenti meno grassi, comprano molti prodotti **biologici** e mangiano più verdure. Non rinunciano però a un buon gelato alla fine del pasto o a un gelato da passeggio.

aware

They choose

organic

B.   Alla lettura. Rispondete alle seguenti domande.

1. Qual è il condimento predominante nel Nord d'Italia?
2. Quanti altri ingredienti sono comuni nella cucina italiana?
3. Dove si consuma molto riso?
4. Quali sono i prodotti che occupano i primi posti nella classifica delle preferenze gastronomiche degli Italiani?
5. Quali secondi piatti preferiscono gli Italiani?
6. Cosa gli piace bere?
7. Quali piatti scelgono gli Italiani della nuova generazione? Che prodotti comprano?

Vocabolario 🔊

Nomi

l'animale domestico	pet
l'annuncio pubblicitario	ad
l'arredamento	furnishing
il contratto	contract
il costo	cost
la ditta	firm, company
l'entusiasmo	enthusiasm
il locale	room
la luce	light
il mobile	piece of furniture
il monolocale	studio apartment
la moquette	wall-to-wall carpet
la morte	death
il portinaio, la portinaia	concierge
il quadro	painting, picture
la scelta	choice
lo svantaggio	disadvantage
le tende	curtains, draperies

Aggettivi

ammobiliato	furnished
arredato	furnished
antico	antique; ancient
disponibile	available
entusiasta (di)	enthusiastic (about)
moderno	modern
modesto	modest
vuoto	vacant, empty

Verbi

arredare	to furnish
condividere (*p.p.* condiviso)	to share
ristrutturare	to restructure
scegliere (*p.p.* scelto)	to choose
sembrare	to seem; to look like
trovarsi	to find oneself; to be located
vivere (*p.p.* vissuto)	to live

Altre espressioni

certamente	certainly
doppi servizi	two baths
essere disposto (a)	to be willing (to)
fissare un appuntamento	to make an appointment
immediatamente	immediately
in affitto	for rent
in vendita	for sale
lettera di referenze	reference letter
penso di sì, penso di no	I think so, I don't think so
rendersi indipendente	to become independent

Intermezzo

A. I giovani Italiani

Dopo che avete guardato questa sezione del video, «I giovani Italiani», in gruppi di tre studenti, fatevi a turno le domande che seguono.

1. Secondo un intervistato:
   a. perché i giovani Italiani non pensano al loro futuro?
   b. com'è la situazione economica in Italia: facile o difficile?
   c. in quale paese d'Europa dice che la vita è meno costosa?

2. Secondo un altro intervistato:
   a. qual è un altro problema grave per i giovani?
   b. che cosa farà quando il suo progetto di lavoro sarà finito?
   c. dove andrebbe *(would he go)* se fosse *(if he were)* più giovane?

B. La vita economica, politica e sociale in Italia

Dopo che avete guardato questa sezione del video, in gruppi di tre studenti, scegliete quale di queste due affermazioni dell'intervistato è quella corretta.

1. In Italia:
   a. il problema economico è più grave nel Sud.
   b. il problema economico è più grave nel Nord.

2. In Italia:
   a. il Sud si trova in uno stato di arretratezza *(is behind)* per ragioni storiche.
   b. il Sud può migliorare facilmente la sua situazione economica.

3. In Italia:
   a. il matrimonio è importante come nel passato.
   b. molte coppie restano ancora insieme per tutta la vita.

C. L'Italia e l'Unione Europea

In coppie, fatevi a turno le domande su questa sezione del video.

1. Secondo un intervistato, è più economico o meno economico andare fuori a cena, da quando c'è l'euro?

2. Quanto costa, più o meno, una cena per cinque persone, in euro?

3. Secondo un intervistato, le cose sono migliorate *(improved)* o peggiorate con l'adozione dell'euro?

4. Chi sono, secondo l'intervistato, i responsabili dell'aumento dei prezzi?

5. Gli ultimi due intervistati dicono che l'Italia ha fatto bene ad entrare nell'Unione Europea. Perché?

Partecipazione. Iniziate una conversazione sui seguenti argomenti.

- I giovani Italiani non vogliono pensare al loro futuro perchè è causa di stress, e adottano la filosofia «carpe diem». I giovani Americani pensano la stessa cosa?

- I giovani Italiani pensano che l'autosufficienza si acquista a un caro prezzo: responsabilità per sé stessi, disciplina, sacrifici. E a conti fatti *(all things considered)*, preferiscono vivere con la famiglia: la mamma cucina (bene), lava, pulisce; il padre apre il portafoglio e spesso compra anche la macchina. I giovani Americani preferiscono vivere da soli o in famiglia?

«CON TE PARTIRÒ», ANDREA BOCELLI

Andrea Bocelli, cantante di musica classica ed operistica, è nato nel 1958 a Lajatico, in Toscana. Fin dall'infanzia, ha dimostrato una grande passione per la musica. A causa di un incidente ha perso la vista all'età di 12 anni. Da allora in poi, si è dedicato con fervore alla musica, imparando anche a suonare molti strumenti musicali. Laureato in legge all'Università di Pisa, la sua carriera di avvocato è stata breve: la musica era, infatti, la sua passione vera e alla musica ha dedicato tutto sé stesso.

In pochi anni ha raggiunto un enorme successo, tra l'altro vincendo molti premi, inclusi quelli del Festival della Canzone di Sanremo. Ha cantato con artisti di fama mondiale: Pavarotti, Zucchero, Sarah Brightman e Celine Dion. Ha venduto più di 65 milioni di album e tutti hanno ottenuto un successo strepitoso. Ha cantato anche in molte opere, tra cui *La Bohéme*, *il Trovatore*, *Tosca*, *Carmen* e altre.

«Con te partirò» è una delle sue canzoni più famose. In inglese è nota con il titolo: «*Time to Say Good-bye*».

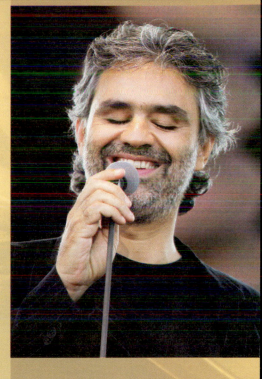

A. In gruppi di tre studenti, dopo che avete ascoltato «*Con te partirò*», fatevi a turno le domande che seguono.

1. Che cosa fa l'innamorato *(the lover)* quando è solo?
2. Che cosa mancano?
3. Quando «non c'è luce in una stanza»?
4. Cosa «chiudi dentro di me»?
5. Partirà con lei?
6. Cosa fa quando lei è lontana?
7. A cosa paragona *(compares)* la donna amata?
8. Per dove partiranno insieme?

B. Ascoltate la canzone un'altra volta e poi completate insieme le frasi seguenti.

1. Quando sono solo _____
2. Non c'è luce in una stanza quando _____
3. Mostra a tutti _____
4. Chiudi dentro me _____
5. Con te partirò su _____
6. Con te io li _____
7. Quando sei lontana _____

VOCABOLARIO UTILE	
sogno	I dream
mancan le parole	I can't find the words
luce	light
manca il sole	there is no sun
che hai acceso	you lit
non ho mai vissuto	I have never lived
su navi per mari	on ship over seas
li rivivrò	I will live them again
mostra a tutti	show to everybody

Capitolo 13
Il mondo del lavoro

Giovani che si preparano al lavoro.

Punti di vista

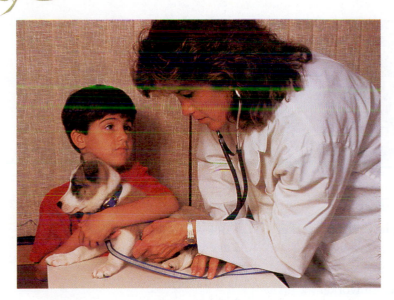

Dalla veterinaria

Una scelta difficile CD 2, Track 14

Laura e Franco frequentano l'ultimo anno di liceo e
parlano del loro futuro.

FRANCO Non so a quale facoltà **iscrivermi.** Tu cosa mi   *to enroll*
    consigli, Laura?

LAURA Cosa **ti piacerebbe** fare nella vita?   *would you like*

FRANCO Mi piacerebbe insegnare matematica.

LAURA Devi considerare che ci sono vantaggi e
    svantaggi nell'insegnamento, come nelle altre
    professioni. I vantaggi? **Faresti** un lavoro che ti   *You would do*
    piace e d'estate avresti tre mesi di vacanza. **Potresti**   *You could*
    viaggiare, riposarti o dedicarti ad altre attività.

FRANCO Ma gli stipendi degli insegnanti sono bassi.

LAURA È vero, e inoltre non è facile trovare lavoro
    nell'insegnamento.

FRANCO Hai ragione. E tu hai deciso a quale facoltà iscriverti?

LAURA Sì, farò il veterinario.

FRANCO **Davvero?** Ti piacciono così tanto gli animali?   *Really?*

LAURA Oh, sì, moltissimo! A casa mia ho un piccolo zoo: due
    cani, quattro gatti, un **coniglio** e due **porcellini d'India.**   *rabbit / guinea pigs*

Comprensione

1. Che anno di liceo frequentano Laura e Franco? **2.** Che cosa deve
decidere Franco? **3.** Che cosa gli piacerebbe fare? **4.** Quali sono i vantaggi
dell'insegnamento? Quali sono gli svantaggi? **5.** Anche Laura è indecisa
sulla sua professione? **6.** Che cosa vuole fare? Perché? **7.** Cos'ha a casa sua?

Studio di parole   Il mondo del lavoro

I mestieri *(Trades)*

il lavoratore/la lavoratrice worker
l'elettricista *(m. & f.)* electrician
l'idraulico plumber
l'operaio(a) factory worker
il meccanico mechanic

Le professioni

il medico (il dottore/la dottoressa) physician
il chirurgo surgeon
l'oculista *(m. & f.)* eye doctor
lo psicologo/la psicologa psychologist
il/la dentista dentist
l'infermiere/l'infermiera nurse
il/la dirigente chief executive
l'ingegnere *(m. & f.)* engineer
l'architetto *(m. & f.)* architect
il/la commercialista accountant, CPA
l'avvocato *(m. & f.)* lawyer
il programmatore/la programmatrice di computer computer programmer
il segretario/la segretaria secretary
la casalinga/il casalingo homemaker
fare il/la... to be a . . . (profession or trade)

il colloquio interview
l'impiego employment, job
l'agenzia di collocamento employment agency
la ditta firm
la fabbrica factory
un lavoro a tempo pieno full-time job
un lavoro part-time part-time job
un posto position, job
fare domanda to apply
il requisito requirement
il datore/la datrice di lavoro employer
assumere *(p.p. **assunto**)* to hire
licenziare to lay off, to fire
guadagnare to earn
il salario } salary, wages
lo stipendio }
l'aumento raise
disoccupato(a) unemployed
la disoccupazione unemployment
fare sciopero to strike
andare in pensione to retire
il pensionato/la pensionata retiree
smettere di to stop (doing something)

Informazioni — L'economia in Italia

La disoccupazione in Italia è del 7.9 per cento. Oggi c'è una crisi generale della produzione: il «Made in Italy» non tiene più i mercati *(has a smaller market share)* come prima e la situazione economica è diventata più difficile. Tuttavia *(However)*, il tenore di vita *(standard of living)* degli Italiani è, in generale, abbastanza buono. Oltre *(Besides)* all'esistenza di una forma di industria a carattere familiare o artigianale, il lavoratore italiano gode *(enjoys)* di alcuni privilegi: riceve alla fine dell'anno uno stipendio extra (la tredicesima); se cambia lavoro o va in pensione, riceve la liquidazione *(a sum of money)*. Il lavoratore ha anche quattro settimane di ferie pagate. Le lavoratrici hanno sei mesi di sospensione dal lavoro per maternità. Il Governo inoltre dà una pensione anche alle persone che non hanno mai lavorato fuori casa, come le casalinghe.

Dati ISTAT, gennaio 2008

Applicazione

A. Domande

1. Se hai bisogno degli occhiali da vista, da quale specialista vai?

2. Quando un lavoratore/una lavoratrice arriva a sessantacinque anni ed è stanco(a) di lavorare, cosa fa?

3. Che cosa riceve alla fine del mese una persona che lavora?

4. Fra tutte le professioni e i mestieri elencati *(listed)*, qual è, secondo te, la/il più difficile *(the most difficult)*? Perché?

5. Se i lavoratori non sono soddisfatti delle loro condizioni di lavoro, cosa fanno?

B. Cosa fanno? Dite quale mestiere o professione fanno le seguenti persone e aggiungete qualche vostra definizione.

1. Scrive lettere e tiene *(keeps)* in ordine i documenti in ufficio.

2. È una donna che non conosce orario né *(nor)* stipendio.

3. Lavora in una fabbrica.

4. Dirige una grande ditta.

5. Dopo tanti anni, ha finito di lavorare e ora dovrebbe *(should)* riposarsi e... divertirsi.

6. Prepara programmi per una macchina elettronica.

 C. Quali saranno i motivi? In coppie, leggete il titolo del giornale *Corriere della Sera* e ipotizzate *(speculate)* quali possono essere i motivi dello sciopero organizzato dai metalmeccanici. *(Suggerimenti:* Maybe they want a salary increase; to improve **(migliorare)** their working conditions; less **(meno)** working hours; more **(più)** paid vacation days; better **(migliori)** relations with their employers; a cafeteria **(mensa)** with better food; the possibility of retiring early **(più presto)**; less stress on the job, etc.)

> **CORRIERE DELLA SERA**
> **I metalmeccanici annunciano lo sciopero generale**

D. Conversazione

1. Che professione o mestiere fai o pensi di fare? Cosa influenza la tua decisione? L'interesse economico o la tua inclinazione?

2. Se hai la possibilità di scegliere, in quale stato degli Stati Uniti preferisci lavorare? Perché?

3. Se hai la possibilità di lavorare all'estero, quale paese dell'Europa o dell'Asia preferisci? Perché?

4. Se fai domanda per un impiego, quali sono i fattori che influenzano la tua scelta: il clima, la famiglia, lo stipendio, le condizioni di lavoro, il costo degli alloggi?

5. Attualmente *(At present)*, dov'è più facile trovare un impiego: nell'industria, nel commercio, nel governo, nell'insegnamento o in altri servizi?

Ascoltiamo!

 CD 2, Track 15

Una decisione pratica. Paola has just run into Luigi, an old friend from the **liceo**. Listen to their conversation as they each catch up on what the other is doing. Then answer the following questions.

Comprensione

1. Com'è vestito Luigi? Perché?
2. Che cosa voleva fare Luigi quand'era al liceo? Perché ha cambiato idea *(did he change his mind)*?
3. Che cosa cerca Paola? Perché?
4. Adesso che cosa vorrebbe fare anche Paola?
5. Secondo Lei, Paola parla seriamente o scherza *(is joking)*?

Dialogo

Lavoro estivo. Leggete l'annuncio e poi telefonate per conoscere dettagli sul lavoro, i giorni, le ore e il salario. In coppie, fate le parti di chi cerca lavoro e del padrone del ristorante che lo offre.

> **Ristorante** (Rimini) cerca
> 2 apprendisti cameriere/a
> 17–20 anni max, periodo
> estivo, minima esperienza.
> Tel. 902.5610

Punti grammaticali

13.1 Il condizionale presente

Preparazione al lavoro: Giovani apprendisti che seguono attentamente le spiegazioni dell'istruttore.

1. The present conditional **(condizionale presente)** expresses an intention, a preference, a wish, or a polite request; it is the equivalent of the English *would* + verb. Like the future, it derives from the infinitive, and its stem is always the same as the future stem. Also, like the future, **-are** verbs change the **-a** to **-e**.

   partire → **partirei** = *I would leave*

   It is conjugated as follows:

parlare	rispondere	partire
parler**ei**	risponder**ei**	partir**ei**
parler**esti**	risponder**esti**	partir**esti**
parler**ebbe**	risponder**ebbe**	partir**ebbe**
parler**emmo**	risponder**emmo**	partir**emmo**
parler**este**	risponder**este**	partir**este**
parler**ebbero**	risponder**ebbero**	partir**ebbero**

NOTE: The endings of the present conditional are the same for all conjugations.

Mi **piacerebbe** essere ricco.	*I would like to be rich.*
Preferirebbe lavorare.	*She would prefer to work.*
Ci **aiuteresti?**	*Would you help us?*

2. Verbs that are irregular in the future are also irregular in the conditional. Here is a comprehensive list.

dare:	**darei, daresti,** ecc.	sapere:	**saprei, sapresti,** ecc.
fare:	**farei, faresti,** ecc.	vedere:	**vedrei, vedresti,** ecc.
stare:	**starei, staresti,** ecc.	vivere:	**vivrei, vivresti,** ecc.
andare:	**andrei, andresti,** ecc.	essere:	**sarei, saresti,** ecc.
avere:	**avrei, avresti,** ecc.	bere:	**berrei, berresti,** ecc.
cadere:	**cadrei, cadresti,** ecc.	venire:	**verrei, verresti,** ecc.
dovere:	**dovrei, dovresti,** ecc.	volere:	**vorrei, vorresti,** ecc.
potere:	**potrei, potresti,** ecc.		

Verresti al cinema con me?	*Would you come to the movies with me?*
Mi **darebbe** alcuni consigli?	*Would you give me some advice?*
Che cosa **vorrebbe** fare Paolo?	*What would Paolo like to do?*
Io **vorrei** fare l'oculista.	*I would like to be an eye doctor.*

3. Verbs ending in **-care, -gare, -ciare,** and **-giare** undergo a spelling change for phonetic reasons, as in the future tense (see **Capitolo 11**).

cercare:	**Cercherei** un lavoro.	*I would look for a job.*
pagare:	**Pagherei** molto.	*I would pay a lot.*
cominciare:	**Comincerei** a lavorare.	*I would start working.*
mangiare:	**Mangerei** della frutta.	*I would eat some fruit.*

4. Remember that when *would* indicates a habitual action in the past, Italian uses the imperfect tense.

Da bambino, **andavo** alla spiaggia tutte le estati.	*When I was a child, I would (I used to) go to the beach every summer.*

—Papà, mi presteresti 100 euro? Esco con gli amici.
—Perché dovrei darti 100 euro?
—Perché se non ho soldi potrebbe venirmi un complesso di inferiorità, e chissà per quanti mesi tu dovresti curarmi!

Pratica

A. Desiderio di rilassarsi. Cosa fareste durante le vacanze? Rispondete secondo l'esempio.

Esempio   vedere gli amici
               Vedrei gli amici.

1. dormire fino a tardi **2.** fare delle passeggiate **3.** leggere molti libri **4.** mangiare al ristorante **5.** guardare la TV **6.** divertirsi **7.** scrivere delle lettere **8.** andare al cinema **9.** stare alla spiaggia tutto il giorno **10.** uscire con gli amici **11.** riposarsi **12.** giocare a tennis

 B. Sogni. Un vostro amico/Una vostra amica spera di vincere alla lotteria. Aiutatelo/la con le vostre domande ad esprimere i suoi sogni (*dreams*).

Esempio   fare un viaggio in Florida
               — *Faresti un viaggio in Florida?*
               — *No, farei un viaggio in Oriente. o...*

1. passare i weekend in città **2.** viaggiare in treno **3.** mangiare al McDonald's **4.** vivere in un appartamentino di due o tre stanze. **5.** comprare una Fiat **6.** spendere tutti i soldi in un anno **7.** prestarmi mille dollari

C. Scambi rapidi. Completate con il condizionale presente.

1. A un caffè di Viareggio, in Toscana:
    —Ragazzi, io (prendere) _prenderei_ un espresso lungo *(weak)*. E voi?
    —Con questo caldo? Noi (bere) _berremmo_ volentieri qualcosa di fresco.
    —Sì, mi (piacere) _piacerebbe_ bere un succo di pompelmo. E a te?
    —Per me la stessa cosa.

2. Un turista in una banca di Bari, in Puglia:
    —Scusi, Lei (potere) _potrebbe_ cambiarmi un assegno di cento dollari?
    —Non a questo sportello; Lei (dovere) _dovrebbe_ andare allo sportello Cambi.

3. All'ingresso di un albergo di Verona, nel Veneto:
    —Che camera (volere) _vorrebbero_ i signori? Una sul davanti?
    —Sì, (andare) _andrebbe_ bene, se non c'è troppo rumore *(noise)* però.
    —Possono stare tranquilli. (Potere) _potrebbero_ darmi un Loro documento?
    —Ecco il passaporto.

  D. Cosa faresti tu in questa situazione? In coppie, fatevi a turno delle domande. Scegliete l'espressione corretta della seconda colonna e rispondete usando il verbo al condizionale.

Esempio   Sei in ritardo a un appuntamento. scusarsi
               — Sei in ritardo a un appuntamento. Cosa faresti?
               — Mi scuserei.

1. La macchina non funziona.
2. Un amico ti chiede un favore.
3. Il padrone di casa aumenta l'affitto dell'appartamento.
4. Un collega d'ufficio riceve una promozione.
5. Devi spedire un pacco *(package)*, e all'ufficio postale ci sono molte persone.
6. Devi presentarti ad un colloquio.
7. Il tuo direttore ti dà un aumento di stipendio.

protestare (o...)
fargli le mie congratulazioni
farglielo
portarla dal meccanico
fare la fila e aspettare
ringraziarlo
preparare il mio curriculum vitae

E. Cosa vorresti? A turno, fatevi delle domande usando i seguenti verbi al condizionale. Potete incominciare usando: **quando, dove, perché, cosa,** ecc.

Esempio   volere
               — Cosa vorresti fare domenica?
               — Vorrei andare a vedere la partita di calcio.

1. bere
2. mangiare
3. lavorare
4. vivere

5. andare
6. preferire
7. comprare
8. passare le vacanze

F. Un lavoro per l'estate. In coppie, completate il dialogo tra Francesca e Alessandra con i verbi al condizionale presente.

FRANCESCA   Vai in vacanza quest'estate?

ALESSANDRA   Io *(to go)* andrei volentieri in vacanza, ma non ho soldi.

FRANCESCA   Ti *(to like)* piacerebbe lavorare per due mesi dove lavoro io?

ALESSANDRA   Che tipo di lavoro *(to be)* sarebbe?

FRANCESCA   È in una ditta che si occupa di indagini di mercato *(market research)*.

ALESSANDRA   E io cosa *(to do)* farei?

FRANCESCA   Tu *(to call)* chiameresti molte persone e *(to gather = **raccogliere**)* raccoglieresti informazioni. È un sondaggio *(survey)*.

ALESSANDRA   Pagano molto?

FRANCESCA   No, non molto. Però dopo due mesi di lavoro tu *(to have)* avresti i soldi per andare in vacanza. Se sei d'accordo *(If you agree)*, io ti *(to introduce)* incontrerei ai miei capi. Sono due ingegneri molto cordiali.

ALESSANDRA   E loro mi *(to hire)* assumerebbero anche se non ho esperienza?

FRANCESCA   Penso di sì. Hanno bisogno di personale. Tu *(to know)* sapresti usare il pacchetto Microsoft Excel?

ALESSANDRA   Mi arrangio *(I manage)*.

FRANCESCA   Allora io ti *(to advise = **consigliare**)* consiglierei di preparare il tuo CV e di darmelo.

ALESSANDRA   OK. Tu *(to have)* avresti il tempo di passare da casa mia domani sera?

FRANCESCA   Sì, dopo le otto.

ALESSANDRA   Allora ci vediamo domani sera, e grazie mille.

G. Il troppo lavoro stanca. Marco ha diciannove anni. È venuto a New York a trovare gli zii e il cugino David. Marco spiega al cugino che in Italia ci sono più giorni di festa che in America. In coppie, completate il loro dialogo con il condizionale del verbo in parentesi.

MARCO   *(I would not like)* _____ lavorare in America. Voi Americani lavorate troppe ore!

DAVID   Perché? In Italia *(there would be)* _____ più giorni di festa?

MARCO   Certo! In Italia, specialmente se lavori per il Governo, *(you would not work)* _____ 52 domeniche e 52 sabati, più 16 festività religiose e civili.

DAVID   Allora molti Italiani *(would go)* _____ a lavorare solo 245 giorni all'anno!

MARCO   Un momento! *(There would be)* _____ anche il ponte.

DAVID   Che cos'è il ponte?

MARCO   Quando c'è un giorno di lavoro tra due giorni festivi, si fa il ponte: tre giorni di festa. Quindi *(Therefore)*, *(you would have)* _____ circa altri 10 giorni di festa. Poi *(there would be)* _____ quattro settimane di ferie pagate.

DAVID   Facciamo i conti: 52 + 52 + 16 + 10 + 20 fa 154. Allora voi *(would work)* _____ circa 215 giorni all'anno! Mi *(would you find)* _____ un lavoro in Italia?

MARCO   Eh! Non è facile!

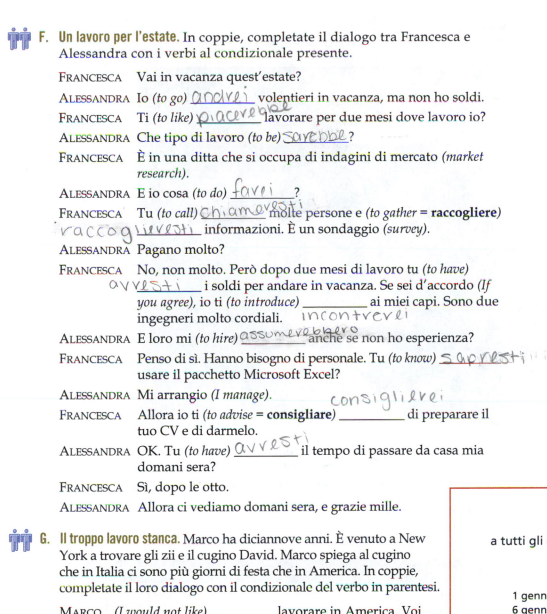

GIORNI FESTIVI

a tutti gli effetti civili

Tutte le domeniche

1 gennaio:	capodanno
6 gennaio:	epifania
19 marzo:	san giuseppe
27 marzo:	lunedì dell'angelo
25 aprile:	anniv. liberazione
1 maggio:	festa del lavoro
4 maggio:	ascensione di N.S.
25 maggio:	corpus domini
2 giugno:	proclam. repubblica
29 giugno:	ss. pietro e paolo
15 agosto:	assunzione di maria v.
1 novembre:	ognissanti
4 novembre:	aniv. della vittoria
8 dicembre:	immacolata concez.
25 dicembre:	natività di N.S.
26 dicembre:	s. stefano

festività nazionali

25 aprile:	anniv. liberazione
1 maggio:	Festa del Lavoro
2 giugno:	proclam. repubblica
4 novembre:	anniv. della vittoria

13.2 Il condizionale passato

Migliaia *(Thousands)* di donne straniere lavorano In Italia come colf (collaboratrici familiari) o come «badanti» *(assisting the sick and the elderly).*

— Chi si prende cura dei tuoi bambini quando sei al lavoro?
— Ho assunto una colf: è una donna del Senegal, ed è bravissima. Avrei dovuto assumerla prima.

1. The conditional perfect **(condizionale passato)** is the equivalent of the English *would have* + past participle. It is formed with the present conditional of **avere** or **essere** + the past participle of the main verb.

   avrei finito = *I would have finished*

   It is conjugated as follows:

parlare		rispondere		partire	
avrei		avrei		sarei	
avresti		avresti		saresti	partito(a)
avrebbe	parlato	avrebbe	risposto	sarebbe	
avremmo		avremmo		saremmo	
avreste		avreste		sareste	partiti(e)
avrebbero		avrebbero		sarebbero	

   Avrei scritto, ma non avevo l'indirizzo.
   I would have written, but I did not have the address.

   Avresti accettato l'invito?
   Would you have accepted the invitation?

2. In indirect discourse with verbs, such as **dire, rispondere, scrivere, telefonare,** and **spiegare,** Italian uses the conditional perfect to express a future action seen from a point of view in the past. Compare the constructions in Italian with those in English:

   Ha detto che **sarebbe andato.**
   He said he would go.

   Hanno scritto che **sarebbero venuti.**
   They wrote that they would come.

   Ha risposto che non **avrebbe aspettato.**
   He answered that he would not wait.

Pratica

A. Cosa avreste fatto voi? In coppie, uno studente/una studentessa inizia con la prima frase, l'altro(a) risponde dicendo cosa avrebbe fatto e usa il condizionale passato.

Esempio   — *Mia sorella ha trovato un lavoro part-time.*
— *Io, al suo posto, avrei cercato un lavoro a tempo pieno.*

1. — Mio padre ha continuato a lavorare dopo i 65 anni.
   — Io, al suo posto, _____.
2. — I miei colleghi hanno preferito prendere le ferie a settembre.
   — Io e i miei colleghi, invece, _____.
3. — Io non ho avuto il coraggio di chiedere un aumento di stipendio.
   — Io, al suo posto, _____.
4. — I miei fratelli hanno cercato lavoro all'estero.
   — Io e i miei fratelli, al vostro posto, _____.
5. — Il mio capoufficio mi ha licenziato(a).
   — Io, al tuo posto, _____.

B. Hanno detto che... Usate il discorso indiretto (*indirect discourse*) e il condizionale passato.

Esempio   la mia fidanzata / telefonare alle tre
La mia fidanzata ha detto che avrebbe telefonato alle tre.

1. Lorenzo / comprare un computer
2. i miei zii / venire presto
3. Liliana / andare a un colloquio
4. Luigi / fare l'architetto o l'ingegnere
5. la segretaria / chiedere un aumento di stipendio

C. Supposizioni. Cosa avreste fatto nelle seguenti situazioni? In coppie, fatevi a turno delle domande e rispondete.

Esempio   al lago
— *Cosa avresti fatto al lago?*
— *Avrei preso il sole. o...*

1. a Roma **2.** dopo un esame difficile **3.** prima di un colloquio per un impiego **4.** in caso di cattivo tempo **5.** per il compleanno del tuo ragazzo/della tua ragazza **6.** il giorno delle elezioni **7.** dopo un trasloco

D. Desideri impossibili. Formate delle frasi complete con il primo verbo al condizionale passato e il secondo verbo all'imperfetto.

Esempio   Lia (fare) un viaggio / non (avere) soldi
Lia avrebbe fatto un viaggio, ma non aveva soldi.

1. io (prestarti) la macchina / non (funzionare)
2. lui (cambiare) lavoro / (essere) difficile trovarne un altro
3. noi (prendere) il treno / (esserci) lo sciopero dei treni
4. lei (fare) medicina / gli studi (essere) troppo lunghi
5. il nostro amico (partire) / non (stare) bene
6. io (preferire) un lavoro a tempo pieno / (esserci) solo lavori part-time

E. **Presente o passato?** Completate con il condizionale presente o passato.

1. Io (andare) _____ in vacanza, ma sono al verde.
2. Noi (uscire) _____, ma piove.
3. (Vivere) _____ in campagna Lei?
4. Loro (essere) _____ contenti di stare a casa oggi.
5. Gino (partire) _____ con il treno delle sei, ma la sua valigia non era pronta.
6. Che cosa (rispondere) _____ a un amico/un'amica che ti domanda un favore?
7. A te (piacere) _____ fare il chirurgo?
8. Hai scritto a Pietro? Gli (scrivere) _____, ma lui non ha risposto alla mia ultima lettera.

 F. **Quale professione mi consiglia** *(do you suggest)*? In coppie, fate a turno la parte di qualcuno che domanda consigli sulla professione da seguire e dell'impiegato(a) di un'agenzia di collocamento.

Esempio   —Mi piacerebbe viaggiare e vedere paesi stranieri.
         —*Allora Le consiglierei di fare l'agente di viaggi.* o *la guida* o...

1. Sono una persona ordinata, metodica, precisa e puntuale.
2. Mi piacerebbe studiare per tutta la vita.
3. Mi appassiono ai problemi personali e mi piacerebbe trovare le soluzioni.
4. Vorrei vedere il trionfo della giustizia *(justice)* e diventare ricco(a) allo stesso tempo.
5. Amo curare i bambini e la casa e preparare pranzi deliziosi.
6. Mi diverto a montare e smontare i motori delle macchine.

13.3 Uso di *dovere, potere* e *volere* nel condizionale

1. The present conditional of **dovere, potere,** and **volere** is used instead of the present indicative to make a request more polite or a statement less forceful. It has the following meanings:

dovrei	=	*I should, I ought to*
potrei	=	*I could, I might*
vorrei	=	*I would like*

Compare:

Devi aiutare la gente.	*You must help people.*
Dovresti aiutare la gente.	*You should (You ought to) help people.*
Non **voglio** vivere qui.	*I don't want to live here.*
Non **vorrei** vivere qui.	*I would not like to live here.*
Può aiutarmi?	*Can you help me?*
Potrebbe aiutarmi?	*Could you help me?*

2. In the conditional perfect, **potere, volere,** and **dovere** correspond to the following English constructions:

avrei dovuto	+	*infinitive*	=	*I should have* + past participle
avrei potuto	+	*infinitive*	=	*I could have* + past participle
avrei voluto	+	*infinitive*	=	*I would have liked* + infinitive

Avrei dovuto parlare all'avvocato.	*I should have spoken to the lawyer.*
Avrebbe potuto laurearsi l'anno scorso.	*She could have graduated last year.*
Avrebbe voluto fare un viaggio.	*He would have liked to take a trip.*

MECCANICO

—Potrebbe ripararla in un'ora, prima del ritorno di mio marito?

Pratica

A. Belle maniere (*Polite manners*). Attenuate (*Make less forceful*) le seguenti frasi, usando il condizionale presente.

1. I due turisti: Vogliamo due camere singole con doccia. Può prepararci il conto per stasera?

2. Il direttore di una ditta: Dobbiamo assumere una persona competente. Può inviarci (*send us*) il Suo curriculum vitae?

3. Il capoufficio: Deve pensare al Suo futuro. Vuole una lettera di raccomandazione?

4. Un lavoratore part-time: Oggi voglio finire prima. Devo andare all'agenzia di collocamento.

5. Gli studenti d'italiano: Possiamo uscire mezz'ora prima? Può ripetere le spiegazioni sul condizionale domani?

B. Desideri e possibilità. Rispondete alle seguenti situazioni secondo l'esempio e confrontate (*compare*) le vostre risposte con quelle del compagno/della compagna vicino(a).

Esempio   Il signor Brambilla era stanco di lavorare. Che cosa avrebbe voluto fare?
Avrebbe voluto andare in pensione. o...

1. Non avevate notizie di una vostra amica. Che cosa avreste potuto fare?

2. Avevi un appuntamento, ma non ci potevi andare. Che cosa avresti potuto fare?

3. Un amico(a) ti ha telefonato perché era in gravi difficoltà finanziarie. Che cosa avresti potuto fare?

4. L'altro giorno sei andato(a) in ufficio; il computer non funzionava, faceva troppo caldo e il direttore era di cattivo umore. Cosa avresti voluto fare?

5. Ieri era una bellissima giornata. A scuola c'era un esame difficile; tu e altri studenti non eravate preparati e non avevate voglia di andare in classe. Cosa avreste voluto fare?

C. Troppo tardi! A turno, completate le frasi dicendo quello che (*what*) avreste voluto (potuto o dovuto) fare, (ma che non avete fatto).

1. Era Natale. Avrei voluto _____.

2. Eravamo in vacanza. Avremmo dovuto _____.

3. Ieri ero assente. Avrei dovuto _____.

4. Mia nonna era ammalata (*ill*). Avrei dovuto _____.

5. Il mio compagno/La mia compagna aveva bisogno di soldi. Avrei potuto _____.

6. Io e mio fratello volevamo andare in Italia. Avremmo dovuto _____.

7. Io e Lisa abbiamo trovato un cane abbandonato. Avremmo voluto _____.

8. Io e la mia amica avevamo del tempo libero. Avremmo potuto _____.

13.4 Esclamazioni comuni

Here are some exclamations expressing a wish or a feeling. You have already encountered some of them.

Dai, che sei primo!

Auguri! *Best wishes!*	**Salute!, Cin cin!** *Cheers!*
Congratulazioni!, Felicitazioni! *Congratulations!*	**Salute!** *God bless you! (when someone sneezes)*
Buon Anno! *Happy New Year!*	**Aiuto!** *Help!*
Buon compleanno! *Happy Birthday!*	**Attenzione!** *Watch out!*
Buon appetito! *Enjoy your meal!*	**Bravo(a)!** *Well done!*
Buon divertimento! *Have fun!*	**Caspita!** *Wow! Unbelievable!*
Buona fortuna! *Good luck!*	**Chissà!** *Who knows!*
In bocca al lupo! *Break a leg! (lit. In the wolf's mouth!)*	**Mah!** *Bah!*
	Ma va!, Macché! *No way!*
Buona giornata! *Have a good day (at work)!*	**Magari!** *I wish it were true!*
	Meno male! *Thank goodness!*
Buon Natale! *Merry Christmas!*	**Peccato!** *What a pity!*
Buona Pasqua! *Happy Easter!*	**Su, dai!** *Come on!*
Buone vacanze! *Have a nice vacation!*	**Va bene!, D'accordo!** *OK.*
	Be' (Beh)... *Well . . .*
Buon viaggio! *Have a nice trip!*	**Purtroppo!** *Unfortunately!*

Pratica

 Cosa si dice? A turno, reagite con un'espressione esclamativa appropriata alle seguenti situazioni.

1. Tua cugina si sposa sabato prossimo.
2. Bevi con amici un bicchiere di spumante.
3. È l'ora di pranzo e tutti sono a tavola.
4. Vedi un pedone *(pedestrian)* che attraversa la strada in un momento di traffico.
5. Un/Una parente ha vinto cinque milioni di euro alla lotteria.
6. Ti domandano se andrai *(you will go)* in vacanza, ma tu sei incerto.
7. Tuo fratello ha perduto il treno.
8. Vuoi convincere Alberto ad uscire con te.
9. Domani tua sorella ha un esame importante.

Per finire

In un ufficio di consulenza legale

In cerca di un impiego

CD 2, Track 16

In search of

Liliana ha preparato il suo curriculum vitae e oggi si è presentata nello studio dell'avvocato Rizzi per un colloquio.

RIZZI Ah, questo è il Suo curriculum. Mi dica, ha mai lavorato in un ufficio legale?

LILIANA No, ho lavorato per alcuni mesi in una ditta di import-export, ma poiché sono studentessa in legge mi piacerebbe fare esperienza in uno studio legale.

RIZZI Come Lei avrà letto nel nostro annuncio, noi avremmo bisogno di **qualcuno** solamente per un lavoro part-time di due mesi, per fare delle ricerche.

somebody

LILIANA Sì, un lavoro di due mesi a orario ridotto mi andrebbe bene, perché mi permetterebbe di frequentare i miei corsi.

RIZZI Benissimo. Allora, benvenuta a bordo! **Per quanto riguarda** l'orario, si metta d'accordo con la mia segretaria.

As far as

(Liliana fa la conoscenza della segretaria.)

MARINA Molto piacere, signorina.

LILIANA Piacere. Mi chiami pure Liliana.

MARINA Grazie. Io sono Marina. Lei è disponibile la mattina o il pomeriggio?

LILIANA Il pomeriggio, due o tre ore. Posso incominciare anche domani.

MARINA Ottimo. Io ho il Suo curriculum... dovrei vedere anche il Suo codice fiscale.

LILIANA Eccolo!

MARINA Benissimo, grazie. Allora ci vediamo domani pomeriggio alle due.

LILIANA Grazie, arrivederci.

Comprensione

1. Perché Liliana si è presentata ad uno studio legale? Sarebbe un'impiegata inesperta? Perché? **2.** Per quali ragioni vorrebbe lavorare in uno studio legale? **3.** Ha ottenuto *(obtained)* l'impiego? Perché è contenta? **4.** Che cosa le dice l'avvocato prima di salutarla? **5.** Chi conosce poi Liliana? Perché? **6.** Quando incomincia a lavorare?

Conversazione

1. Ti sei mai presentato(a) a un colloquio tu? Com'è andato? Ti hanno chiesto il curriculum vitae?
2. Ti piacerebbe fare l'impiegato(a)? Perché?
3. Se non hai ancora un lavoro, quale mestiere o professione vorresti fare? Perché?
4. Se hai già un impiego, sei soddisfatto(a) del tuo stipendio? Lo spendi tutto o riesci a risparmiare un po' di soldi?
5. Se non hai un impiego, è perché sei disoccupato(a), molto ricco(a), in pensione o perché prima avresti intenzione di finire gli studi?

Adesso scriviamo!

Il mio lavoro ideale

Strategy: Presenting yourself for an interview

Learning how to match your skills and dispositions with career prospects is the objective of this task. Exercise A below prompts you to think about your interests in terms of possible professions. In your composition, pay particular attention to some of the lifestyle choices that a potential career offers, or doesn't offer, as in the sample text below.

Cosa vorresti diventare? È una domanda che forse hai già sentito. Adesso elabora la tua risposta e scrivi una descrizione del tuo lavoro ideale.

A. Organizza le tue idee rispondendo alle seguenti domande.
1. Qual è la tua professione o mestiere ideale? Per quale ragione?
2. Quali corsi di studio sono necessari?
3. Per chi o con chi lavoreresti?
4. Quali vantaggi e svantaggi ci sono in questa professione o in questo mestiere?

B. Ora descrivi quello che vorresti fare nel tuo futuro.

Esempio *Io vorrei diventare un medico perché mi piace aiutare la gente. Dovrei seguire corsi di anatomia,... Dovrei conseguire una laurea in medicina. Mi piacerebbe aprire il mio studio in una piccola città, in centro. Potrei aiutare le persone malate e soprattutto le persone anziane che vivono sole. Prima, lavorerei in un ospedale per imparare la professione, poi lavorerei nel mio studio, insieme ad altri medici e infermieri/infermiere. Spero di avere il mio studio privato un giorno. Così guadagnerei più soldi ed avrei una bella casa, ma soprattutto mi piacerebbe diventare medico per poter curare gente diversa tutti i giorni.*

C. Adesso che hai finito la tua descrizione, controlla di aver scritto tutte le parole correttamente. Controlla l'accordo tra il verbo e il soggetto e tra il nome e l'aggettivo. Ti sei ricordato(a) di usare il condizionale?

Alla fine, con un compagno/una compagna, leggete le vostre descrizioni. Che professione preferisce il tuo compagno/la tua compagna? Pensi che avrà una vita interessante?

Parliamo insieme!

A. Offriamo lavoro. In coppie, leggete gli annunci di «Azienda Multinazionale». Decidete quale annuncio preferite e telefonate. La persona che telefona chiederà informazioni precise sul lavoro offerto e sulle condizioni: l'orario, lo stipendio, la data d'inizio, se è un lavoro permanente o di alcuni mesi, e a chi rivolgersi per fare domanda. La persona che offre l'impiego chiederà alla persona che telefona quali sono le sue qualifiche, gli studi che ha fatto, l'esperienza, le referenze, la conoscenza delle lingue straniere, ecc.

—Pronto? Buon giorno. Ho letto la Vostra inserzione sul giornale e sono interessato(a) al posto di...

—Bene, quali sono le Sue qualifiche?

—_____.

AZIENDA MULTINAZIONALE
Sede Torino

CERCA: IMPIEGATI
Si richiede:
• Esperienza in comunicazioni telefoniche
• Laurea/Diploma
• Disponibilità entro breve termine
• Età massima 35 anni
Assunzione 6 mesi con possibilità di assunzione permanente.

CERCA: INGEGNERI INDUSTRIALI
Si richiede:
• Esperienza in costruzione e gestione impianti
• Abilità di utilizzare avanzate tecnologie informatiche
• Conoscenza inglese
• Età non superiore ai 35 anni
Inquadramento: commisurato all'esperienza. Ottime possibilità carriera.

CERCA: SEGRETARIE
Si richiede:
• Archiviazione documenti
• Supporto attività organizzative e amministrative
• Gestione corrispondenza
• Ottima conoscenza del pacchetto Microsoft (Word, Outlook)
• Conoscenza inglese preferibile
• Abilità di utilizzare supporti informatici
Offriamo: posizione permanente
Inquadramento: basato su esperienza

B. Test di attitudine. Vuoi sapere quali sono le tue inclinazioni nel campo *(field)* del lavoro? Fai le domande al tuo compagno/alla tua compagna e marca *(fill in)* le risposte. Il tuo compagno/La tua compagna fa la stessa cosa con te. Quando i due test sono stati completati, verificate i risultati e paragonateli *(compare them)*.

Preferisci un lavoro con	molte responsabilità.	A _____
	poche responsabilità.	B _____
Fare carriera	sarebbe molto importante per te.	A _____
	non ti entusiasma molto.	B _____
Ti piacerebbe vivere	in una grande città.	A _____
	in un piccolo centro.	B _____
Sceglieresti alla TV programmi	di economia e marketing.	A _____
	di sport e di film.	B _____
Vorresti discutere con gli amici	di questioni economiche.	A _____
	di problemi ecologici.	B _____
Preferiresti	ascoltare conferenze su come investire i soldi.	A _____
	passare il tempo libero in campagna.	B _____
Ti piacerebbe	vestirti in maniera disinvolta *(casual)* ma elegante.	A _____
	portare abiti pratici e comodi.	B _____
Vorresti come regalo	un supercomputer.	A _____
	una bicicletta da montagna.	B _____

Se hai totalizzato 8 A, hai definitivamente le tendenze di un agente di borsa *(stock broker)*. Se hai totalizzato 8 B, la vita dell'alta finanza non fa per te.

Vedute d'Italia

A. Prima di leggere

You are about to read a few paragraphs on immigration in Italy. After being an immigrant-producing country for so long, today Italy receives many thousands of immigrants each year. This kind of immigration on such a large scale has offered benefits as well as challenges as Italians attempt to integrate its new citizens. In part because of Italy's increasingly aging population and low birth rates, the arrival of new immigrants can fill gaps in the country's various infrastructures. Sometimes particular issues are raised: the need to integrate immigrant children into the Italian classroom has caused some controversy, for example. (As the classroom photo shows, most Italians do not want to separate Italian from immigrant children.)

ATTUALITÀ

NO APARTHEID!

50 secondi di silenzio

La Lega ha proposto—e la Camera ha approvato—di creare classi a parte per i bambini stranieri che non superano i testi d'italiano. Speriamo che il provvedimento non passi al Senato: non vogliamo ghetti a scuola.
Da: *Donna Moderna*, N.43, 2008

L'immigrazione in Italia

L'Italia, che per molte generazioni ha mandato emigrati in tutto il mondo, ha dovuto **affrontare,** in un periodo relativamente breve, il fenomeno dell'immigrazione su larga scala. **Pur avendo molti lati positivi,** questo fenomeno ha creato dei problemi che **richiedono** del tempo per essere risolti. Ci sono stati casi di reazioni negative da parte di alcuni Italiani che hanno visto il loro lavoro passare nelle mani degli immigrati, **disposti** a lavorare per un compenso inferiore.

to face

Even having positive factors / require

willing

Un recente **sondaggio** ha rivelato che circa otto milioni di immigrati illegali vivono oggi nell'Unione Europea. **D'altra parte,** con il numero delle nascite in continua diminuzione e la popolazione degli anziani in aumento, l'Italia ha bisogno della mano **d'opera degli immigrati per colmare le lacune** che si sono create nelle infrastrutture del Paese. Così, oggi più di centomila donne straniere hanno un lavoro permanente come domestiche o assistenti casalinghe: il 3% dei bambini italiani hanno una figura materna straniera, e la «badante» è diventata una presenza molto importante nella società perché assiste i malati e le persone **anziane.**

survey
On the other hand

foreign labor /
to fill the gaps

elderly

Le scuole promuovono attività culturali per facilitare l'integrazione tra i bambini italiani e quelli stranieri, anche se i bambini accettano le diversità culturali molto più facilmente degli adulti.

Di recente **la Camera** ha approvato una proposta di legge che prevede la separazione nelle scuole dei bambini italiani dai bambini figli di immigrati recenti, **in quanto** questi ultimi hanno difficoltà a seguire i programmi scolastici **a causa della** lingua. In molte parti d'Italia la popolazione **ha indetto** dimostrazioni contro questa legge, chiedendo di non separare i bambini e chiedendo al Senato di non approvare la legge. «Non vogliamo apartheid!» è lo slogan dei dimostranti.

Congressmen

because
because of
organized

B. Alla lettura. Rispondete alle seguenti domande.

1. Perché l'arrivo degli immigrati in Italia ha causato delle reazioni negative?
2. Perché l'Italia ha bisogno della mano d'opera degli immigrati?
3. Che tipo di lavoro hanno trovato molte donne straniere?
4. Perché «la badante» è una persona molto utile nella vita degli Italiani?
5. Che cosa promuovono le scuole?
6. Perché la Camera ha approvato una legge per separare i bambini stranieri da quelli italiani nelle scuole?
7. Che cosa chiede la popolazione italiana con le dimostrazioni?

Vocabolario

Nomi

l'agenzia di collocamento	employment agency
l'aumento	increase
il campo	field
il/la capoufficio	boss
il commercio	commerce
l'esperienza	experience
il Governo	Government
il fattore	factor, element
l'inclinazione (*f.*)	inclination
l'industria	industry
l'insegnamento	teaching
l'interesse (*m.*)	interest
la lettera di raccomandazione	letter of recommendation
l'orario	schedule
il/la professionista	professional (person)
la promozione	promotion
la qualifica	qualification
la referenza	reference
la ricerca	research
lo/la specialista	specialist
il titolo di studio	degree
il/la veterinario(a)	veterinarian

Aggettivi

esperto	experienced, expert
finanziario	financial

grave	grave, serious
inesperto	inexperienced
puntuale	punctual
soddisfatto	satisfied

Verbi

appassionarsi (a)	to be very interested (in)
arrangiarsi	to manage
cambiare idea	to change one's mind
dirigere (*p.p.* **diretto**)	to manage
essere d'accordo	to agree
funzionare	to function, to work
influenzare	to influence
iscriversi	to enroll, to register
migliorare	to improve
presentarsi	to introduce (present) oneself
riparare	to repair
risparmiare	to save (money)

Altre espressioni

Benvenuto(a)!	Welcome!
di cattivo umore	in a bad mood
fare la fila	to stand in line
inoltre	besides
a orario ridotto	part time
il codice fiscale	fiscal I.D.

Capitolo 14
Paesi e paesaggi

Paesaggio invernale

Punti di vista

Una gita scolastica CD 2, Track 17

Alcuni professori del liceo «M» dell'Aquila hanno
organizzato una gita scolastica a Roccaraso. Così Tina e
i compagni vanno in montagna a passare **la settimana**
bianca. Ora i ragazzi sono in pullman, **eccitati** e felici.

field trip

excited

TINA Mi piace viaggiare in pullman, e a te?

STEFANO Mi piace **di più** viaggiare in treno.

more

RICCARDO Viaggi spesso?

STEFANO Viaggio spesso con la mia famiglia nell'Italia
    settentrionale, ma l'estate prossima visiteremo l'Italia
    meridionale: la Campania e la Sicilia.

LISA L'anno prossimo io prenderò l'aereo per la prima volta:
    andrò con la mia famiglia negli Stati Uniti **a trovare** dei
    parenti.

to visit

TINA Dove andrete?

LISA Andremo prima a San Francisco e ci staremo per una
    settimana. Poi noleggeremo una macchina e visiteremo
    l'Arizona, il New Mexico e il Gran Canyon.

STEFANO Ho visto delle foto. Il Gran Canyon è uno degli
    spettacoli più belli del mondo.

LISA **Penso di sì. Non vedo l'ora** di vederlo.

I think so. / I can't wait

RICCARDO Sarà un viaggio interessantissimo.

TINA Io non prenderò mai l'aereo: **ho una paura da morire!**
    Un viaggio in treno è molto più piacevole di un viaggio in
    aereo: dal treno puoi vedere pianure, colline, laghi, fiumi...

I am scared to death

RICCARDO **Ma va!** Tu hai paura di **tutto!** Come mai non hai
    paura di sciare?

Come on! / everything

TINA Perché sciare mi piace moltissimo. E poi mio padre
    mi ha comprato per Natale un bellissimo paio di sci.

Comprensione

1. Dove vanno Tina e i suoi compagni? **2.** A Stefano piace di più viaggiare in treno o in pullman? **3.** Quali regioni visiterà Stefano l'estate prossima? Sono regioni settentrionali? **4.** Perché Lisa si fermerà a San Francisco? **5.** Com'è il Gran Canyon, secondo Stefano? Dove l'ha visto? **6.** Perché Tina non prenderà mai l'aereo? **7.** Perché Tina non ha paura di sciare?

Studio di parole   Termini geografici

Il golfo di Napoli: sullo sfondo, il Vesuvio

la terra earth	**la superficie** area, surface
la montagna mountain	**il cielo** sky
la collina hill	**il sole** sun
la valle valley	**l'alba** dawn
la pianura plain	**il tramonto** sunset
il paese country; small town	**la luna** moon
l'isola island	**la stella** star
la penisola peninsula	**il pianeta** planet
la costa coast	**attraversare** to cross
il fiume river	**confinare (con)** to border
il porto port	**circondare** to surround
il golfo gulf	**distare** to be distant, to be far (from)
il lago lake	**settentrionale = del nord** northern
il mare sea	**meridionale = del sud** southern
l'oceano ocean	**orientale = dell'est** eastern
il continente continent	**occidentale = dell'ovest** western

Informazioni   Paesaggi d'Italia

L'Italia è una penisola montuosa, limitata al nord dalla maestosa *(majestic)* catena delle **Alpi** e attraversata nella sua lunghezza dalla catena degli **Appennini.** Tra le Alpi e gli Appennini settentrionali si estende la **Pianura Padana,** attraversata dal Po, il fiume più lungo del Paese. Questa pianura è ricca di fiumi e di laghi: i più grandi sono il **Lago di Garda,** il **Lago Maggiore** e il **Lago di Como.** Nelle regioni settentrionali il paesaggio è dolcemente ondulato *(gently rolling)* mentre verso *(toward)* il sud acquista una bellezza severa e selvaggia. Le coste occidentali sono in genere alte, rocciose *(rocky)* e pittoresche, come la Riviera Ligure. Le coste dell'Adriatico sono invece più basse, con ampie spiagge sabbiose *(sandy)* che attirano folle di bagnanti *(bathers)*. La Sicilia è la più grande isola del Mediterraneo, ed è considerata il museo archeologico d'Europa per i suoi numerosi templi e teatri greci. Sulla costa orientale si erge il maestoso Etna, il più importante vulcano d'Europa. La Sardegna, seconda isola per grandezza del Mediterraneo, montuosa all'interno, attira molti turisti italiani e stranieri per le sue bellissime coste, come la Costa Smeralda.

Applicazione

A. Geografia. Rispondete alle domande che seguono. Come riferimento, guardate le due carte geografiche d'Italia all'inizio del libro.

1. La Sardegna è un'isola o una penisola?
2. Da che cosa è circondata l'Italia?
3. Che cosa attraversiamo per andare dall'Italia all'Austria?
4. È più lunga la catena *(chain)* degli Appennini o quella delle Alpi?
5. Che cosa sono il Po, l'Arno e il Tevere? Quali città bagnano?
6. Quali sono le regioni che confinano con la Campania?

B. Il cielo. Rispondete alle seguenti domande.

1. Che cosa illumina *(lightens)* il cielo la notte?
2. In quale stagione il sole tramonta *(sets)* presto?
3. Di che colore è il cielo sull'oceano quando il sole tramonta?
4. Nelle notti serene che cosa si vede nel cielo?
5. Nel 1997 la sonda *(space probe)* «Pathfinder» è arrivata su Marte. Che cos'è Marte?

C. Quanto sappiamo sull'Italia? In gruppi di tre o quattro studenti, decidete insieme quali delle seguenti affermazioni *(statements)* sono corrette.

Roma. Piazza del Campidoglio (disegnata da Michelangelo), con il Palazzo del Senato

L'Italia è diventata una repubblica
  a. nel 1961.
  b. dopo la prima guerra mondiale.
  c. dopo la seconda guerra mondiale.

In Italia ci sono
  a. 20 regioni.
  b. 24 regioni.
  c. 25 regioni.

La città in cui *(where)* c'è la sede *(seat)* del Parlamento è
  a. Torino.
  b. Milano.
  c. Roma.

Il monte più alto delle Alpi è
  a. il Cervino.
  b. il Monte Bianco.
  c. Il Gran Sasso.

Il fiume più lungo d'Italia è
  a. il Tevere.
  b. il Po.
  c. l'Arno.

La popolazione in Italia è di
  a. 60 milioni.
  b. 80 milioni.
  c. 50 milioni.

Il lago più grande d'Italia è
  a. il Lago di Como.
  b. il Lago Maggiore.
  c. il Lago di Garda.

I laghi più grandi si trovano
  a. al centro d'Italia.
  b. al nord.
  c. al sud.

Le regioni del sud d'Italia si chiamano
  a. settentrionali.
  b. centrali.
  c. meridionali.

Nel territorio italiano c'è una piccola repubblica independente
  a. la Valle d'Aosta.
  b. San Marino.
  c. il Friuli.

D. Conversazione. Interessi particolari. Immaginate di aver già visitato molte città italiane; ora volete vedere alcune zone interessanti della provincia. In coppie, chiedetevi a turno cosa vi interesserebbe vedere e perché.

Esempio
  — *Ti piacerebbe andare sulle Dolomiti?*
  — *Sì, vorrei fare delle escursioni in montagna e salire ai rifugi.*

1. In quale regione d'Italia ti piacerebbe fare un lungo giro in bicicletta?

2. Preferiresti fare delle escursioni sulle Alpi durante l'estate o andare a sciare in inverno?

3. Sai che in Italia si può soggiornare in conventi e monasteri? Ti piacerebbe farlo? Perché?

4. In Italia ci sono spettacoli e manifestazioni varie, come l'opera all'Arena di Verona, il Festival del Cinema a Venezia, l'opera al Teatro alla Scala di Milano, le regate sul Canal Grande a Venezia, il Palio di Siena, il Festival della Canzone a San Remo. A quali di queste manifestazioni ti piacerebbe assistere?

5. Quali località ti piacerebbe visitare: la Costa Amalfitana, le Cinque Terre, il Monte Etna, il Monte Bianco, le isole di Capri e Ischia, la Valle dei Templi in Sicilia, il Lago Maggiore, il Lago di Garda, il Lago di Como?

La Costa Amalfitana

Ascoltiamo!

 CD 2, Track 18

Un incontro. Lisa stopped at a pharmacy in Roccaraso to buy a few items. There, she runs into Giovanni, an old school friend whom she has not seen for several years. Listen to their conversation; then answer the following questions.

Comprensione

1. Che sorpresa ha avuto Lisa quando è entrata nella farmacia?
2. Con chi è venuto in montagna Giovanni? Perché?
3. In quale periodo dell'anno Lisa e Giovanni venivano in montagna con le loro famiglie?
4. Lisa era una brava sciatrice quand'era bambina? Perché Giovanni rideva *(was laughing)*?

5. Perché Giovanni non potrà vedere Lisa sugli sci domani?
6. Che cosa vuole sapere Giovanni da Lisa? Perché?

Dialogo

In gruppi di due, immaginate di incontrare un vecchio amico/una vecchia amica che non vedevate da molto tempo, in un posto di villeggiatura. Abbracciatevi e scambiatevi *(exchange)* notizie e indirizzi.

Punti grammaticali

14.1 I comparativi

Assisi è tanto bella quanto Siena.

Assisi, nella regione Umbria, è la mistica città di San Francesco e di Santa Chiara. La Basilica di San Francesco contiene stupendi esempi d'arte del '200 e del '300 e, tra i molti altri, i capolavori di Giotto e Cimabue.

Siena, città toscana, ha mantenuto il suo aspetto medievale. Nella sua piazza centrale, Piazza del Campo, ha luogo il Palio di Siena, la famosa corsa dei cavalli. È una tradizione che sopravvive da secoli: i cavalli rappresentano dieci delle diciannove contrade *(districts)* della città che partecipano alla gara *(race)*.

There are two types of comparisons: comparisons of **equality** (i.e., *as tall as*) and comparisons of **inequality** (i.e., *taller than*).

1. Comparisons of equality are expressed as follows:

(così)... come	*as . . . as*
(tanto)... quanto	*as . . . as, as much . . . as*

Both constructions may be used before an adjective or an adverb; in these cases, **così** and **tanto** may be omitted. Before a noun, **tanto... quanto** must be used; **tanto** must agree with the noun it modifies and cannot be omitted.

Roma è **(tanto)** bella **quanto** Firenze.
Studio **(così)** diligentemente **come** Giulia.
Ha **tanti** amici **quanti** nemici.

Rome is as beautiful as Florence.
I study as diligently as Giulia.
He has as many friends as enemies.

2. Comparisons of inequality are expressed as follows:

più... di, più... che	*more . . . than*
meno... di, meno... che	*less . . . than*

a. **Più... di** and **meno... di** are used when two persons or things are compared in terms of the same quality or performance.

La California è **più** grande **dell'**Italia.	*California is bigger than Italy.*
Una Fiat è **meno** cara **di** una Ferrari.	*A Fiat is less expensive than a Ferrari.*
Gli aerei viaggiano **più** rapidamente **dei** treni.	*Planes travel faster than trains.*
Tu hai **più** soldi **di** me.	*You have more money than I.*

NOTE: Di *(Than)* combines with the article. If the second term of the comparison is a personal pronoun, a disjunctive pronoun (**me, te,** etc.) must be used.

b. **Più di** and **meno di** are also used before numbers.

Avrò letto **più di trenta** annunci.	*I probably read more than thirty ads.*
Il bambino pesa **meno di quattro** chili.	*The baby weighs less than four kilos.*

c. **Più... che** and **meno... che** are used when two adjectives, adverbs, infinitives, or nouns are directly compared with reference to the same subject.

L'Italia è **più** lunga **che** larga.	*Italy is longer than it is wide.*
Studia **più** diligentemente **che** intelligentemente.	*He studies more diligently than intelligently.*
Mi piace **meno** studiare **che** divertirmi.	*I like studying less than having fun.*
Luigi ha **più** nemici **che** amici.	*Luigi has more enemies than friends.*

Pratica

A. Paragoni. Paragonate *(Compare)* le seguenti persone (o posti o cose), usando **(tanto)... quanto** o **(così)... come.**

Esempio   (alto) Teresa / Gina
Teresa è (tanto) alta quanto Gina.
Teresa è (così) alta come Gina.

1. (bello) l'isola di Capri / l'isola d'Ischia **2.** (elegante) le donne italiane / le donne americane **3.** (piacevole) le giornate di primavera / quelle d'autunno **4.** (romantico) la musica di Chopin / quella di Tchaikovsky **5.** (serio) il problema della disoccupazione / quello dell'inflazione

 B. Più o meno? A turno, fatevi delle domande usando **più di** o **meno di.**

Esempio   (popolato) l'Italia / la California
— *L'Italia è più popolata o meno popolata della California?*
— *L'Italia è più popolata della California.*

1. (riservato) gli Italiani / gli Inglesi **2.** (lungo) le notti d'inverno / le notti d'estate **3.** (leggero) un vestito di lana / un vestito di seta **4.** (necessario) la salute / i soldi **5.** (pericoloso) la bicicletta / la motocicletta

C. Chi più e chi meno? A turno, fatevi le seguenti domande, usando **più... di** o **meno... di.**

Esempio Chi ha più soldi? I Rockefeller o Lei?
— *I Rockefeller hanno più soldi di me.*
— *I Rockefeller hanno meno soldi di me.*

1. Chi ha più clienti? Gli avvocati o i dottori?
2. Chi cucina più spaghetti? Gli Italiani o i Francesi?
3. Chi cambia la macchina più spesso? Gli Europei o gli Americani?
4. Chi ha ricevuto più voti nelle ultime elezioni americane? I repubblicani o i democratici?
5. Chi guadagna più soldi? Un professore o un idraulico?
6. Chi va più volentieri al ristorante? La moglie o il marito?

 D. Più... che... A turno, fatevi le domande che seguono, scegliendo *(choosing)* l'alternativa appropriata.

Esempio — *Milano è industriale o artistica?*
— *Milano è più industriale che artistica.*

1. La Maserati è sportiva o pratica?
2. L'Amaretto di Saronno è dolce o amaro?
3. Venezia ha strade o canali?
4. A un bambino piace studiare o giocare?

E. Scelta. Completate le frasi usando **come, quanto, di** (con o senza articolo) o **che.**

1. La tua stanza è tanto grande _quanto_ la mia.
2. Ho scritto più _di_ dieci pagine.
3. La sua sorellina è più bella _di_ lei.
4. È meno faticoso camminare in pianura _che_ camminare in collina.
5. La moda di quest'anno è meno attraente *(attractive)* _della_ moda degli anni scorsi.
6. Non siamo mai stati così poveri _come_ adesso.
7. Pescare *(Fishing)* è più riposante _che_ nuotare.
8. I bambini sono più semplici _degli_ adulti.
9. L'italiano è più facile _del_ cinese.

 F. Cosa scegliereste? Fate una scelta fra le seguenti alternative e cercate di convincervi l'un l'altro *(each other)* che la vostra scelta è la migliore *(the best)*.

Esempio una crociera nel Mediterraneo / un giro in bicicletta nella zona dei laghi
— *Io sceglierei una crociera perché sarebbe più interessante e potremmo vedere più paesi.*
— *Io preferirei (fare) un giro in bicicletta perché sarebbe più divertente e meno costoso di una crociera.*

1. Venezia / Roma
2. andare a sciare / andare al mare
3. un viaggio in aereo / un viaggio in treno
4. studiare in Italia solo per un'estate / studiare in Italia per un anno
5. andare sulla luna / andare sul fondo *(bottom)* dell'oceano

14.2 I superlativi

La Sardegna è un'isola del Mediterraneo con alcune fra le più belle coste d'Italia.

There are two types of superlatives: the relative superlative (**superlativo relativo**) and the absolute superlative (**superlativo assoluto**).

1. The relative superlative means *the most . . . , the least . . . , the (. . .)est*. It is formed by placing the definite article before the comparative of inequality.

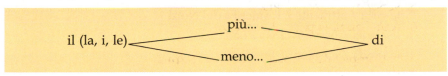

Firenze è **la più** bella città d'Italia.	*Florence is the most beautiful city in Italy.*
Pierino è **il meno** studioso della classe.	*Pierino is the least studious in the class.*
Il Monte Bianco è **il più** alto d'Europa.	*Mont Blanc is the highest mountain in Europe.*

Note that the English preposition *in* is rendered in Italian by **di** or **di +** *definite article*. The position of the superlative in relation to the noun depends on the adjective. If the adjective follows the noun, the superlative also follows the noun. In this case, the article is placed *before* the noun.

| Roma è **la più grande** città d'Italia. OR Roma è **la** città **più grande** d'Italia. | *Rome is the largest city in Italy.* |
| Genova e Napoli sono **i** porti **più importanti** del mare Tirreno. | *Genoa and Naples are the most important ports in the Tyrrhenian Sea.* |

2. The absolute superlative means *very* or *extremely* + adjective or adverb. It is formed in the following ways:

   a. By placing **molto** before the adjective or the adverb.

| Capri è un'isola **molto bella.** | *Capri is a very beautiful island.* |
| Lui impara le lingue **molto facilmente.** | *He learns languages very easily.* |

   b. By adding the suffix **-ssimo (-ssima, -ssimi, -ssime)** to the masculine plural form of the adjective. This form of the absolute superlative is more emphatic.

| È stata una **bellissima** serata. | *It was a very beautiful evening.* |
| Ho passato delle vacanze **interessantissime.** | *I spent a very interesting vacation.* |

NOTE: The superlatives of **presto** and **tardi** are **prestissimo** and **tardissimo.**

Pratica

A. **Più o meno?** Rispondete usando il superlativo relativo, secondo l'esempio.

Esempio   i vini francesi / famosi / mondo
                 — I vini francesi sono i più famosi o i meno famosi del mondo?
                 — Sono i più famosi.

1. lo stato di Rhode Island / grande / Stati Uniti
2. il baseball / popolare / sport americani
3. un chirurgo / caro / professionisti
4. febbraio / lungo / mesi
5. il 21 dicembre / breve / giorni dell'anno
6. il cane / fedele / animali

 B. **Secondo te... ?** A turno, fatevi delle domande, seguendo l'esempio.

Esempio   il giorno / bello / settimana
                 — Secondo te, qual è il giorno più bello della settimana?
                 — Secondo me, il giorno più bello della settimana è il sabato.
                 — Per me, invece, il giorno più bello è...

1. il programma / popolare / televisione
2. la città / attraente / l'America del Nord
3. le attrici / brave / Hollywood
4. la moda / elegante / Europa
5. la stagione / bella / anno

 C. **Tutto è superlativo!** A turno, fatevi delle domande. Usate il superlativo assoluto nella risposta.

Esempio   bravo / Maria
                 — È brava Maria?
                 — È bravissima.

1. bello / l'isola di Capri
2. veloce / la Lamborghini
3. alto / il Monte Everest
4. vasto / lo spazio
5. profondo / l'oceano Pacifico
6. luminoso / le stelle
7. verde / le colline umbre

D. **Persone e luoghi che meritano il superlativo assoluto.** Nominate cinque persone e cinque luoghi che meritano il superlativo assoluto. Abbinate *(Match)* i nomi con gli aggettivi che ritenete appropriati. Poi presentate alla classe le vostre scelte, descrivendole con l'aggettivo superlativo scelto.

Esempio   *Bill Gates è ricchissimo.*
                 San Marino è uno stato piccolissimo.

14.3 Comparativi e superlativi irregolari

San Marino è una repubblica piccolissima. Geograficamente è nelle Marche ed è situata su una roccia altissima che si vede a grande distanza. Secondo la leggenda, fu fondata nell'anno 301 e da allora ha sempre mantenuto la sua indipendenza ed il suo aspetto medievale.

1. Some adjectives have both regular and irregular comparative and superlative forms. The most common irregular forms are:

Adjective	Comparative		Relative Superlative		Absolute Superlative		
					Regular	Irregular	
buono	migliore	*better*	il migliore	*the best*	buonissimo	ottimo	*very good*
cattivo	peggiore	*worse*	il peggiore	*the worst*	cattivissimo	pessimo	*very bad*
grande	maggiore	*bigger; greater*	il maggiore	*the biggest; the greatest*	grandissimo	massimo	*very big; very great*
piccolo	minore	*smaller*	il minore	*the smallest*	piccolissimo	minimo	*very small*

Although the regular and irregular forms are sometimes interchangeable, the choice is often determined by the context. The regular forms are generally used in a literal sense, to describe size, physical characteristics, and character traits, for example. The irregular forms are generally used to express opinions about less concrete qualities, such as skill, greatness, and importance.

Il Lago di Como è **più piccolo** del Lago di Garda.

Lake Como is smaller than Lake Garda.

Le autostrade italiane sono tra **le migliori** d'Europa.

Italian highways are among the best in Europe.

Dante è **il maggior** poeta italiano.

Dante is the greatest Italian poet.

Le tagliatelle alla Bolognese sono **buonissime (ottime).**

Tagliatelle alla bolognese is very good.

Non ho la **minima** idea di quello che farò.

I don't have the slightest idea of what I am going to do.

D'inverno il clima di Milano è **pessimo.**

In winter the climate in Milan is very bad.

NOTE

a. When referring to birth order, *older (the oldest)* and *younger (the youngest)* are frequently expressed by **maggiore (il maggiore)** and **minore (il minore).**

Tuo fratello è **maggiore** o **minore** di te?

Is your brother older or younger than you?

Franca è **la minore** delle sorelle.

Franca is the youngest of the sisters.

b. When referring to food or beverages, *better (the best)* and *worse (the worst)* may be expressed with the regular or irregular form.

Il vino bianco è **migliore (più buono)** quando è refrigerato.

White wine is better when it is chilled.

A Napoli si mangia **la migliore (la più buona)** pizza d'Italia.

The best pizza in Italy is eaten in Naples.

Proverbi. Quali sono i proverbi in inglese che hanno un significato simile a questi?

1. Meglio tardi che mai.
2. È meglio un asino (*donkey*) vivo che un dottore morto.
3. È meglio un uovo oggi che una gallina (*hen*) domani.
4. Non c'è peggior sordo (*deaf*) di chi non vuol sentire.

2. The adverb **bene, male, molto,** and **poco** have the following comparative and superlative forms:

Adverb	Comparative		Relative Superlative		Absolute Superlative	
bene	meglio	*better*	il meglio	*the best*	benissimo	*very well*
male	peggio	*worse*	il peggio	*the worst*	malissimo	*very badly*
molto	più, di più	*more*	il più	*the most*	moltissimo	*very much*
poco	meno, di meno	*less*	il meno	*the least*	pochissimo	*very little*

Lei conosce gli Stati Uniti **meglio** di me.	*You know the United States better than I do.*
Viaggio **più** d'estate che d'inverno.	*I travel more in summer than in winter.*
Parlerò **il meno** possibile.	*I will speak as little as possible.*
Guadagni come me? No, guadagno **di più.**	*Do you earn as much as I (do)? No, I earn more.*
Qui si mangia **benissimo.**	*Here one eats very well.*
Ho dormito **pochissimo.**	*I slept very little.*

Pratica

 A. Opinioni. A turno, domandatevi la vostra opinione sulle seguenti cose.

Esempio il clima della California / il clima dell'Oregon
— *Secondo te, è migliore il clima della California o il clima dell'Oregon?*
— *Il clima della California è migliore del clima dell'Oregon.*

1. Quale dei due è **migliore?**
   a. una vacanza al mare / una vacanza in montagna
   b. un gelato al cioccolato / un gelato alla vaniglia
   c. la musica classica / la musica rock

2. Quale dei due è **peggiore?**
   a. la noia *(boredom)* / il troppo lavoro
   b. un padre avaro / un padre severo
   c. la pioggia / il vento

3. Quale dei due è **maggiore?**
   a. un figlio di vent'anni / un figlio di tredici anni
   b. la popolazione dello stato di New York / quella della California
   c. il costo di un biglietto per le Hawaii / uno per l'Inghilterra

4. Quale dei due è **minore?**
   a. la distanza Milano–Roma / quella Milano–Napoli
   b. i problemi di uno studente / quelli di un padre di famiglia
   c. il peso di una libbra / quello di un chilo

B. Paragoni. Formate una frase completa con il comparativo dell'avverbio in corsivo, seguendo l'esempio.

Esempio   Maria canta *bene* / Elvira
— *Maria canta meglio di Elvira.*

1. Un povero mangia *male* / un ricco **2.** Un avvocato guadagna *molto* / un impiegato **3.** Un barista (*bartender*) va a letto *tardi* / un elettricista **4.** Un neonato (*newborn*) mangia *spesso* / un ragazzo **5.** Uno studente pigro studia *poco* / uno studente diligente **6.** Una segretaria scrive a macchina *velocemente* / una professoressa **7.** Mia madre cucina *bene* / me

C. Superlativi. Rispondete usando il superlativo assoluto dell'aggettivo o dell'avverbio.

1. Canta bene Andrea Bocelli? **2.** Le piace molto viaggiare? **3.** Mangia poco quando è a dieta? **4.** Sta male quando riceve una brutta notizia? **5.** È grande l'oceano Pacifico? **6.** È piccolo un atomo? **7.** Sono buoni i dolci italiani?

D. Confrontando le vacanze. Al ritorno dalla loro breve vacanza sulla neve a Cortina d'Ampezzo, Tina e Riccardo parlano dell'albergo dove hanno alloggiato e fanno diversi paragoni. Completate il loro dialogo.

RICCARDO   Quest'anno il nostro albergo era *(better)* _____ di quello dell'anno scorso, non ti pare?

TINA   Sì, era *(more attractive)* _____, ma la mia camera era *(smaller)* _____ della tua. L'anno scorso io sono stata *(better)* _____ di questa volta.

RICCARDO   Però non puoi negare *(deny)* che la cucina del ristorante era *(very good)* _____.

TINA   Hai ragione. I primi piatti erano tutti *(good)* _____, ma i tortellini erano *(the best)* _____. Purtroppo, il cameriere che ci serviva era *(the worst)* _____ di tutto il ristorante.

RICCARDO   Tina, cerca di criticare *(less)* _____. Il poveretto era austriaco e parlava *(very badly)* _____ l'italiano.

14.4 Uso dell'articolo determinativo

We have already seen that the definite article is used with titles, days of the week, possessive adjectives, reflexive constructions, and dates and seasons.

The definite article is also required with:
a. nouns used in a general or an abstract sense, whereas in English it is often omitted.

I bambini amano **gli animali.**	*Children love animals.*
La gente ammira **il coraggio.**	*People admire courage.*
Il tempo è prezioso.	*Time is precious.*

b. names of languages (except when immediately preceded by the verb **parlare**).

Ho incominciato a studiare **l'italiano.** Parlo inglese.	*I began to study Italian.* *I speak English.*

Il Lago Maggiore

c. geographical names indicating continents, countries, states, regions, large islands, and mountains. Names ending in **-a** are generally feminine and take a feminine article; those ending in a different vowel or a consonant are masculine and take a masculine article.

L'Everest è il monte più alto del mondo.	*Mount Everest is the highest mountain in the world.*
La capitale de**gli Stati Uniti** è Washington.	*The capital of the United States is Washington.*
L'Asia è più grande del**l'Europa.**	*Asia is larger than Europe.*
I miei genitori vengono dal**la Sicilia.**	*My parents come from Sicily.*
Il Texas è ricco di petrolio.	*Texas is rich in oil.*
Il Piemonte confina con **la Liguria.**	*Piedmont borders on Liguria.*
La Sicilia è una bellissima isola.	*Sicily is a very beautiful island.*

NOTE: When a feminine noun designating a continent, country, region, or large island is preceded by the preposition **in** *(in, to)*, the article is omitted unless the noun is modified.

Andrete **in Italia** questa estate?	*Will you go to Italy this summer?*
Sì, andremo **nell'Italia meridionale.**	*Yes, we will go to southern Italy.*

Pratica

A. **Gusti di una coppia.** Mirella parla di sè e del marito. Completate il suo discorso con l'articolo determinativo, dove necessario.

Io amo _____ musica classica, lui ama _____ calcio. A me piacciono _____ acqua minerale e _____ frutta; a lui piacciono _____ panini al salame e _____ vino rosso. Io preferisco _____ lettura e lui preferisce _____ TV. _____ mia stagione preferita è _____ autunno; _____ sua è _____ estate. Io ho imparato _____ francese ed anche _____ inglese; lui ha studiato solamente _____ spagnolo. _____ mio padre è fiorentino e _____ suo padre è romano. _____ Toscana è _____ mia regione; _____ Lazio è _____ sua. Io vedo sempre _____ mie amiche _____ venerdì e lui vede _____ suoi amici _____ sabato. Ma _____ domenica prossima non ci saranno differenze e partiremo insieme per _____ Grecia.

B. **Dove si trova...?** A turno, fatevi delle domande, seguendo l'esempio.

Esempio   Cina / Asia
— *Dove si trova la Cina?*
— *La Cina si trova in Asia.*

1. Portogallo / Europa 2. Brasile / America del Sud 3. Monte Etna / Sicilia 4. Russia / Europa orientale 5. Calabria / Italia meridionale 6. Monte Bianco / Alpi occidentali 7. Toronto / America del Nord 8. Maine / Stati Uniti dell'est 9. Chicago / Illinois 10. Denver / Colorado

C. **I vostri gusti.** In coppie, nominate a turno cinque cose che amate e cinque cose che detestate. Quanto sono simili i risultati? Vi piacciono o non vi piacciono le stesse cose?

Esempio   *Amo le giornate piene di sole. Detesto la pioggia.*

Per finire 🔊 CD 2, Track 19

Milano: all'interno della
Stazione Centrale

Paragoni

Brett è uno studente americano di San Francisco che è
venuto a studiare per un anno all'Università Bocconi di
Milano. Ora è in un caffè vicino all'università e scambia
opinioni e commenti con il suo amico Matteo, di Milano,
anche lui studente alla Bocconi.

MATTEO Come ti sembra Milano, adesso che sei qui da
quasi un anno? Com'è, **paragonata** a San Francisco? *compared*

BRETT Meno bella, credo. È molto più vecchia di San
Francisco e le case sono più grigie. Però il centro mi
piace molto: ci sono degli edifici bellissimi. Per esempio,
mi piace in modo particolare il Teatro alla Scala.

MATTEO E come trovi il clima?

BRETT In inverno fa molto più freddo che a San Francisco.
Faceva già freddo a novembre. Ieri sera c'era una
nebbia così **fitta** che non si vedeva a un metro di *thick*
distanza. E d'estate, in luglio e agosto, ci sono giornate
caldissime, **afose:** tutti sono in vacanza e la città è *sultry*
semideserta.

MATTEO E la cucina italiana ti piace?

BRETT Sì, moltissimo. Da quando sono qui mangio molto
meglio di prima. I ristoranti sono in genere eccellenti,
anche quelli modesti e offrono una grande varietà
di cibi.

MATTEO Che cos'altro ti piace qui?

BRETT La gente: è molto cordiale e ospitale.

Comprensione

1. Di dov'è Brett e cosa fa a Milano?
2. Dov'è Brett oggi e con chi? Di cosa parlano?
3. Perché Brett trova Milano meno bella di San Francisco?
4. Che cosa gli piace di Milano? Perché?
5. Secondo Brett, qual è la differenza tra il clima di Milano e quello di San Francisco?
6. Perché Brett dice che in Italia si mangia benissimo?
7. Cos'altro gli piace di Milano, e perché?

Milano. Veduta della città dall'alto del Duomo

Conversazione

1. Se tu paragoni l'Italia al tuo stato, quali differenze noti? Per esempio, il tuo stato è più grande o più piccolo?
2. Pensa alla città più vicina a te. Come si paragona a Milano? Gli edifici sono più vecchi o più nuovi? Ci sono grattacieli *(skyscrapers)*?
3. Sai se il clima è differente a Milano? Come?
4. Cosa pensi degli abitanti dove abiti? Sono poco cordiali o molto cordiali? Sono desiderosi di comunicare con gli stranieri oppure sono indifferenti?
5. Ti piacerebbe fare l'esperienza di vivere per un anno in Italia? Se sì, in quale città?

Adesso scriviamo!

Il mio posto preferito

Strategy: Writing layered descriptions

While many of your *Adesso scriviamo!* compositions involve description, this task prompts you to add subtlety and nuance to make the images evoked in your composition more vivid. Here are a few suggestions as you describe your favorite place:

a. Try to evoke a sense of the place by using less visible imagery, e.g. smells, sounds, climate, etc.

b. You might wish to think about what attracts you to a place by invoking its people, its history, or its promising future.

c. In thinking about what the place means to you, you might also suggest why others might find it special.

Con tutto questo in mente, scrivi una breve descrizione del tuo posto preferito e spiega che cosa significa per te. Per mettere in ordine i tuoi pensieri, completa le seguenti attività.

1. Il mio posto preferito è _____.

2. Dov'è il tuo posto preferito: in campagna? in città? al parco? al lago? in montagna? nel tuo giardino?

3. Scrivi almeno tre caratteristiche fisiche o geografiche del tuo posto preferito.

   Esempio *C'è un lago.*
   Ci sono molti alberi.
   Fa fresco all'ombra.

4. Scrivi almeno tre ragioni per cui ti piace questo posto.

   Esempio *C'è molto verde.*
   È lontano dalla strada.
   Ci sono molti animali.

5. Nel primo paragrafo descrivi il tuo posto preferito in termini di paesaggio.

   Esempio *Il mio posto preferito è il parco Querini, vicino a casa mia. Questo parco è molto grande. C'è un lago e si può passeggiare e sedersi all'ombra...*

6. Nel secondo paragrafo descrivi i motivi per cui ti piace questo posto.

   Esempio *Questo parco mi piace molto perché c'è molto verde. C'è anche una bella fontana e mi piace ascoltare il rumore dell'acqua che scorre. Il parco è lontano dalla strada e non si sente il rumore delle macchine. Ci sono molti uccellini che cantano...*

7. Concludi con una frase finale che riassuma perché questo posto ha un significato speciale per te.

   Esempio *Questo parco ha un significato speciale per me perché è molto tranquillo, e mi ricorda quando venivo qui a giocare a calcio con mio fratello.*

8. Quando hai finito la tua descrizione, controlla di aver scritto tutte le parole correttamente; controlla anche l'accordo tra il verbo e il soggetto, e tra il nome e l'aggettivo. Ora, con un compagno/una compagna leggete le vostre descrizioni. Il tuo compagno/La tua compagna preferisce un posto simile al tuo?

Parliamo insieme!

 Un quiz di geografia. In gruppi di tre o quattro studenti, guardate la cartina geografica dell'Italia alla pagina seguente e stabilite insieme dove si trovano le seguenti città e località. Controllate le vostre risposte solo alla fine del quiz.

A. **Dove si trovano queste città e località?** Scrivete il loro nome al punto *(spot)* corrispondente.

> **Esempio** Cagliari
> *Cagliari si trova in Sardegna.* (scrivete *Cagliari* vicino al punto corrispondente)

1. Torino	**8.** Venezia
2. Trento	**9.** Napoli
3. Cosenza	**10.** Milano
4. Roma	**11.** Palermo
5. Bari	**12.** Genova
6. Firenze	**13.** Il vulcano Vesuvio
7. Assisi	**14.** Capri e Ischia *A. 14 punti*

B. **Dove si trovano i seguenti mari?** Scrivete il loro nome al punto indicato.

1. il Mare Tirreno   **3.** il Mare Adriatico

2. il Mare Ligure   *B. 3 punti*

C. Indicate dove si trovano i seguenti paesi che confinano *(border)* con l'Italia:

1. l'Austria   **3.** la Svizzera

2. la Slovenia   **4.** la Francia   *C. 4 punti*

D. **Collaborate insieme.** Dite:
- in quale città si trova il Vaticano.
- in quale città ci sono le gondole.
- in quale città si trova il Teatro alla Scala.
- in quale città si trova la torre pendente *(leaning tower)*.
- da quale città vengono le automobili Fiat.
- in quale città si trova il *Davide* di Michelangelo.
- vicino a quale città ci sono le isole di Capri e Ischia.
- in quale regione si trova il Lago di Como.
- quale regione è famosa per i salami e il prosciutto.
- quale regione produce le migliori arance del mondo.
- in quale regione è Portofino.
- come si chiama la piccola repubblica indipendente nel territorio italiano.
- come si chiamano le montagne che circondano l'Italia al nord.
- come si chiama il fiume più lungo d'Italia.   *D. 14 punti*

Adesso controllate le vostre risposte: se avete totalizzato 35 punti (35 risposte corrette) siete bravissimi e meritate un viaggio premio in Italia. Se avete totalizzato 27 punti siete abbastanza bravi e siete pronti per andare in Italia. Se avete totalizzato meno di 15 punti, il vostro viaggio in Italia vi presenterà dei problemi.

Vedute d'Italia

La Sicilia

A. Prima di leggere

You are going to read about Sicily—its history, its landscape, and its beauty. As the largest island in the Mediterranean, Sicily has been invaded and conquered many times during the course of its history. Indeed Sicily is sometimes referred to as Europe's archeological museum, with the remains of ancient Greek temples and theaters. Arab conquerors also left their mark, as evidenced by the many round cupolas on the island; the Normans made Palermo one of the most splendid cities in Europe; and the Spaniards left the final legacy. Today Sicily attracts tourists and students alike, for its rich archeological history, for its beautiful landscape, and for its cultural history—for instance, as the home of the great playwright Luigi Pirandello.

Sicilia: un tratto della costa palermitana

I turisti che sono innamorati del sole, del mare e del passato possono trovare tutto questo in Sicilia. La Sicilia è la più grande isola del Mediterraneo, separata dal resto d'Italia dallo stretto di Messina. La sua posizione strategica, è la ragione principale della sua storia complessa. Molti, infatti, sono i popoli che l'hanno **invasa** e **sfruttata:** i Greci, i Cartaginesi, i Romani, i Bizantini, gli Arabi, i Normanni, i Tedeschi, i Francesi e gli Spagnoli. Tutte queste dominazioni hanno lasciato molti contrasti nell'arte, nella lingua e nel folclore dell'isola.

invaded / exploited

La Sicilia è il museo archeologico d'Europa. I templi e i teatri lasciati dai Greci ci ricordano che quasi tremila anni fa esistevano nell'isola delle colonie greche molto importanti, come Agrigento e Siracusa. Gli Arabi hanno lasciato dei templi che si riconoscono dalle loro **cupole** sferiche. I Normanni hanno saputo adattare al loro stile l'arte bizantina e araba. Durante la dominazione normanna, Palermo era una capitale splendida e la sua corte reale era la più brillante d'Europa. Nei secoli successivi gli Spagnoli hanno introdotto lo stile barocco. La dominazione spagnola ha determinato la decadenza dell'isola.

domes

Oggi la Sicilia attira turisti e studiosi di tutto il mondo, incantati dalla bellezza dell'isola e dalla sua ricchezza archeologica. Con un'economia prevalentemente agricola, la Sicilia produce ed esporta in molti paesi del mondo arance, limoni e cedri.

L'aspetto fisico di molti Siciliani ricorda il tipo arabo. Ma è possibile ritrovare anche il tipo normanno in diversi abitanti dagli occhi azzurri e dai capelli biondi.

In Sicilia sono nati, tra gli altri, due grandi scrittori: Giovanni Verga e Luigi Pirandello; quest'ultimo, grande commediografo, romanziere e saggista, ha ricevuto il Premio Nobel per la letteratura nel 1934.

B. Alla lettura. Rispondete alle seguenti domande.

1. Che cosa separa la Sicilia dal resto dell'Italia?
2. Per quale ragione la Sicilia è stata invasa da molti popoli?
3. Perché la Sicilia è chiamata «il museo archeologico d'Europa»?
4. Come si riconoscono i templi lasciati dagli Arabi?
5. Durante quale dominazione Palermo era una splendida capitale?
6. Che cosa ha causato la decadenza dell'isola?
7. Che cosa attira oggi in Sicilia i turisti e gli studiosi?
8. Che cosa esporta in prevalenza la Sicilia?

Vocabolario 🔊

Nomi

la catena	chain
il clima	climate
la distanza	distance
la gita scolastica	field trip
il grattacielo	skyscraper
il miglio (*pl.* le miglia)	mile
il mondo	world
il paragone	comparison
il paesaggio	landscape
la popolazione	population
gli sci	skis

Aggettivi

amaro	bitter
attraente	attractive
centrale	central
dolce	sweet
eccitato	excited
fisico	physical
maggiore	larger, greater
massimo	greatest
migliore	better
minimo	smallest
minore	smaller; younger

peggiore	worse
pericoloso	dangerous
pessimo	terrible, very bad
piacevole	pleasant
popolare	popular
popolato	populated
profondo	deep
veloce	fast

Verbi

illuminare	to light
paragonare	to compare
tramontare	to set (sun)

Altre espressioni

Come mai... ?	How come . . .?
così... come	as . . . as
fare a meno di	to do without
infatti	in fact
meno... di	less . . . than
meglio (*adv.*)	better
peggio (*adv.*)	worse
più... di (che)	more . . . than
tanto... quanto	as (much) . . . as
più o meno	more or less

Intermezzo

Attività video

A. Sì, mi piace molto!

Dopo che avete guardato questa sezione del video, «Sì, mi piace molto!», in gruppi di tre studenti, fatevi a turno le seguenti domande.

1. Quali sono le attività che piacciono alla prima persona intervistata?
2. Che cosa piace fare alla seconda persona intervistata (oltre a non spendere troppi soldi)?
3. La terza persona intervistata è molto altruista? Perché?
4. C'è un intervistato che non sa decidere cosa gli piace fare. Perché si capisce subito?

B. Mezzi di trasporto

Guardate questa sezione del video, «Mezzi di trasporto», e completate insieme le seguenti frasi.

1. Marco dice che lui e Giovanni stanno andando a _____.
2. Il mezzo di trasporto più utilizzato in Italia è _____, anche se la benzina _____.
3. Gli Italiani preferiscono usare la macchina perché gli piace essere _____.
4. L'aereo è un mezzo poco utilizzato perché _____.
5. Un altro mezzo molto popolare è _____, perché _____.

C. Le vacanze

Dopo che avete guardato questa sezione del video, «Le vacanze», fatevi a turno le seguenti domande.

1. Come si sente Marco oggi? Che tempo fa? In che direzione stanno andando Marco e Giovanni?
2. Un intervistato dice che è andato in Turchia. In che stagione ci è andato? Come ha viaggiato?
3. Una persona dice che viaggia con un gruppo: sono venuti in pullman. Quali città hanno visitato?
4. Un altra persona dice che alterna le sue vacanze: un anno vacanze di divertimento, un anno vacanze culturali. Dove ha fatto le vacanze l'anno scorso? Con chi?
5. Un intervistato è stato in Sardegna. Per quanto tempo? E con chi? Cosa ha visto?

Partecipazione. Conversate insieme sui seguenti argomenti. Dite:

- che cosa vi piace fare durante l'estate e dove vi piacerebbe andare in vacanza.
- se preferite viaggiare negli Stati Uniti o fare un viaggio all'estero.
- quali paesi stranieri avete già visitato e quali vi sono piaciuti di più e perché.

«SANTA LUCIA LUNTANA», LUCIANO PAVAROTTI

Luciano Pavarotti è nato alla periferia di Modena nel 1935. Sin da giovane, quando cantava con il padre nel coro della chiesa, ha rivelato di avere una bella voce da tenore. Luciano ammirava ed ascoltava per ore ed ore i tenori dell'epoca: Tito Schipa, Enrico Caruso e Giuseppe di Stefano. L'ammirazione per questi grandi artisti ha influito molto nella scelta della sua carriera, che ha avuto inizio nel 1961. Dotato di una voce eccezionale e di una personalità carismatica, Luciano ha raggiunto molto presto la celebrità.

La sua fama si è consolidata nel 1968 con la sua prima performance al Metropolitan di New York, dove Pavarotti ha ottenuto un successo straordinario. Indimenticabile è anche il concerto «I tre tenori», con Domingo e Carreras, avvenuto a Roma nel 1997.

Il «Maestro» (come lo chiamavano tutti) ha ricevuto numerosissimi premi ed onorificenze, oltre a raggiungere il «Guinness World Record» per il maggior numero di chiamate sul palcoscenico dopo un'esibizione. Pavarotti è deceduto a Modena, per malattia, nel 2007, all'età di 71 anni.

«Santa Lucia luntana», cantata da Luciano Pavarotti. Napoli è la città che, a partire dal Settecento, si identificò con il «bel canto». Le canzoni in dialetto napoletano entrarono a far parte del repertorio dei cantanti di musica operistica, come il grande Caruso e, più tardi, Pavarotti. Queste canzoni parlano della terra natale e gli emigrati italiani le cantavano, e le cantano, esprimendo la nostalgia per il loro Paese. Per gli emigrati, le canzoni napoletane hanno un significato profondo poiché rappresentano un legame *(tie)* con la loro terra lontana.

VOCABOLARIO UTILE

'e bastimente	*ship*
sentenno voce e suone	*hearing the song*
pe terra assaje luntane	*for far away land*
se mette a chiagnere	*(the heart) starts crying*
'o golfo già scumpare	*the gulf (of Naples) disappears*
cà vò turnà!	*that vants to go back*
luntano 'a te	*far from you*
se gira 'o munno sanno	*one goes around the world*
quante ricorde!	*so many memories!*
luntano 'e napule	*far from Naples*
o core nun 'o sace	*the heart does not know*
nun se può stà!	*one cannot stay!*

A. Dopo che avete ascoltato «Santa Lucia luntana», in gruppi di tre studenti completate le frasi che seguono.

1. Partono 'e bastimente pe terra _____
2. 'O golfo già _____
3. Santa Lucia luntano 's te _____!
4. E' o core nun 'o _____
5. Sentenno voce e _____
6. Se mette a chiagnere _____!
7. Se gira 'o munno _____
8. Se và a cercà _____
9. Ma quanno spunta' _____
10. Luntano 'e napule _____!

B. Due delle tre frasi di ogni gruppo sono corrette. Decidete insieme quali sono.

1. a. gli uomini ritornano a casa
   b. gli uomini partono con le navi
   c. partono per terre lontane
2. a. gli uomini sulle navi cantano le canzoni napoletane
   b. mentre *(while)* il golfo di Napoli scompare *(disappears)*
   c. non c'è la luna in cielo
3. a. gli uomini sentono *(feel)* tanta nostalgia
   b. non ricordano più Napoli
   c. il cuore *(their hearts)* vuole piangere perché vuole ritornare a Napoli
4. a. gli emigrati vanno in giro per il mondo
   b. vanno a cercare fortuna, ma soffrono lontano da Napoli
   c. non desiderano ritornare a Napoli

Capitolo 15

Gli sport

TRENO + BICI =
DOLOMITI EXPRESS
Noleggia la bici e...
Viaggia in treno!

Dal 23 giugno al 13 settembre 2008 noleggia la bicicletta per l'intera giornata o per cinque ore a tua scelta e muoviti a piacimento sui percorsi da moutain bike, sulla pista ciclabile di valle e sul treno appositamente attrezzato per il trasporto di 40 biciclette.
Hai inoltre la possibilità di consegnare la bici in un punto diverso da quello in cui l'hai ritirata e tornare a casa con il trenino o con qualsiasi mezzo della Trentino Trasporti circolante in Val di Sole.

Foto: T. Mochen

Punti di vista | Giovani sportivi

    Studio di parole: Attività sportive
    Informazioni: Lo sport in Italia
    Ascoltiamo! Alla partita di basket

Punti grammaticali

    15.1 I pronomi relativi
    15.2 I pronomi indefiniti
    15.3 Espressioni negative
    15.4 Il gerundio e la forma progressiva

Per finire | La mountain bike

    Adesso scriviamo! Writing an argument
    Parliamo insieme!

Vedute d'Italia | L'estate dei pazzi sport

Punti di vista

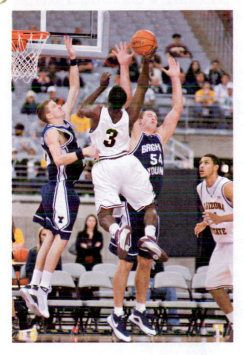

Una partita di basket

Giovani sportivi CD 2, Track 20

Marisa ha incontrato Alberto, un ragazzo **con cui** suo fratello *with whom*
faceva sport alcuni anni fa.

MARISA Come va, Alberto? Sempre appassionato di basket?

ALBERTO Più che mai! Ho **appena** finito di giocare contro *just*
la **squadra** torinese. *team*

MARISA E chi ha vinto la **partita?** *game*

ALBERTO La mia squadra, naturalmente! Il nostro gioco
è stato migliore. E poi, siamo più alti; cosa che aiuta,
non ti pare? *don't you think so*

MARISA Eh, direi!

ALBERTO E tu, cosa c'è di nuovo?

MARISA **Nessuna novità,** almeno per me. Ma mio fratello *Nothing new*
ha ricevuto una lettera, **in cui** gli offrono un posto come *in which*
istruttore sportivo per l'estate prossima.

ALBERTO E dove lavorerà?

MARISA In uno dei villaggi turistici della Calabria.

ALBERTO Magnifico! Là potrà praticare tutti gli sport che
piacciono a lui, **compresi** il surf e il windsurf. *including*

MARISA Eh, sì. Sono due degli sport di maggior successo
oggi.

ALBERTO Ma tu, con un fratello così attivo negli sport, non
ne pratichi **qualcuno?** *any*

MARISA Certo. Faccio del footing e molto ciclismo. Chissà,
un giorno forse parteciperò al Giro d'Italia delle donne.

Comprensione

1. Chi è Alberto? Quale sport pratica? **2.** La sua squadra ha vinto o perso contro la squadra di Torino? **3.** Cosa c'è di nuovo per Marisa? **4.** Che novità ci sono per il fratello di Marisa? **5.** In quale regione andrà a lavorare? Dove si trova questa regione? **6.** Quali sport potrà praticare al mare il fratello di Marisa? **7.** Quali sport pratica Marisa? **8.** Che cosa spera di fare un giorno?

Studio di parole   Attività sportive

Il calcio...

gli spettatori

lo stadio

i giocatori

il pallone

fare (dello) sport, praticare uno sport (lo sci, il calcio, ecc.), giocare a... to play . . .

la squadra team

la partita match, game

il gioco game

allenarsi to practice, to train

l'allenatore/l'allenatrice coach, trainer

la palestra gym

l'atleta (*m. & f.*) athlete

la gara race, competition

correre (*p.p.* **corso**) to run

vincere (*p.p.* **vinto**) to win

il premio prize

il tifoso/la tifosa (sport) fan

fare il tifo (per) to be a fan (of)

Forza! Come on!

Si pratica...

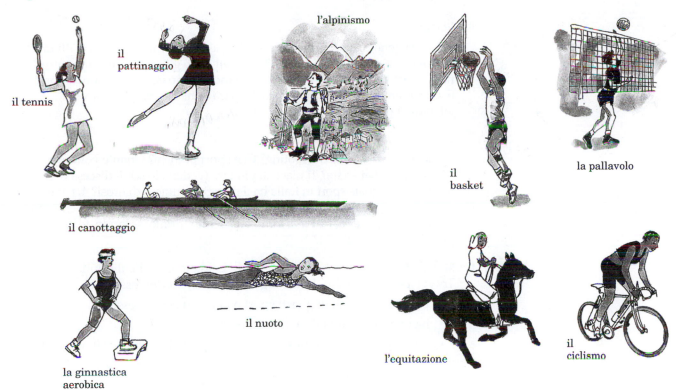

il tennis

il pattinaggio

l'alpinismo

il basket

la pallavolo

il canottaggio

la ginnastica aerobica

il nuoto

l'equitazione

il ciclismo

Andare...

a cavallo to go horseback riding

in bicicletta to go bicycle riding

lo sci di discesa downhill skiing

lo sci di fondo cross-country skiing

lo sci nautico waterskiing

la vela sailing

Informazioni   Lo sport in Italia

Gli Italiani oggi praticano molti sport diversi, ma, come nel passato, continuano ad essere accaniti *(fierce)* tifosi del calcio. La vecchia generazione fa il tifo da casa, seguendo alla tivù le partite di calcio. Anche le corse automobilistiche sono seguite con grande interesse. Molti giovani italiani praticano uno o più sport, mentre intere famiglie si danno al jogging e d'inverno passano diversi weekend in montagna, a sciare. In tutta Italia si contano più di 1500 club di tennis, e sono numerose le associazioni locali e regionali che hanno contribuito a incrementare lo sport attivo sponsorizzando squadre e atleti. I nuovi sport d'importazione americana hanno generalmente mantenuto il loro nome inglese: beach volley, surf, windsurf, skateboard, snowboard, rugby, golf, body building, stretching e jogging.

Uno sport abbastanza diffuso in Italia è il trekking, nato dal crescente *(growing)* interesse per i problemi ecologici. D'estate, molte famiglie passano le loro vacanze in aziende agrituristiche. Da qui vanno alla scoperta di nuovi sentieri naturali e di itinerari artistici meno conosciuti, facendo il trekking a piedi, in bicicletta o a cavallo.

Applicazione

A. Domande

1. Quale genere di sci si fa al mare? 2. Che sport pratica Serena Williams?
3. Dove si pratica il canottaggio? 4. Quali sono gli sport che si fanno sulla
neve o sul ghiaccio? 5. Come si chiamano gli appassionati di uno sport?
6. Chi allena i giocatori nella loro preparazione sportiva? 7. Dove si
allenano i giocatori?

B. Conversazione

1. Giochi a basket? Fai del footing? Che sport pratichi? Quante volte alla
settimana? 2. Sai sciare? Ti piace di più fare (vedere) lo sci di discesa o lo sci di
fondo? 3. Sai quale sport in Italia ha il maggior numero di tifosi? 4. Fai il tifo
per una squadra o per un giocatore? Quale? 5. Quali sono gli sport che non ti
piacciono? Perché? 6. Hai mai vinto un premio (primo, secondo, terzo... o il
premio di consolazione)?

C. Attività in gruppi di tre o quattro studenti. Leggete insieme il dépliant di
Travelsport di Treviso, Italia. Ogni studente/studentessa dice se:

- pratica qualcuno di questi sport o non ne pratica nessuno.
- ha una mountain bike e la usa spesso.
- gli/le piacerebbe praticare uno degli sport elencati (*listed*) nel dépliant,
  e quale.
- considera qualcuno di questi sport pericolosi.
- è stato(a) in qualcuna delle località elencate nel dépliant.
- ha visitato qualcuno dei paesi stranieri elencati, e quale(i).
- fa trekking (a piedi, a cavallo o in bicicletta).

Ascoltiamo! CD 2, Track 21

Alla partita di basket. Marisa and Alberto are watching a basketball game between the Brescia and Trieste teams. Marisa's boyfriend, Gino, plays on the Trieste team. She is shouting encouragement to him and his team and also exchanging opinions with Alberto. Listen to what they are saying; then answer the following questions.

Comprensione

1. Che partita c'è questa sera?

2. Perché Marisa è venuta a vedere la partita? Per chi fa il tifo Marisa?

3. Secondo Marisa, la squadra del suo ragazzo vincerà o perderà? Alberto è della stessa opinione?

4. Dove si sono allenati il ragazzo di Marisa e gli altri giocatori?

5. Che cosa pagherà Marisa ad Alberto se la squadra di Trieste perderà?

6. Come si conclude la partita?

Dialogo

Siete spettatori? In piccoli gruppi, discutete quali sport di squadra preferite guardare, per quale squadra o star sportiva fate il tifo e come seguite i loro successi.

Punti grammaticali

Uno sport che piace molto ai giovani è il surf.

15.1 I pronomi relativi

Relative pronouns are used to link two clauses. The relative pronouns are **che, cui, quello che (ciò che),** and **chi.**

> Questa è la squadra italiana. Ha giocato a Roma.
> Questa è la squadra italiana **che** ha giocato a Roma.

a. **Che** is the equivalent of the English *who, whom, that,* and *which* and is used either as a subject or as a direct object. It is invariable, cannot be omitted, and must *never* be used after a preposition.

Il ragazzo **che** gioca è brasiliano.	*The boy who is playing is Brazilian.*
La macchina **che** ho comprato è usata.	*The car (that) I bought is used.*
Le signore **che** ho visto sono le zie di Pino.	*The women (whom) I saw are Pino's aunts.*

b. **Cui** is the equivalent of the English *whom* and *which* as the object of prepositions. It is invariable and must be *preceded* by a preposition.

Ecco i signori **con cui** abbiamo viaggiato.
Here are the men we traveled with (with whom we traveled).

La squadra **di cui** ti ho parlato è la migliore.
The team I spoke to you about (about which I spoke to you) is the best.

L'amico **a cui** ho scritto si chiama Gianfranco.
The friend I wrote to (to whom I wrote) is Gianfranco.

NOTE

a. **In cui** translates as *when* in expressions of time and as *where* in expressions of place. In the latter case, it may be replaced by **dove.**

Il giorno **in cui** sono nato(a)...
The day (when) I was born . . .

La casa **in cui (dove)** sono nato(a)...
The house in which (where) I was born . . .

b. **Per cui** translates as *why* in the expression *the reason why (that)*.

Ecco la ragione **per cui** ti ho scritto.
Here is the reason (why) I wrote to you.

c. **Quello che (Quel che)** or **ciò che** means *what* in the sense of *that which*. These expressions are invariable.

Quello che (Ciò che) dici è vero.
What you are saying is true.

Non so **quello che (ciò che)** farò.
I don't know what I will do.

NOTE: Quello che *(what)* is generally used in statements, while **Che, che cosa** *(what)* is used in interrogative sentences.

Cosa hai detto?
What did you say?

Quello che hai detto è corretto.
What you said is correct.

d. **Chi** translates as *the one(s) who, he who,* and *those who*. It is invariable.

Chi studierà avrà un bel voto.
He who studies will receive a good grade.

Chi arriverà ultimo avrà un premio di consolazione.
He who arrives last will receive a consolation prize.

Chi più spende, meno spende.
You get what you pay for. (lit. He who spends more, spends less.)

> **Proverbi** Chi dorme non piglia pesci.
>
> Chi la fa, l'aspetti.
>
> Chi troppo vuole, nulla stringe.

Pratica

A. **Chi sono?** In piccoli gruppi, uno studente/una studentessa fa una domanda ad ogni membro del gruppo. Nella risposta usate il pronome relativo **che.**

Esempio   —Chi è un allenatore?
              —*È qualcuno **che** allena i giocatori.*

1. Chi è un(a) ciclista? **2.** Chi è un (un') alpinista? **3.** Chi è un (un') atleta? **4.** Chi è un giocatore/una giocatrice di calcio? **5.** Chi è uno sciatore/una sciatrice? **6.** Chi è un tifoso/una tifosa?

B. **Quello che mi piace.** In coppie, fatevi a turno le domande. Esprimete *(Express)* la vostra preferenza per le seguenti cose, secondo l'esempio.

Esempio   il nuoto / lo sport
              —*Ti piace il nuoto?*
              —*No, lo sport che mi piace è il canottaggio. o...*

1. il giallo / il colore... **2.** le mele / la frutta... **3.** la Volvo / le automobili... **4.** i gatti / gli animali... **5.** il pugilato *(boxing)* / gli sport... **6.** Il Capodanno / la festa...

C. Una coppia di sposi. Completate le seguenti frasi usando **cui** preceduto (*preceded*) dalla preposizione appropriata.

> **Esempio**   Ricordi gli sposi _____ ti ho parlato?
> *Ricordi gli sposi di cui ti ho parlato?*

1. Ecco la chiesa _____ si sono sposati.
2. Questa è la città _____ si sono conosciuti.
3. Quello è il monumento vicino _____ si incontravano.
4. Ecco il negozio _____ lui lavorava.
5. Quelli sono gli amici _____ hanno passato molte ore allegre.
6. Non so esattamente la ragione _____ hanno litigato.
7. Ricordo molto bene il biglietto (*card*) _____ lei mi annunciava la loro separazione.

D. A voi la scelta. Completate le frasi usando uno dei seguenti pronomi relativi: **che, cui** (preceduto da una preposizione) o **quello che**.

1. Lo sport _____ preferisco è il tennis.
2. L'anno _____ sono nato era bisestile (*leap year*).
3. Non capisco _____ dici.
4. La festa _____ hai dato è stata un successo.
5. Il libro _____ ti ho parlato è in biblioteca.
6. La signorina _____ abbiamo incontrato è americana.
7. La signora _____ abbiamo parlato è canadese.
8. Il pranzo _____ mi hanno invitato era al ristorante Pappagallo di Bologna.
9. È proprio il vestito _____ ho bisogno.

E. Creiamo delle frasi. In gruppi di tre studenti, ogni studente crea tre frasi usando in ogni frase uno dei seguenti pronomi relativi: **che, cui** (con la preposizione) e **quello che**.

15.2 | I pronomi indefiniti

Tutti giocano al Totocalcio perché *ognuno* spera di vincere e qualche volta *alcuni* vincono *qualcosa* e *qualcuno* diventa milionario.
Il Totocalcio è una specie di lotteria legata (*related*) alle partite di calcio che si giocano ogni domenica durante la stagione del campionato. Chi riempie (*fills in*) la schedina e «fa tredici», cioè indovina il risultato delle partite di quella domenica, può vincere somme considerevoli.

In **Capitolo 4,** you studied the indefinite adjectives **qualche** and **alcuni(e)** *(some);* **tutti(e)** *(all);* and **ogni** *(every).* Here are some common indefinite pronouns:

alcuni(e)	*some*	**ognuno**	*everyone, each one*
qualcuno	*someone, anyone*	**tutti(e)**	*everybody, all*
	(in a question)	**tutto**	*everything*
qualcosa	*something, anything*		
	(in a question)		

Alcuni sono rimasti, altri sono partiti.	*Some stayed, others left.*
Conosco **qualcuno** a Roma.	*I know someone in Rome.*
Hai bisogno di **qualcosa?**	*Do you need anything?*
Ognuno ha fatto una domanda.	*Each one asked a question.*
C'erano **tutti.**	*Everybody was there.*
Ho visto **tutto.**	*I saw everything.*

Pratica

A. È qualcosa... In coppie, domandatevi a turno che cosa sono le seguenti cose. Rispondete seguendo l'esempio.

Esempio   —*Che cos'è una giacca a vento?*
—*È qualcosa con cui si va in montagna.*

B. Quale scegliete? Completate le frase scegliendo una delle seguenti espressioni: **qualche, alcuni/alcune, qualcuno** o **qualcosa.**

1. Mi piacciono tutte le attività sportive, ma ho solamente _____ domeniche libere e pratico solamente _____ sport leggero.

2. Ieri sono andato allo stadio e ho visto _____ di interessante. C'erano degli atleti che si allenavano per le Olimpiadi: _____ erano spettacolari.

3. _____ mi ha detto che la nostra squadra di calcio ha una buona possibilità di vincere e che abbiamo anche _____ atlete bravissime.

4. Franco, c'è il tuo allenatore che vuole domandarti _____.

5. _____ volta è difficile accettare la sconfitta *(defeat).*

C. **Un po' di tutto.** Completate le frasi usando **ogni, ognuno, tutto** o **tutti.**

1. Ho mangiato _____.
2. _____ può fare questo lavoro.
3. Sono venuti _____.
4. _____ volta che la vedevo, mi sorrideva (*she was smiling*).
5. _____ erano presenti e _____ ha potuto esprimere la sua opinione.
6. I tifosi applaudivano _____ gol della squadra.
7. Ho fatto _____ quello che dovevo fare.
8. _____ gli hanno augurato buon viaggio.
9. _____ giorno vado in bicicletta.

D. **Dopo la partita di basket.** Rico è ritornato al dormitorio dopo essere stato alla partita di basket e inizia una conversazione con Massimo, il suo compagno di stanza. In coppie, completate il loro dialogo scegliendo tra **ognuno, tutto, tutti** o **ogni.**

MASSIMO   Sei andato alla partita di basket?

RICO   Sì, ci vado _____ settimana.

MASSIMO   C'erano gli studenti della nostra classe?

RICO   Sì, c'erano quasi _____. E dopo abbiamo fatto una festa.

MASSIMO   Hanno portato qualcosa da mangiare?

RICO   Sì, _____ ha portato qualcosa.

MASSIMO   C'era qualcosa di buono?

RICO   _____ era buono.

MASSIMO   Mi hai portato a casa qualcosa?

RICO   Mi dispiace, ma abbiamo mangiato _____.

15.3 Espressioni negative

1. You have already studied some negative expressions **(Capitolo 9): non... più, non... mai, non... ancora.** The following are other common expressions that take a *double-negative* construction:

non... nessuno	*nobody, no one, not . . . anyone*
non... niente (nulla)	*nothing, not . . . anything*
non... neanche (neppure, nemmeno)	*not even; neither*
non... né... né	*neither . . . nor*

—C'è qualcuno in casa?

Non è venuto **nessuno.**   *Nobody came.*
Non abbiamo visto **nessuno.**   *We did not see anyone.*
Non ho mangiato **niente.**   *I did not eat anything.*
Non c'era **neanche** Pietro.   *Not even Pietro was there.*
Io **non** posso andare, e **neanche** lui!   *I can't go, and neither can he!*
Non voglio **né** carne **né** pesce.   *I want neither meat nor fish.*

2. The expressions **nessuno, niente, né... né** may precede the verb. When they do, **non** is omitted.

Nessuno vuole parlare.	*Nobody wants to talk.*
Niente è pronto.	*Nothing is ready.*
Né Giovanni **né** Maria vogliono venire.	*Neither Giovanni nor Maria wants to come.*

Note that with **né... né,** Italian uses a plural form of the verb (**vogliono**), whereas English uses a singular form *(wants).*

3. When **nessuno** is used as an adjective, it has the same endings as the indefinite article **un.** The noun that follows is in the singular.

Non ho **nessun** amico.	*I have no friends.*
Non vedo **nessuna** sedia.	*I don't see any chairs.*

4. **Niente** takes **di** before an adjective and **da** before an infinitive.

Non ho **niente di** buono **da** darti.	*I have nothing good to offer you.*

Non c'è mai niente di buono da mangiare in questa casa!

Pratica

A. Molte negazioni. Completate le seguenti frasi scegliendo tra **nessuno, niente, neanche** o **né... né.**

1. Ieri era il mio compleanno, ma Luisa non mi ha mandato _____ biglietto d'auguri, _____ una cartolina. Io non ho invitato _____, _____ mio fratello. _____ è venuto a trovarmi.

2. Siamo andati allo stadio, ma non c'era _____. Non abbiamo visto _____ giocatore. La partita non c'era, ma noi non ne sapevamo _____.

3. Mi dispiace, ma non ho _____ da offrirti. Questo mese non ho risparmiato _____ un euro.

4. Non c'è mai _____ d'interessante alla tivù, _____ sui canali nazionali, _____ su quelli locali.

 B. Momenti di cattivo umore *(mood).* Voi siete di cattivo umore. In coppie, fatevi a turno le seguenti domande.

Esempio   — *Uscirai con qualcuno domenica?*
                — *Non uscirò con nessuno.*

1. C'è qualcosa di buono in casa? 2. Hai comprato qualcosa da mangiare? 3. Vuoi qualcosa da bere? 4. Desideri leggere il giornale o riposare? 5. Hai incontrato qualcuno in piscina? 6. Ti ha parlato qualcuno? 7. Farai del basket o del nuoto questo fine settimana? 8. Hai mai fatto ciclismo? 9. Farai mai della pesistica *(weightlifting)*?

 C. No! In coppie, fatevi a turno le seguenti domande e rispondete negativamente, seguendo l'esempio.

Esempio   partecipare a una gara di nuoto
                — *Hai partecipato a una gara di nuoto?*
                — *Non ho partecipato a nessuna gara di nuoto.*

1. allenarsi allo stadio o in palestra 2. capire tutto 3. conoscere qualcuno a Firenze 4. vedere alcune città italiane 5. vincere un trofeo *(trophy)* 6. telefonare a qualcuno ieri sera 7. andare al cinema o alla partita 8. mangiare qualcosa di buono

D. Uno studente troppo pigro. Immaginate di essere i due studenti e completate la loro conversazione scegliendo tra **mai, niente, neanche, nessuno** o **né... né.**

RICO   Non pratichi qualche sport?

MASSIMO   No, non pratico _____ sport.

RICO   Potresti andare in palestra o nuotare in piscina.

MASSIMO   Non mi piace _____ andare in palestra _____ nuotare.

RICO   Non ti piace _____ fare jogging?

MASSIMO   Non vado _____ a fare jogging.

RICO   Allora non vuoi fare proprio _____!

MASSIMO   No, preferisco guardare gli sport alla TV.

 E. Ti piace sciare? In coppie, fatevi a turno le domande seguenti.

1. Dove sono i due sciatori?
2. Come sono vestiti?
3. Che tempo fa?
4. C'è molta neve a quell'altitudine?
5. Per cosa sono pronti?
6. Praticano lo sci di discesa o lo sci di fondo?
7. Dove saranno gli altri sciatori?
8. Tu sai sciare?

Sciatori pronti per la dicesa.

15.4 Il gerundio e la forma progressiva

Ragazzi che *stanno praticando* snowboarding.

1. The gerund (**il gerundio**) corresponds to the *-ing* form of English verbs. The gerund is formed by adding **-ando** to the stem of first-conjugation (**-are**) verbs and **-endo** to the stem of second- and third-conjugation (**-ere** and **-ire**) verbs. It is invariable.

Gerund	
parl**ando**	*speaking*
ripet**endo**	*repeating*
usc**endo**	*going out*

Note that verbs with an irregular stem in the imperfect also have an irregular stem in the gerund:

| bere: **bevendo** | dire: **dicendo** | fare: **facendo** |

2. **Stare** + *the gerund* expresses an action in progress in the present, past, or future, stressing the point in time at which the action occurs. This form is less commonly used in Italian than is its equivalent in English.

Che cosa **stai facendo**?	*What are you doing (at this very moment)?*
Sto leggendo.	*I'm reading.*
Che cosa **stavate facendo** ieri sera, a quest'ora?	*What were you doing last night at this time?*
Stavamo cenando.	*We were having dinner.*

3. The gerund may be used alone in a subordinate clause to express the conditions (time, cause, means, manner) that govern the main action. It corresponds to the English gerund, which is usually preceded by the prepositions *while, upon, on, in,* or *by.*

Camminando per la strada, ho visto un incidente d'auto.	*While walking on the street, I saw a car accident.*
Studiando, s'impara.	*By studying, one learns.*
Leggendo attentamente, capirete meglio.	*By reading carefully, you will understand better.*

Note that the subject of the gerund and the subject of the main verb are the same.

4. With the progressive form (**stare** + *gerund*), object and reflexive pronouns may either precede **stare** or follow the gerund. When the gerund stands alone, the pronouns are attached to it.

Mi stai ascoltando? OR Stai ascoltando**mi?**	*Are you listening to me?*
Guardandola attentamente, la riconobbi.	*Looking at her carefully, I recognized her.*

5. Unlike English, Italian uses an infinitive instead of a gerund as a noun (subject or object of another verb).

Nuotare (il nuoto) fa bene alla salute.	*Swimming (subj.) is good for your health.*
Preferisco **nuotare** (il nuoto).	*I prefer swimming (obj.).*

Pratica

Pulire la casa
Andare al lavoro
Contare i suoi soldi
Scrivere un libro
Fare un nuovo film
Giocare una partita

A. **Stiamo scherzando** *(We are joking).* Tu e il tuo compagno/la tua compagna siete stanchi di studiare e avete bisogno di distrarvi. A turno, domandatevi, scherzando, cosa staranno facendo queste persone.

Esempio   —*Cosa starà facendo il professore d'italiano?*
—*Starà spiegando i pronomi, per la millesima volta.*

1. Cosa starà facendo mia madre a casa?
2. Cosa starà facendo la mia ragazza/il mio ragazzo?
3. Cosa starà facendo Bill Gates?
4. E Al Gore?
5. Cosa staranno facendo Angelina e Brad?
6. E i Globetrotters?

B. Che cosa facevano? Dite che cosa facevano queste persone in determinate circostanze. Seguite l'esempio.

Esempio   I calciatori (giocare). Un cane ha attraversato lo stadio.
I calciatori stavano giocando quando un cane ha attraversato lo stadio.

1. Tu (leggere) una rivista di sport. Il professore è entrato.
2. Il Presidente (scrivere) un discorso. Il Segretario di Stato gli ha telefonato.
3. Jane Fonda (fare) yoga. È arrivato un giornalista per un'intervista.
4. Il ciclista (bere) alla sua vittoria. Una ragazza gli ha dato un mazzo di fiori.
5. La sciatrice Picabo Street (scendere) sulla pista. La neve è incominciata a cadere.

C. Ora, alcune ore fa, domani. In coppie, fatevi a turno le seguenti domande. Rispondete usando **stare** + *il gerundio.*

Esempio   —Che lezione studiamo?
—*Stiamo studiando la lezione sul gerundio.*

1. Che pagina leggiamo?
2. Che cosa fanno gli studenti in questo momento?
3. Che cosa facevi quando il professore è entrato?
4. Alle otto di stamattina che cosa facevi?
5. Che cosa farai domani a quest'ora?

D. Sono d'accordo con te. In coppie, uno studente/una studentessa esprime la sua opinione, e l'altro(a) si dichiara d'accordo, usando l'infinito.

Esempio   —**Il lavoro** *fa bene alla salute.*
—*È vero,* **lavorare** *fa bene alla salute.*

1. —*Lo sci* è divertente, non credi? —Sono d'accordo, _____.
2. —*Il fumo* fa male ai polmoni *(lungs).* —È vero, _____.
3. —Abbiamo bisogno di *riposo,* perchè abbiamo studiato troppo.
   —Hai ragione, _____.
4. —*Il divertimento* è necessario quanto *lo studio,* non credi? —Molto giusto, _____.
5. —Mi piace *il gioco* della pallavolo. E a te? —Anche a me piace _____.
6. —Ti piace *il nuoto?* —Sì, _____.

E. A voi la scelta. Completate le seguenti frasi, scegliendo tra il gerundio e l'infinito.

1. *(Walking)* _____ per la strada, ho incontrato Maria.
2. *(Hearing)* _____ quella canzone, ho avuto nostalgia del mio paese.
3. Mi piace *(swimming)* _____.
4. *(Skiing)* _____ è molto costoso.
5. *(Walking)* _____ tutti i giorni è un buon esercizio.
6. Pietro è andato a scuola *(running)* _____.
7. *(Having)* _____ molti soldi non significa essere felici.
8. *(Having)* _____ molti soldi, Dino è partito per le Hawaii.

Per finire   🔊 CD 2, Track 22

La mountain bike

Le vacanze estive stanno per arrivare. Tommaso e Lisa
stanno programmando le loro attività sportive per l'estate.

TOMMASO Lo sport che mi piacerebbe fare quest'estate è
l'alpinismo: **scalare** le montagne con le corde. **Da lassù**   *to climb / up there*
si gode una vista stupenda!

LISA **Sei impazzito?!** L'alpinismo è uno sport troppo   *Are you nuts?!*
pericoloso!

TOMMASO Cosa pensi del parapendio? Il collega con cui
lavoro è un esperto e potrebbe darci alcune lezioni.

LISA Mi dispiace, ma non voglio fare né alpinismo né
parapendio. Ma tu vuoi **proprio romperti l'osso**   *really / break*
del collo?   *your neck*

TOMMASO Ma, insomma, c'è qualcosa che ti piace fare?

LISA Certo: il tennis, il nuoto, la mountain bike, il trekking...

TOMMASO Non mi piace neanche uno di questi sport... eccetto la mountain bike.

LISA Bene, allora la settimana prossima andiamo in Val di Sole e ci fermiamo lì una settimana; noleggiamo le mountain bike e andiamo sulle piste ciclabili. Alla fine della giornata le lasciamo al deposito e prendiamo il trenino per tornare alla pensione in Val di Sole.

TOMMASO Finalmente hai un'idea che mi piace!

Comprensione

1. Che cosa stanno programmando Lisa e Tommaso?

2. Quali sono i due sport che Tommaso suggerisce di praticare per l'estate?

3. Chi potrebbe dare loro lezioni di parapendio?

4. Cosa pensa Lisa dell'alpinismo?

5. Quali sono gli sport che piacciono a Lisa?

6. Piacciono anche a Tommaso?

7. Quali sono i programmi di Lisa per la settimana?

Conversazione

1. Quali sport sono pericolosi secondo te?

2. Qual è lo sport che ti piace praticare durante l'estate? E durante l'inverno?

3. Qual è lo sport (o quali sono gli sport) che non praticherai mai?

4. Sei una persona molto sportiva o preferisci seguire lo sport alla TV?

5. Quale sport guardi più spesso alla TV?

6. Pratichi qualche sport seriamente oppure sei un dilettante *(amateur)*?

Adesso scriviamo!

Quale sport preferisci?

Strategy: Writing an argument

In this task, you will be offering an argument, or a set of reasons, for why you like a particular sport. In order to do this effectively, be sure to describe your favorite sport enthusiastically, highlighting its benefits or fascination. You might also wish to point out why it is better than other sports, or why your friend might want to join you in this activity rather than another.

Hai conosciuto un nuovo compagno/una nuova compagna e vi scrivete un' e-mail sullo sport che vi piace praticare o seguire. Scrivi un messaggio al tuo nuovo amico/alla tua nuova amica descrivendo le attività sportive che pratichi o che segui.

A. Prima di scrivere il tuo messaggio, leggi le domande che seguono per ogni paragrafo e scrivi le tue risposte.

- **Primo paragrafo:** Pratichi uno sport? Quale? Se non pratichi uno sport, segui uno sport in particolare alla televisione o all'aperto? Da quanto tempo pratichi (segui) questo sport? Quante volte alla settimana lo pratichi (segui)?

- **Secondo paragrafo:** In quale stagione o periodo dell'anno lo puoi praticare o seguire? Lo pratichi da solo(a) o con amici?

- **Terzo paragrafo:** Per quali ragioni ti piace questo sport? (Scrivine almeno due.) Desideri invitare il tuo amico/la tua amica a giocare o a guardare questo sport con te?

B. Ora scrivi il tuo messaggio al tuo amico/alla tua amica. Comincia così: *Caro Marco/Cara Sara, a me piace giocare a baseball. Gioco a baseball da quando avevo sei anni... [continua così]*

C. Quando hai finito, invita il tuo amico/la tua amica a giocare o a guardare il tuo sport preferito con te, un giorno o una sera.

Esempio   *Vuoi venire in palestra con me domani pomeriggio?* o *Ti va di guardare la partita alla TV con me, domenica pomeriggio?*

D. Leggi di nuovo il tuo messaggio. Tutte le parole sono scritte correttamente? Controlla l'accordo tra il verbo e il soggetto e tra il nome e l'aggettivo. Alla fine, con un compagno/una compagna, leggete i vostri messaggi. Accetteresti di giocare o guardare lo sport scelto dal tuo compagno/ dalla tua compagna?

Parliamo insieme!

 A. **Un quiz sportivo.** Attività in piccoli gruppi. Uno studente/Una studentessa chiede a ogni studente/studentessa del suo gruppo di nominare lo sport che descrive.

1. È lo sport più popolare in Europa e nell'America Latina. È uno sport di squadra. Sai quanti giocatori formano la squadra?

2. È uno sport individuale. In questo sport sono famosi il Giro d'Italia e il Giro di Francia. Sai chi è l'atleta americano che ha vinto più volte il Giro di Francia?

3. Questo sport ha due varianti; è uno sport individuale e si fa sulla neve. Puoi nominare lo sport e le due varianti?

4. In questo sport è necessario avere degli scarponi e delle corde. Sai qual è lo sport e da dove deriva il suo nome?

5. Sai quali sono due sport che si fanno sull'acqua?

6. Qual è lo sport che si pratica sul ghiaccio e in cui sono necessari i pattini?

7. È uno sport che consiste nel lanciarsi *(throw oneself)* da una montagna con un paracadute ad ala *(winged parachute)*. Se le correnti sono favorevoli è possibile rimanere in aria per lungo tempo. Come si chiama questo sport?

 B. **Una scelta.** Il CUS (Centro Universitario Sportivo) è un'associazione che da più di 50 anni promuove la pratica e la diffusione delle attività sportive universitarie e il turismo sportivo universitario. I CUS si trovano in 47 città italiane.

Avete del tempo libero durante la settimana e vorreste dedicarvi a una nuova attività sportiva. In coppie, consultate la pubblicità del CUS di Milano e decidete insieme quale sport scegliere, perché e quando allenarvi.

IL CUS DI MILANO
offre i seguenti corsi

Atletica leggera	Ginnastica dolce	Stretching
Basket	Hidrobike	Sub
Body conditioning	Hockey sul ghiaccio	Tae Kwon Do
Body pump	Kayak	Tai chi ch'uan
Body sculpture	Kicktone	Tennis
Boxercise	Latino Americano	Tiro con l'arco
Nuova Canottieri Olona	Nuoto	Tone up e supertone
Calcio a 5	Pallavolo	Tone & Stretch
Canotaggio	Patente nautica	Total body
Cardiofit training	Pilates	Total body
Cardiomix	Poweryoga	Total body workout
Easystep + stretching	Roller	Tris
Fitness mix	Roller Hockey	Ultra addominali
Free climbing	Rugby	Windsurf
Funky Hip Hop	Scherma	Vovinam Viet Vo Dao
Gag	Spin-bike	Yoga
Gag & Body pump	Step, stepmoves	
	Stretchtone	

Vedute d'Italia

L'estate dei pazzi sport   *crazy*

A. Prima di leggere

The following article presents three "extreme" summer sports that are becoming very popular in Italy: hang gliding, rafting, and canyoning. Although you may not be familiar with these sports within the Italian context, you probably have knowledge of at least some of them as practiced in North America.

Parapendio   *Hang gliding*

Il parapendio consiste nel **lanciarsi** da una montagna con un **paracadute ad ala** dal profilo aerodinamico. Con un paracadute da competizione si possono **raggiungere** anche i 50 kilometri orari di **velocità**. L'abilità di un pilota di parapendio sta nel riconoscere le correnti favorevoli in modo da poter danzare nell'aria il più a lungo possibile.

throw oneself
winged parachute
reach
speed

Parapendio

Rafting

Il rafting è un'attività sportiva abbastanza **impegnativa** che consiste in **discese** per acque **selvagge su gommoni,** generalmente con quattro o sei persone a bordo, sempre accompagnate da una guida. C'è rafting per tutti e un rafting avventura fra onde, **rocce e spruzzi d'acqua.** Prima dell'escursione si riceve una lezione teorica e una prova di **acquaticità.**

Rafting

demanding
descents / rough
rubber rafts

rocks and water sprays

swimming test

Alpinismo

Torrentismo

Il torrentismo (o canyoning) consiste in discese a piedi lungo il **greto, asciutto** o no, di **torrenti ripidi,** con **salti, gole e scivoli.** Il torrentismo si effettua con l'uso di **corde.** L'età minima non è fissa ma si aggira sui 14 o 15 anni. Indispensabile portare gli scarponcini da trekking.

pebbly shore / dry /
steep mountain
rivers / jumps / gorges
and slides / ropes

B. Alla lettura. Fatevi a turno le seguenti domande. Come si chiama... ?

1. ... lo sport che consiste nel lanciarsi con un paracadute ad ala da una montagna?

2. ... lo sport che consiste in discese a piedi lungo torrenti, e per il quale sono indispensabili gli scarponcini da trekking?

3. ... lo sport che consiste in discese per acque selvagge (*rough*) su gommoni con 4 o 5 persone a bordo?

4. ... lo sport che consiste nello scalare montagne con corde e ramponi (*crampons*)?

5. Secondo te, perché questi sport sono chiamati pazzi?

Vocabolario

Nomi

l'alpinista *(m. & f.)*	mountain climber
il ciclista/la ciclista	cyclist
la corsa	race
l'istruttore/l'istruttrice	instructor
il mazzo di fiori	bouquet of flowers
l'opinione *(f.)*	opinion
i pattini	ice skates
la ragione	reason
lo sciatore/la sciatrice	skier
gli sci	skis
la sconfitta	defeat
la scoperta	discovery

Aggettivi

appassionato (di)	fond (of)
attivo	active
dilettante	amateur
estivo	summer
invernale	winter
olimpico	Olympic
spettacolare	spectacular
sportivo	athletic, sporty

Verbi

ammettere (*p.p.* ammesso)	to admit
applaudire	to applaud
considerare	to consider
essere d'accordo	to agree
esprimere (*p.p.* espresso)	to express
partecipare (a)	to take part (in)
progettare	to plan
scherzare	to joke
suggerire (-isc-)	to suggest

Altre espressioni

appena	just
Chissà!	Who knows!
contro	against
insomma	all things considered, in conclusion
né... né	neither . . . nor
neanche, nemmeno	not even, neither
nessuna novità	nothing new
nessuno	nobody, no one
niente	nothing
ognuno	everyone; each one
qualcosa	something
qualcuno	someone
quello che	what
tutti	everybody
tutto	everything

Capitolo 16
Il corpo e la salute

Le attività fisiche aiutano a mantenersi in buona salute.

Punti di vista

Dalla dottoressa 🔊 CD 2, Track 23

Nello studio della dottoressa Rovelli, a Bari.

SIGNOR PINI Buon giorno, dottoressa.

LA DOTTORESSA Buon giorno, signor Pini, come andiamo oggi?

SIGNOR PINI Eh, non molto bene, purtroppo. Ho mal di testa, un terribile **raffreddore** e la **tosse**.   *cold / cough*

LA DOTTORESSA Ha anche la **febbre?**   *fever*

SIGNOR PINI Sì, l'ho misurata ed è alta: **trentanove**.   *39° Centigrade (102.2°F)*

LA DOTTORESSA Vedo che Lei ha una bella influenza. Le scrivo una **ricetta** che Lei presenterà in farmacia. Sono gli stessi antibiotici che Le ho dato l'anno scorso.   *prescription*

SIGNOR PINI E per la tosse? La notte non posso dormire **a causa della** tosse.   *because of the*

LA DOTTORESSA Per la tosse è bene che **prenda** questa medicina.   *you take*

SIGNOR PINI **Mi fanno male** anche le spalle, le braccia e le gambe.   *My . . . ache*

LA DOTTORESSA Prenda delle aspirine e vedrà che fra due o tre giorni starà meglio.

SIGNOR PINI Se non morirò prima...

LA DOTTORESSA **Che fifone!** Lei è **sano come un pesce!**   *What a chicken! / as healthy as a horse (lit. as a fish)*

Comprensione

1. In quale città si trova lo studio della dottoressa Rovelli? **2.** Perché il signor Pini va dalla dottoressa? **3.** Quali sono i suoi sintomi? **4.** Qual è la diagnosi della dottoressa? **5.** Che cosa scrive la dottoressa? Che cosa deve fare il signor Pini? **6.** Perché non dorme la notte il signor Pini? Che dolori ha? **7.** Che cosa prescrive la dottoressa per tutti i dolori del signor Pini? **8.** Perché la dottoressa lo prende in giro *(teases him)*?

Studio di parole — Il corpo e la salute
(Body and Health)

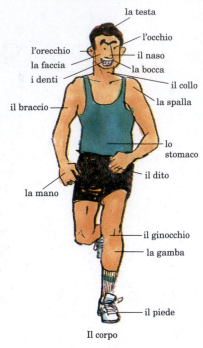

la testa
l'occhio
l'orecchio
il naso
la faccia
la bocca
i denti
il collo
il braccio
la spalla
lo stomaco
il dito
la mano
il ginocchio
la gamba
il piede

Il corpo

avere mal di... testa to have a . . . headache

denti toothache

stomaco stomachache

schiena backache

gola sore throat

avere il raffreddore to have a cold

avere la febbre to have a fever

avere la tosse to have a cough

mi fa male la testa (lo stomaco, ecc.) my head aches (my stomach . . . , etc.)

mi fanno male i denti (le gambe, ecc.) my teeth (my legs, etc.) ache

farsi male to hurt oneself

Mi sono fatto(a) male al collo. I hurt my neck.

Mi sono rotto (rompersi) un braccio. I broke my arm.

sano healthy

ammalarsi to become ill

(am)malato ill

la malattia disease

il dolore pain

la medicina medication, medicine

misurare la febbre to take someone's temperature

guarire (-isc-) to recover

essere a dieta to be on a diet

dimagrire (-isc-) to lose weight

Sono dimagrito(a) di due chili. I lost two kilos.

ingrassare to gain weight

Sono ingrassato(a) di una libbra. I gained one pound.

essere (sentirsi) in forma to be (to feel) fit/healthy

l'aspirina aspirin

l'antibiotico antibiotic

sentirsi meglio to feel better

la ricetta prescription

la farmacia pharmacy

Informazioni — L'assistenza sanitaria

Tutti i cittadini in Italia hanno diritto all'assistenza medica e ospedaliera. I lavoratori devono pagare un contributo, mentre per chi non ha un lavoro l'assistenza è gratuita. Ogni cittadino possiede una tessera sanitaria *(national health card)* che presenta per le visite mediche e per tutti gli altri servizi sanitari. Quando una persona è ammalata, il medico viene a casa per la visita e, se necessario, ritorna nei giorni successivi.

Il Governo concede un sussidio mensile di circa 400 euro ai familiari che ospitano e si prendono cura di un genitore incapace di provvedere a sé stesso. Il farmacista è un laureato che può consigliare e dare medicinali in caso di malattie non gravi. In ogni città c'è sempre almeno una farmacia aperta di notte. Per una visita medica urgente è bene dirigersi al Pronto soccorso *(emergency room)*. Se si tratta di qualcosa di molto serio o di un incidente, è meglio chiamare il numero **118** per l'ambulanza o per l'ospedale più vicino.

Applicazione

A. Rispondete alle domande seguenti

1. Quando si va dal dentista? **2.** Se uno va a sciare e cade, cosa si può rompere? **3.** Se qualcuno festeggia un'occasione speciale e beve molti bicchieri di vino, che cos'ha il giorno dopo? **4.** Quando portiamo un paio di scarpe strette, che cosa ci fa male? **5.** Cosa si prende quando si ha il raffreddore? **6.** Quando si usa il termometro?

B. Quanti mali! Completate le frasi seguenti.

1. Il mese scorso sono andato(a) a sciare e *(I broke my leg)* _____.

2. Ieri sono stato(a) a casa perché *(I had a fever)* _____.

3. Mia sorella è caduta dalla bicicletta e *(she hurt herself)* _____.

4. L'altro ieri ho camminato per quattro ore e oggi *(my feet hurt)* _____.

5. Se *(you have a toothache)* _____, perché non vai dal dentista?

6. Dottore, non mi sento bene: *(I have a cold and a sore throat)* _____.

7. Mia madre è preoccupata perché *(I lost weight)* _____ di tre chili.

C. Finisci la frase. In coppie, a turno, uno studente/una studentessa incomincia la frase e il compagno/la compagna la finisce o aggiunge quello che manca *(adds what is missing)*.

1. Devo prendere due aspirine perché _____.

2. Oggi non posso parlare perché mi fa male _____.

3. Ho le scarpe strette e mi fanno male _____.

4. Il dottore mi ha dato _____ che devo portare in farmacia.

5. Ho bisogno di un termometro per _____.

6. Se voglio dimagrire di quattro chili devo _____.

7. Devo prendere un appuntamento con il dentista perché _____.

8. Ho preso gli antibiotici e oggi mi sento _____.

D. Conversazione

1. In quale stagione è facile prendere il raffreddore? Perché?

2. Quanto tempo fa hai avuto l'influenza tu? Che cosa ti faceva male?

3. Hai mai fatto l'iniezione per prevenire *(to prevent)* l'influenza?

4. Che cosa fa di solito un fifone quando sta male? Ti consideri un fifone/una fifona tu?

Ascoltiamo! 🔊 CD 2, Track 24

Una telefonata. Lisa receives a phone call from Giovanni, an old friend she ran into a few weeks earlier while on vacation in Roccaraso. Listen to their conversation; then answer the following questions.

Comprensione

1. Dove si sono incontrati Lisa e Giovanni?

2. Lisa ha delle buone novità?

3. Che cosa è successo a Lisa mentre sciava?

4. Si è anche fatta male alla testa?

5. Dove le hanno ingessato il braccio? Il braccio ingessato è il destro o il sinistro?

6. Perché Giovanni ha telefonato a Lisa?

7. Quando si vedranno Lisa e Giovanni?

Dialogo

Cosa vi è successo? In piccoli gruppi, raccontatevi quando e come avete avuto un incidente *(accident)*. (Se non avete mai avuto un incidente, immaginate di averne avuto uno—niente di grave, però.)

Punti grammaticali

16.1 Il passato remoto

Il nonno di Lucia nacque a Cosenza nel 1910.	Visse in Calabria fino al 1933.	A ventitré anni emigrò in America.	Morì a Brooklyn nel 1975.

1. The **passato remoto,** like the **passato prossimo,** is a tense that expresses an action completed in the past. However, the **passato prossimo** is generally used to express actions that took place in a not-too-distant past. The **passato remoto** relates past actions and events completely detached from the present. It is most commonly found in narrative and historical writings. The **passato remoto** is used less frequently in spoken Italian, although this varies from region to region. Use of the **passato remoto** in conversation indicates that the speaker perceives the action described as distant from or unrelated to the present.

   Because of the importance of the **passato remoto** in both literary and spoken Italian, it is introduced here so that you will recognize it when you encounter it.

2. The **passato remoto** is formed by adding the appropriate endings to the infinitive stem.

   parlare → **parlai** = *I spoke, I did speak*

   It is conjugated as follows:

parlare	ricevere	partire
parl**ai**	ricev**ei** (ricev**etti**)	part**ii**
parl**asti**	ricev**esti**	part**isti**
parl**ò**	ricev**è** (ricev**ette**)	part**ì**
parl**ammo**	ricev**emmo**	part**immo**
parl**aste**	ricev**este**	part**iste**
parl**arono**	ricev**erono** (ricev**ettero**)	part**irono**

   Many regular **-ere** verbs have an alternate ending for the first-person singular and for the third-person singular and plural.

Dante **morì** nel 1321.	*Dante died in 1321.*
Il dottore **entrò** e **visitò** il malato.	*The doctor came in and examined the patient.*
Roma **diventò** la capitale d'Italia nel 1870.	*Rome became the capital of Italy in 1870.*

3. **Essere** and the following verbs are irregular in all their forms in the **passato remoto.**

essere:	fui, fosti, fu, fummo, foste, furono
bere:	bevvi, bevesti, bevve, bevemmo, beveste, bevvero
dare:	diedi, desti, diede, demmo, deste, diedero
dire:	dissi, dicesti, disse, dicemmo, diceste, dissero
fare:	feci, facesti, fece, facemmo, faceste, fecero
stare:	stetti, stesti, stette, stemmo, steste, stettero

4. **Avere** and the following verbs are irregular only in the **io, lei,** and **loro** forms. To conjugate these forms, add the endings **-i, -e,** and **-ero** to the irregular stem.

avere: ebb*i*, avesti, **ebb*e*,** avemmo, aveste, **ebb*ero***
cadere: cadd*i*, cadesti, **cadd*e*,** cademmo, cadeste, **cadd*ero***

chiedere	chiesi	**rispondere**	risposi
chiudere	chiusi	**rompere**	ruppi
conoscere	conobbi	**sapere**	seppi
decidere	decisi	**scrivere**	scrissi
leggere	lessi	**vedere**	vidi
mettere	misi	**venire**	venni
nascere	nacqui	**vivere**	vissi
prendere	presi	**volere**	volli

5. The **passato remoto,** like the **passato prossimo,** may be used in combination with the imperfect tense to express an action that was completed while another action or situation was occurring.

Gli **diedi** un bacio mentre uscivo.   *I gave him a kiss while I was going out.*

Scrissero al padre perché non avevano più soldi.   *They wrote to their father because they didn't have any more money.*

Pratica

A. **La gente non è mai contenta.** Leggete la seguente storia e sottolineate i verbi al passato remoto. Poi sostituite il passato remoto con il passato prossimo.

Un giorno la Madonna, San Giuseppe e il Bambino Gesù partirono da Gerusalemme con il loro asino. San Giuseppe mise la Madonna e il Bambino Gesù sull'asino. Lui era a piedi. Arrivarono ad un paese. La gente guardò i tre viaggiatori e disse: «Che vergogna! La giovane donna e il bambino sono sull'asino, e il povero vecchio cammina!» Allora la Madonna e il Bambino smontarono dall'asino e incominciarono a camminare. San Giuseppe salì sull'asino. Arrivarono ad un altro paese e sentirono altri commenti della gente: «Che vergogna! L'uomo forte è sull'asino, e la povera donna e il bambino camminano!» Allora tutti e tre montarono sull'asino. Ma appena arrivarono ad un terzo paese, la gente ricominciò con i commenti: «Che vergogna! Tre persone sopra un povero asino!» E i tre smontarono dall'asino e lo portarono sulle spalle. Quando arrivarono ad un altro paese, gli abitanti fecero altri commenti: «Che stupidi! Tre persone che portano un asino!»

B. **Cappuccetto Rosso.** Completate la seguente storia mettendo i verbi in parentesi al passato remoto.

C'era una volta una bambina che si chiamava Cappuccetto Rosso. Un giorno la mamma (preparare) _____ un cestino di cose buone da portare alla nonna che era ammalata. Cappuccetto Rosso (partire) _____, (entrare) _____ nel bosco e (fermarsi) _____ a raccogliere dei fiori. Improvvisamente un grosso lupo (uscire) _____ da dietro un albero e le (domandare) _____ dove andava. Quando (sapere) _____ che andava dalla nonna, la (salutare) _____ e (andare) _____ via. Cappuccetto Rosso (arrivare) _____ dalla nonna, (entrare) _____ e (trovare) _____ la nonna a letto.

—Nonna, nonna, che orecchie lunghe hai...— (dire) _____ la bambina.

—Per sentirti meglio!— (rispondere) _____ la nonna.

—Nonna, nonna, che bocca grande hai...

—Per mangiarti meglio!

E il lupo (saltare) _____ dal letto e la (divorare) _____.

C. **La Bianchina.** Completate le storiella mettendo i verbi in corsivo all'imperfetto o al passato remoto.

Un contadino *avere* alcune mucche. Una delle mucche *chiamarsi* Bianchina: *essere* più bella e *dare* più latte delle altre. Un giorno qualcuno gli *rubare (to steal)* la Bianchina. Il contadino *fare* di tutto per trovare il ladro *(the thief)*, ma non *avere* successo. Così *andare* da Don Luigi, il parroco del villaggio e gli *raccontare* il fatto. Don Luigi *essere* molto astuto.

«Non preoccuparti», gli *dire*, «domenica, a messa, sapremo chi ha rubato la Bianchina». Domenica, alla messa, Don Luigi *salire* sul pulpito per la predica *(sermon)*, *guardare* i fedeli che *riempire (to fill)* i banchi della chiesa, e *ordinare*: «Sedetevi!» Quando tutti *essere* seduti, Don Luigi *ripetere*: «Sedetevi!». I fedeli *guardarsi* l'un l'altro meravigliati. Dopo alcuni secondi di silenzio, Don Luigi, per la terza volta, *dare* un ordine perentorio: «Ho detto, sedetevi!»

«Ma, padre» qualcuno *obiettare*, «siamo già tutti seduti!»

«No», *rispondere* Don Luigi, «quello che ha rubato le Bianchina non è seduto»

«Sì, padre», una voce *arrivare* da un banco in fondo alla chiesa, «sono seduto anch'io!»

D. **Alcuni Italiani famosi.** Quanti nomi di esploratori *(explorers)* e di scienziati *(scientists)* italiani potete abbinare *(to match)* con le frasi che seguono?

Marco Polo (1254–1324)	Luigi Galvani (1737–1798)
Leonardo da Vinci (1452–1519)	Alessandro Volta (1745–1827)
Amerigo Vespucci (1454–1512)	Guglielmo Marconi (1874–1937)
Galileo Galilei (1564–1642)	Enrico Fermi (1901–1954)

1. Cinque secoli fa disegnò molte macchine moderne, fra cui l'elicottero, l'aereo e il carro armato *(tank)*.

2. Con l'aiuto del telescopio, confermò la teoria che la terra gira intorno al sole. La Chiesa lo condannò come eretico.

3. Nel 1938 ricevè il premio Nobel per le sue ricerche nel campo *(field)* dell'energia nucleare.

4. Fece esperimenti sugli animali e stabilì le basi dell'elettrofisiologia.

5. Esplorò le coste del Nuovo Mondo e diede il suo nome al nuovo continente.

6. Inventò il telegrafo senza fili *(wireless)* e nel 1909 ottenne il premio Nobel per la fisica.

7. Visitò l'Asia e descrisse il suo viaggio nel famoso libro *Il Milione*.

8. Fu l'inventore della pila *(battery)* elettrica.

16.2 Plurali irregolari

Il Lago Maggiore, in Lombardia, è uno dei più grandi laghi italiani (il secondo dopo il Lago di Garda). Situato ai piedi delle Alpi ed alimentato dai ghiacciai *(glaciers)* alpini, il Lago Maggiore è luogo di vacanza e meta di turisti italiani e stranieri.

1. Most nouns and adjectives that end in **-co** and **-go** form the plural with **-chi** and **-ghi.**

il fuoco	**i fuochi**	fresco	**freschi**
il parco	**i parchi**	stanco	**stanchi**
l'albergo	**gli alberghi**	largo	**larghi**
il lago *(lake)*	**i laghi**	lungo	**lunghi**

NOTE: The plural of most nouns and adjectives ending in **-ico** is formed with **-ici:** l'amico, **gli amici;** il medico, **i medici;** simpatico, **simpatici;** pratico, **pratici.**

BUT antico, **antichi**

2. Nouns ending in **-io** with the stress on the last syllable form the plural with **-ii.**

lo zio	**gli zii**
l'addio	**gli addii**

3. Nouns ending in **-cia** and **-gia** keep the **i** in the plural when the **i** is stressed; otherwise the plural is formed with **-ce** and **-ge.**

la farmacia	**le farmacie**
la bugia *(lie)*	**le bugie**
BUT la ciliegia *(cherry)*	**le ciliege**
la pioggia	**le piogge**

4. Some masculine nouns ending in **-a** form the plural with **-i.** (They derive mainly from Greek, and most end in **-ma** or **-amma.**) The most common are:

il diploma	**i diplomi**
il problema	**i problemi**
il sistema	**i sistemi**
il programma	**i programmi**

Il Tempio di Ceres (Athena), 500 B.C., Peastum (Napoli): Molti templi sono stati lasciati in Sicilia dai Greci.

5. Nouns and adjectives ending in **-ista** can be either masculine or feminine. They form the plural in **-isti** (masculine) and **-iste** (feminine).

il/la musicista	**i musicisti/le musiciste**
il/la turista	**i turisti/le turiste**
egoista *(selfish)*	**egoisti/egoiste**
idealista	**idealisti/idealiste**

6. The following nouns that refer to the body are masculine in the singular and feminine in the plural.

il braccio	**le braccia** *(arms)*	la mano *(f.)*	**le mani** *(hands)*
il dito	**le dita** *(fingers)*	l'orecchio	**le orecchie** *(ears)*
il ginocchio	**le ginocchia** *(knees)*	l'osso	**le ossa** *(bones)*
il labbro	**le labbra** *(lips)*		

Pratica

A. Gioco dei plurali. Mettete le seguenti frasi al plurale.

1. L'ufficio turistico è chiuso oggi.
2. Il turista e la turista hanno visitato il parco di Roma.
3. L'acqua del lago è sporca *(dirty)*.
4. La camera dell'albergo è abbastanza larga.
5. Non possiamo accendere un fuoco in questo bosco.
6. Non ho mangiato quest'arancia perché è marcia *(rotten)*.
7. Il tuo problema non è molto serio.
8. Ho un dolore *(pain)* al ginocchio.

B. Riflessioni di un liceale. Completate usando il plurale delle parole in parentesi.

Oggi è la fine degli esami di maturità; presto avremo (il diploma) _____. È anche il giorno (dell'addio) _____ ai vecchi (amico) _____ di liceo. Siamo tutti felici e pensiamo a (lungo) _____ vacanze (sulla spiaggia) _____ italiane e a (fresco) _____ pomeriggi (nel parco) _____ delle città. Per diversi mesi non avremo più libri tra (la mano) _____; siamo (stanco) _____ di studiare e facciamo (programma) _____ molto (ottimista) _____ per il nostro futuro. In questi giorni ci sentiamo (idealista) _____; rimandiamo a domani (il problema) _____ della vita!

 C. Sai dire il plurale? In coppie, dite a turno il singolare dei seguenti nomi. Il vostro compagno/La vostra compagna dirà il plurale.

il braccio	il lago
il ginocchio	il problema
l'albergo	la mano
il turista	il parco
il diploma	il programma
il sistema	lo zio

16.3 Suffissi con nomi e aggettivi

Zona del Barolo (Piemonte): il Piemonte produce il Barolo e il Barbera; produce anche eccellenti vinelli

In Italian, the meaning of a noun or an adjective can be altered by attaching a particular suffix. The suffix is added after the final vowel of the word is dropped. The most common suffixes are:

1. -ino(a); -etto(a); ello(a), conveying smallness or endearment.

fratello	fratell**ino** (*dear little brother*)
Luigi	Luig**ino** (*dear little Luigi*)
casa	cas**etta** (*cute little house*)
vino	vin**ello** (*light but good wine*)

2. -one (-ona, -oni, -one), conveying largeness, weight, or importance.

naso	nas**one** (*huge nose*)
dottore	dottor**one** (*well-known doctor*)
pigro	pigr**one** (*very lazy*)

3. -accio (-accia, -acci, -acce), conveying a pejorative connotation.

parola	parol**accia** (*dirty word*)
ragazzo	ragazz**accio** (*bad boy*)
tempo	temp**accio** (*very bad weather*)

NOTE: The choice of suffixes is idiomatic and cannot be made at random. It is best that you limit their use to examples you read in reliable sources or hear from native speakers.

Pratica

A. Variazioni. Aggiungete alla parola in corsivo il suffisso necessario per rendere *(to convey)* il significato di ogni frase.

1. un *tempo* con molta pioggia
2. un *libro* di mille pagine
3. il *naso* di un bambino
4. un *ragazzo* grande e grosso
5. una *villa* piccola e carina
6. due lunghe *giornate* faticose
7. il *giornale* dei piccoli (bambini)
8. un *ragazzo* cattivo
9. le grosse *scarpe* da montagna
10. un *professore* molto famoso
11. una brutta *parola*

B. Che cosa significa? In coppie, a turno, chiedete al compagno/alla compagna di darvi l'equivalente inglese delle frasi che gli/le leggete.

1. Hanno comprato *una macchinetta rossa*.
2. Vai alla spiaggia? *Porta l'ombrellone!*
3. Antonio ci ha raccontato *una storiella divertente*.
4. Se voglio i libri dell'ultimo scaffale, *ho bisogno della scaletta*.
5. *Era una serataccia* fredda, con vento e pioggia.
6. Ho incontrato Marcello: *era con una biondina*.
7. Un ragazzo come te non dovrebbe leggere *quel giornalaccio*.

16.4 Verbi ed espressioni verbali + *infinito*

1. Some verbs and verbal expressions are followed by an infinitive without a preposition. Among the most common are:

   a. semiauxiliary verbs: **dovere, potere, volere, sapere**

   b. verbs of *liking* and *disliking*: **piacere, desiderare, preferire**

   c. impersonal verbal expressions with the verb **essere**, such as **è facile (difficile), è possibile (impossibile), è necessario**

Potresti aiutarmi?	*Could you help me?*
Mi **piace** ascoltare i dischi di Pavarotti.	*I like to listen to Pavarotti's albums.*
È facile sbagliarsi.	*It is easy to make a mistake.*
È possibile laurearsi in quattro anni.	*It is possible to graduate in four years.*

2. Some verbs and verbal expressions require the preposition **di** + *infinitive*. Among the most common are:

   > **essere** + *adjective:* **contento(a), felice, stanco(a)**
   >
   > **avere** + *noun:* **paura, bisogno, tempo**
   >
   > verbs of *saying:* **dire, domandare, chiedere**
   >
   > verbs of *thinking:* **credere, pensare, ricordarsi, sperare**
   >
   > other verbs: **dimenticare, cercare** *(to try),* **finire**

Sono contento di vederLa.	*I am glad to see you.*
Non ho tempo di fermarmi.	*I don't have time to stop.*
Sperava di diventare una grande pittrice.	*She was hoping to become a great painter.*

3. Some verbs require the preposition **a** + *infinitive*. Among the most common are:

aiutare	continuare	(in)cominciare
andare	imparare	venire

Abbiamo continuato a camminare.	*We continued walking.*
Ha imparato a usare il PC.	*He learned to use the PC.*
Vorrei **venire a** trovarti.	*I would like to come visit you.*

   NOTE: A more complete list of verbs and verbal expressions + infinitive appears in **Appendix 2.**

Pratica

A. Una visita alla nonna. Completate le frasi con le preposizioni **a** o **di** (se sono necessarie).

La settimana scorsa sono andato _____ trovare la mia nonna, che non stava bene. Il dottore le ha detto _____ prendere delle medicine, ma lei non vuole _____ prenderle. Mia nonna era contenta _____ di vedermi, e mi ha chiesto _____ aiutarla nei lavori in giardino. Io non avevo molto tempo _____ stare con lei, ma l'ho aiutata _____ raccogliere le albicocche. Ho anche cercato _____ convincerla _____ prendere le medicine. Lei ha detto che non le piace _____ prendere le medicine, preferisce _____ curarsi con la dieta. Lei era felice _____ vedermi, e mi ha chiesto _____ ritornare presto a trovarla.

B. Un po' di tutto. Cambiate le frasi seguenti secondo l'esempio e usate le preposizioni appropriate quando sono necessarie.

Esempio Ci iscriviamo all'università. (speriamo)
Speriamo di iscriverci all'università.

1. Beviamo un cappuccino. (vorremmo)
2. Vai in Italia? (sei contento)
3. I lavoratori aspettavano un aumento. (erano stanchi)
4. Ho riparato il laptop. (ho cercato)
5. Lucia guarda le vetrine. (si è fermata)
6. Ti accompagno a casa? (posso)
7. Lei leggeva fino a tardi. (le piaceva)
8. Lavoriamo per vivere. (è necessario)

 C. Un po' d'immaginazione. In coppie, a turno, completate oralmente le frasi con le preposizioni **a, di** e **per** (se sono necessarie) e con l'infinito. Potete consultare il vocabolario in *Studio di parole*.

Esempio Il professore/La professoressa oggi non sta bene. Ha voglia...
Ha voglia di andare a casa. o...

1. Ho mal di testa. Devo...
2. Ho un po' di febbre. Ho paura...
3. Io e il mio compagno/la mia compagna siamo a dieta. Vorremmo...
4. Mio fratello è caduto mentre sciava. Ha paura...
5. Mi fanno male i denti. Ho bisogno...
6. Il dottore mi ha dato le medicine, ma io ho dimenticato...
7. Ho bisogno di un termometro...
8. Le medicine mi hanno fatto bene. Devo continuare...

Per finire

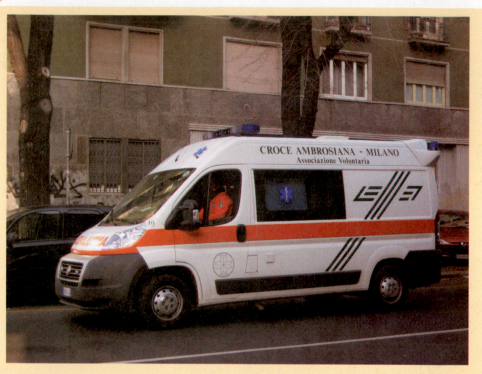

È solo un'influenza! 🔊 CD 2, Track 25

Quando Marco si è svegliato questa mattina, non si sentiva bene: aveva mal di testa, mal di gola e il raffreddore. Si sentiva anche un po' di febbre, ma non avendo il termometro, non poteva misurarsela. Dopo aver deciso che era meglio rinunciare ad andare all'università, è tornato a letto ma, un paio d'ore più tardi, stava peggio di prima. Forse, ha pensato, era il caso di farsi vedere dal dottore. Poiché non aveva la macchina, Marco ha mandato un sms al suo amico Gianni, dopo aver telefonato al dottore.

MESSAGGIO Stamattina non sto bene. Penso di avere l'influenza. Mi potresti accompagnare tu in macchina dal dottore?

RISPOSTA Sì, certo. Hai preso un appuntamento?

MESSAGGIO Sì, può ricevermi alle due.

RISPOSTA OK, passo a prenderti all'una e mezzo.

(Nello studio della dottoressa Rossi, dopo la visita.)

DOTTORESSA È solo un'influenza. Fai una vita attiva?

MARCO Sì, credo di sì. Vado a sciare, vado in palestra e faccio il cardiofit training. Ma in questi ultimi due mesi non ho fatto nessuna attività perché ho un sacco di roba da studiare.

DOTTORESSA E la tua dieta?

(Gianni si mette a ridere.)

GIANNI La sua dieta? Pizza per cena e **gli avanzi** della   *leftover*
pizza per colazione!

DOTTORESSA No, devi cambiare sistema. Devi fare attenzione
alla dieta. **Tieni, prendi questo** antinfluenzale e della   *Here, take this*
vitamina C e... niente pizza per colazione.

GIANNI Non si preoccupi dottoressa. Stasera cucino io per
tutt'e due: brodo di pollo, carne ai ferri e succo d'arancia. In un paio di giorni lo rimetto a nuovo!

Comprensione

1. Come si sentiva Marco stamattina, quando si è svegliato?

2. Che sintomi aveva?

3. Ha deciso di andare all'università?

4. Quando ha deciso di andare dal dottore, perché ha chiesto un passaggio al
suo amico Gianni?

5. Per che ora è l'appuntamento con la dottoressa?

6. Qual è la diagnosi della dottoressa Rossi dopo che ha visitato Marco?

7. Quali attività sportive fa Marco? Perché recentemente non ha praticato
nessuno sport?

8. Ha una dieta equilibrata Marco? Perché?

9. Che medicina gli ha dato la dottoressa? E che consigli?

10. Qual è la soluzione di Gianni?

Conversazione

1. Tu fai attenzione alla dieta o mangi solo quello che ti piace?

2. Compri molti prodotti biologici *(organic)*?

3. Fai una vita attiva o sedentaria?

4. Pratichi qualche sport? Quale?

5. Cosa fai quando hai l'influenza? Vai dal dottore? Prendi due aspirine
e aspetti che ti passi *(goes away)*?

6. Vai alle lezioni (al lavoro) anche quando non ti senti bene? O stai a letto?

Adesso scriviamo!

La medicina

Strategy: Summarizing information

Summarizing information in a concise and clear manner is an important skill. This task requires that you do so in three paragraphs. Here are a few suggestions to keep in mind as you organize your ideas:

a. Organize your material (in this case your answers to the questionnaire) under two or three main headings or categories.

b. For each heading or category, write one or two descriptive sentences which concisely summarize the general idea.

c. Be sure to make reference to these key ideas in your conclusion.

A. Leggi le norme del «Nuovo codice europeo» per mantenersi in buona salute. Poi scrivi negli spazi numerati, quello che fai per seguire queste norme e per stare in buona salute.

Adottando uno stile di vita più salutare è possibile evitare alcune neoplasie e migliorare lo stato di salute

1) Non fumare; se fumi, smetti. Se non riesci a smettere, non fumare in presenza di non-fumatori

2) Evita l'obesità

3) Fai ogni giorno attività fisica

4) Mangia ogni giorno frutta e verdura: almeno cinque porzioni. Limita il consumo di alimenti contenenti grassi di origine animale

5) Se bevi alcolici, che siano birra, vino o liquori, modera il loro consumo a due bicchieri al giorno se sei uomo, ad uno se sei donna

6) Presta attenzione all'eccessiva esposizione al sole. È di importanza fondamentale proteggere bambini ed adolescenti. Gli individui che hanno la tendenza a scottarsi al sole devono proteggersi per tutta la vita dall'eccessiva esposizione

7) Osserva scrupolosamente le raccomandazioni per prevenire l'esposizione occupazionale o ambientale ad agenti cancerogeni noti, incluse le radiazioni ionizzanti

Esempio

1. *Io non ho mai fumato.* o *Io fumavo qualche sigaretta, ma ho smesso.*

2. _____

3. _____

4. _____

5. _____

6. _____

7. _____

B. Organizza le tue idee in tre paragrafi.

 1. Nel primo paragrafo spiega perché è importante mantenersi in buona salute.

 2. Nel secondo paragrafo fai un riassunto dei sette punti che hai completato.

 3. Nel terzo paragrafo aggiungi i tuoi suggerimenti su quello che possiamo fare per migliorare la nostra salute.

C. Quando hai finito la tua descrizione, controlla di aver scritto tutte le parole correttamente e controlla l'accordo tra i verbi e i soggetti e tra i nomi e gli aggettivi.

Parliamo insieme!

 A. In coppie, nominate a turno le parti del corpo indicate con una linea *(line)*. Dite anche quali parti del corpo hanno dei nomi con i plurali irregolari.

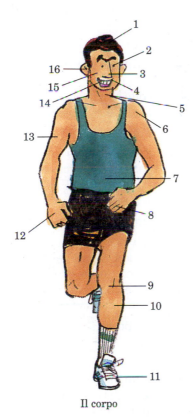

Il corpo

 B. Attività in gruppi di tre o quattro studenti. Ogni studente/studentessa dice quello che fa per mantenersi *(to keep him/herself)* in buona salute. **Suggerimenti:** eat healthy food; prepare his/her own meals (instead of eating fast food); use organic products; have a good breakfast; sleep at least 6–7 hours per night; practice several sports, including jogging, long walks in the park, bike riding, going to the gym; have a check-up **(visita)** (doctor and dentist) twice a year; do not smoke; do not drink alcoholic **(alcolico)** beverages; do not drink too much coffee; don't drive **(guidare)** too fast; don't be too stressed; do meditation; be generous with less-fortunate people.

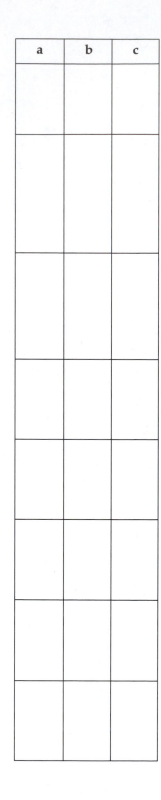

 C. Le vostre abitudini. In coppie, fatevi le domande del quiz per scoprire se le vostre abitudini sono benefiche per la vostra salute o se avete bisogno di cambiarle. Mettete una X nella casella *(box)* appropriata.

1. Ti prepari la colazione la mattina?

   a. Mi preparo una buona colazione ogni mattina, con latte e cereali.
   b. Quando ho tempo, e non sono in ritardo, mi preparo la colazione.
   c. Mangio qualcosa fuori prima delle lezioni (del lavoro).

2. Mangi spesso al fast-food?

   a. No, non spesso. Mi fermo a mangiare al fast-food solo due o tre volte al mese.
   b. Mangio al fast-food quando non ho tempo di prepararmi il pranzo, più o meno una volta alla settimana.
   c. Sono sempre di fretta e mi fermo al fast-food tre o quattro volte alla settimana (mi piacciono le patatine fritte).

3. Mangi frutta e verdura tutti i giorni?

   a. Sì, quasi tutti i giorni, specialmente la frutta e le verdure che mi piacciono.
   b. Mangio solo la frutta che mi piace e poca verdura.
   c. Non mi piace molto mangiare la frutta e la verdura. Mangio le banane e detesto i broccoli.

4. Quante volte al giorno prendi il caffè?

   a. Di solito lo prendo una volta al giorno, e spesso prendo quello decaffeinato.
   b. Lo prendo un paio di volte al giorno.
   c. Lo prendo diverse volte al giorno, per stare sveglio(a).

5. Quando vai alle feste, bevi delle bevande alcoliche? Un bicchiere o due?

   a. Ne bevo solo un bicchiere, o al massimo *(at the most)* due.
   b. Quando si è in compagnia degli amici, se ne bevono facilmente tre o quattro bicchieri.
   c. Alla fine della festa non mi ricordo quanti bicchieri ne ho bevuto.

6. Quante ore dormi, in generale, la notte?

   a. Di solito dormo sei o sette ore.
   b. Dipende. Qualche volta vado a letto tardi e mi devo alzare presto la mattina, perciò dormo circa cinque ore.
   c. Non ho un orario. Qualche volta vado a letto dopo la mezzanotte, ma poi mi addormento durante il giorno.

7. Pratichi regolarmente dello sport?

   a. Abbastanza. Faccio jogging, vado in palestra, faccio alcune attività sportive.
   b. Un paio di volte alla settimana.
   c. Purtroppo no. Tra le lezioni, i compiti, e il mio lavoro part-time, non ho tempo per le attività sportive.

8. Come eviti *(avoid)* lo stress?

   a. Con l'esercizio fisico, la meditazione, lo yoga, la conversazione con i miei amici.
   b. Cerco di evitare le situazioni stressanti.
   c. Lo stress è una cosa che non si può evitare: quando c'è, c'è.

Risultati:

a vale *(it is worth)* 10 punti; **b** vale 5 punti; **c** vale 0 punti. Se hai totalizzato tra 70 e 80 punti, hai delle ottime abitudini che giovano *(are beneficial)* alla tua salute; se hai totalizzato tra 40 e 50 punti, le tue abitudini potrebbero essere migliorate; se hai totalizzato meno di 40 punti..., non pensi che sarebbe ora di preoccuparti della tua salute?

a	b	c

Vedute d'Italia

Il Servizio Sanitario Nazionale (SSN): un'intervista

A. Prima di leggere

You are about to read an interview on the Italian health-care system, conducted with Doctor Laurenzi, a cardiologist in Rome. The Italian national health-care service guarantees health care to all Italian citizens as a matter of basic individual right. As Dr. Laurenzi notes, it is primarily a publically funded system, which also covers the elderly, the unemployed, and under certain conditions, foreign residents. Dr. Laurenzi outlines some of the key differences between the public and private health-care systems in Italy, however; and he compares Italian medicine more generally to that of other countries.

Il Dottor Francesco Laurenzi, cardiologo aritmologo all'ospedale San Camillo di Roma, nel suo studio

La Costituzione Italiana (articolo 32) garantisce la tutela della salute dei cittadini «come fondamentale diritto dell'individuo ed interesse della collettività». Il Servizio Sanitario Nazionale (SSN), che sostituì l'antiquato sistema mutualistico nel 1978, **svolge** le funzioni assistenziali: *executes* mediche, ospedaliere e preventive. È un sistema pubblico che garantisce l'assistenza medica a tutti i cittadini.

Segue una breve intervista con il Dottor Francesco Laurenzi, cardiologo aritmologo dell'Ospedale San Camillo di Roma. Il Dottor Laurenzi ha gentilmente acconsentito a rispondere ad alcune domande sul Servizio Sanitario in Italia. L'intervista è stata condotta dalla Dott.ssa Liliana Riga, docente nella Facoltà di Sociologia all'Università di Edinburgo.

LR Dottor Laurenzi, La ringrazio di essere stato così **disponibile**. Ci può spiegare come viene finanziato il   *available* Servizio Sanitario Nazionale?

DOTT. LAURENZI Il Servizio Sanitario Nazionale (SSN) è finanziato per la maggior parte **attraverso** la fiscalità   *through* generale e in minor parte con i ticket sanitari e le prestazioni sanitarie a pagamento.

LR I datori di lavoro hanno l'obbligo di pagare una quota per i loro dipendenti?

DOTT. LAURENZI Tutti i cittadini, sia titolari di **impresa**   *employers* che lavoratori dipendenti o autonomi, contribuiscono al finanziamento del SSN pagando le tasse sul **reddito**   *income taxes* prodotto con il lavoro, con le proprietà e con i capitali.

LR Quelli che non hanno un lavoro come contribuiscono? E gli indigenti? E i pensionati?

DOTT. LAURENZI Il SSN garantisce l'assistenza sanitaria gratuita a tutti i cittadini, non solo ai lavoratori, ma anche ai disoccupati, agli indigenti, ai pensionati, ed anche ai cittadini stranieri con regolare **permesso** di   *permit* soggiorno. Anche gli stranieri **non in regola** possono   *without a staying* ottenere cure, perché **per legge** i medici e il personale   *permit / by law* sanitario, hanno l'obbligo di fornire assistenza a chi ne ha bisogno e non possono denunciare una persona, anche se irregolare, che chiede aiuto.

LR Ci può spiegare in cosa consiste il «ticket sanitario»?

DOTT. LAURENZI I cittadini, se non sono indigenti, devono
contribuire alle spese per i farmaci e le prestazioni
sanitarie (ad eccezione del ricovero in ospedale) con
il pagamento dei ticket sanitari, **ovvero** di quote non   *(i.e.)*
superiori ai 30 euro per le prestazioni più complesse.

LR Esiste anche un sistema sanitario privato?

DOTT. LAURENZI Oltre al SSN esiste una sanità privata, a
pagamento mediante polizza assicurativa.

LR Qual è la differenza tra i due sistemi, quello nazionale
e quello privato?

DOTT. LAURENZI Il SSN, per il suo carattere universalistico
e gratuito è causa non raramente di **liste di attesa**   *waiting lists*
abbastanza lunghe per sottoporsi a visite ed esami
specialistici e alla difficoltà di **accedere** a un medico   *to reach*
specialista **di fiducia**. La sanità privata consente di   *that one trusts*
ovviare questi inconvenienti.   *to avoid*

LR **La maggior parte** degli ospedali sono dotati di   *Most of*
tecnologie diagnostiche (CT scanners, MRI)?

DOTT. LAURENZI Gli ospedali maggiori sono dotati di tecnologie diagnostiche avanzate in modo da garantire
un'assistenza **adeguata** in ogni area territoriale.   *proper*

LR Rispetto agli altri paesi europei a quale livello di trova
il Servizio Sanitario in Italia?

DOTT. LAURENZI La medicina italiana è una delle migliori
al mondo per la ricerca scientifica, i centri di alta
specializzazione e la professionalità. In una recente
indagine svedese, elaborata sulla base dei dati clinici e
degli indicatori di salute, dei dati di attesa, dell'accesso
a cure, farmaci ed esami diagnostici, il SSN risulta
inferiore a quello dei paesi del Nord Europa. Forse la
ragione di questi risultati, se reale, è nelle caratteristiche culturali e politiche dell'Italia.

LR Dottor Laurenzi, La ringrazio di avermi così gentilmente concesso quest'intervista.

B. **Alla lettura.** Rispondete alle seguenti domande.

1. Che cosa garantisce la Costituzione Italiana?
2. Che cos'è il SSN? Quali funzioni svolge? Che cosa garantisce?
3. Chi è l'intervistato?
4. Chi ha l'obbligo di pagare per le prestazioni del SSN?
5. Sono assistite anche le persone che non hanno un lavoro e gli
indigenti?
6. Perché sono assistiti anche gli stranieri «non in regola»?
7. Qual è la differenza tra il SSN e il sistema sanitario privato?
8. Qual è il livello di prestazioni del SSN rispetto agli altri paesi?

Vocabolario 🔊

Nomi

il consiglio	advice
il cuore	heart
la cura	treatment; care
il dente	tooth
la diagnosi	diagnosis
il dolore	pain, ache
l'incidente (*m.*)	accident
l'incrocio	intersection
l'influenza	flu
l'iniezione (*f.*)	injection
la meditazione	meditation
il medico	doctor
l'osso (*pl.* le ossa)	bone
il/la paziente	patient
il pericolo	danger
il peso	weight
il riciclaggio	ricicling
il sintomo	symptom
la testa	head
il termometro	thermometer
la tosse	cough

Aggettivi

dannoso	harmful
destro	right
malato	ill, sick; patient
sano	healthy
sedentario	sedentary
sinistro	left

Verbi

curare	to treat
dubitare	to doubt
ingessare	to put in a cast
mettersi a	to start (doing something)
migliorare	to improve
prescrivere (*p.p.* **prescritto**)	to prescribe
ridere (*p.p.* **riso**)	to laugh
rinunciare	to renounce
rompere (*p.p.* **rotto**)	to break
succedere (*p.p.* **successo**)	to happen
visitare	to examine

Altre espressioni

Che cosa è successo?	What happened?
Che fifone!	What a chicken!
Come andiamo?	How are we doing?
prendere il raffreddore	to catch a cold
sano come un pesce	as healthy as a horse (*lit.* fish)
stare a dieta	to be on a diet
un sacco di	a lot of

Intermezzo
Attività video

Lo sport

A. Dopo che avete guardato questa sezione del video, «Lo sport», in gruppi di tre studenti, fatevi a turno le seguenti domande.

1. Come sono gli Italiani quando si parla del calcio?
2. Come si chiamano gli appassionati di uno sport?
3. Quali sport ha praticato Marco?
4. Secondo la prima persona intervistata, qual è lo sport più diffuso (popolare) in Italia?
5. Un intervistato non pratica nessuno sport, ma segue tre sport in televisione. Quali sono?
6. Cosa stanno festeggiando questa sera gli amici di Marco?

B. Collaborate insieme e decidete quale, tra le due affermazioni di ogni gruppo, è esatta.

1. a. Oggi si gioca la partita Roma Milan.
   b. Pochi Italiani sono appassionati del calcio.
2. a. A Marco piacciono solo pochi sport.
   b. Marco è un tifoso accanito della Roma.
3. a. Da quando va all'università, Marco ha poco tempo per lo sport.
   b. Marco va a nuotare in piscina la sera.

Partecipazione. Conversate, in gruppi, sui seguenti argomenti.

- Quali sono gli sport che preferite e che praticate?
- Quando e dove li praticate (in estate e in inverno)?
- Quali sport vi piace guardare alla televisione?

Dal farmacista

C. Guardate questa sezione del video «Dal farmacista»; poi fatevi a turno le domande seguenti.

1. Oggi Marco non si sente bene. Cosa pensa di fare?
2. Che sintomo dice di avere al farmacista?
3. Qual è la diagnosi del farmacista?
4. Che medicina gli dà?
5. Come si chiama il farmacista? Da quanto tempo fa il farmacista?
6. Qual è, secondo il farmacista, la differenza tra un farmacista in America e uno in Italia?

D. Collaborando insieme, completate le frasi.

1. Oggi Marco non sta _____ e va in una _____.
2. Marco: «Ho paura di avere _____».
3. Il farmacista: «Comunque sono sintomi di _____».
4. Il farmacista: «Questo prodotto contiene anche _____».
5. Il farmacista: «Mi chiamo _____. Sono laureato in _____».
6. Il farmacista: «Il farmacista in Italia deve anche consigliare _____».

Partecipazione. Conversate insieme sui seguenti argomenti.

- Dite cosa fate quando non vi sentite bene (telefonate al dottore, andate in farmacia, chiamate la mamma, vi mettete a letto, prendete due aspirine e aspettate che vi passi).
- Dite cosa fate quando avete un po' d'influenza (andate all'università o al lavoro lo stesso; lasciate un messaggio sulla segreteria telefonica del vostro professore, dicendo che non vi sentite bene; telefonate ad un compagno/una compagna chiedendogli/le di prendere gli appunti per voi; vi mettete a letto e guardate le televisione).

«UNIVERSO», CRISTINA DONÀ

«Universo» è una canzone di Cristina Donà, e appartiene all'album *La quinta stagione*, pubblicato nel 2007.

Cristina Donà, cantante e cantautrice, è nata a Rho, in provincia di Milano, nel 1967. Fin da bambina ha rivelato il suo talento per la musica. Cristina ha studiato all'Accademia di Belle Arti di Brera, a Milano. Il suo primo album, *Tregua*, è stato accolto favorevolmente dal pubblico e dalla critica. In seguito, Cristina ha collaborato con Davey Ray Moor ed ha inciso altri album tra cui *Nido e Dove sei tu*, (quest'ultimo distribuito in più di 30 paesi), e tutti hanno ottenuto un successo immediato. Nel 2004 ha fatto un tour in tutti i paesi europei. L'amore, dice la cantante in «Universo», continua al di là della vita: nell'eternità, nell'immensità dell'universo infinito, dove la persona amata la sta aspettando.

Comprensione

A. Dopo che avete ascoltato la canzone, in gruppi di tre studenti, collaborate per completare le attività che seguono. Nella canzone lei chiede all'uomo che ama:

1. parlami dell' _____
2. di un codice stellare che _____
3. nell'immensità dove tu _____
4. dentro una vertigine _____
5. e ci porta _____
6. l'incanto è lo stesso perché _____
7. cantami dell'_____
8. di un codice stellare che non _____
9. miliardi di segnali accendono _____

B. Il carattere metafisico di «Universo» consente ad ogni ascoltatore/ascoltatrice di dare la propria *(his/her own)* interpretazione al significato della canzone. Rispondete alle seguenti domande, dando la vostra interpretazione personale.

1. Dove la sta aspettando lui?
2. Cosa intende lei per «un codice stellare che non può morire»?
3. Cosa significa «al di là del tempo»?
4. Perché «l'incanto è lo stesso»?
5. Cosa significa «un codice stellare che mentire non può»?
6. Cosa sono i «miliardi di segnali che accendono l'immensità»?

VOCABOLARIO UTILE	
parlami dell' universo	*talk to me about the universe*
di un codice stellare	*of a system of stars*
che morire non può	*that cannot die*
anime in continuo mutamento	*souls always changing*
dentro una vertigine che danza	*in a dancing vortex*
al di là del tempo	*beyond time*
l'incanto è lo stesso	*the enchantment is the same*
niente è cambiato	*nothing has changed*
cantami dell'universo	*sing to me about the universe*
che mentire non può	*that cannot lie*
miliardi di segnali accendono l'immensità	*billions of signs light the immensity*

Capitolo 17

Ecologia

Firenze: Non tutti hanno la macchina—meno macchine, meno inquinamento *(pollution)*. Molti, specialmente gli anziani, vanno a piedi, come questo fiorentino che chiede direzioni a due carabinieri. (Sullo sfondo, il Ponte Vecchio)

Punti di vista

Due amici ambientalisti 🔊 CD 2, Track 26

Enrico e il suo amico Assane stanno facendo dei progetti per l'estate. La famiglia di Assane, originaria del Senegal, si è trasferita a Torino da alcuni anni. Assane frequenta l'Istituto Tecnico Galileo Ferraris, dove ha conosciuto Enrico, un suo compagno di studi. Enrico e Assane sono due convinti ambientalisti. Durante l'estate lavorano per alcune settimane come volontari per Legambiente, un'organizzazione per la protezione dell'ambiente *(environment)*.

ENRICO Cosa pensi di fare quest'estate?

ASSANE Mio padre vuole che io vada in Senegal a trovare i nonni. Ma non partirò prima di settembre.

ENRICO Allora potresti venire con me in Calabria, dove Legambiente ha bisogno di volontari. La Goletta Verde di Legambiente parte per **raccogliere** informazioni sulla qualità delle acque di **balneazione.**

collect
swimming

ASSANE Ho letto che nei porti dove si fermerà la Goletta Verde ci saranno manifestazioni e feste affinché la gente locale e i turisti **si rendano conto** dell'importanza di proteggere le acque dall'**inquinamento.**

realize
pollution

ENRICO Spero che tu possa venire con me.

ASSANE Sì, penso di poter andare con te. Mi fa piacere che ci andiamo insieme, anche perché avrò la possibilità di vedere una parte dell'Italia che non conosco ancora e ho sentito dire che è molto bella.

Dove il mare è più blu
Due barche che prelevano 500 campioni di acqua marina in un mese. E ci dicono dove tuffarci senza rischi per la salute. La Goletta Verde di Legambiente (tel. 06/862681) partirà il 17 luglio da Trieste. Da qui, lungo la costa adriatica, raggiungerà Lampedusa il 19 agosto. Per passare il testimone alla seconda goletta, che toccherà la Liguria e le spiagge del Tirreno.

La Goletta Verde di Legambiente.

Comprensione

1. Chi è Assane? Da dove viene la sua famiglia? Che cosa fa a Torino?

2. Dove si sono conosciuti Enrico e Assane?

3. Che interesse hanno in comune?

4. Che cosa vuole che Assane faccia durante l'estate suo padre?

5. Che cosa ha intenzione di fare Enrico durante l'estate? Che cosa spera che Assane faccia?

6. Qual è il progetto di Goletta Verde?

7. Perché Goletta Verde organizza manifestazioni e feste?

8. Perché Assane è contento di andare in Calabria con Enrico?

Studio di parole   L'ecologia—la macchina

Un'iniziativa per proteggere l'ambiente: Milano, come Parigi ed alcune altre città europee, ha iniziato il programma «bike sharing». Pagando una modesta somma annuale, i cittadini hanno a loro disposizione più di 1.000 biciclette alle uscite della metropolitana. Questa iniziativa dovrebbe ridurre notevolmente l'uso della macchina.

L'ambiente *Environment*

la natura nature
l'aria air
il clima climate
l'ossigeno oxygen
respirare to breathe
lo strato dell'ozono ozone layer
l'effetto serra greenhouse effect
l'ecologia ecology

l'ecologo ecologist
l'ambientalista (*m. & f.*) environmentalist
inquinare to pollute
l'inquinamento pollution
i rifiuti garbage
riciclare to recycle
proteggere (*p.p.* **protetto**) to protect

La macchina

l'automobilista (*m. & f.*) driver
la patente driver's license
la benzina gasoline
il distributore di benzina gasoline pump
il parcheggio parking
il poliziotto policeman
la multa fine
guidare to drive

fare il pieno to fill up
controllare l'olio (l'acqua) to check the oil (water)
parcheggiare to park
dare un passaggio to give a lift
avere dei guasti al motore to have a car break down
il pedone pedestrian
il limite di velocità speed limit

Alcuni segnali stradali

Divieto di accesso

Limite massimo di velocita

Pronto soccorso

Rifornimento

Ospedale

Polizia stradale

Campeggio

Parcheggio

Assistenza

Applicazione

 A. In coppie, fatevi a turno le seguenti domande.

1. Chi si preoccupa di proteggere la natura?
2. Perché il riciclaggio è importante?
3. L'effetto serra riscalda o raffredda la terra?
4. Che cosa protegge *(protects)* l'atmosfera dai raggi *(rays)* ultravioletti?
5. Nell'ambiente in cui viviamo, quali sono i pericoli per la nostra salute?
6. Qual è il documento indispensabile per guidare la macchina?
7. Che cosa facciamo quando andiamo a un distributore di benzina?
8. Che cosa ci dà un poliziotto se parcheggiamo dove c'è il divieto di sosta *(no parking)*?
9. Se mentre stai guidando ti accorgi *(you realize)* che sei a corto di benzina, quale segnale stradale speri di vedere?
10. Se guidi sull'autostrada e hai un guasto al motore, quale segnale speri di vedere?

B. Conversazione

1. Cosa dovrebbero fare gli automobilisti per diminuire l'inquinamento dell'aria?
2. Sei un (un') ambientalista? Ti preoccupa il cambiamento del clima?
3. Da quanto tempo hai la patente?
4. Cerchi di evitare di usare la macchina quando l'aria è inquinata?
5. Dai dei passaggi in macchina agli amici?
6. Quando sei in macchina e vedi qualcuno al lato della strada che fa l'autostop, ti fermi o continui?
7. Pensi che sia una buona o una cattiva idea fare l'autostop? Perché?

Informazioni   I problemi ecologici in Italia

Da diversi anni l'Italia si preoccupa della necessità di difendere l'ambiente. Il partito politico dei Verdi, il Ministero dell'Ambiente e le varie associazioni ambientaliste che si sono formate nel paese hanno contribuito a rendere gli Italiani consapevoli *(aware)* dei problemi ecologici. Un Paese come l'Italia, con molte industrie, un'alta densità di popolazione e un ricco patrimonio artistico e naturale da proteggere, deve trovare soluzioni di vario tipo per risolvere il problema inquinamento. Molte città italiane hanno preso dei provvedimenti *(measures)* per ridurre lo smog. Per esempio, durante alcuni weekend, si può solo circolare a targhe *(license plates)* alterne: una settimana le macchine la cui targa finisce con un numero dispari *(odd)*, una settimana le macchine con un numero pari *(even)*.

Questa ed altre iniziative come il riciclaggio delle immondizie secche e umide *(wet and dry trash)*, o, a partire dal 2002, l'uso obbligatorio della benzina verde *(unleaded gas)*, aiutano gli Italiani nella lotta *(fight)* per la difesa dell'ambiente. Con l'accordo internazionale di Kyoto, molti paesi *(tra cui l'Italia)* si sono impegnati *(are committed)* a ridurre l'emissione di anidride carbonica, che è causa principale dell'effetto serra.

Ascoltiamo! CD 2, Track 27

Una vacanza in agriturismo. Anna tells her friend Gisella about her experience on a farm vacation. Listen to their conversation; then answer the following questions.

Comprensione

1. Quanti giorni ha passato in un agriturismo Anna?
2. Dov'era l'agriturismo?
3. Con chi ci è andata?
4. C'erano altri ospiti nella residenza?
5. Che comodità moderne c'erano?
6. Chi preparava i pasti e com'erano?

7. Che sport hanno praticato Anna e la cugina?
8. Perché la sorella di Anna non le ha seguite?

Dialogo

In piccoli gruppi, dite se vi piacerebbe passare alcuni giorni in un agriturismo e che attività sportive vi piacerebbe fare.

Punti grammaticali

17.1 Il congiuntivo presente

Ecco il Panda, il simbolo del WWF, organizzazione presente in Italia da più di trent'anni. Gli Italiani pensano che il Panda sia il simbolo perfetto degli animali in estinzione.
«Il WWF—L'Organizzazione Mondiale per la Conservazione dell'ambiente, fu creato nel 1961 ed è operante in più di 100 paesi. Il suo fine ultimo è di fermare ed eventualmente invertire il processo di degradazione ambientale, costruendo un futuro in cui gli uomini vivano in armonia con la natura».
Per ulteriori informazioni sulle iniziative del WWF nel mondo visitate il sito www.panda.org.

1. The subjunctive mood (**il congiuntivo**) expresses points of view and feelings, volition, uncertainty, possibility, and doubt. The indicative mood (**l'indicativo**) expresses facts, indicating what is objectively real. Compare the following sentences:

(fact)	L'acqua è inquinata. So che l'acqua è inquinata.

(belief)	**Credo**	
(doubt)	**Dubito**	che l'acqua **sia** inquinata.
(fear)	**Ho paura**	

Unlike in English, the subjunctive is very common in Italian, in both speaking and writing.

2. The subjunctive is used mainly in dependent clauses introduced by **che**, when the subjects of the main clause and the dependent clause are different. If the subject is the same, the infinitive is used. Compare the following sentences:

Spero che tu **stia** meglio.   *I hope you'll feel better.*
Spero di **stare** meglio.   *I hope to feel better.*

3. Here are the present subjunctive (**congiuntivo presente**) forms of regular verbs.

Main clause		Subordinate clause			
		ascoltare	leggere	partire	finire
Sperano	che io	ascolti	legga	parta	finisca
	che tu	ascolti	legga	parta	finisca
	che lui/lei	ascolti	legga	parta	finisca
	che noi	ascoltiamo	leggiamo	partiamo	finiamo
Vuole	che voi	ascoltiate	leggiate	partiate	finiate
	che loro	ascoltino	leggano	partano	finiscano

a. Note that the first-, second-, and third-person singular are identical. To avoid ambiguity, the subject pronouns are usually expressed.

b. Verbs ending in **-care** and **-gare** insert an **h** between the stem and the endings: dimentichi, dimentichiamo, dimentichiate, dimentichino; paghi, paghiamo, paghiate, paghino.

c. Verbs ending in **-iare** drop the **i** of the stem: **cominci, cominciamo, cominciate, comincino.**

4. Here is the present subjunctive of the most common irregular verbs.

andare:	**vada,** andiamo, **andiate, vadano**
avere:	**abbia,** abbiamo, **abbiate, abbiano**
bere:	**beva,** beviamo, **beviate, bevano**
dare:	**dia,** diamo, **diate, diano**
dire:	**dica,** diciamo, **diciate, dicano**
dovere:	**deva (debba),** dobbiamo, **dobbiate, devano (debbano)**
essere:	**sia,** siamo, **siate, siano**
fare:	**faccia,** facciamo, **facciate, facciano**
potere:	**possa,** possiamo, **possiate, possano**
sapere:	**sappia,** sappiamo, **sappiate, sappiano**
stare:	**stia,** stiamo, **stiate, stiano**
uscire:	**esca,** usciamo, **usciate, escano**
venire:	**venga,** veniamo, **veniate, vengano**
volere:	**voglia,** vogliamo, **vogliate, vogliano**

5. The following verbs and expressions usually require the subjunctive in a dependent clause.

Verbs of volition	Verbs of opinion, doubt, uncertainty	Expressions of emotion
volere	credere	avere paura
desiderare	pensare	essere contento(a)/felice
preferire	dubitare	dispiacere
sperare	non essere certo(a)/sicuro(a)	

Impersonal expressions (implying a personal attitude)	
bisogna (*it is necessary*)	è importante
è necessario	è ora (*it is time*)
è (im)probabile	pare/sembra (*it seems*)
è (im)possibile	può darsi (*it may be*)
è bene	(è un) peccato (*too bad*)
è meglio	

—Che numero sta aspettando?
—Il numero 4.
—Mi sembra che il numero 4 non passi da qui da dieci anni.

Mia madre **vuole che** io **finisca** i miei studi.	*My mother wants me to finish my studies.*
Sono felice che i miei genitori mi **capiscano.**	*I am happy that my parents understand me.*
Bisogna che tu **studi** di più.	*It is necessary that you study more.*
Peccato che il televisore non **funzioni.**	*(It's) too bad that the TV set is not working.*
È meglio che voi **stiate** a casa questa sera.	*It is better you stay home tonight.*
Desidero che tu **vada** dal dottore.	*I would like you to go to the doctor.*
Ho paura che voi **siate** in ritardo.	*I'm afraid you are late.*
Non credo che tu mi **dica** la verità.	*I don't think you are telling me the truth.*
Spero che voi **veniate** alla mia festa.	*I hope you are coming to my party.*

NOTE: The infinitive is used after an impersonal expression when no subject is expressed.

È necessario **lavorare.**	*It is necessary to work.*
È ora di **partire.**	*It is time to leave.*

Pratica

 A. Quanti consigli! Un amico/Un'amica dà dei consigli a un altro/un'altra per migliorare le sue abitudini. In coppie, fate a turno la parte dei due amici/delle due amiche.

Esempio guidare velocemente
—*Guido velocemente.*
—*Bisogna che tu guidi meno velocemente.*

1. non prendere mai i mezzi pubblici **2.** non preoccuparsi dell'effetto serra **3.** di solito non guidare al limite di velocità **4.** non pagare tutte le multe **5.** seguire una dieta con poche verdure **6.** alzarsi tardi la mattina **7.** non praticare nessuno sport **8.** non ascoltare i consigli degli amici

 B. Non tutti sono della stessa opinione. In gruppi di tre studenti/tre studentesse, il primo studente fa un'affermazione, il secondo studente si dichiara d'accordo con il primo e il terzo studente mette in dubbio l'affermazione.

Esempio —*Gli Italiani guidano bene.*
—*Sono sicuro(a) (So/Sono certo(a)/Sono d'accordo con te) che gli Italiani guidano bene.*
—*Non penso (Non credo/Non sono sicuro(a)/Dubito) che gli Italiani guidino bene.*

1. Gli Italiani non fanno attenzione alla dieta.
2. Venezia sta affondando *(sinking).*
3. È molto difficile capire i vari dialetti italiani.
4. Gli Italiani sono contenti di avere adottato l'euro.
5. I giovani in Italia preferiscono andare in vacanza all'estero.
6. Marito e moglie in Italia devono stare separati tre anni prima di chiedere il divorzio.
7. Gli studenti italiani studiano di più degli studenti americani.

C. Opinioni personali. In coppie, fatevi a turno le seguenti domande e rispondete incominciando la frase con **Credo** o **Non credo.**

> **Esempio** — *Le donne italiane guidano meglio degli uomini italiani?*
> — *Credo (Non credo) che guidino meglio degli uomini.*

1. Che cosa bevono gli Italiani? **2.** Devono pagare molto per le cure mediche? **3.** È facile guidare nelle città? **4.** In quali mesi vanno in vacanza gli Italiani? **5.** La benzina è più cara negli Stati Uniti o in Italia? **6.** Molti Europei vengono in vacanza negli Stati Uniti? **7.** Sanno tutti parlare inglese? **8.** Possono viaggiare nei paesi dell'Unione Europea senza passaporto?

D. Commenti di un/una turista di ritorno dall'Italia. Completate le frasi, scegliendo il presente dell'indicativo o del congiuntivo.

1. Ora sono sicuro che gli Italiani (guidare) _____ pericolosamente.

2. Ho paura che gli stranieri (avere) _____ molti problemi quando (guidare) _____ in Italia.

3. È certo che l'Italia (essere) _____ un bellissimo Paese.

4. Credo che la gente là (sapere) _____ vivere bene.

5. Peccato che gli alberghi italiani (essere) _____ così cari.

6. Pare che l'economia italiana (andare) _____ meglio.

17.2 Congiunzioni + congiuntivo

— Ti lavo la macchina purché tu mi dia i soldi per andare a vedere i burattini.

1. The following conjunctions *must* be followed by the subjunctive:

affinché, perché	*so that*
benché, per quanto, sebbene	*although*
a meno che (non)...	*unless*
prima che	*before*
purché	*provided that*
senza che	*without*

Scrivimi una nota **affinché** me ne **ricordi.**	*Write me a note so that I will remember it.*
Compro i biglietti, **a meno che** tu non **voglia** andare a teatro.	*Buy the tickets, unless you won't want to go to the theater.*
Oggi vado a (vedere) una mostra di pittura astratta, **benché** la **capisca** poco!	*Today I'm going to (see) an exhibit of abstract art, although I don't understand it very well!*
Ritorniamo a casa **prima che** **piova.**	*Let's go home before it rains.*

2. The prepositions **per, prima di,** and **senza** + *infinitive* are used instead of **affinché (perché), prima che,** and **senza che** when the subject of both clauses is the same. Compare:

Lavoro **per pagarmi** gli studi.	*I work (in order) to pay for my studies.*
Lavoro **perché tu possa** continuare gli studi.	*I work so that you'll be able to continue your studies.*
Telefonami **prima di uscire.**	*Call me before going out.*
Telefonami **prima che io esca.**	*Call me before I go out.*
Partono **senza salutarci.**	*They leave without saying good-bye to us.*
Partono **senza che noi** li **salutiamo.**	*They leave without our saying good-bye to them.*

Pratica

 A. Una conversazione fra amici. In coppie, fatevi a turno le domande e rispondete usando la congiunzione suggerita.

Esempio   usare spesso la macchina
Sì, benché / la benzina essere cara
—*Usi spesso la macchina?*
—*Sì, benché la benzina sia cara.*

1. mandare dei soldi al WWF
   Sì, affinché / continuare a difendere l'ambiente
2. essere membro(a) della Lega Ambiente
   Sì, sebbene / non participare alle riunioni
3. fermare sempre la macchina al passaggio pedonale *(pedestrian crosswalk)*
   Sì, prima che / un poliziotto darmi la multa
4. andare in vacanza in un agriturismo quest'estate
   Sì, benché / non avere molti soldi

B. Quale congiunzione? Unite i due frammenti di frase, usando la congiunzione appropriata.

Esempio   Paolo esce stasera—abbia il raffreddore.
Paolo esce stasera, benché abbia il raffreddore.

1. Ti presto cinque euro—tu me li restituisca presto.
2. Ritorneremo dall'opera—voi andiate a letto.
3. Il signor Ricci continua a lavorare—i figli possano andare all'università.
4. Stasera vedremo una commedia di Dario Fo—l'abbiamo già vista l'anno scorso.
5. Il professore parla ad alta voce—tutti lo capiscano.
6. Leggo ancora—sia l'una di notte.

C. Andiamo a Roma in macchina? In coppie, fate la parte di Toni e Marco e completate la loro conversazione.

TONI   Vai a Roma in macchina o in treno?

MARCO   Vado in macchina, *(although gasoline is expensive)* _____.

TONI   Prendi l'autostrada?

MARCO   Sì, *(although the landscape is not attractive)* _____.

TONI   Quante ore ci vogliono?

MARCO   Credo che _____.

TONI   Ti fermi a mangiare in un autogrill sull'autostrada?

MARCO   Sì, penso _____. Vuoi venire con me?

TONI   Non credo *(it is possible)* _____.

MARCO   Penso *(to go away three days only)* _____.

TONI   Mi piacerebbe *(to come with you)* _____.
A Roma dove staremmo?

MARCO   Con i miei parenti. Sono sicuro *(they are happy if you also come)*
_____.

TONI   Allora vengo, *(provided I can pay for half [metà] of the cost of gasoline)*
_____.

MARCO   D'accordo.

17.3 Il congiuntivo passato

**Acqua potabile,
risorsa limitata**

Provincia di Milano
ASSESSORATO ALL'ECOLOGIA

L'assessorato all'Ecologia di Milano ha esposto in luoghi pubblici questo poster per far presente *(to remind)* ai cittadini la necessità di conservare le risorse naturali.

—Hai visto il poster?
—Sì. Ho paura che abbiamo sprecato *(wasted)* troppa acqua. Dobbiamo fare più attenzione.

1. The past subjunctive **(congiuntivo passato)** is a compound tense formed with the **present subjunctive** of the auxiliary verb **avere** or **essere** + *past participle* of the main verb.

	studiare		partire	
Franco crede	che io **abbia** che tu **abbia** che lui/lei **abbia** che noi **abbiamo** che voi **abbiate** che loro **abbiano**	**studiato**	che io **sia** che tu **sia** che lui/lei **sia**	**partito(a)**
			che noi **siamo** che voi **siate** che loro **siano**	**partiti(e)**

Spero che **abbiate ascoltato** il telegiornale.	*I hope you listened to the TV news.*
Non penso che i miei genitori **siano** già **arrivati.**	*I don't think my parents have arrived yet.*

2. The **congiuntivo passato** is used when the verb of the main clause is in the present tense, requires the subjunctive, and the subordinate clause expresses an action that precedes the action of the main clause. Compare:

Mi dispiace che zia Teresa non **venga** oggi.	*I'm sorry Aunt Teresa is not coming today.*
Mi dispiace che zia Teresa non **sia venuta** ieri.	*I'm sorry Aunt Teresa didn't come yesterday.*
Ho paura che non ti **piaccia** questo film.	*I'm afraid you will not like this movie.*
Ho paura che non ti **sia piaciuto** il film di domenica.	*I'm afraid you did not like last Sunday's movie.*

— Che cosa ne pensi? Non credi che l'amministrazione abbia fatto felici gli ambientalisti con quei fiori?

3. When the subject of the main verb and the subject of the subordinate verb are the same, the past infinitive is used.

Past infinitive: **avere** or **essere** + *past participle* of the verb

Spero di **aver(e) fatto** tutto.	*I hope I did everything.*
Siamo contenti di **essere ritornati.**	*We are happy we came back.*
Crede di **averla vista.**	*He thinks he saw her.*

Pratica

A. Avvenimenti del giorno. Il signor Fanti sta leggendo alcune notizie alla moglie e aggiunge ogni volta il suo commento.

Esempio Il Presidente ha fatto un discorso davanti al Senato.
(Pare che...)
Pare che il Presidente abbia fatto un discorso davanti al Senato.

1. I Verdi hanno presentato il loro programma per la protezione dell'ambiente. (Sono contento che...)
2. Delle squadre di volontari *(volunteers)* hanno pulito le spiagge sporche *(dirty)*. (Pare che...)
3. Il rappresentante del Governo italiano non è andato al Convegno *(Conference)* mondiale di ecologia. (È un peccato che...)
4. L'Opec ha deciso di aumentare il costo del petrolio. (Mi dispiace che...)
5. La fabbrica X ha inquinato l'acqua di una parte della città. (Pare che...)
6. Alcune persone della Legambiente *(environmental league)* sono partite per studiare la situazione. (È bene che...)

B. Parlando di amici. Commentate quello che è successo la settimana scorsa. Sostituite il congiuntivo passato al congiuntivo presente.

1. Spero che Giovanni trovi un buon posto. **2.** Siamo contenti che anche lui traslochi. **3.** Mi dispiace che Franca non venga con noi alla festa di domenica. **4.** È possibile che sia ammalata. **5.** Peccato che Marina e Lisa partano per la Svizzera. **6.** Non credo che i loro genitori siano contenti della loro partenza.

C. Sentimenti *(Feelings)*. Esprimete quello che queste persone sentono. Formate un'unica frase usando **di** + infinito o **che** + congiuntivo.

Esempi   Paolo è contento. È guarito.
Paolo è contento di essere guarito.

Paola è contenta. Suo padre è guarito.
Paola è contenta che suo padre sia guarito.

1. Ho paura. Non ho capito la domanda. **2.** Gabriella è felice. Filippo ha vinto mille euro al Totocalcio. **3.** Mi dispiace. Ho dimenticato di telefonarti. **4.** Antonio è contento. È riuscito all'esame di guida. **5.** Sono felice. I miei genitori sono venuti a trovarmi. **6.** Mi dispiace. Tu non ti sei divertito(a).

 D. Che bugiardo(a)! Vi piace esagerare quando parlate di voi, ma gli amici non vi credono. In coppie, completate le frasi usando il congiuntivo presente o passato.

Esempi   Domani partirò... / Non credo...   Ieri ho visto... / Dubito...
—*Domani partirò per Roma.*   —*Ieri ho visto Elvis.*
—*Non credo che tu parta per Roma.*   —*Dubito che tu l'abbia visto.*

1. Il fine settimana scorso ho vinto... / È impossibile...
2. Per Natale i miei zii mi regaleranno... / Dubito...
3. Il mese scorso sono andato(a)... / Non credo...
4. Due anni fa sono stato(a)... / Non è possibile...
5. L'estate scorsa ho guadagnato... / Non credo...
6. Ho partecipato a una gara di... e ho ricevuto... / Mi sembra impossibile...

 E. Sono contento(a) per te (o mi dispiace per te). Tu ti trovi con il tuo/la tua migliore amico(a) e condividi con lui/lei le tue buone e cattive notizie.

Esempi   —*Mi sono laureato(a) a settembre con 30 e lode.*
—*Sono contento(a) (Mi fa piacere) che tu ti sia laureato(a).*

—*Ho avuto un incidente di macchina.*
—*Mi dispiace (Peccato) che tu abbia avuto un incidente di macchina.*

1. Ho trovato un buon impiego a tempo pieno.
2. Dopo tre mesi ho avuto una promozione.
3. Mi hanno dato anche un aumento di stipendio.
4. Ho potuto comprare la macchina che desideravo.
5. Ho preso una multa di 220 euro perché sono passato(a) col semaforo *(traffic light)* rosso.
6. Due mesi fa mi hanno licenziato(a).
7. Per consolarmi sono andato(a) in vacanza alle Maldive.
8. Là ho conosciuto Mariella/Piero, una ragazza/un ragazzo fantastica(o).
9. Mariella/Piero mi ha piantato *(dumped me)*.

Per finire

Gli Italiani sperano che gli Ecobus contribuiscano a ridurre l'inquinamento dell'aria.

Una macchina per Antonio CD 2, Track 28

Oggi Marcello e Antonio sono andati a trovare Gabriella e Filippo.

ANTONIO Sto pensando di comprarmi una macchina usata. **Mi sono stufato** di prendere l'autobus tutti i giorni. Bisogna che cerchi negli annunci sul giornale.   *I am getting sick*

GABRIELLA Ma perché vuoi comprare una macchina usata? Ti compri i **guai** degli altri. È meglio che te ne compri una nuova.   *troubles*

FILIPPO Gabriella ha ragione. Compratene una nuova. **Magari** una Mini Cooper. Non credo che consumi molta benzina e poi, si parcheggia facilmente.   *Maybe*

MARCELLO Io l'altro giorno ho preso una multa per eccesso di velocità: 280 euro!

GABRIELLA Non è la prima volta che prendi una multa. È bene che tu stia attento, prima che ti ritirino la patente!

FILIPPO Antonio, nel tuo condominio hai un posto macchina o un box?

ANTONIO No, bisogna che la parcheggi nella strada.

FILIPPO Antonio, a parte il costo della benzina e delle riparazioni, devi anche considerare il costo dell'assicurazione, che **non è uno scherzo.**   *it is no joke*

ANTONIO Forse, considerando bene la **faccenda**, è meglio che io continui a prendere l'autobus o la metro: è più economico e più rilassante.   *matter*

GABRIELLA Credo che tu abbia preso una **saggia** decisione.   *wise*

Comprensione

1. Che cosa sta pensando di fare Antonio? Perché? **2.** Perché Gabriella pensa che non sia una buona idea comprare una macchina usata? **3.** Che cosa suggerisce Filippo? Perché? **4.** Perché Marcello ha pagato una multa? Di quanto? **5.** Secondo Gabriella, che cosa è bene che Marcello faccia? **6.** Perché Antonio dovrebbe parcheggiare la macchina nella strada? **7.** Quali sono i costi che Antonio dovrebbe considerare prima di comprarsi una macchina? **8.** A quale conclusione arriva Antonio? Perché? **9.** Che cosa pensa Gabriella della decisione di Antonio?

Conversazione

1. Gli Italiani hanno la reputazione di guidare velocemente. Ti piacerebbe guidare in Italia? O preferiresti usare i mezzi di trasporto pubblici?

2. Che tipo di macchina ti piacerebbe avere: americana o straniera?

3. Hai mai preso una multa? L'hai presa per eccesso di velocità? parcheggio illegale? Di quanti dollari?

4. Pensi che la macchina sia una delle cause maggiori dell'inquinamento dell'aria? Quali sono le altre cause?

5. Eviti *(Do you avoid)* di usare la macchina quando è possibile?

6. Cosa fai per contribuire alla protezione dell'ambiente? Ricicli?

7. Ti sei mai unito(a) a squadre di volontari per pulire aree delle spiagge o dei parchi? Quando? Dove?

8. Quali pensi siano i vantaggi e gli svantaggi della macchina?

Adesso scriviamo!

Salviamo l'ambiente

Strategy: Writing prescriptively

Unlike the descriptive compositions that you have written so far, now you will write a few paragraphs outlining what you think *should* be done to protect the environment and more specifically, what you may do yourself. This allows you to work with the subjunctive that you learned in this chapter (e.g., **è bene che**, **è importante che**, **è necessario che**, **è utile che**). Here, you are offering suggestions and possible solutions, so there are two important guidelines to keep in mind when writing prescriptively:

a. Be very clear and concise in first *describing* the problem that you are addressing.

b. Then offer what you think would be possible *prescriptions* or solutions; they can be very specific or they can be general.

È la settimana ecologica all'università. È stato chiesto a tutti gli studenti di compilare un questionario come il seguente. Rispondi anche tu alle domande del questionario. Poi usa le tue risposte come base per scrivere una breve lettera all'editore del giornalino dell'università.

A. Il questionario

1.	Vieni a scuola in macchina da solo(a)?	Sì	No	Qualche volta
2.	Vieni a scuola in bicicletta?	Sì	No	Qualche volta
3.	Vieni a scuola a piedi?	Sì	No	Qualche volta
4.	Usi i mezzi di trasporto pubblici?	Sì	No	Qualche volta
5.	Ricicli la carta?	Sì	No	Qualche volta
6.	Ricicli l'alluminio?	Sì	No	Qualche volta
7.	Ricicli la plastica?	Sì	No	Qualche volta
8.	Ricicli il vetro?	Sì	No	Qualche volta
9.	Spegni le luci nelle stanze non in uso?	Sì	No	Qualche volta
10.	Chiudi il rubinetto *(faucet)* dell'acqua mentre ti lavi i denti?	Sì	No	Qualche volta
11.	Cos'altro fai per aiutare l'ambiente?			

B. Adesso usa le tue risposte per scrivere una lettera di tre paragrafi.

- **Primo paragrafo:** riassumi le risposte che hai dato al questionario. Comincia così: *Egregio editore del giornalino dell'università, la lettera che segue tratta dell'inchiesta* (survey) *«Salviamo l'ambiente». Io vengo all'università in macchina solo quando piove, e di solito uso...*

- **Secondo paragrafo:** parla di quello che dovresti e vorresti fare. Comincia così: *Dovrei riciclare l'alluminio e il vetro. Vorrei anche...*

- **Terzo paragrafo:** suggerisci dei provvedimenti *(measures)* alla comunità universitaria. Comincia così: *Penso che ogni studente(ssa) abbia la responsabilità di...* Oppure: *È necessario che tutti...*

- **Finisci così:** *Con la speranza che Lei pubblichi la mia lettera, Le porgo i miei più cordiali saluti.* (firma)

Adesso che hai finito la tua lettera, controlla di aver scritto tutte le parole correttamente. Controlla l'accordo tra il verbo e il soggetto e tra il nome e l'aggettivo. Ti sei ricordato(a) di usare il congiuntivo? Alla fine, con un compagno/una compagna, leggete le vostre lettere. I vostri propositi *(resolutions)* personali sono simili? Che cosa suggerisce il tuo compagno/la tua compagna alla comunità universitaria? Pensi che sia un suggerimento fattibile *(feasible)*?

Parliamo insieme!

A. Facciamo la nostra parte. Conversazione in gruppi di tre o quattro studenti. Discutete insieme su quello che fate (o che progettate di fare) per proteggere l'ambiente in cui viviamo.

Esempio — *Io riciclo la carta e l'alluminio.*

Suggerimenti: Io...
- Recycle bottles and cans *(lattine)*
- Use the bicycle any time possible
- Take buses
- Avoid driving the car when the air is polluted
- Don't leave around **(in giro)** plastic bags
- Join volunteers to clean beaches and parks
- Don't waste **(sprecare)** water when taking a shower
- Buy organic food
- Give used clothes (still in good condition) to people less fortunate than yourself
- Give money or food to the homeless **(i senzatetto)**
- Send money to environmental organizations so they can protect the environment and animals, etc.

 B. I segnali stradali. Cosa fai se vedi questi segnali triangolari? Quando sono utili gli altri segnali? In gruppi di tre o quattro studenti, a turno, uno studente/una studentessa fa le domande agli altri studenti.

Esempio

— *Cosa fai se vedi questo segnale?*
— *Mi fermo o rallento* (slow down), *perché ci sono degli operai che lavorano sulla strada.*

Vedute d'Italia

L'agriturismo

A. Prima di leggere

L'agriturismo, a rather recent phenomenon in Italy, is becoming extremely popular. More and more Italians are taking advantage of the chance to spend vacation time on working farms or in remodeled old farmhouses, and enjoy firsthand the countryside and surroundings and eat authentic home-made regional meals. The article below was written to introduce readers to **l'agriturismo** and to provide practical pointers for those interested in taking a "farm holiday."

Il Podere Cogno è una residenza storica situata nel cuore della campagna che produce l'olio d'oliva extra vergine e il Chianti classico. Può accogliere un numero limitato di ospiti, che vivono con la famiglia nella residenza. Questa comprende un salotto con il bar, una biblioteca con computer e collegamento internet, la sala del biliardo, la sala della musica, la palestra con la sauna, una veranda dove viene servita la colazione. Nel parco c'è la piscina. I pasti sono preparati, a richiesta, dalla proprietaria. Situato tra Siena e Firenze, il Podere Cogno occupa una posizione ideale per eventi culturali o per ragioni professionali. Podere Cogno—Castellina in Chianti, Siena

Storia dell'agriturismo

L'agriturismo in Italia è nato molti anni fa come una forma di **accoglienza** da parte di **contadini** che mettevano a disposizione dei visitatori i prodotti tipici della **terra** e dell'**allevamento**... La **propensione** ad accogliere i visitatori **ha subìto** una crescita davvero notevole in questi ultimi anni ed ha visto nascere molti agriturismi. **Accanto** a quelli che esistevano già da **decenni**, ne **sono sorti** di nuovi, fondati talvolta da persone desiderose di **avviare** una nuova attività — spesso una nuova vita — a contatto con la natura...

welcome / farmers
earth
breeding / inclination
underwent
Close
decades / have risen
launch

La vacanza in agriturismo

Anche se molte strutture agrituristiche si sono evolute
per rispondere alle richieste dei visitatori ed offrono molti
comfort, la vacanza in agriturismo non ha perso **il fascino** *appeal*
che la caratterizza. Soggiornare in agriturismo significa
non solo entrare in contatto con le persone che lo hanno
creato, ma anche toccare con mano le dinamiche dell'agri-
coltura o dell'allevamento ed **assaporarne** i prodotti. *taste*
Molte delle strutture sono dotate di tutto **ciò che** serve per *that which*
rilassarsi. Il silenzio, innanzitutto, che solo un agriturismo
circondato dalla natura può darvi, ma anche servizi quali
il mare o la piscina. Se invece volete muovervi e fare attività potrete passeggiare nelle colline circostanti, scoprire
nuovi **percorsi** in mountain bike, oppure montare a *paths*
cavallo nei molti agriturismi dotati di **maneggio.** *riding school*

Spostamenti

Per raggiungere un agriturismo, la cosa migliore è avere
un mezzo di spostamento proprio, quale la macchina o la
moto. È molto improbabile che l'agriturismo sia raggiun-
gibile in treno o da altri servizi di trasporto pubblico.

Oggetti personali

Alcuni agriturismi sono situati in località isolate, raggiun-
gibili tramite **strade sterrate** e comunque distanti da paesi *dirt roads*
e città. Per questo motivo è consigliabile **dotarsi** di tutto *gear yourself*
il necessario per **sé** e per la propria famiglia, come vestiti,
medicinali ed altri oggetti personali.

Comunicazioni

Molti agriturismi sono dotati di telefono in camera. In ogni
caso, è bene sapere che è possibile che il vostro telefono
cellulare non abbia copertura nella zona in cui l'agriturismo è situato.

Adapted from "Storia dell'agriturismo," http://www.agriculturismo.it

 B. Alla lettura. Rileggete l'articolo sull'agriturismo e, in coppie, fatevi a turno
le seguenti domande.

1. Dove è nato l'agriturismo e in cosa consiste?
2. Vacanze in agriturismo: cosa significa soggiornare in agriturismo?
3. Oltre che rilassarsi *(to relax)*, quali attività si possono fare?
4. Come si raggiunge un agriturismo?
5. Perché è una buona idea portare con sé le cose che servono (vestiti,
medicinali, eccetera)?

Vocabolario

Nomi

l'assicurazione (*f.*)	insurance
il carabiniere	city policeman
la faccenda	matter
il guaio	trouble
l'organizzazione	organization
la protezione	protection
lo scherzo	joke
il semaforo	street light
lo svantaggio	disadvantage
il vantaggio	advantage

Aggettivi

certo	certain
ecologico	ecological
riciclabile	recyclable
rilassante	relaxing
usato	used, secondhand
volontario	voluntary

Verbi

accorgersi (*p.p.* accorto)	to notice, to realize
consumare	to consume, to use
diminuire (-isc)	to diminish
evitare	to avoid
raccogliere (*p.p.* raccolto)	to gather, to pick up
rendersi conto (*p.p.* reso)	to realize
ridurre (*p.p.* ridotto)	to reduce
trasferirsi	to move

Altre espressioni

affinché (perché) (+ *subj.*)	so that
a meno che (+ *subj.*)	unless
benché (+ *subj.*)	although
bisogna (*impers.*)	it is necessary
il cambiamento del clima	climate change
il divieto di sosta	no stopping, no parking
essere a corto di	to be short of (money, ideas, etc.)
l'eccesso di velocità	eccess of speed
pare (*impers.*)	it seems
è un peccato...	it is too bad
può darsi (*impers.*)	it may be
prima che (+ *subj.*)	before
purché (+ *subj.*)	provided that
ritirare la patente	to take away the driver's license
sebbene (+ *subj.*)	although
sembra (*impers.*)	it seems
senza che (+ *subj.*)	without

Capitolo 18

Arte e teatro

Un pittore espone i suoi quadri in una piazza di Venezia

Punti di vista

Laura Pausini—World tour 2009

Musica operistica o musica elettronica? CD 2, Track 29

Giuseppe Mangiapane e tre suoi amici hanno messo insieme un piccolo gruppo rock che ha un certo successo. Giuseppe suona la chitarra elettrica e gli altri tre suonano la **batteria**, il piano e la chitarra. Oggi i quattro ragazzi sono a casa di Giuseppe e suonano i loro strumenti un po' troppo entusiasticamente. Dopo un paio d'ore la mamma entra nel soggiorno.

drums

MAMMA Giuseppe... Giuseppe! Adesso dovreste smettere di suonare, prima che mi venga un gran mal di testa.

GIUSEPPE Ti prego, mamma, **lasciaci** suonare ancora un po'. E poi... lo sai che adesso mi chiamo Paco Pank!

let us

MAMMA Paco Pank? Che bisogno avevi di cambiarti il nome? Giuseppe Mangiapane non ti andava bene?

GIUSEPPE Se il mio nome d'arte fosse Giuseppe Mangiapane, come potrei essere famoso nel mondo del rock?

MAMMA Beh, famoso... è troppo presto per dirlo. Ricordati che riesce solo chi ha talento.

GIUSEPPE In questa casa nessuno mi capisce! A papà, per esempio, piace solo la musica operistica e non vuole ascoltare **nient'altro**. Però, se un giorno diventerò famoso **grazie alla** musica rock tu e papà sarete **orgogliosi** di me.

nothing else
thanks to / proud

MAMMA Va bene, ma per il momento sarei contenta se tu suonassi meno **forte;** mi sembra che questo sia **fracasso,** non musica.

loud / loud noise

GIUSEPPE È inutile discutere con voi! Siete rimasti all'epoca di Giuseppe Verdi.

Comprensione

1. Cos'hanno messo insieme i quattro amici? Quali strumenti suonano?

2. Cosa fanno oggi? Dove?

3. Paco Pank è un nome vero o un nome d'arte? Qual è il nome vero?

4. Perché Giuseppe ha deciso di cambiarsi il nome?

5. Per diventare famoso, basta che Giuseppe si cambi il nome o ci vuole qualcos'altro? Che cosa?

6. Piace a suo padre la musica rock? Perché no?

7. Cosa vuole la madre di Giuseppe, per il momento?

8. Qual è, secondo Giuseppe, il problema dei suoi genitori per quanto riguarda *(regarding)* la musica?

9. Tu sai chi era Giuseppe Verdi?

Studio di parole — Le arti e il teatro

MOSTRA D'ARTE—PITTURA E SCULTURA

un paesaggio

una natura morta

un quadro di fiori

un ritratto

due statue classiche

una marina

una scultura moderna

Pittura e scultura

l'architetto *(m. & f.)* architect

il pittore/la pittrice painter

lo scultore/la scultrice sculptor/ sculptress

lo stile style

    classico, barocco, moderno

l'affresco fresco

l'autoritratto self-portrait

disegnare to draw

dipingere *(p.p.* **dipinto)** to paint

scolpire (-isc-) to sculpt

A TEATRO

i palchi

il sipario

il cantante

la galleria

il palcoscenico

i musicisti

il direttore d'orchestra

il pubblico

NOTE: L'opera nacque in Italia alla fine del Cinquecento e Claudio Monteverdi fu uno dei più grandi compositori italiani. Ma è a Napoli che l'opera diventò quella che il mondo definisce oggi «opera italiana». Napoli si identificò con il «bel canto», la melodia cantata. Fra i grandi maestri napoletani del Seicento e del Settecento furono Stradella, Scarlatti e Pergolesi. Il periodo del bel canto continuò a fiorire nel secolo successivo con Rossini, Bellini e Donizetti. L'Ottocento fu tuttavia dominato dal genio drammatico di Giuseppe Verdi, insuperabile nella creazione di arie e cori. Alla fine del secolo diciannovesimo l'opera si fece più realista, e Giacomo Puccini ne fu l'interprete più popolare.

La musica

la musica classica, operistica, sinfonica, leggera

la sinfonia symphony

la canzone song

strumenti musicali

  il pianoforte

  il violino violin

  il violoncello cello

  la tromba trumpet

  la chitarra guitar

  la batteria drums

il compositore/la compositrice composer

comporre (*p.p.* **composto**) to compose

il musicista/la musicista musician

Il teatro

la commedia play, comedy

la tragedia tragedy

l'atto act

la scena scene

il comico (*m. & f.*) comedian

il commediografo/la commediografa playwright

recitare to act, to play a part

applaudire to applaud

fischiare to boo (*lit.,* to whistle)

Informazioni — La Commedia dell'Arte

Nella seconda metà del Cinquecento, si sviluppò in Italia una forma importante di manifestazione artistica, la «Commedia dell'Arte». Essa nacque dall'arte degli attori che improvvisavano le scene di una commedia, seguendo una trama prestabilita. I più abili *(clever)* si specializzarono in una parte e crearono un tipo *(stock character)* che aveva gesti *(gestures)* ed espressioni particolari. Nacquero così le «maschere» *(masks)*, che si presentavano al pubblico con il costume e la maschera che le distinguevano.

Tutta l'Italia è rappresentata nel teatro delle maschere. Venezia ha dato Pantalone, il tipo del vecchio mercante geloso. Di origine veneta è anche Colombina, servetta *(young maid)* piena di brio ed astuzia *(cleverness)*. Da Bologna, la città universitaria, viene il Dottore, cioè il pedante a cui piace mostrare la sua erudizione. La maschera napoletana più famosa è Pulcinella. Da una città lombarda, Bergamo, è venuto Arlecchino, la maschera più facile da riconoscersi per il suo costume variopinto *(multicolored)*.

Le maschere italiane: 1. Pulcinella 2. Pantalone 3. Colombina 4. Arlecchino 5. Il Dottore

La commedia italiana ebbe successo in tutta l'Europa. I suoi comici *(actors)*, oltre *(besides)* a saper recitare, erano bravi acrobati, ballerini e musicisti. Oggi le antiche maschere italiane continuano a vivere, per il divertimento dei bambini, nel teatro delle marionette, ed i loro costumi ritornano ogni anno durante le feste del Carnevale.

Applicazione

A. Rispondete alle seguenti domande.

1. Che cosa compose Beethoven? **2.** Paganini era un famoso musicista dell'Ottocento. Quale strumento suonava alla perfezione? **3.** Louis Armstrong suonava il flauto o la tromba? **4.** Milioni di turisti visitano la Cappella Sistina in Vaticano. Perché? **5.** Chi era Botticelli? **6.** Che tipo di quadro è *La Gioconda (Mona Lisa)*? Dove si trova? **7.** Che cosa raffigura una «natura morta»? **8.** Cosa fa il pubblico alla fine di una rappresentazione?

B. **Autori e opere *(works)*.** Abbinate gli elementi delle due colonne per formare una frase completa, scegliendo la forma appropriata dei verbi **scrivere**, **comporre**, **scolpire** o **dipingere**.

Shakespeare	*La Bohème*
Michelangelo	*La Gioconda*
Giuseppe Verdi	la sinfonia «Le quattro stagioni»
Puccini	*La Pietà*
Leonardo da Vinci	*Amleto*
Vivaldi	*L'Aida*

C. **Conversazione**

1. Sai suonare qualche strumento? Se sì, quale? **2.** Hai mai suonato in un'orchestra o in un gruppo? **3.** Che tipo di musica preferisci ascoltare: musica classica, jazz, rap, hip-hop, R&B, musica alternativa? **4.** Quale musica scarichi sul tuo iPod o sul tuo lettore MP3? **5.** Vai ai concerti? Ci vai spesso? ogni tanto? raramente? **6.** Hai una collezione di CD? **7.** Pensi che la musica sia importante nella vita? Spiega la tua risposta.

Ascoltiamo!   🔊 CD 2, Track 30

Se tu fossi pittore... Luisa has been taking an art course and must do a painting of her own as an assignment. She is trying to decide what to paint and asks her older brother Alberto for advice. Listen as he makes various suggestions; then answer the following questions.

Comprensione

1. Che cosa deve fare Luisa per lunedì? A chi ha domandato aiuto?

2. È pittore Alberto? Se fosse pittore, che cosa dipingerebbe?

3. Quali elementi dovrebbe avere l'angolo *(corner)* di giardino che Alberto consiglia di disegnare?

4. Luisa segue il consiglio del fratello? Perché?

5. Alberto le suggerisce una seconda idea. Quale?

6. Alla fine, che cosa ha detto di dipingere Alberto?

7. Tu credi che Luisa abbia veramente talento artistico?

Dialogo

Preferenze. Se voi foste pittori, che tipo di quadro dipingereste? In piccoli gruppi, scambiatevi le vostre opinioni sul tipo di pittura che preferite e sui pittori che vi piacciono di più.

🌿 Punti grammaticali

18.1 L'imperfetto del congiuntivo

Milano: Il Teatro alla Scala è uno dei più famosi del mondo. Fu *(Was)* costruito nel 1778, in stile neoclassico, sul luogo dove era stata demolita la chiesa di Santa Maria alla Scala, e questa è l'origine del nome del teatro.

— Speravo che durante la tua permanenza a Milano, tu andassi a vedere un'opera alla Scala.

1. The imperfect subjunctive (**imperfetto del congiuntivo**) is formed by adding the endings **-ssi, -ssi, -sse, -ssimo, -ste,** and **-ssero** to the infinitive form of the verb after dropping **-re.**

che io **parlassi** = *that I spoke, might speak, would speak*

		parlare	leggere	dormire
Volevano	che io	parlassi	leggessi	dormissi
	che tu	parlassi	leggessi	dormissi
	che lui/lei	parlasse	leggesse	dormisse
	che noi	parlassimo	leggessimo	dormissimo
Era bene	che voi	parlaste	leggeste	dormiste
	che loro	parlassero	leggessero	dormissero

2. The imperfect subjunctive is governed by the same verbs and conjunctions that govern the present and past subjunctive. It expresses an action that is *simultaneous* with, or *subsequent* to, that of the main clause and is used when the verb of the main clause is in a *past tense* or in the *conditional*.

Lisa desiderava che suo figlio **diventasse** musicista.	Lisa wanted her son to become a musician.
È uscito benché **piovesse.**	He went out although it was raining.
L'attrice era felice che i giornalisti **l'intervistassero.**	The actress was happy that the journalists would interview her.
Vorrei che voi mi **ascoltaste.**	I would like you to listen to me.
Il regista sperava che gli attori **andassero** d'accordo.	The film director was hoping that the actors would get along.

The following verbs are irregular in the imperfect subjunctive:

essere:	**fossi, fossi, fosse, fossimo, foste, fossero**
dare:	**dessi, dessi, desse, dessimo, deste, dessero**
stare:	**stessi, stessi, stesse, stessimo, steste, stessero**
fare:	**facessi, facessi, facesse, facessimo, faceste, facessero**
dire:	**dicessi, dicessi, dicesse, dicessimo, diceste, dicessero**
bere:	**bevessi, bevessi, bevesse, bevessimo, beveste, bevessero**

Mi piacerebbe che tu mi **facessi** la caricatura.	I would like you to draw my caricature.
Il regista sperava che il tenore **stesse** meglio.	The director hoped the tenor would feel better.
Ha letto una commedia di Dario Fo sebbene **fosse** mezzanotte.	He read a comedy by Dario Fo although it was midnight.

3. The *if* clause (**«se» con le frasi ipotetiche**):
In a real or probable situation, the *if* clause is *always* in the indicative. The *result* clause is also in the indicative.

Se studiamo, impariamo.	If we study, we learn.
Se andremo a Roma, visiteremo i Musei Vaticani.	If we go to Rome, we will visit the Vatican Museums.

In a hypothetical situation that is possible, but unlikely to occur (in the present or in the future), the *if* clause is in the imperfect subjunctive and the *result* clause is in the past conditional.

Se **avessi** tempo, **seguirei** un corso di pittura.	If I had the time, I would take a course in painting.
Se **fossi** milionario, **farei** il giro del mondo.	If I were a millionaire, I would take a trip around the world.

Pratica

A. Trasformazioni. Mettete le frasi al passato, secondo l'esempio.

Esempio   Ho paura che lui sia malato.
Avevo paura che lui fosse malato.

1. Ho paura che la farmacia sia chiusa. **2.** È una bella giornata, benché faccia freddo. **3.** È necessario che tu vada in biblioteca. **4.** Devo comprare un televisore, sebbene costi molto. **5.** Il padre si sacrifica affinché i figli si istruiscano. **6.** Sono contenta che i miei genitori siano d'accordo con me.

B. Volere non è potere. In coppie, domandatevi cosa vorreste cambiare, se fosse possibile.

Esempio   il weekend durare...
—*Se tu potessi cambiare le cose, cosa vorresti cambiare?*
—*Vorrei che il weekend durasse tre giorni.* o...

1. la vita essere...

2. i professori dare...

3. mio padre capire...

4. gli amici dire...

5. mia sorella non leggere...

6. i corsi finire...

7. la televisione eliminare...

8. i film essere...

L'Arena di Verona: completata nell'anno 30 d.C., l'Arena di Verona è il terzo anfiteatro del mondo per larghezza (dopo il Colosseo e l'anfiteatro di Capua Venere vicino a Napoli). Nell'Arena di Verona hanno luogo rappresentazioni teatrali e operistiche. L'anfiteatro offre un'acustica eccellente e un'atmosfera ideale.

C. Se... Completate le frasi seguenti usando il congiuntivo imperfetto del verbo in parentesi.

1. Potrei trovare facilmente un lavoro part-time se (io/conoscere) _____ l'informatica.

2. Compreremmo dei biglietti di platea se (costare) _____ di meno.

3. Se noi non (avere) _____ lezione oggi, inviteremmo il professore al caffè.

4. Che cosa direste se noi (fare) _____ una festa?

5. Se noi (studiare) _____ di più, avremmo dei voti migliori.

6. Potrei trovare un appartamento migliore se (io/avere) _____ più soldi.

7. Se il professore/la professoressa d'italiano (capire) _____ che abbiamo anche altre lezioni, ci darebbe meno compiti.

D. Conversazione. Rispondete con frasi complete alle seguenti situazioni ipotetiche; poi spiegate la ragione della vostra scelta.

1. Se tu avessi uno yacht, dove andresti?

2. Se tu potessi scegliere, dove vorresti vivere?

3. Se tu ricevessi in eredità *(inheritance)* un quadro di De Chirico, che cosa ne faresti?

4. Se tu fossi pittore/pittrice, che cosa dipingeresti?

5. Se tu potessi rivivere un anno della tua vita, quale sceglieresti?

6. Se tu fossi il presidente degli Stati Uniti, cosa faresti per prima cosa?

7. Se tu avessi una bacchetta magica *(magic wand)*, quali cose ti piacerebbe avere?

18.2 Il trapassato del congiuntivo

Basilica di San Marco a Venezia: i magnifici cavalli di bronzo portati da Costantinopoli nel 1204.

—Se *fossimo entrati* nella Basilica di San Marco, avremmo visto i cavalli di bronzo.

1. The pluperfect subjunctive **(trapassato del congiuntivo)** is a compound tense. It is formed with the imperfect subjunctive of **avere** or **essere** + *past participle* of the main verb.

	dormire		**partire**	
Non era vero	che io avessi che tu avessi che lui/lei avesse che noi avessimo che voi aveste che loro avessero	⎫ ⎬ dormito ⎭	fossi fossi fosse fossimo foste fossero	⎫ partito(a) ⎬ ⎫ partiti(e) ⎭

2. The pluperfect subjunctive, like the imperfect subjunctive, is used when the verb of the main clause is in a *past tense* or in the *conditional*. However, the pluperfect subjunctive expresses an action that occurred *prior* to the action of the main clause.

Non sapevo che Marco Polo **avesse scritto** *Il Milione* in prigione.	*I did not know Marco Polo had written* Il Milione *in prison.*
Benché i Fiorentini l'**avessero mandato** in esilio, Dante continuò ad amare Firenze.	*Although the Florentines had sent him into exile, Dante continued to love Florence.*

3. The *if* clause (**se** + *pluperfect subjunctive*) is used to describe a hypothetical situation in the past that did not occur (a "contrary-to-fact" situation). The past conditional is used to express the outcome.

Se **avesse avuto** più talento, **sarebbe diventata** una grande scultrice.	*If she had had more talent, she would have become a great sculptor.*

Pratica

A. **Pensavo che tu l'avessi fatto!** In coppie, fatevi a turno le seguenti domande, secondo l'esempio.

Esempio   Hai visto la commedia di Dario Fo? / no
        —*Hai visto la commedia di Dario Fo?*
        —*No, non l'ho vista.*
        —*Pensavo che tu l'avessi vista.*

1. Ha visitato l'Italia meridionale? / no
2. Hai finito i tuoi studi? / no
3. Sei stato(a) in Asia? / no
4. Sei andato(a) all'opera sabato? / no
5. Hai seguito un corso di pittura? / no
6. Hai comprato i biglietti dell'opera? / no
7. Hai visto l'*Aida* di Verdi? / no
8. Sei stato(a) alla Scala di Milano? / no

Dario Fo, attore, autore e regista teatrale che nel 1997 ha ricevuto il Premio Nobel per la letteratura. Il suo teatro presenta, in vena satirica, le ingiustizie della società.

B. **Pensieri di un compagno/una compagna di studi.** Completate mettendo l'infinito al congiuntivo passato o trapassato, secondo il caso.

1. Dubito che Carla (finire) _____ gli studi l'anno scorso.
2. Pensavo che Marco (andare) _____ in biblioteca ieri.
3. È un peccato che Mara non (venire) _____ a teatro con me domenica scorsa.
4. Sarebbe stato meglio che (accompagnarmi) _____: mi sarei divertito(a) di più.
5. Mi dispiace che mio fratello (rompersi) _____ una gamba quando è andato a sciare.
6. Avevo paura che (rompersi) _____ anche un braccio.

C. **Situazioni ipotetiche.** In piccoli gruppi, chiedetevi cosa avreste fatto nelle seguenti circostanze. Ogni studente partecipa con la sua risposta.

Esempio — *Cosa avresti fatto se tu fossi andato(a) in Europa?*
— *Avrei visitato molte città europee.* o *Avrei comprato l'Eurail pass.* o...

1. ...se tu avessi perso l'aereo?
2. ...se tu fossi arrivato(a) in ritardo all'appuntamento con la tua ragazza/il tuo ragazzo?
3. ...se tu avessi trovato un portafoglio pieno di soldi?
4. ...se tu avessi ricevuto una F in italiano?
5. ...se tu fossi andato(a) a Milano durante la stagione operistica?
6. ...se il tuo compagno/la tua compagna ti avesse chiesto di prestargli/le dei soldi?
7. ...se tu avessi perso la tua carta di credito?

18.3 Il congiuntivo: uso dei tempi

Roma: La Fontana di Trevi, progettata dall'architetto Nicolò Salvi e completata nel 1762. Il nome è *Trevi* perché è situata all'incrocio *(crossing)* di tre vie (tre strade).

—Hai buttato le monete nella fontana?
—No, se mi fossi ricordato, le avrei buttate.

The following chart summarizes the relationship between verb tenses in the main clause and the dependent clause in the subjunctive.

Main clause	
Present	
Sono contento(a) che tu **vada** in Italia. **(congiuntivo presente)**	*I'm glad you are going to Italy.*
Sono contento(a) che tu **sia andato(a)** in Italia. **(congiuntivo passato)**	*I'm glad you went to Italy.*
Past tense	
Ero contento(a) che tu **andassi** in Italia. **(congiuntivo imperfetto)**	*I was glad you were going to Italy.*
Ero contento(a) che tu **fossi andato(a)** in Italia. **(trapassato del congiuntivo)**	*I was glad you had gone to Italy.*
Conditional	
Vorrei che tu **andassi** in Italia. **(congiuntivo imperfetto)**	*I would like you to go to Italy.*
Avrei voluto che tu **fossi andato(a)** in Italia. **(trapassato del congiuntivo)**	*I would have liked you had gone to Italy.*

Pratica

 A. Dialogo tra Mara e Franco. In coppie, fate la parte di Mara e Franco, due giovani sposi, e mettete il verbo in parentesi al congiuntivo presente o imperfetto, secondo il caso.

FRANCO   Mara, devo partire benché (fare) _____ brutto tempo. Non ne ho nessuna voglia, ma è necessario che io (andare) _____.

MARA   Sei sicuro? Con questo tempo preferirei che tu (restare) _____ a casa, ma se è proprio necessario per il tuo lavoro che tu (partire) _____, ho paura che tu non (avere) _____ scelta.

FRANCO   Spero che il tempo (cambiare) _____.

MARA   Vorrei che tu (metterti) _____ l'impermeabile e che (tu/prendere) _____ l'ombrello.

FRANCO   OK. Ti telefonerò appena arriverò all'albergo, affinchè tu non (preoccuparti) _____.

MARA   Vorrei anche che tu (darmi) _____ un grosso bacio prima di partire.

B. Pensieri. Completate le frasi con il congiuntivo passato o trapassato dei verbi in parentesi.

1. È un peccato che tu non (venire) _____ al concerto ieri sera.
2. Eravamo contenti che tu (andare) _____ in Italia l'estate scorsa.
3. Avrei voluto che mio padre (permettermi) _____ di venire con te.
4. Spero che tu (portarmi) _____ dei ricordi *(souvenirs)* dal tuo viaggio in Europa.
5. Siamo contenti/e che i nostri amici (invitarci) _____ a teatro ieri sera.

C. *Il robot I.C.P.* Riscrivete la storiella cambiando i tempi dal presente al passato. Incominciate con: **L'anno scorso...**

Lo scrittore Carlo Speranza *manda* all'editore il suo primo romanzo, intitolato *Il robot I.C.P.*, perché glielo *pubblichi*. Si *tratta* di una storia di fantascienza. I due personaggi principali *sono* uno scienziato, il dottor Ivan Inventovich, e il suo assistente. Il professore *vuole* che il suo assistente lo *aiuti* a perfezionare il modello di un robot: il cameriere perfetto.

È importante che l'esperimento *riesca* perché il professore *spera* che tutto il mondo *riconosca* finalmente il suo genio *(genius)*. I.C.P. *è* un cameriere perfetto. La mattina *prepara* il caffè prima che i due uomini *si alzino*. A mezzogiorno *cucina* senza che glielo *domandino*. La sera non *va* a letto a meno che non *abbia lavato* i piatti. Tutto *va* bene finché *(until)* un giorno un transistor di I.C.P. non *funziona*. I.C.P. *deve* fare la frittata *(omelette)*, ma invece di rompere due uova, *rompe* la testa al professore e al suo assistente.

Per finire

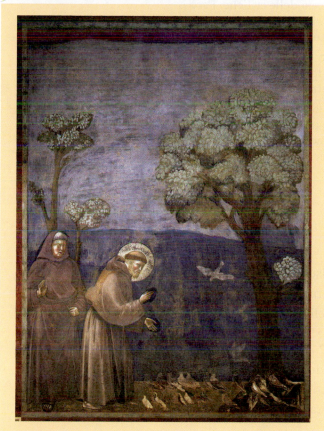

Assisi: L'affresco di Giotto nella Basilica di San Francesco, *San Francesco che predica agli uccelli*

—Se tu fossi stato ad Assisi, avresti visto il bellissimo affresco di Giotto.

Il talento artistico 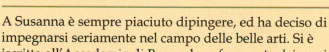 CD 2, Track 31

A Susanna è sempre piaciuto dipingere, ed ha deciso di impegnarsi seriamente nel campo delle belle arti. Si è iscritta all'Accademia di Brera, dove frequenta dei corsi di disegno e di pittura. Oggi si sente un po' scoraggiata, perché non pensava che i corsi fossero così difficili e vuole che il fratello le dia dei consigli.

SUSANNA Marco, pensi che **abbia fatto bene** ad iscrivermi all'Accademia di Brera?   *I did well*

MARCO Ne sono sicuro. Fin da bambina hai sempre avuto la passione di dipingere.

SUSANNA Adesso ho dei dubbi: se avessi del vero talento, non avrei tante difficoltà nei miei corsi.

MARCO Bisogna che tu abbia pazienza: hai appena cominciato. Vedrai che **riuscirai,** purché tu sia costante.   *you will succeed*

SUSANNA Mi sembra di aver perso l'entusiasmo e l'ispirazione. Forse è meglio che io abbandoni l'idea di diventare una pittrice.

MARCO Ma perché ti scoraggi così facilmente?

SUSANNA Ho avuto l'impressione che al professore non sia piaciuto il mio autoritratto. L'ha guardato a lungo e poi ha detto: «Ne parleremo domani in classe».

MARCO È possibile che ti faccia delle critiche. Però è necessario che tu le accetti: lui ti fa delle osservazioni affinché tu migliori la tua tecnica.

SUSANNA Adesso mi sento insicura. Per giovedì il professore vuole che dipingiamo un paesaggio, una marina o un quadro astratto. Se tu fossi pittore, cosa dipingeresti?

MARCO Mah... io non sono pittore... però posso darti un consiglio: va' al parco, siediti sotto un albero e aspetta che ti venga l'ispirazione.

Comprensione

1. Perché Susanna ha deciso di impegnarsi nel campo della pittura?
2. Perché oggi si sente scoraggiata?
3. Che cosa vuole dal fratello?
4. Perché Marco pensa che Susanna abbia fatto bene ad iscriversi all'Accademia di Brera?
5. Perché Susanna ha dei dubbi sulla sua decisione?
6. Come la rassicura Marco?
7. Perché Susanna si è scoraggiata quando il professore ha visto il suo autoritratto?
8. Perché, secondo Marco, Susanna dovrebbe accettare le critiche del professore?
9. Susanna vorrebbe che Marco l'aiutasse. Come?

Conversazione

1. Se tu potessi seguire un corso d'arte a Firenze, quale sceglieresti? Pittura, scultura, architettura? Perché?
2. Che tipo di quadro vorresti che ti regalassero per la tua casa?
3. Quale stile architettonico preferisci? Classico, moderno, barocco?
4. Puoi nominare uno scultore italiano famoso per lo stile barocco?
5. Quale opera andresti a vedere alla Scala, se tu fossi a Milano durante la stagione teatrale?
6. Quale compositore preferisci? A quale delle sue opere hai assistito?
7. Hai del talento musicale? Se tu avessi del talento musicale, quale strumento ti piacerebbe suonare?
8. Hai mai recitato in una commedia? Che parte hai fatto?
9. Hai mai scritto una commedia? Conosci la storia della Commedia dell'Arte?

Adesso scriviamo!

Un'opera d'arte

Strategy: Incorporating research into your writing

In this task you will write a short composition based on your own original Internet or library research. This may be challenging because it will not be easy to translate what you find. Here are some suggestions to guide you:

a. Organize your research based only on the questions listed in B below; do not be distracted by other information you may find.

b. Review the vocabulary presented in this chapter and organize your composition around as much of it as possible.

c. Pay particular attention to the verb tenses you use.

d. You might also wish to review the usage of the **passato remoto** from **Capitolo 16** to give your composition a more literary style.

La Primavera di Botticelli (1447–1515)

Ettore e Andromaca, De Chirico (1888–1978)

A. Scegli una delle opere raffigurate nelle foto. Fai una ricerca su Internet o in biblioteca per trovare delle informazioni sulla vita e sulle opere dell'artista.

B. Per organizzare la tua relazione rispondi alle seguenti domande.

   1. In che periodo è vissuto l'artista dell'opera d'arte che hai scelto?

   2. Dove è vissuto per la maggior parte della sua vita?

   3. È questa una delle sue opere maggiori? Puoi nominarne delle altre?

   4. Perché questo artista è importante?

   5. Perché ti piace quest'opera d'arte? Perché l'hai scelta?

C. Scrivi tre paragrafi. Nel primo paragrafo organizza le tue risposte alle domande 1–3. Presenta le informazioni che hai trovato sulla vita e sulle opere dell'artista. Nel secondo paragrafo organizza la tua risposta alla domanda numero 4. Spiega le ragioni per cui questo artista è famoso. Concludi, nel terzo paragrafo, con la tua risposta alla domanda numero 5, spiegando la ragione per cui hai scelto quest'opera. Ti piacerebbe vedere altre opere di questo artista?

D. Ora che hai finito la tua descrizione controlla che tutte le parole siano scritte correttamente e che gli accordi tra il soggetto e il verbo e tra il nome e l'aggettivo siano corretti. Presenta la tua relazione alla classe, o con un gruppo di compagni. Quale dei quattro artisti era più conosciuto dai tuoi compagni? Qual è l'opera preferita dalla maggior parte degli studenti? Qual è quella che è piaciuta di meno? Perché?

Parliamo insieme!

 A. Parliamo di musica. In piccoli gruppi, ogni studente parlerà del tipo di musica che preferisce (classica, operistica, jazz, popolare, ecc.) e racconterà quando e dove l'ascolta, se va all'opera o ai concerti, se ha una collezione di dischi (cassette o CD) e chi è il suo/la sua cantante preferito(a). Se uno studente/una studentessa suona uno strumento musicale, specificherà quale, da quanto tempo lo suona e se fa parte di un gruppo.

 B. Un quiz artistico. In coppie, fatevi a turno le domande per scoprire quali sono le vostre conoscenze nel campo della pittura e della scultura.

1. Puoi nominare tre stili architettonici?
2. Sai cosa rappresenta «una natura morta»?
3. Puoi nominare almeno quattro pittori italiani famosi?
4. Sai chi ha scolpito la statua della *Pietà* che si trova nella chiesa di San Pietro a Roma?
5. Sai chi ha disegnato il campanile del Duomo di Firenze? E la cupola *(dome)* del Duomo di Firenze?
6. Sai dove (in quale museo) si trova l'originale del *Davide* di Michelangelo?
7. Sai come si chiama la famosa fontana di Roma dove i turisti buttano *(throw)* le monete?
8. Sai perché la Sicilia è chiamata «il museo archeologico d'Europa»?

 C. Chi sono gli artisti? In gruppi di tre o quattro studenti, identificate insieme gli artisti che hanno creato i seguenti capolavori. Sapete anche dire dove si trovano queste opere?

1. _____
2. _____
3. _____
4. _____
5. _____

Vedute d'Italia

L'importanza dello spettacolo (da *Gli Italiani*, di Luigi Barzini Jr.)

A. Prima di leggere

As you read the passage below from Luigi Barzini's well-known book *Gli Italiani*, keep in mind the central metaphor used by the author: all Italians are actors; watching them go about their lives is like watching a performance, **uno spettacolo.** Follow along as this basic comparison is developed in different ways and from different perspectives throughout the passage. Watch also for the unexpected twist given to this comparison at the end of the passage! Do you agree with Barzini's metaphor for Italian life?

Interpretare le espressioni facciali è un'arte importante in Italia.

Questa è l'Italia vista dallo **straniero. Ciò** che **colpisce** a tutta prima è la straordinaria animazione, la vigorosa vita da **alveare** degli abitanti. Strade, piazze, mercati **brulicano** di gente, gente rumorosa, appassionata, allegra, energica, indaffarata. Lo spettacolo può essere così **avvincente** che molti individui **trascorrono** la maggior parte della vita semplicemente contemplandolo. Vi sono di solito i tavolini dei caffè disposti strategicamente in modo da impedire che qualsiasi avvenimento importante, per quanto piccolo, possa **sfuggire** a chi placidamente **sorseggia** l'espresso o l'aperitivo.

foreign / What / strikes

beehive

teem with

involving / spend

escape / sips

[...]

Ci sono panchine o muretti al sole per gli spettatori anziani. Ci sono balconi sulle facciate di tutte le case, comodi come **palchi** a teatro.

stages

[...]

A rendere queste scene ancor più intensamente **affascinanti,** è forse la trasparenza delle facce italiane. In **esse** si può leggere ogni emozione, gioia, dolore, speranza, **ira, sollievo,** gelosia, noia, disperazione, tenerezza, amore e delusione.

To make / appealing
them
anger / relief

[...]

Interpretare le espressioni facciali è un'arte importante in Italia, un'arte che va **appresa** dalla fanciullezza. Le parole pronunciate dalle labbra possono **talora**

learned / at times

essere in contrasto con le **smorfie** che le accompagnano. In *facial expressions*
tal caso le parole debbono essere ignorate.

[...]

Orson Welles osservò una volta acutamente che l'Italia è
piena di attori, cinquanta milioni di attori, in effetti, e che
questi sono quasi tutti bravi; ve ne sono soltanto pochi cat-
tivi ed **essi** si possono trovare per lo più sui **palcoscenici** e *they / stages*
nel cinema.

B. Alla lettura. Rispondete alle seguenti domande.

1. Cosa colpisce uno straniero quando arriva in una piazza italiana?

2. Come gli sembra la gente?

3. Lo spettacolo della gente per la strada è affascinante: da dove osser-
   vano gli Italiani questo spettacolo?

4. Perché le facce degli Italiani sono «trasparenti»? Quali emozioni
   rivelano?

5. Durante una conversazione, gli Italiani danno più importanza ai gesti
   (gestures) o alle parole dell'interlocutore?

6. Qual è l'osservazione arguta *(witty)* di Orson Welles a proposito degli
   Italiani?

Vocabolario

Nomi

l'architettura	architecture
l'autoritratto	self-portrait
il capolavoro	masterpiece
il concerto	concert
il disegno	drawing
il dubbio	doubt
l'epoca	epoch, era
il genio	genius
l'ispirazione *(f.)*	inspiration
la maschera	mask
la mostra d'arte	art show
la rappresentazione	performance
lo spettacolo	performance
il successo	success
il talento	talent

Aggettivi

artistico	artistic
astratto	abstract
comico	comical, funny
drammatico	dramatic
insicuro	unsure
inutile	useless
orgoglioso	proud
scoraggiato	discouraged
teatrale	theatrical, of the theater

Verbi

assistere	to attend
impegnarsi	to commit oneself
rappresentare	to stage
riconoscere	to recognize
scaricare	to download (music)

Altre espressioni

andare d'accordo	to get along
avere luogo	to take place
fare bene a	to do the right thing to
far(e) venire il mal di testa	to cause a headache
galleria d'arte	art gallery
grazie a	thanks to
nient'altro	nothing else
nome d'arte	stage name
opera d'arte	work of art
a lungo	for a long time

Intermezzo

Attività video

A. La televisione

Dopo che avete guardato questa sezione del video, «La televisione», in gruppi di tre studenti, fatevi a turno le seguenti domande.

1. Che tempo fa oggi?
2. Cosa c'è oggi, alla TV?
3. Per quale squadra di calcio fa il tifo Marco?
4. Contro quale squadra gioca la Roma oggi?
5. Perché Marco continua a cambiare i canali della televisione?
6. Perché non può vedere la partita in TV?
7. Quali programmi guarda alla TV la prima persona intervistata?
8. Il secondo intervistato guarda solo due programmi: quali sono?
9. Una persona dice che in TV c'è la tirannia. Che cosa vuol dire?
10. L'ultima persona odia la TV perché...

Partecipazione. Fate una conversazione sui seguenti argomenti. Dite:

- quali programmi vi piace guardare alla TV e quali programmi non vi piacciono.
- se preferite andare al cinema o noleggiare i DVD.
- qual è lo sport (o quali sono gli sport) che guardate alla TV.
- quali sono gli aspetti positivi e gli aspetti negativi della televisione per i giovani.
- se passate troppo tempo davanti alla TV, e se tenete la televisione accesa mentre studiate.

B. L'isola sperduta

Guardate questa sezione del video, «L'isola sperduta». Poi, in gruppi di tre studenti, fatevi a turno le domande seguenti.

1. Che cosa avevano intenzione di fare Marco e Giovanni quando sono arrivati a Venezia?
2. Perché non possono fare quello che avevano in programma?
3. Che cosa suggerisce di prendere Marco (vicino al ponte)?
4. Che cosa si porterebbe il primo intervistato se dovesse partire per un'isola sperduta (può portare solo una cosa o una persona)?
5. Per un'intervistata la scelta è difficile: non sa decidere se vuole portarsi i figli o il marito su un'isola sperduta. Cosa decide alla fine?
6. Elencate alcune cose che gli intervistati dicono che si porterebbero sull'isola sperduta: _____
7. Un'intervistata non sa decidere se preferisce portarsi il cane o il marito. Cosa sceglie alla fine?

Partecipazione. Scherzate insieme sul seguente argomento.

- Immaginate di dover passare due settimane, da soli, su una piccola isola sperduta in mezzo all'Oceano Pacifico; e su quest' isola ci sono solo noci di cocco e acqua. Potete portarvi solo sei cose. Cosa vi portereste?

«RIVOLUZIONE», FRANKIE HI-NRG MC

Frankie HI-NRG MC è un rapper italiano. Di origine siciliana, Francesco Di Gesù è nato a Torino nel 1969. Frankie HI-NRG MC è il suo nome d'arte. Frankie ha iniziato a far parte del movimento hip-hop introdotto in Italia agli inizi degli anni Novanta.

Seguendo i generi musicali rap e hip-hop di origine americana, Frankie HI-NRG ed altri artisti italiani espongono nella loro musica i problemi della società italiana e muovono accuse contro gli abusi del potere, la corruzione dei politici, il terrorismo e la camorra.

Nel suo primo album, *Verba Manent*, il cantante prende di mira la mafia, il terrorismo e la disonestà degli uomini politici. Con il suo secondo album, *La morte dei miracoli*, ha raggiunto il successo ed è diventato famoso anche in ambito internazionale.

La canzone «Rivoluzione», presentata al Festival della Canzone di Sanremo, fa parte del nuovo album di Frankie HI-NRG MC, *DePrimoMaggio*, uscito nel 2008. La canzone è un'accusa alla disonestà dei politici *(i vertici politici)* e della classe dirigente. «Facciamo la rivoluzione» suggerisce Frankie «e mettiamo al bando *(let's get rid of)* i vertici politici che hanno svuotato i conti *(who stole the money)*».

Comprensione

A. Dopo che avete ascoltato la canzone, in gruppi di tre studenti, rispondete insieme alle domande che seguono.

    1. Secondo la canzone, chi sarebbero i responsabili della difficile situazione economica in Italia?

    2. Di cosa sono colpevoli «i vertici politici» con tutti i loro complici?

    3. Che cosa hanno incassato?

    4. Che cosa suggerisce di fare la canzone, per rimediare alla situazione?

    5. Chi si deve mettere al bando?

    6. Quale frase della canzone suggerisce che «non c'è una via di uscita»?

    7. Quale frase esprime una visione pessimistica?

    8. Cosa significa «siamo separati da sei gradi»?

B. Completate le frasi.

    1. Mettiamo al bando _____.

    2. Qui si fa la rivoluzione senza _____.

    3. Magari mi sbaglio, ma _____.

    4. L'Italia ha problemi etici, _____, _____, _____, _____.

    5. Cambio programma: _____.

    6. Abbiamo una famiglia e _____.

Partecipazione. Discutete insieme sui seguenti argomenti.

- Quali sono i problemi della società in cui vivete? (Suggerimenti: l'intolleranza razziale, la povertà, la disoccupazione, i senzatetto, la disproporzione nella ripartizione della ricchezza *(wealth)*, i problemi della classe media, la mancanza di assistenza sanitaria per tutti, il costo dell'istruzione, ecc.)

- Quali sono, secondo voi, i problemi più seri?

- Potete proporre qualche soluzione?

VOCABOLARIO UTILE

lavoro in qualche punto nero	jobs under the counter
qui pure Peppone* sa il Vangelo	here even the communists know the Gospel
a quale conclusione non approderanno	no one knows how we will end
Ciurma! Ai posti di comando!!	Gangs! Ready for action!!
incassano tangenti	they take bribes
troppi furbetti	too many cunning people
senza via di scampo	with no way out
Ragazzi, che casino!	Guys, what a mess!
Magari mi sbaglio	I might be wrong
tutti allo sbaraglio	we are all in jeopardy
siamo separati da sei gradi	we have six degrees of separation

*Peppone: a character from Guareschi's novel *Don Camillo*. Peppone is a communist mayor, fiercely anticlerical.

Appendices

Appendix 1

Verb tenses (recognition only)

1.1 Futuro anteriore

1. The **futuro anteriore** (*future perfect tense*) expresses a future action taking place before another future action. It is a compound tense formed with the future of the auxiliary **avere** or **essere** + the past participle of the conjugated verb, and is usually introduced by conjunctions such as **se, quando, appena,** and **dopo che.**

avrò finito = *I will have finished*

It is conjugated as follows:

parlare		rispondere		partire	
avrò		avrò		sarò	
avrai		avrai		sarai	partito(a)
avrà	parlato	avrà	risposto	sarà	
avremo		avremo		saremo	
avrete		avrete		sarete	partiti(e)
avranno		avranno		saranno	

Avrò finito alle cinque.	*I will have finished by five.*
Usciremo dopo che **avremo cenato.**	*We will go out after we have had dinner.*
Visiterò la città appena **sarò arrivata.**	*I will visit the city as soon as I arrive.*

2. The future perfect tense also expresses probability in the past.

Che bella macchina ha Luigi! **Avrà ereditato** dallo zio d'America.	*What a beautiful car Luigi has! He must have inherited (money) from his rich uncle in America.*
Com'è abbronzata! **Sarà stata** alla spiaggia.	*How tan she is! She must have been at the beach.*
Non è ancora arrivato? No, **si sarà fermato** con gli amici.	*Hasn't he arrived yet? No, he must have stopped with his friends.*

1.2 Trapassato remoto

1. The **trapassato remoto** *(past perfect)* is a compound tense. It is formed with the **passato remoto** of the auxiliary verb **essere** or **avere** + the past participle of the main verb.

ebbi parlato = *I had spoken*
fui partito = *I had left*

parlare		partire	
ebbi		fui	
avesti		fosti	partito(a)
ebbe	parlato	fu	
avemmo		fummo	
aveste		foste	partiti(e)
ebbero		furono	

2. The **trapassato remoto** is used in combination with the **passato remoto** and after conjunctions of time such as **quando, dopo che,** and **appena** *(as soon as)* to express an action prior to another past action. It is a tense found mainly in literary language.

Quando **ebbe finito,** salutò i colleghi e uscì.

When he (had) finished, he said good-bye to his colleagues and left.

Appena **fu uscito,** tutti cominciarono a ridere.

As soon as he (had) left, they all began to laugh.

3. When the subject of the two clauses is the same, the **trapassato remoto** is often replaced by **dopo (di)** + *the past infinitive.*

Dopo che ebbe mangiato, uscì. *or* **Dopo (di) aver(e) mangiato,** uscì.

1.3 La forma passiva

The passive form is possible only with transitive verbs (verbs that take a direct object). When an active sentence is put into the passive form, the direct object becomes the subject of the new sentence. The subject becomes the agent, introduced by **da.**

The passive form of a verb consists of **essere** (in the required tense) + *the past participle* of the verb. As for all verbs conjugated with **essere,** the past participle must agree with the subject in number and gender.

Active form	Passive form
Nino **canta** la canzone.	La canzone **è cantata** da Nino.
Nino **cantava** la canzone.	La canzone **era cantata** da Nino.
Nino **cantò** la canzone.	La canzone **fu cantata** da Nino.
Nino **canterà** la canzone.	La canzone **sarà cantata** da Nino.
Lisa **ha scritto** il diario.	Il diario **è stato scritto** da Lisa.
Lisa **aveva scritto** il diario.	Il diario **era stato scritto** da Lisa.

Il paziente **è curato** dal medico.

The patient is treated by the physician.

Quelle ville **sono state costruite** dall'architetto Nervi.

Those villas were built by the architect Nervi.

Questo libro **sarà pubblicato** da un editore di Boston.

This book will be published by a publisher in Boston.

1.4 *Fare* + infinito

1. The construction **fare** + *infinitive* is used to express the idea of having something done or having someone do something.

> **Faccio cantare** una canzone.   *I have a song sung.*
> **Faccio cantare** i bambini.   *I have (make) the children sing.*
> **Faccio cantare** una canzone ai bambini.   *I have the children sing a song.*

When the construction has only one object, it is always a direct object.

Fa suonare **un disco.**   *He has a record played.*
Fa suonare **Pietro.**   *He has (makes) Pietro play.*

When there are two objects, the person who performs the action is always the indirect object.

Fa suonare **un disco a Pietro.**   *He has (makes) Pietro play a record.*

2. When the objects are nouns, as above, they *always* follow the infinitive. When the objects are pronouns, they precede the verb **fare**.

Farò riparare **il piano.**   *I will have the piano repaired.*
Lo farò riparare.   *I will have it repaired.*
Farò riparare **il piano a Pietro.**   *I will have Pietro repair the piano.*
Glielo farò riparare.   *I will have him repair it.*
Ho fatto venire **i miei amici.**   *I had my friends come.*
Li ho fatti venire.   *I had them come.*

If **fare** is in the *imperative* (**tu, noi, voi** forms) or in the *infinitive*, the pronouns follow **fare** and are attached to it.

Fa' cantare **i bambini!**   *Have the children sing!*
Falli cantare!   *Have them sing!*
Mi piacerebbe fare dipingere **la casa.**   *I would like to have the house painted.*
Mi piacerebbe **farla** dipingere.   *I would like to have it painted.*

3. The verb **fare** is used in a reflexive form when the subject has the action performed on his/her own behalf. The name of the person performing the action is preceded by **da.** In compound tenses, **essere** is used.

Lisa **si farà** aiutare da Luigi.   *Lisa will have Luigi help her (Lisa will have herself helped by Luigi).*

Lisa **si è fatta** aiutare da Luigi.   *Lisa had Luigi help her (Lisa had herself helped by Luigi).*

Il bambino **si fa** lavare la faccia dalla mamma.   *The child is having his face washed by his mother.*

Il bambino **se la fa** lavare dalla mamma.   *The child is having it washed by his mother.*

Appendix 2

Prepositional usage before infinitives

A. Verbs and expressions + **a** + infinitive

abituarsi	*to get used to*	Mi sono abituato ad alzarmi presto.
aiutare	*to help*	Aiutiamo la mamma a cucinare.
andare	*to go*	La signora va a fare la spesa ogni giorno.
continuare	*to continue*	Continuano a parlare di politica.
divertirsi	*to have a good time*	Ci siamo divertiti a cantare molte canzoni.
essere pronto	*to be ready*	Siete pronti a rispondere alla domanda?
imparare	*to learn*	Quando hai imparato a giocare a tennis?
(in)cominciare	*to begin*	Incomincio a lavorare domani.
insegnare	*to teach*	Mi insegni a usare il computer?
invitare	*to invite*	Vi invito a prendere un espresso.
mandare	*to send*	L'ho mandato a comprare una pizza.
mettersi	*to start*	Mi sono messo(a) a leggere il giornale.
prepararsi	*to get ready*	Ci prepariamo a fare un lungo viaggio.
riuscire	*to succeed*	Sei riuscito a trovare gli appunti d'inglese?
venire	*to come*	Luisa è venuta a salutare i suoi nonni.

B. Verbs and expressions + **di** + infinitive

accettare	*to accept*	Accetti di aiutarlo?
ammettere	*to admit*	Lei ammette di volere troppo.
aspettare	*to wait*	Aspettano di ricevere una risposta.
cercare	*to try*	Cerco di arrivare in orario.
chiedere	*to ask*	Mi ha chiesto di prestargli dei soldi.
consigliare	*to advise*	Che cosa mi consigli di fare?
credere	*to believe*	Crede di avere ragione.
decidere	*to decide*	Ha deciso di fare medicina.
dimenticare	*to forget*	Non dimenticare di comprare della frutta!
(di)mostrare	*to show*	Lucia ha dimostrato di essere generosa.
dire	*to say, to tell*	Gli ho detto di stare zitto.
dubitare	*to doubt*	Dubita di riuscire.
finire	*to finish*	Ha finito di lavorare alle dieci di sera.
lamentarsi	*to complain*	Si lamentano di avere poco tempo.

ordinare	to order	Il medico mi ha ordinato di prendere delle vitamine.
pensare	to think	Quando pensi di partire?
permettere	to allow	Mi permetti di dire la verità?
pregare	to pray, to beg	La prego di scusarmi.
preoccuparsi	to worry	Si preoccupa solamente di finire.
proibire	to forbid	Mio padre mi proibisce di usare la macchina.
promettere	to promise	Ci hanno promesso di venire stasera.
raccomandare	to recommend	Ti raccomando di scrivermi subito.
riconoscere	to recognize	Riconosco di avere torto.
ricordare	to remember; to remind	Ricordami di telefonarle!
ripetere	to repeat	Vi ripeto sempre di fare attenzione.
scegliere	to choose	Perché hai scelto di andare a Firenze?
scrivere	to write	Le ho scritto di venire in treno.
smettere	to stop	Ho smesso di bere caffè.
sperare	to hope	Loro sperano di vederti.
suggerire	to suggest	Filippo suggerisce di andare al ristorante.
temere	to fear	Lei teme di non sapere abbastanza.
avere bisogno	to need	Abbiamo bisogno di dormire.
avere paura	to be afraid	Hai paura di viaggiare in aereo?
avere ragione	to be right	Hanno avuto ragione di partire presto.
avere torto	to be wrong	Non ha torto di parlare così.
avere voglia	to feel like	Ho voglia di mangiare un gelato.
essere certo (sicuro)	to be certain	Sei sicuro di avere abbastanza soldi?
essere contento (felice)	to be happy	Nino, sei contento di andare in Europa?
essere curioso	to be curious	Siamo curiosi di sapere la verità.
essere fortunato	to be lucky	È fortunata di avere un padre ricco.
essere impaziente	to be eager	Lui è impaziente di vederla.
essere libero	to be free	È libera di uscire.
essere orgoglioso	to be proud	Siamo orgogliosi di essere americani.
essere spiacente	to be sorry	Sono spiacenti di non essere qui.
essere stanco	to be tired	Sono stanca di aspettare.
è ora	it is time	È ora di partire.

Appendix 3

Verb charts

3.1 The auxiliary verbs *avere* and *essere*

SIMPLE TENSES

Infinito (*Infinitive*)	**avere**		**essere**	
Presente (*Present indicative*)	ho	abbiamo	sono	siamo
	hai	avete	sei	siete
	ha	hanno	è	sono
Imperfetto (*Imperfect indicative*)	avevo	avevamo	ero	eravamo
	avevi	avevate	eri	eravate
	aveva	avevano	era	erano
Passato remoto (*Past absolute*)	ebbi	avemmo	fui	fummo
	avesti	aveste	fosti	foste
	ebbe	ebbero	fu	furono
Futuro (*Future*)	avrò	avremo	sarò	saremo
	avrai	avrete	sarai	sarete
	avrà	avranno	sarà	saranno
Condizionale presente (*Present conditional*)	avrei	avremmo	sarei	saremmo
	avresti	avreste	saresti	sareste
	avrebbe	avrebbero	sarebbe	sarebbero
Imperativo (*Imperative*)	—	abbiamo	—	siamo
	abbi	abbiate	sii	siate
	abbia	abbiano	sia	siano
Congiuntivo presente (*Present subjunctive*)	abbia	abbiamo	sia	siamo
	abbia	abbiate	sia	siate
	abbia	abbiano	sia	siano
Imperfetto del congiuntivo (*Imperfect subjunctive*)	avessi	avessimo	fossi	fossimo
	avessi	aveste	fossi	foste
	avesse	avessero	fosse	fossero
Gerundio (*Gerund*)	avendo	essendo		

COMPOUND TENSES

Participio passato (*Past participle*)	avuto	stato(a, i, e)

COMPOUND TENSES (*CONTINUED*)

Infinito passato (*Past infinitive*)	avere avuto	essere stato(a, i, e)
Passato prossimo (*Present perfect indicative*)	ho hai ha abbiamo avete hanno ⎫ avuto	sono sei è siamo siete sono ⎫ stato(a) stati(e)
Trapassato prossimo (*Pluperfect*)	avevo avevi aveva avevamo avevate aveano ⎫ avuto	ero eri era eravamo eravate erano ⎫ stato(a) stati(e)
Trapassato remoto (*Past perfect indicative*)	ebbi avesti ebbe avemmo aveste ebbero ⎫ avuto	fui fosti fu fummo foste furono ⎫ stato(a) stati(e)
Futuro anteriore (*Future perfect*)	avrò avrai avrà avremo avrete avranno ⎫ avuto	sarò sarai sarà saremo sarete saranno ⎫ stato(a) stati(e)
Condizionale passato (*Conditional perfect*)	avrei avresti avrebbe avremmo avreste avrebbero ⎫ avuto	sarei saresti sarebbe saremmo sareste sarebbero ⎫ stato(a) stati(e)
Congiuntivo passato (*Present perfect subjunctive*)	abbia abbia abbia abbiamo abbiate abbiano ⎫ avuto	sia sia sia siamo siate siano ⎫ stato(a) stati(e)
Trapassato del congiuntivo (*Pluperfect subjunctive*)	avessi avessi avesse avessimo aveste avessero ⎫ avuto	fossi fossi fosse fossimo foste fossero ⎫ stato(a) stati(e)
Gerundio passato (*Past gerund*)	avendo avuto	essendo stato(a, i, e)

3.2 Regular verbs

SIMPLE TENSES

Infinito *(Infinitive)*	**-are** cantare	**-ere** ripetere	**-ire** partire	**-ire (-isc-)** finire
Presente *(Present indicative)*	cant **o**	ripet **o**	part **o**	fin isc **o**
	cant **i**	ripet **i**	part **i**	fin isc **i**
	cant **a**	ripet **e**	part **e**	fin isc **e**
	cant **iamo**	ripet **iamo**	part **iamo**	fin **iamo**
	cant **ate**	ripet **ete**	part **ite**	fin **ite**
	cạnt **ano**	ripẹt **ono**	pạrt **ono**	fin ịsc **ono**
Imperfetto *(Imperfect indicative)*	canta **vo**	ripete **vo**	parti **vo**	fini **vo**
	canta **vi**	ripete **vi**	parti **vi**	fini **vi**
	canta **va**	ripete **va**	parti **va**	fini **va**
	canta **vamo**	ripete **vamo**	parti **vamo**	fini **vamo**
	canta **vate**	ripete **vate**	parti **vate**	fini **vate**
	cantạ **vano**	ripetẹ **vano**	partị **vano**	finị **vano**
Passato remoto *(Past absolute)*	cant **ai**	ripet **ei**	part **ii**	fin **ii**
	cant **asti**	ripet **esti**	part **isti**	fin **isti**
	cant **ò**	ripet **è**	part **ì**	fin **ì**
	cant **ammo**	ripet **emmo**	part **immo**	fin **immo**
	cant **aste**	ripet **este**	part **iste**	fin **iste**
	cant **ạrono**	ripet **ẹrono**	part **ịrono**	fin **ịrono**
Futuro *(Future)*	canter **ò**	ripeter **ò**	partir **ò**	finir **ò**
	canter **ai**	ripeter **ai**	partir **ai**	finir **ai**
	canter **à**	ripeter **à**	partir **à**	finir **à**
	canter **emo**	ripeter **emo**	partir **emo**	finir **emo**
	canter **ete**	ripeter **ete**	partir **ete**	finir **ete**
	canter **anno**	ripeter **anno**	partir **anno**	finir **anno**
Condizionale presente *(Present conditional)*	canter **ei**	ripeter **ei**	partir **ei**	finir **ei**
	canter **esti**	ripeter **esti**	partir **esti**	finir **esti**
	canter **ebbe**	ripeter **ebbe**	partir **ebbe**	finir **ebbe**
	canter **emmo**	ripeter **emmo**	partir **emmo**	finir **emmo**
	canter **este**	ripeter **este**	partir **este**	finir **este**
	canter **ẹbbero**	ripeter **ẹbbero**	partir **ẹbbero**	finir **ẹbbero**
Imperativo *(Imperative)*	—	—	—	—
	cant **a**	ripet **i**	part **i**	fin isc **i**
	cant **i**	ripet **a**	part **a**	fin isc **a**
	cant **iamo**	ripet **iamo**	part **iamo**	fin **iamo**
	cant **ate**	ripet **ete**	part **ite**	fin **ite**
	cạnt **ino**	ripẹt **ano**	pạrt **ano**	fin ịsc **ano**
Congiuntivo presente *(Present subjunctive)*	cant **i**	ripet **a**	part **a**	fin isc **a**
	cant **i**	ripet **a**	part **a**	fin isc **a**
	cant **i**	ripet **a**	part **a**	fin isc **a**
	cant **iamo**	ripet **iamo**	part **iamo**	fin **iamo**
	cant **iate**	ripet **iate**	part **iate**	fin **iate**
	cạnt **ino**	ripẹt **ano**	pạrt **ano**	fin ịsc **ano**
Imperfetto del congiuntivo *(Imperfect subjunctive)*	cant **assi**	ripet **essi**	part **issi**	fin **issi**
	cant **assi**	ripet **essi**	part **issi**	fin **issi**
	cant **asse**	ripet **esse**	part **isse**	fin **isse**
	cant **ạssimo**	ripet **ẹssimo**	part **issimo**	fin **ịssimo**
	cant **aste**	ripet **este**	part **iste**	fin **iste**
	cant **ạssero**	ripet **ẹssero**	part **ịssero**	fin **ịssero**
Gerundio *(Gerund)*	cant **ando**	ripet **endo**	part **endo**	fin **endo**

COMPOUND TENSES

Participio passato (*Past participle*)	cant **ato**	ripet **uto**	part **ito**	fin **ito**
Infinito passato (*Past infinitive*)	avere cantato	avere ripetuto	essere partito(a, i, e)	avere finito
Passato prossimo (*Present perfect indicative*)	ho hai ha abbiamo avete hanno } cantato	ho hai ha abbiamo avete hanno } ripetuto	sono sei è siamo siete sono } partito(a) partiti(e)	ho hai ha abbiamo avete hanno } finito
Trapassato prossimo (*Pluperfect*)	avevo avevi aveva avevamo avevate avevano } cantato	avevo avevi aveva avevamo avevate avevano } ripetuto	ero eri era eravamo eravate erano } partito(a) partiti(e)	avevo avevi aveva avevamo avevate avevano } finito
Trapassato remoto (*Past perfect indicative*)	ebbi avesti ebbe avemmo aveste ebbero } cantato	ebbi avesti ebbe avemmo aveste ebbero } ripetuto	fui fosti fu fummo foste furono } partito(a) partiti(e)	ebbi avesti ebbe avemmo aveste ebbero } finito
Futuro anteriore (*Future perfect*)	avrò avrai avrà avremo avrete avranno } cantato	avrò avrai avrà avremo avrete avranno } ripetuto	sarò sarai sarà saremo sarete saranno } partito(a) partiti(e)	avrò avrai avrà avremo avrete avranno } finito
Condizionale passato (*Conditional perfect*)	avrei avresti avrebbe avremmo avreste avrebbero } cantato	avrei avresti avrebbe avremmo avreste avrebbero } ripetuto	sarei saresti sarebbe saremmo sareste sarebbero } partito(a) partiti(e)	avrei avresti avrebbe avremmo avreste avrebbero } finito
Congiuntivo passato (*Present perfect subjunctive*)	abbia abbia abbia abbiamo abbiate abbiano } cantato	abbia abbia abbia abbiamo abbiate abbiano } ripetuto	sia sia sia siamo siate siano } partito(a) partiti(e)	abbia abbia abbia abbiamo abbiate abbiano } finito
Trapassato del congiuntivo (*Pluperfect subjunctive*)	avessi avessi avesse avessimo aveste avessero } cantato	avessi avessi avesse avessimo aveste avessero } ripetuto	fossi fossi fosse fossimo foste fossero } partito(a) partiti(e)	avessi avessi avesse avessimo aveste avessero } finito
Gerundio passato (*Past gerund*)	avendo cantato	avendo ripetuto	essendo partito(a, i, e)	avendo finito

Appendix 4

Irregular verbs

Only the irregular forms are given.

andare *to go*

present indicative:	vado, vai, va, andiamo, andate, vanno
future:	andrò, andrai, andrà, andremo, andrete, andranno
conditional:	andrei, andresti, andrebbe, andremmo, andreste, andrẹbbero
imperative:	va' (vai), vada, andiamo, andate, vạdano
present subjunctive:	vada, vada, vada, andiamo, andiate, vạdano

aprire *to open*

past participle:	aperto

assụmere *to hire*

past absolute:	assunsi, assumesti, assunse, assumemmo, assumeste, assụnsero
past participle:	assunto

bere *to drink*

present indicative:	bevo, bevi, beve, beviamo, bevete, bẹvono
imperfect indicative:	bevevo, bevevi, beveva, bevevamo, bevevate, bevẹvano
past absolute:	bevvi, bevesti, bevve, bevemmo, beveste, bẹvvero
future:	berrò, berrai, berrà, berremo, berrete, berranno
conditional:	berrei, berresti, berrebbe, berremmo, berreste, berrẹbbero
imperative:	bevi, beva, beviamo, bevete, bẹvano
present subjunctive:	beva, beva, beva, beviamo, beviate, bẹvano
imperfect subjunctive:	bevessi, bevessi, bevesse, bevẹssimo, beveste, bevẹssero
past participle:	bevuto
gerund:	bevendo

cadere *to fall*

past absolute:	caddi, cadesti, cadde, cademmo, cadeste, cạddero
future:	cadrò, cadrai, cadrà, cadremo, cadrete, cadranno
conditional:	cadrei, cadresti, cadrebbe, cadremmo, cadreste, cadrẹbbero

chiẹdere *to ask*

past absolute:	chiesi, chiedesti, chiese, chiedemmo, chiedeste, chiẹsero
past participle:	chiesto

chiụdere *to close*

past absolute:	chiusi, chiudesti, chiuse, chiudemmo, chiudeste, chiụsero
past participle:	chiuso

conọscere *to know*

past absolute:	conobbi, conoscesti, conobbe, conoscemmo, conosceste, conọbbero
past participle:	conosciuto

correre   *to run*

past absolute:	corsi, corresti, corse, corremmo, correste, corsero
past participle:	corso

dare   *to give*

present indicative:	do, dai, dà, diamo, date, danno
past absolute:	diedi, desti, diede, demmo, deste, diedero
future:	darò, darai, darà, daremo, darete, daranno
conditional:	darei, daresti, darebbe, daremmo, dareste, darebbero
imperative:	da' (dai), dia, diamo, date, diano
present subjunctive:	dia, dia, dia, diamo, diate, diano
imperfect subjunctive:	dessi, dessi, desse, dessimo, deste, dessero

decidere   *to decide*

past absolute:	decisi, decidesti, decise, decidemmo, decideste, decisero
past participle:	deciso

dipingere   *to paint*

past absolute:	dipinsi, dipingesti, dipinse, dipingemmo, dipingeste, dipinsero
past participle:	dipinto

dire   *to say, to tell*

present indicative:	dico, dici, dice, diciamo, dite, dicono
imperfect indicative:	dicevo, dicevi, diceva, dicevamo, dicevate, dicevano
past absolute:	dissi, dicesti, disse, dicemmo, diceste, dissero
imperative:	di', dica, diciamo, dite, dicano
present subjunctive:	dica, dica, dica, diciamo, diciate, dicano
imperfect subjunctive:	dicessi, dicessi, dicesse, dicessimo, diceste, dicessero
past participle:	detto
gerund:	dicendo

discutere   *to discuss*

past absolute:	discussi, discutesti, discusse, discutemmo, discuteste, discussero
past participle:	discusso

dovere   *must, to have to*

present indicative:	devo, devi, deve, dobbiamo, dovete, devono
future:	dovrò, dovrai, dovrà, dovremo, dovrete, dovranno
conditional:	dovrei, dovresti, dovrebbe, dovremmo, dovreste, dovrebbero
present subjunctive:	debba, debba, debba, dobbiamo, dobbiate, debbano
	or deva, deva, deva, dobbiamo, dobbiate, devano

fare   *to do, to make*

present indicative:	faccio, fai, fa, facciamo, fate, fanno
imperfect indicative:	facevo, facevi, faceva, facevamo, facevate, facevano
past absolute:	feci, facesti, fece, facemmo, faceste, fecero
future:	farò, farai, farà, faremo, farete, faranno
conditional:	farei, faresti, farebbe, faremmo, fareste, farebbero
imperative:	fa' (fai), faccia, facciamo, fate, facciano
present subjunctive:	faccia, faccia, faccia, facciamo, facciate, facciano
imperfect subjunctive:	facessi, facessi, facesse, facessimo, faceste, facessero
past participle:	fatto
gerund:	facendo

lęggere   *to read*

past absolute:	lessi, leggesti, lesse, leggemmo, leggeste, lęssero
past participle:	letto

męttere   *to put*

past absolute:	misi, mettesti, mise, mettemmo, metteste, mįsero
past participle:	messo

morire   *to die*

present indicative:	muǫio, muori, muore, moriamo, morite, muǫiono
imperative:	muori, muǫia, moriamo, morite, muǫiano
present subjunctive:	muǫia, muǫia, muǫia, moriamo, moriate, muǫiano
past participle:	morto

nąscere   *to be born*

past absolute:	nacqui, nascesti, nacque, nascemmo, nasceste, nącquero
past participle:	nato

offęndere   *to offend*

past absolute:	offesi, offendesti, offese, offendemmo, offendeste, offęsero
past participle:	offeso

offrire   *to offer*

past participle:	offerto

piacere   *to be pleasing*

present indicative:	piąccio, piaci, piace, piacciamo, piacete, piącciono
past absolute:	piącqui, piacesti, piącque, piacemmo, piaceste, piącquero
imperative:	piąci, piąccia, piacciamo, piacete, piącciano
present subjunctive:	piąccia, piąccia, piąccia, piacciamo, piacciate, piącciano
past participle:	piaciuto

potere   *to be able to*

present indicative:	posso, puoi, può, possiamo, potete, pǫssono
future:	potrò, potrai, potrà, potremo, potrete, potranno
conditional:	potrei, potresti, potrebbe, potremmo, potreste, potrębbero
present subjunctive:	possa, possa, possa, possiamo, possiate, pǫssano

pręndere   *to take*

past absolute:	presi, prendesti, prese, prendemmo, prendeste, pręsero
past participle:	preso

rįdere   *to laugh*

past absolute:	risi, ridesti, rise, ridemmo, rideste, rįsero
past participle:	riso

rimanere   *to remain*

present indicative:	rimango, rimani, rimane, rimaniamo, rimanete, rimangono
past absolute:	rimasi, rimanesti, rimase, rimanemmo, rimaneste, rimasero
future:	rimarrò, rimarrai, rimarrà, rimarremo, rimarrete, rimarranno
conditional:	rimarrei, rimarresti, rimarrebbe, rimarremmo, rimarreste, rimarrebbero
imperative:	rimani, rimanga, rimaniamo, rimanete, rimangano
present subjunctive:	rimanga, rimanga, rimanga, rimaniamo, rimaniate, rimangano
past participle:	rimasto

rispondere   *to answer*

past absolute:	risposi, rispondesti, rispose, rispondemmo, rispondeste, risposero
past participle:	risposto

rompere   *to break*

past absolute:	ruppi, rompesti, ruppe, rompemmo, rompeste, ruppero
past participle:	rotto

salire   *to go up*

present indicative:	salgo, sali, sale, saliamo, salite, salgono
imperative:	sali, salga, saliamo, salite, salgano
present subjunctive:	salga, salga, salga, saliamo, saliate, salgano

sapere   *to know*

present indicative:	so, sai, sa, sappiamo, sapete, sanno
past absolute:	seppi, sapesti, seppe, sapemmo, sapeste, seppero
future:	saprò, saprai, saprà, sapremo, saprete, sapranno
conditional:	saprei, sapresti, saprebbe, sapremmo, sapreste, saprebbero
imperative:	sappi, sappia, sappiamo, sappiate, sappiano
present subjunctive:	sappia, sappia, sappia, sappiamo, sappiate, sappiano

scegliere   *to choose*

present indicative:	scelgo, scegli, sceglie, scegliamo, scegliete, scelgono
past absolute:	scelsi, scegliesti, scelse, scegliemmo, sceglieste, scelsero
imperative:	scegli, scelga, scegliamo, scegliete, scelgano
present subjunctive:	scelga, scelga, scelga, scegliamo, scegliate, scelgano
past participle:	scelto

scendere   *to descend*

past absolute:	scesi, scendesti, scese, scendemmo, scendeste, scesero
past participle:	sceso

scoprire   *to discover*

past participle:	scoperto

scrivere   *to write*

past absolute:	scrissi, scrivesti, scrisse, scrivemmo, scriveste, scrissero
past participle:	scritto

sedere   *to sit down*

present indicative:	siedo, siedi, siede, sediamo, sedete, siędono
imperative:	siedi, sieda, sediamo, sedete, siędano
present subjunctive:	sieda, sieda, sieda, sediamo, sediate, siędano

spęndere   *to spend*

past absolute:	spesi, spendesti, spese, spendemmo, spendeste, spęsero
past participle:	speso

stare   *to stay*

present indicative:	sto, stai, sta, stiamo, state, stanno
past absolute:	stetti, stesti, stette, stemmo, steste, stęttero
future:	starò, starai, starà, staremo, starete, staranno
conditional:	starei, staresti, starebbe, staremmo, stareste, starębbero
imperative:	sta' (stai), stia, stiamo, state, stįano
present subjunctive:	stia, stia, stia, stiamo, stiate, stįano
imperfect subjunctive:	stessi, stessi, stesse, stęssimo, steste, stęssero

succędere   *to happen*

past absolute:	successe
past participle:	successo

tenere   *to hold, to keep*

present indicative:	tengo, tieni, tiene, teniamo, tenete, tęngono
past absolute:	tenni, tenesti, tenne, tenemmo, teneste, tęnnero
future:	terrò, terrai, terrà, terremo, terrete, terranno
conditional:	terrei, terresti, terrebbe, terremmo, terreste, terrębbero
imperative:	tieni, tenga, teniamo, tenete, tęngano
present subjunctive:	tenga, tenga, tenga, teniamo, teniate, tęngano

uccįdere   *to kill*

past absolute:	uccisi, uccidesti, uccise, uccidemmo, uccideste, uccįsero
past participle:	ucciso

uscire   *to go out*

present indicative:	esco, esci, esce, usciamo, uscite, ęscono
imperative:	esci, esca, usciamo, uscite, ęscano
present subjunctive:	esca, esca, esca, usciamo, usciate, ęscano

vedere   *to see*

past absolute:	vidi, vedesti, vide, vedemmo, vedeste, vįdero
future:	vedrò, vedrai, vedrà, vedremo, vedrete, vedranno
conditional:	vedrei, vedresti, vedrebbe, vedremmo, vedreste, vedrębbero
past participle:	visto (veduto)

venire   *to come*

present indicative:	vengo, vieni, viene, veniamo, venite, vengono
past absolute:	venni, venisti, venne, venimmo, veniste, vennero
future:	verrò, verrai, verrà, verremo, verrete, verranno
conditional:	verrei, verresti, verrebbe, verremmo, verreste, verrebbero
imperative:	vieni, venga, veniamo, venite, vengano
present subjunctive:	venga, venga, venga, veniamo, veniate, vengano
past participle:	venuto

vincere   *to win*

past absolute:	vinsi, vincesti, vinse, vincemmo, vinceste, vinsero
past participle:	vinto

vivere   *to live*

past absolute:	vissi, vivesti, visse, vivemmo, viveste, vissero
future:	vivrò, vivrai, vivrà, vivremo, vivrete, vivranno
conditional:	vivrei, vivresti, vivrebbe, vivremmo, vivreste, vivrebbero
past participle:	vissuto

volere   *to want*

present indicative:	voglio, vuoi, vuole, vogliamo, volete, vogliono
past absolute:	volli, volesti, volle, volemmo, voleste, vollero
future:	vorrò, vorrai, vorrà, vorremo, vorrete, vorranno
conditional:	vorrei, vorresti, vorrebbe, vorremmo, vorreste, vorrebbero
present subjunctive:	voglia, voglia, voglia, vogliamo, vogliate, vogliano

Italian–English Vocabulary

The Italian–English vocabulary contains most of the basic words and expressions used in each chapter. Stress is indicated by a dot under the stressed vowel. An asterisk (*) following an infinitive indicates that the verb is conjugated with **essere** *in compound tenses. The* **-isc-** *after an* **-ire** *verb means that the verb requires* **-isc-** *in the present indicative, present subjunctive, and imperative conjugations.*

The following abbreviations are used:

adj.	adjective	*inf.*	infinitive
adv.	adverb	*inv.*	invariable
affect.	affectionate	*m.*	masculine
art.	article	*math.*	mathematics
colloq.	colloquial	*pl.*	plural
conj.	conjunction	*p.p.*	past participle
def. art.	definite article	*prep.*	preposition
f.	feminine	*pron.*	pronoun
fam.	familiar	*s.*	singular
form.	formal	*sub.*	subjunctive

A

a in, at, to
abbastanza enough, sufficiently
l'abbigliamento clothing, apparel
abbondante abundant
abbracciare to embrace
l'abbraccio hug
abbronzarsi to tan
l'abitante *(m. & f.)* inhabitant
abitare to live
l'abitazione *(f.)* housing
l'abito dress, suit
abituarsi* to get used to
abituato accustomed
l'abitudine *(f.)* habit
accademico academic
accendere *(p.p.* **acceso***)* to light, to turn on
l'accento accent, stress
accompagnare to accompany
l'accordo agreement;
    d'accordo OK, agreed
l'aceto vinegar
l'acqua water;
    l'acqua minerale mineral water;
    l'acqua potabile drinking water
l'acquisto purchase
adagio slowly
addio good-bye (forever)

addormentarsi* to fall asleep
addormentato asleep
adesso now
l'adulto, l'adulta adult
l'aereo, l'aeroplano airplane
l'aeroporto airport
l'affare *(m.)* business;
    per affari on business;
    È un affare! It is a bargain!;
    uomo (donna) d'affari businessman(woman)
affascinante fascinating
affatto not at all
l'affermazione *(f.)* statement
l'affetto affection;
    con affetto love
affettuoso affectionate
affinché so that, in order that
affittare to rent, to lease
l'affitto rent, rental;
    in affitto for rent
affollato crowded
l'affresco fresco
africano African
l'agente *(m. & f.)* **di viaggi** travel agent
l'agenzia di
    collocamento employment agency;
    agenzia di viaggi travel agency
l'aggettivo adjective

aggiungere *(p.p.* **aggiunto***)* to add
agire (-isc-) to act
l'aglio garlic
agosto August
aiutare to help
l'aiuto help
l'alba dawn
l'albergo hotel
l'albero tree;
    l'albero genealogico family tree
alcuni (alcune) some, a few
allegro cheerful
allenare to coach;
    allenarsi* to practice, to train, to get in shape
l'allenatore, l'allenatrice coach
alloggiare to stay
l'alloggio housing
allora then, well then, so, therefore;
    da allora since then
almeno at least
le Alpi Alps
l'alpinismo mountain climbing
l'alpinista *(m. & f.)* mountain climber
alto tall, high
altro other
alzarsi* to get up
amare to love

amaro bitter
l'ambientalista *(m. & f.)* environmentalist
l'ambiente environment
americano American
l'amicizia friendship
l'amico, l'amica friend
ammalarsi* to become ill
ammalato ill, sick
ammettere to admit
ammirare to admire
ammobiliato furnished
l'amore *(m.)* love
l'analisi *(f.)* analysis
analogo similar
l'ananas pineapple
anche also, too;
  anche se even if
ancora still, more, again;
  ancora una volta once more;
  non ancora not yet
andare* to go;
  andare d'accordo to get along;
  andare bene to fit;
  andare in bicicletta to ride a bicycle;
  andare al cinema to go to the movies;
  andare in pensione to retire;
  andare a piedi to walk;
  andare a trovare to visit a person;
  andare via to go away
l'anello ring
l'angolo corner
l'animale *(m.)* animal;
  l'animale domestico pet
annegare to drown
l'anniversario anniversary
l'anno year;
  avere... anni to be . . . years old
annoiarsi* to get bored
annullare to cancel
annunciare to announce
l'annunciatore, l'annunciatrice TV announcer
l'annuncio pubblicitario ad
l'antibiotico antibiotic
l'anticipo advance;
  in anticipo ahead of time, in advance
antico *(pl.* **antichi)** ancient, antique
l'antipasto appetizer
antipatico unpleasant
anzi on the contrary
anziano elderly

l'aperitivo aperitif
aperto open;
  all'aperto outdoors
apparecchiare to set the table
l'appartamento apartment
appassionato (di) fond (of)
appena as soon as; only
gli Appennini Apennine Mountains
appenninico of the Apennines
l'appetito appetite
applaudire to applaud
apprezzare to appreciate
approssimativamente approximately
l'appuntamento appointment, date
gli appunti notes
aprile April
aprire *(p.p.* **aperto)** to open
arabo Arabic;
  gli Arabi Arabs
l'arancia orange
l'aranciata orange drink
arancione *(inv.)* orange (color)
l'arbitro referee
l'architetto architect
l'architettura architecture
l'argomento subject
l'aria air, appearance;
  aria condizionata air conditioning
l'armadio wardrobe;
  armadio a muro closet
arrabbiarsi* to get angry
arrabbiato angry
l'arredamento furnishing
arredare to furnish
arredato furnished
l'arredatore, l'arredatrice interior designer
arrivare* to arrive
arrivederci! *(fam.);*
  ArrivederLa! *(form.)* Good-bye!
l'arrivo arrival
l'arrosto roast;
  l'arrosto di vitello roast veal
l'arte *(f.)* art;
  opera d'arte work of art;
  Le Belle Arti Fine Arts
l'articolo article, item
l'artigianato handicraft
l'artigiano artisan
l'artista *(m. & f.)* artist
artistico artistic
l'artrite *(f.)* arthritis
l'ascensore *(m.)* elevator

l'asciugamano towel
asciugare to dry;
  asciugarsi* to dry oneself
ascoltare to listen to
gli asparagi asparagus
aspettare to wait for
l'aspirina aspirin
assaggiare to taste
l'assegno check
assente absent
l'assicurazione insurance
l'assistente di volo *(m. & f.)* flight attendant
assistere *(p.p.* **assistito)** to attend, to assist
assumere *(p.p.* **assunto)** to hire
astratto abstract
l'astrologia astrology
l'atleta *(m. & f.)* athlete
l'atmosfera atmosphere
attento careful;
  stare attento to pay attention
l'attenzione *(f.)* attention;
  fare attenzione to be careful
l'attività *(f.)* activity
attivo active
l'atto act
l'attore, l'attrice actor, actress
attraente attractive
attraversare to cross
attraverso across; through
attrezzato equipped
attuale present
attualmente at present
augurare to wish
l'augurio wish;
  Tanti auguri! Best wishes!
l'aula classroom
aumentare to increase
l'aumento increase
l'autista *(m. & f.)* driver
l'autobiografia autobiography
l'autobus *(m.)(pl.* **gli autobus)** bus
l'automobile *(f.)* car
l'automobilismo car racing
l'automobilista *(m. & f.)* motorist, driver
l'autore, l'autrice author
l'autorità authority
l'autostop hitchhiking;
  fare l'autostop to hitchhike
l'autostrada freeway
l'autunno autumn, fall
avanti straight ahead;
  Avanti! Come in!
avaro stingy
avere to have;

avere... anni to be . . . years old;
avere bisogno (di) to need;
avere caldo to be hot;
avere fame to be hungry;
avere la febbre to have a temperature;
avere freddo to be cold;
avere fretta to be in a hurry;
avere intenzione (di) to intend;
avere luogo to take place;
avere mal di (denti, schiena, stomaco, testa, gola) to have a (toothache, backache, stomachache, headache, sore throat);
avere paura di to be afraid of;
avere il raffreddore to have a cold;
avere ragione to be right;
avere sete to be thirsty;
avere sonno to be sleepy;
avere torto to be wrong;
avere la tosse to have a cough;
avere voglia (di) to feel like
l'avvenimento event
l'avventura adventure
l'avverbio adverb
avvicinarsi* (a) to get near, to approach
l'avvocato, l'avvocatessa lawyer
l'azione *(f.)* action
azzurro light blue

B

la bacheca bulletin board
baciare to kiss
il bacio kiss
i baffi mustache
i bagagli baggage, luggage
il / la bagnante bather
il bagnino, la bagnina lifeguard
il bagno bath; bathroom;
fare il bagno to take a bath
il balcone balcony
ballare to dance
il balletto ballet
il bambino, la bambina child; little boy, little girl;
da bambino as a child
la banca bank
il banco stand, counter; student desk
la banda band
la bandiera flag

il bar bar;
bar con tavola calda snack bar
la barba beard;
farsi la barba to shave
la barca boat;
la barca a vela sailboat
il barista bartender
barocco baroque
basso short, low
bastare to suffice, to be enough
la batteria drums
be' (bene) well
la bellezza beauty
bello beautiful, handsome
benché although
bene well, fine;
va bene OK, very well;
è bene che it's a good thing that;
benissimo very well;
benone! great!
benefico beneficial
la benzina gasoline;
il distributore di benzina gasoline pump;
fare benzina to fill up;
benzina senza piombo unleaded gasoline
bere *(p.p.* **bevuto)** to drink
la bevanda drink;
bevanda alcolica alcoholic beverage
bianco *(pl.* **bianchi)** white
la bibita soft drink
la biblioteca library
il bicchiere glass
la bicicletta bicycle
la biglietteria ticket office
il biglietto ticket, card;
biglietto di andata e ritorno round-trip ticket
il binario (railway) track
la biologia biology
biondo blond
la birra beer
il biscotto cookie
bisognare to be necessary
il bisogno need;
avere bisogno di to need
la bistecca steak
blu *(inv.)* dark blue
la bocca mouth;
in bocca al lupo! good luck! *(lit.* in the mouth of the wolf!)
la borsa bag;

borsa di studio grant, scholarship
la borsetta handbag
il bosco wood, forest
la bottiglia bottle
il braccialetto bracelet
il braccio *(pl.* **le braccia)** arm
bravo good
breve short, brief
il brillante diamond
il brodo broth
bruno dark-haired
brutto ugly; bad
la bugia lie;
dire bugie to lie
bugiardo liar
buono good;
Buon anno! Happy New Year!;
Buon appetito! Enjoy your meal!;
Buona giornata! Have a nice day!;
Buona notte! Good night!;
Buone vacanze! Have a nice vacation!
il burattino puppet
il burro butter
la busta envelope

C

cadere* to fall
il caffè coffee, café, coffee shop
il calcio soccer
la calcolatrice calculator
il calcolo calculus
caldo hot;
avere caldo to be hot;
fa caldo it is hot (weather)
il calendario calendar
calmare to calm
calmo calm
la caloria calorie
calvo bold
la calza stocking
il calzino sock
cambiare to change, to exchange;
cambiare idea to change one's mind
il cambio change, exchange
la camera room;
camera da letto bedroom;
camera singola (doppia) single (double) room;
camera con servizi room with bath
il cameriere, la cameriera waiter, waitress; maid

la camicetta blouse

la camicia (*pl.* **le camicie**) shirt

il caminetto fireplace

camminare to walk

la campagna country, countryside

il campanile bell tower

il campeggio camping;

  fare il campeggio to go camping

il campionato championship

il campione, la campionessa champion

il campo field;

  campo da tennis tennis court

canadese Canadian

il canale channel, canal (Venice)

la candela candle

il candidato, la candidata candidate

il cane dog

i cannelloni stuffed pasta

il canottaggio boating, rowing

il / la cantante singer

cantare to sing

il canto singing

la canzone song

i capelli hair

capire (-isc-) to understand

la capitale capital

il capitolo chapter

il capo head, leader

il Capodanno New Year's day

il capolavoro masterpiece

il capoluogo chief town

il capoufficio boss

il cappello hat

il cappotto winter coat

il cappuccino coffee with steamed milk

le caramelle candies

il carattere temperament

la caratteristica characteristic, feature

il carciofo artichoke

carino pretty, cute

la carne meat

caro dear, expensive

la carota carrot

la carriera career;

  fare carriera to have a successful career

la carrozza car (train), carriage

la carta paper;

  carta geografica map;

  carta di credito credit card;

  carta telefonica telephone card;

carta d'identità identification card

il cartello sign

la cartoleria stationery store

la cartolina postcard

il cartone animato cartoon

la casa house, home;

  a casa, in casa at home;

  a casa di at the house of;

  a casa sua at his/her house;

la casalinga housewife

il caso case;

  per caso by any chance;

  secondo il caso according to the case

Caspita! Wow!

la cassa case; cashier's desk

la cassiera cashier

castano brown (eyes, hair)

il castello castle

la catena chain

cattivo bad, mean

la causa cause;

  a causa di because of

causare to cause

c'è (ci sono) there is (are)

celebrare to celebrate

celibe (*m.*) unmarried, single

la cena dinner

cenare to have supper

il centesimo cent

cento one hundred

centrale central

il / la centralinista telephone operator

il centro center;

  in centro downtown

cercare to look for;

  cercare di + *inf.* to try (to)

i cereali cereals

certamente certainly

certo certain; (*adv.*) certainly

il cestino basket

che (*conj.*) that;

  che (*pron.*) who, whom, that, which;

  che, che cosa, cosa? what?;

  che... ! what a. . . . !;

  più... che more . . . than

chi? who?, whom?;

  di chi è? whose is it?

chiamare to call;

  chiamarsi* to be called

la chiave key

chiedere (*p.p.* **chiesto**) to ask (for)

la chiesa church

il chilogrammo kilogram

il chilometro kilometer

la chimica chemistry

chiocciola @

il chirurgo surgeon

Chissà! Who knows!

la chitarra guitar

chiudere (*p.p.* **chiuso**) to close

ciao hello, hi, good-bye

il cibo food

il ciclismo bicycling

il / la ciclista cyclist

il cielo sky

la cifra amount, digit

il cinematografo movie theater

cinese Chinese

la cintura belt

il cioccolato chocolate

il cioccolatino chocolate candy

cioè that is

la cipolla onion

circa about, approximately

circondare to surround

la circostanza occasion

la città city, town

la cittadinanza citizenship

il cittadino citizen

la civilizzazione civilization

la civiltà civilization

la classe class, classroom

classico classic

il / la cliente customer

il clima climate

il codice postale zip code

il cognato, la cognata brother-in-law, sister-in law

il cognome last name

la coincidenza coincidence; connection (train, bus)

la colazione breakfast;

  fare colazione to have breakfast

il / la collega colleague

la collina hill

il collo neck

il colloquio interview

il colore color

il coltello knife

come as, like;

  Come? How?;

  Come sta? (*form. s.*), **Come stai?** (*fam. s.*), **Come va?** (*colloq.*) How are you?;

  Com'è? What is he (she, it) like?;

  Come mai? How come?;

  Come si chiama? What is his (her, your, its) name?

il comico comedian;

  comico (*adj.*) comic, funny

la commedia comedy, play
il commediografo playwright
il commento comment
il / la commercialista accountant
il commercio commerce
il commesso, la commessa salesperson
comodamente comfortably
la comodità comfort
comodo comfortable
la compagnia company
il compagno, la compagna companion;
  compagno(a) di classe classmate;
  compagno(a) di stanza roommate
il compenso compensation
competente competent
compiere to have a birthday
il compito homework, task
il compleanno birthday;
  Buon compleanno! Happy birthday!
completamente fully, completely
completare to complete
il completo suit
complicato complicated
comporre (*p.p.* **composto**) to compose
il compositore, la compositrice composer
comprare to buy
comune common
con with
il concerto concert
la conclusione conclusion
condire to dress (salad, food)
condividere (*p.p.* **condiviso**) to share
la condizione condition
la conferenza lecture
confermare to confirm
confinare to border, to confine
la confusione confusion
il congelatore freezer
Congratulazioni! Congratulations!
il / la conoscente acquaintance
la conoscenza knowledge
conoscere (*p.p.* **conosciuto**) to know, to meet, to be acquainted with
consegnare to deliver
considerarsi* to consider oneself
consigliare to advise
il consiglio advice

la consonante consonant
il / la consulente consultant
consultare to consult
il contadino, la contadina peasant; farmer
i contanti cash
contare to count
contento happy, glad; pleased
il continente continent
continuare to continue
il conto check, bill
il contorno (cooked) vegetable
il contrario opposite
il contrasto contrast
il contratto contract
contribuire (**-isc-**) to contribute
contro against
controllare to check
il controllore conductor
la conversazione conversation
la coperta blanket; cover
la copia copy
la coppia couple, pair
il coraggio courage;
  coraggio! come on! keep it up!
coraggioso courageous, brave
cordiale cordial
il coro chorus
il corpo body
correggere (*p.p.* **corretto**) to correct
correre (*p.p.* **corso**) to run
la corsa run, race
il corso course (studies); main street
il cortile courtyard
corto short
la cosa thing
così so;
  così-così so-so;
  così tanto! that much!;
  così... come as . . . as
la costa coast;
  la Costa Azzurra French Riviera
costare to cost;
  quanto costa? how much is it?
il costo cost, price
costoso expensive
costruire (**-isc-**) to build
il costume costume;
  costume da bagno bathing suit
il cotone cotton
cotto cooked
la cravatta tie
creare to create
credere to believe

la crema cream
la crisi crisis
la critica criticism, critique, review
criticare to criticize
il critico critic; (*adj.*) critical
la crociera cruise;
  fare una crociera to go on a cruise
il cucchiaino teaspoon
il cucchiaio spoon
la cucina kitchen; cooking; cuisine
cucinare to cook;
  cucinare al forno to bake
il cugino, la cugina cousin
cui (*pron.*) whom, which;
  la ragazza con cui esco the girl with whom I go out
la cultura culture
culturale cultural
il culturismo bodybuilding
cuocere (*p.p.* **cotto**) to cook
il cuoco, la cuoca cook
il cuore heart
la cupola dome
la cura treatment; care
curare to treat
curioso curious

D

da from, by;
  lavoro da un mese I have been working for a month
d'accordo OK, agreed;
  essere d'accordo to agree
Dai! (*fam.*) Come on!
dannoso damaging
dare to give;
  dare fastidio to bother;
  dare la mano to shake hands;
  dare un passaggio to give a lift;
  dare del tu (Lei) to use the **tu (Lei)** form;
  dare un film to show a movie
la data date (calendar)
davanti (a) in front of, before
davvero really, indeed
il debito debt
debole weak
decidere (*p.p.* **deciso**) to decide
la decisione decision
dedicarsi* to devote oneself
la delusione disappointment
deluso disappointed
democratico democratic
la democrazia democracy

il denaro money
il dente tooth;
  al dente firm, not overcooked
il / la dentista dentist
dentro in, inside
il depọsito deposit;
  depọsito bagagli baggage
    room
il deputato, la
  deputata congressman,
    congresswoman
descrịvere (*p.p.* **descritto**) to
  describe
la descrizione description
desiderare to wish, want;
  desịdera? may I help you?
il desidẹrio wish, desire
la destra right;
  a destra to the right;
detestare to hate
di of, from; **di** + *def. art.* some,
  any;
  di chi è? whose is it?;
  di dov'è? where is he/she
    from?
la diạgnosi diagnosis
il dialetto dialect
il diạlogo (*pl.* **diạloghi**)
  dialogue
dicembre December
dichiarare to declare
le didascalie (*f. pl.*) (cinema)
  subtitles
la dieta diet;
  stare a dieta to be on a diet
il dietọlogo, la dietọloga
  dietician
dietro behind
differente different
la differenza difference;
  a differenza di unlike
difficile difficult
la difficoltà difficulty
dilettante amateur
dimagrire (-isc-)* to lose weight
dimenticare to forget
diminuire (-isc-) to diminish; to
  reduce
dimostrare to show, to express
dinạmico dynamic
dipẹndere (*p.p.* **dipeso**) to
  depend;
  dipende (da) it depends (on)
dipịngere (*p.p.* **dipinto**) to
  paint, to portray
il diploma certificate, diploma
diplomarsi* to graduate from
  high school

dire (*p.p.* **detto**) to say, to tell;
  dire di no to say no;
  voler dire to mean
direttamente directly
il direttore, la direttrice
  director; administrator;
  direttore d'orchestra
    orchestra conductor
il / la dirigente manager
dirịgere (*p.p.* **diretto**) to
  manage, to conduct
diritto, dritto (*adj.*) straight;
  (*adv.*) straight ahead
il diritto right
discẹndere* (*p.p.* **disceso**) to
  descend, to go (come) down
il disco (*pl.* **dischi**) record
il discorso speech
la discoteca discoteque
la discussione discussion
discụtere (*p.p.* **discusso**)
  to discuss
disegnare to draw
il disegnatore, la
  disegnatrice designer
il disegno drawing, pattern,
  plan
disoccupato unemployed
la disoccupazione
  unemployment
disonesto dishonest
disordinato messy
dispiacere* (*p.p.* **dispiaciuto**)
  to mind, to be sorry;
  mi dispiace I am sorry
disponịbile available
disposto willing;
  ẹssere disposto to be willing
la distanza distance
distare to be distant, to be far
  from
distratto absent-minded
disturbare to bother
il disturbo ailment, trouble
il dito (*pl.* **le dita**) finger;
  dito del piede toe
la ditta firm
il divano sofa, couch
diventare* to become
la diversità diversity
diverso different; several;
  diversi giorni several days
divertente amusing
divertimento amusement;
  buon divertimento! have fun!
divertire to amuse;
  divertirsi* to have fun,
    to enjoy oneself

divịdere (*p.p.* **diviso**) to share,
  to divide
il divieto prohibition;
  divieto di fumare
    no smoking;
  divieto di parchẹggio
    no parking
divorziato (a) divorced
il divọrzio divorce
il dizionạrio dictionary
la dọccia shower;
  fare la dọccia to take a
    shower
il documentạrio documentary
  film
il documento document;
  documento d'identità I.D.
la dogana customs
il dolce dessert, candy; (*adj.*)
  sweet
dolcemente gradually, gently
il dọllaro dollar
il dolore pain, ache
la domanda question;
  application;
  fare una domanda to ask a
    question;
  fare domanda to apply
domandare to ask;
  domandarsi* to wonder
domani tomorrow;
  A domani! See you
    tomorrow!
la domẹnica Sunday
la donna woman
dopo after, afterward
dopodomani the day after
  tomorrow
dọppio double
dormire to sleep
il dottore, la dottoressa doctor,
  university graduate
dove where;
  di dove sei? where are you
    from?
il dovere duty
dovere to have to, must;
  to owe
la dozzina dozen
il dramma drama, play
drammạtico dramatic
il dụbbio doubt;
  senza dụbbio undoubtedly
dubitare to doubt
dunque therefore; well, now!
il duomo cathedral
durante during
durare* to last

duro hard;
  avere la testa dura to be stubborn

E

e, ed and
eccellente excellent
eccetera et cetera
eccetto except
l'eccezione (*f.*) exception
eccitato excited
ecco... ! here is . . . ! here are . . . !;
  eccomi here I am
l'ecologia ecology
ecologico ecological
l'economia economy
economico economic(al), cheap
l'edicola newsstand
l'edificio building
l'editore, l'editrice publisher
educato polite
l'effetto effect;
  effetto serra greenhouse effect
efficiente efficient
egoista selfish
elegante elegant, fashionable
elementare elementary
l'elenco telefonico telephone book
l'elettricista electrician
l'elettricità electricity
elettronico electronic
l'elezione (*f.*) election
eliminare to eliminate
entrare* to enter
l'entrata entrance
l'entusiasmo enthusiasm
entusiasta enthusiastic
l'epoca period, era
l'equipaggiamento equipment
l'equitazione (*f.*) horseback riding
l'erba grass
l'eredità inheritance
ereditare to inherit
l'errore (*m.*) error, mistake
esagerare to exaggerate
l'esame (*m.*) exam;
  dare un esame to take an exam
esattamente exactly
esatto exact
l'esclamazione (*f.*) exclamation
l'escursione (*f.*) excursion
l'esempio example;
  ad (per) esempio for example
esercitare to exercise
l'esercizio exercise

esistere* (*p.p.* **esistito**) to exist
l'esperienza experience
l'esperimento experiment
esperto experienced
l'espressione expression;
  espressione di cortesia greetings
l'espresso expresso coffee
esprimere (*p.p.* **espresso**) to express
essere* (*p.p.* **stato**) to be;
  essere d'accordo to agree;
  essere in anticipo to be early;
  essere a dieta to be on a diet;
  essere in orario to be on time;
  essere promosso to be promoted;
  essere in forma to be in good shape;
  essere in ritardo to be late;
  essere al verde to be broke
l'est east
l'estate (*f.*) summer
esterno exterior
estero foreign;
  commercio estero foreign trade;
  all'estero abroad
estivo (*adj.*) summer
l'età age
etnico ethnic
l'etto(grammo) 100 grams
l'euro (*inv.*) euro (Italian currency)
l'Europa Europe
europeo European
evitare to avoid

F

fa ago;
  un anno fa one year ago
fa caldo (freddo, fresco, bel tempo, brutto tempo) it is hot (cold, cool, nice weather, bad weather);
  fa (*math.*) equals
la fabbrica factory
la faccia face
facile easy
facilmente easily
la facoltà di legge (medicina, ecc.) school of law (medicine, etc.)
i fagiolini green beans
falso false
la fame hunger;
  avere fame to be hungry
la famiglia family

familiare familiar
famoso famous
la fantascienza science fiction
la fantasia fantasy; imagination
fare (*p.p.* **fatto**) to do, to make;
  fare dell'alpinismo to go mountain climbing;
  fare attenzione to pay attention;
  fare gli auguri to offer good wishes;
  fare l'autostop to hitchhike;
  fare bella figura to make a good impression;
  fare il bagno to take a bath;
  fare un brindisi to offer a toast;
  fare il campeggio to go camping;
  fare colazione to have breakfast;
  fare la conoscenza (di) to make the acquaintance (of);
  fare la doccia to take a shower;
  fare una domanda to ask a question;
  fare domanda to apply;
  fare il dottore (l'ingegnere, ecc.) to be a doctor (an engineer, etc);
  fare un'escursione to take an excursion;
  fare la fila to stand in line;
  fare una foto to take a picture;
  fare un giro to take a walk or a ride;
  fare una gita to take a short trip;
  fare legge (matematica, medicina, ecc.) to study law (mathematics, medicine, etc.);
  fare parte (di) to take part (in);
  fare una passeggiata to take a walk;
  fare una pausa to take a break;
  fare presto to hurry;
  fare un regalo to give a present;
  fare sciopero to be on strike;
  fare la siesta to take a nap;
  fare la spesa to buy groceries;
  fare le spese to go shopping;

fare dello sport to take part in sports;
fare una telefonata to make a phone call;
fare il tifo to be a fan;
fare le valigie to pack;
fare un viaggio to take a trip;
fare una visita to pay a visit;
farsi* male to hurt oneself
la farina flour
la farmacia pharmacy
il / la farmacista pharmacist
il fascino fascination
faticoso tiring
il fatto fact; event
il fattore factor, element
la favola fable
il favore favor;
per favore please
il fazzoletto handkerchief
febbraio February
la febbre fever
fedele faithful; loyal
felice happy
la felicità happiness
Felicitazioni! Congratulations!
la felpa sweatshirt
femminile feminine
le ferie paid annual vacation
fermare to stop (someone or something);
fermarsi* to stop (oneself)
fermo still, stopped
il Ferragosto August holiday
ai ferri broiled
la ferrovia railroad
ferroviario of the railroad
la festa holiday, party
festeggiare to celebrate
la festività festivity
la fetta slice
il fidanzamento engagement
fidanzarsi* to become engaged
il fidanzato, la fidanzata fiancé, fiancée
il figlio, la figlia son, daughter;
figlio unico, figlia unica only child;
i figli children
la figura figure;
fare bella figura to make a good impression
la fila line;
fare la fila to stand in line
il film movie;
dare un film to show a movie
filmare to make a movie
la filosofia philosophy

finalmente finally, at last
finanziario financial
finché until
la fine end
il fine-settimana weekend
la finestra window
il finestrino window (of a car, bus, train, etc.)
finire (-isc-) to finish, to end
fino a until; as far as
finora until now
il fiore flower
fiorentino Florentine
fiorito flowering
Firenze Florence
la firma signature
firmare to sign;
firmare una ricevuta to sign a receipt
fischiare to whistle; to boo
la fisica physics
fisico physical
fissare un appuntamento to make an appointment
il fiume river
il flauto flute
il foglio sheet;
foglio di carta sheet of paper
la folla crowd
fondare to found
la fontana fountain
la forchetta fork
la forma form, shape
il formaggio cheese
formare to form;
formare il numero to dial
il fornaio baker
i fornelli range (stove)
il forno oven;
forno a microonde microwave oven
forse maybe, perhaps
forte strong
la fortuna fortune, luck;
buona fortuna good luck;
per fortuna luckily
fortunato lucky
la forza strength;
forza! come on!
la foto(grafia) picture, photography;
fare una foto to take a picture
fra between, among, in
la fragola strawberry
francese French
il francobollo stamp
la frase sentence

il fratello brother
il freddo cold;
avere freddo to be cold;
fa freddo it is cold;
il caffè freddo (*adj.*) iced coffee
frequentare to attend (school)
fresco cool, fresh
la fretta hurry;
avere fretta to be in a hurry;
in fretta in a hurry
il frigo(rifero) refrigerator
la frittata omelette
fritto fried
frizzante sparkling, carbonated
la frutta fruit
fumare to smoke
il fumatore, la fumatrice smoker
il fumetto bubble;
i fumetti comic strips
il fungo (*pl.* funghi) mushroom
funzionare to function
il fuoco (*pl.* fuochi) fire
fuori (di) out (of), outside
il futuro future

G

la galleria arcade; gallery; balcony;
la galleria d'arte art gallery
la gamba leg
il gamberetto shrimp
la gara race; competition
il gatto cat
la gelateria ice-cream parlor
il gelato ice cream
i gemelli twins
generale general;
in generale in general
la generazione generation
il genere gender;
in genere generally
i generi alimentari groceries
il genero son-in-law
generoso generous
il genio genius
il genitore parent
gennaio January
Genova Genoa
la gente people
gentile kind
la geografia geography
geografico geographic
la Germania Germany
il gesso chalk
il ghiaccio ice
già already; yes, sure

la **giacca** coat, jacket;
   la **giacca a vento** windbreaker
giallo yellow
il **Giappone** Japan
giapponese Japanese
il **giardino** garden;
   i **giardini pubblici** park
la **ginnastica** gymnastics
il **ginocchio** knee
giocare (a) to play (a game);
   giocare a carte to play cards
il **giocatore**, la **giocatrice** player
il **giocattolo** toy
il **gioco** (*pl.* **giochi**) game
il **giornale** newspaper
il / la **giornalista** journalist
la **giornata** the whole day
il **giorno** day;
   buon giorno good morning,
     hello
giovane young;
   il **giovane** young man;
   i **giovani** young people
il **giovanotto** young man
il **giovedì** Thursday
la **gioventù** youth
girare to turn; to tour;
   girare un film to make a
     movie
il **giro** tour
la **gita** trip, excursion, tour;
   la **gita scolastica** field trip
il **giudizio** judgment, sentence
giugno June
giusto just, right, correct
gli **gnocchi** potato dumplings
la **gola** throat;
   il **mal di gola** sore throat
il **golf** sweater (cardigan)
il **golfo** gulf
la **gonna** skirt
gotico gothic
governare to rule
il **governo** government
la **grammatica** grammar
grande big, wide, large, great;
   da grande as an adult
grasso fat
il **grattacielo** skyscraper
gratuito free (of charge)
grave grave; serious
grazie thank you;
   grazie a thanks to;
   mille grazie thanks a lot
greco (*pl.* **greci**) Greek
gridare to shout
grigio gray
alla **griglia** grilled

i **grissini** breadsticks
grosso huge, big
il **gruppo** group
guadagnare to earn
il **guaio** trouble
i **guanti** (*pl.*) gloves
guardare to look at, to watch
guarire (-isc-) to cure, to recover
la **guerra** war
la **guida** guide, tourist guide;
   guidebook; driving
guidare to drive
il **gusto** taste; preference
gustoso tasty

I

l'**idea** idea
ideale ideal
l'**idealista** idealist
l'**idraulico** plumber
ieri yesterday;
   l'**altro ieri** the day before
     yesterday;
   ieri sera last night
ignorante ignorant
ignorare to ignore
illuminare to illuminate, to light
imitare to imitate
immaginare to imagine
l'**immaginazione** (*f.*) imagination
immediatamente immediately
l'**immigrazione** immigration
imparare to learn
impaziente impatient
l'**impazienza** impatience
impegnativo challenging
l'**impermeabile** (*m.*) raincoat
l'**impiegato**, l'**impiegata** clerk
l'**impiego** employment, job
importante important
l'**importanza** importance
importare to be important,
   to matter;
   non importa! never mind!
l'**importazione** (*f.*) import
impossibile impossible
improvvisamente suddenly
in in, at, to
incantevole charming
l'**incidente** (*m.*) accident
l'**inclinazione** (*f.*) inclination
includere (*p.p.* **incluso**) to include
incominciare to begin
incontrare to meet
l'**incontro** encounter; meeting
incoraggiare to encourage
l'**incrocio** intersection
indeciso undecided; indecisive

l'**indicazione** (*f.*) direction
indifferente indifferent
indipendente independent
l'**indipendenza** independence
l'**indirizzo** address
indispensabile indispensable
indovinare to guess
l'**indovinello** puzzle; guessing
   game
l'**industria** industry
industriale industrial
inefficiente inefficient
inesperto inexperienced
infatti in fact
infelice unhappy
l'**infermiere**, l'**infermiera** nurse
l'**inferno** hell
l'**inflazione** (*f.*) inflation
l'**influenza** flu
influenzare to influence; to affect
l'**informatica** computer science
l'**informazione** (*f.*) information
l'**ingegnere** (*m.*) engineer
l'**ingegneria** engineering
ingessare to put in a cast
l'**Inghilterra** England
inglese English
ingrassare to gain weight
l'**ingrediente** (*m.*) ingredient
l'**ingresso** entrance, entry
l'**iniezione** (*f.*) injection
iniziare to initiate, to begin
l'**inizio** beginning
innamorarsi* (di) to fall in love
   (with)
innamorato (*adj.*) in love
inoltre besides
l'**inquilino**, l'**inquilina** tenant
l'**inquinamento** pollution
inquinare to pollute
l'**insalata** salad
l'**insegnamento** teaching
l'**insegnante** (*m. & f.*) teacher,
   instructor
insegnare to teach
insieme together
insomma in short, in conclusion;
   insomma! for heaven's sake!
intelligente intelligent
l'**intenzione** (*f.*) intention;
   avere intenzione di (+ *inf.*)
     to intend
interessante interesting
interessare to interest;
   interessarsi* di (a) to be
     interested in
l'**interesse** (*m.*) interest
internazionale international

interno internal, interior, domestic
l'interpretazione *(f.)* interpretation
l'intervista interview
intervistare to interview
intimo close, intimate
intitolato entitled
intorno a around
introdurre *(p.p.* **introdotto)** to introduce
l'introduzione introduction
inutile useless
invece instead
inventare to invent
l'inventore, l'inventrice inventor
invernale *(adj.)* winter
l'inverno winter
inviare to send
invitare to invite
l'invitato guest
l'invito invitation
irlandese Irish
l'ironia irony
irregolare irregular
iscriversi* *(p.p.* **iscritto)** to enroll, to register
l'isola island
ispirare to inspire;
  l'ispirazione inspiration
istruire to educate, to instruct, to teach;
  istruirsi* to educate oneself
l'istruttore, l'istrattrice instructor
l'istruzione *(f.)* instruction, education
l'Italia Italy
italiano Italian;
  l'italiano Italian language;
  l'Italiano/l'Italiana Italian person;
  all'italiana in the Italian way

L

là there, over there
il labbro *(pl.* **le labbra)** lip
il lago *(pl.* **laghi)** lake
lamentarsi* **(di)** to complain (about)
la lampada lamp
il lampadario chandelier
la lana wool;
  di lana woollen
largo *(pl.* **larghi)** large, wide
lasciare to leave (someone or something); to quit; to let, to allow

il latte milk
la lattina can
la laurea university degree
laurearsi* to graduate
il laureato university graduate
il lavabo wash-basin
la lavagna blackboard
il lavandino sink
lavare to wash;
  lavarsi* to wash (oneself)
la lavastoviglie dishwasher
la lavatrice washing machine
lavorare to work
il lavoratore, la lavoratrice worker
il lavoro work, job;
  lavoro a tempo pieno full-time job
legale legal;
  studio legale law office
la legge law;
  facoltà di legge law school
leggere *(p.p.* **letto)** to read
leggero light
il legno wood;
  di legno wooden
lento slow
la lettera letter;
  le Lettere humanities
la letteratura literature
il letto bed;
  letto singolo (matrimoniale) single (double) bed;
  camera da letto bedroom
il lettore, la lettrice reader
la lettura reading
la lezione lesson; class
lì there
la libbra pound
libero free, available; vacant (apartment)
la libertà freedom
la libreria bookstore
il libro book;
  libro di cucina cookbook
licenziare to fire (employee)
il liceo high school
il limite limit;
  limite di velocità speed limit
il limone lemon
la linea aerea airline
la lingua language; tongue;
  lingue straniere foreign languages
lirico lyric
la lista list
litigare to fight

il litro liter
il locale room;
  locale *(adj.)* local
la località place
la Lombardia Lombardy
Londra London
lontano (da) far (from)
la luce light; electricity
luglio July
luminoso bright
la luna moon;
  luna di miele honeymoon
il lunedì Monday
lungo *(pl.* **lunghi)** long; *(adv.)* along;
  a lungo for a long time
il luogo *(pl.* **luoghi)** place;
  avere luogo to take place
di lusso deluxe
lussuoso sumptuous

M

ma but
la macchina car, machine, engine;
  macchina fotografica camera;
  macchina da presa movie camera;
la macedonia di frutta fruit salad
la madre mother
maestoso majestic
il maestro, la maestra elementary-school teacher
maggio May
la maggioranza majority
maggiore bigger, greater, older;
  la maggior parte most (of)
magico magic
la maglietta T-shirt
il maglione heavy sweater
magnifico magnificent, splendid
magro thin; skinny
mai ever;
  non... mai never
il malato sick person; *(adj.)* sick, ill
la malattia illness, disease
il male ache;
  male di denti toothache
male *(adv.)* badly;
  non c'è male not bad
maleducato impolite
malvolentieri reluctantly
la mamma mom
la mancanza lack
mancare to miss;

mi manca la famiglia I miss my family

la mancia tip; **dare la mancia** to tip

mandare to send

mangiare to eat

la maniera manner

il manifesto poster

la mano (*pl.* **le mani**) hand; **dare la mano** to shake hands

la marca make; brand name

il marciapiede sidewalk

marcio rotten

il mare sea; **al mare** at the seashore; **il Mar Tirreno** Tyrrhenian Sea

la margarina margarine

il marito husband

la marmellata jam

il marmo marble

marrone brown

il martedì Tuesday

marzo March

la maschera mask; masked character

maschile masculine

massimo greatest, maximum; **al massimo** at the most

la matematica mathematics

la materia subject (scholastic)

la matita pencil

il matrimonio marriage, wedding

la mattina, il mattino morning; **di mattina** in the morning

matto crazy; **da matti** a lot; **sei matto(a)?** Are you nuts?

maturo mature; ripe

il mazzo di fiori bouquet of flowers

il meccanico mechanic

la medicina medicine

il medico doctor, physician

medievale medieval

mediocre mediocre

il Medio Evo Middle Ages

meglio (*adv.*) better

la mela apple

la melanzana eggplant

il melone cantaloupe

il membro member

la memoria memory; **a memoria** by heart

meno less; minus; **a meno che** unless; **Meno male!** Thank God!

la mensa cafeteria

mensile monthly

mentre while

il menù menu

meravigliosamente wonderfully

meraviglioso wonderful

il mercato market; **a buon mercato** cheap

il mercoledì Wednesday

meridionale southern

il mese month

il messaggio message

messicano Mexican

il mestiere trade, occupation

la metà half

la metropolitana subway

mettere to put, to place, to wear; **mettersi*** to put on, wear; **mettersi* a** to start

la mezzanotte midnight

i mezzi di diffusione mass media

i mezzi di trasporto means of transportation

mezzo (*adj.*) half

il mezzo means; middle; **per mezzo di** by means of; **il mezzogiorno** noon; **il Mezzogiorno** Southern Italy

il miglio (*f. pl.* **miglia**) mile

migliorare to improve

migliore (*adj.*) better

Milano Milan

il miliardario billionaire

il miliardo billion

il milionario millionaire

il milione million

mille (*pl.* **mila**) thousand; **Mille grazie!** Thanks a lot!

la minestra soup

il minestrone vegetable soup

minimo smallest

minore smaller, younger

il minuto minute

misto mixed

misurare to measure

mite mild

il mobile piece of furniture

la moda fashion; **di moda** fashionable

il modello, la modella model

moderno modern

modesto modest

il modo way, manner; **ad ogni modo** anyway

la moglie wife

molto much, a lot of; (*inv.*) very

il momento moment

mondiale worldwide

il mondo world

la moneta coin

monetario monetary

il monolocale studio apartment

la montagna mountain

il monte mount

il monumento monument

la moquette wall-to-wall carpet

morire* (*p.p.* **morto**) to die

la mostra exhibition

mostrare to show

il motivo motive

la moto(cicletta) motorcycle

il motore motor

il motorino motorscooter

la multa fine

il muro (exterior) wall; **le mura** city walls

il museo museum

la musica music; **musica folkloristica** folk music; **musica operistica** opera music; **musica classica** classical music; **musica leggera** light music

il / la musicista musician

N

napoletano Neapolitan

Napoli Naples

nascere* (*p.p.* **nato**) to be born

la nascita birth

il naso nose

il Natale Christmas; **Babbo Natale** Santa Claus; **Buon Natale!** Merry Christmas!

la natura nature; **natura morta** still life

naturale natural

naturalmente naturally

la nave ship

nazionale national

la nazionalità nationality

la nazione nation

né... né neither . . . nor

neanche not even

la nebbia fog; **c'è nebbia** it is foggy

necessario necessary

negare to deny

negativo negative

il negozio store, shop

nemmeno not even

nero black

nervoso nervous

nessuno nobody, no one, not anyone

la neve snow
nevicare to snow
niente nothing, not anything;
  nient'altro nothing else
il nipote nephew, grandchild;
  la nipote niece,
    granddaughter;
  i nipoti grandchildren
no no
la noia boredom; *(pl.)* trouble
noioso boring
noleggiare to rent (a car,
  a bicycle, skis)
il nome noun, name
nominare to name
non not
il nonno, la nonna grandfather,
  grandmother;
  i nonni grandparents
nonostante in spite of
il nord north
la notizia news
noto well-known
la notte night
novembre *(m.)* November
la novità news;
  nessuna novità nothing new
le nozze wedding;
  viaggio di nozze honeymoon
    trip
nubile *(f.)* unmarried, single
il numero number;
  numero di telefono phone
    number
numeroso numerous
la nuora daughter-in-law
nuotare to swim
il nuoto swimming
nuovo new;
  di nuovo again
la nuvola cloud
nuvoloso cloudy

O

o or
obbligatorio compulsory
l'occasione *(f.)* opportunity;
  approfittare dell'occasione di
    to take advantage of
gli occhiali *(pl.)* eyeglasses;
  occhiali da sole sunglasses
l'occhio eye;
  costare un occhio della
    testa to cost a fortune;
  dare un'occhiata to take a look
occidentale western
occupare to occupy;

occuparsi* (di) to occupy
  oneself with
occupato busy
l'oceano ocean
l'oculista *(m. & f.)* eye doctor
offendere *(p.p.* **offeso)** to
  offend
l'offerta offer
offrire *(p.p.* **offerto)** to offer
l'oggetto object
oggi today
ogni each, every
ognuno everyone, each one
olimpico Olympic
l'olio oil;
  olio d'oliva olive oil
oltre a besides
l'ombrello umbrella
l'ombrellone beach umbrella
l'onomastico name day
l'opera work, opera;
  l'opera d'arte work of art;
  cantante d'opera opera singer
l'operaio, l'operaia factory
  worker, laborer
l'opinione *(f.)* opinion
oppure or
ora now
l'ora hour, time;
  è ora che it is time that;
  è ora di it is time to;
  le ore di punta rush hours;
  non vedo l'ora I can't wait
orale oral
l'orario schedule;
  in orario on time
l'orchestra orchestra
ordinare to order, to prescribe
ordinato neat
l'ordine order
l'orecchio *(pl.* **le orecchie)** ear
organizzare to organize
l'orgoglio pride
orgoglioso proud
orientale oriental, eastern
originale original
l'origine *(f.)* origin
l'oro gold;
  d'oro golden
l'orologio watch, clock
l'ospedale *(m.)* hospital
l'ospite *(m. & f.)* guest; host
l'ossigeno oxygen
l'osso *(f. pl.* **le ossa)** bone
l'ostello per la gioventù youth
  hostel
ostinato stubborn
ottenere to obtain

l'ottimista optimist
ottimo excellent
ottobre October
l'ovest west
l'ozono ozone;
  lo strato dell'ozono ozone
    layer

P

il pacco package, parcel
la pace peace;
  fare la pace to make up
la padella frying pan
il padre father
il padrone owner, boss;
  padrone di casa landlord
il paesaggio landscape, scenery
il paese country; town, village
pagare to pay
la pagina page
il paio *(f. pl.* **le paia)** pair
il palazzo palace, building
il palcoscenico stage
la palestra gym
la palla ball
la pallacanestro basketball
la pallanuoto water polo
la pallavolo volleyball
il pallone ball (soccer)
il pane bread
il panino roll;
  panino imbottito sandwich
la paninoteca sandwich shop
la panna cream
i pantaloncini shorts
i pantaloni pants, trousers
le pantofole slippers
il Papa Pope
il papà dad
paragonare to compare
il paragone comparison
parcheggiare to park
il parcheggio parking
il parco park
il / la parente relative;
  i parenti relatives
parere *(p.p.* **parso)** to seem;
  non ti pare? don't you think
    so?
la parete (interior) wall
Parigi Paris
la parità equality, parity
parlare to speak, to talk;
  parlare male (bene) di to say
    bad (good) things about
il parmigiano Parmesan cheese
la parola word

il parrucchiere, la parrucchiera hairdresser
la parte part, role;
  fare la parte to play the role;
  da parte di from
partecipare a to take part in
la partenza departure
particolare particular
partire* to leave, to depart
la partita match, game
il partito political party
la Pasqua Easter;
  Buona Pasqua! Happy Easter!
il passaggio ride, lift;
  dare un passaggio to give
    a ride
il passaporto passport
passare to pass, to pass by;
  to spend (time)
il passatempo pastime, hobby
il passato past;
  passato (*adj.*) last, past
il passeggero, la passeggera passenger
passeggiare to talk a walk
la passeggiata walk;
  fare una passeggiata to take
    a walk
la passione passion
la pasta dough, pasta, pastry;
  le paste (*pl.*) pastries
la pastasciutta pasta dish
la pasticceria pastry shop
il pasto meal
la patata potato;
  patate fritte fried potatoes
la patente driver's license
paterno paternal
la patria country, native land
il pattinaggio skating
i pattini skates
la paura fear;
  avere paura to be afraid;
  avere una paura da morire to be scared to death
il pavimento floor
paziente patient
il / la paziente patient
la pazienza patience;
  avere pazienza to be patient
Peccato! Too bad!
il pedone pedestrian
peggio (*adv.*) worse
peggiore (*adj.*) worse
la pelle skin; leather
la penisola peninsula
la penna pen
pensare to think;

pensare a to think about;
pensare di (+ *inf.*) to plan, to
  intend (to do something);
penso di sì I think so
il pensiero thought
il pensionato senior citizen
la pensione pension;
  boardinghouse;
  andare in pensione to retire
la pentola pot
il pepe pepper
per for;
  per (+ *inf.*) in order to;
  per caso by any chance
la pera pear
perché why; because
perdere (*p.p.* **perduto, perso**) to
  lose, to waste (time);
  perdersi* to get lost
perfetto perfect
il pericolo danger
pericoloso dangerous
la periferia outskirts, periphery
il periodo period (time)
Permesso? May I come in?
permettere (*p.p.* **permesso**) to
  allow
però but, however
la persona person
il personaggio character
la personalità personality
personale personal
pesante heavy
la pesca peach; fishing
pescare to fish
il pesce fish;
  pesce fritto fried fish
la pesistica weightlifting
il peso weight
il / la pessimista pessimist
pettinarsi* to comb one's hair
il pettine comb
il pezzo piece;
  un due pezzi a two-piece
    suit
il piacere (*m.*) pleasure;
  con piacere with pleasure,
    gladly;
  per piacere please;
  Piacere! Pleased to meet you!
piacere* (*p.p.* **piaciuto**) to like,
  to be pleasing
piacevole pleasant
il pianeta planet
il piano floor; plan
il pianterreno ground floor
il piano(forte) piano
la pianta plant; map (of a city)

la pianura plain
il piatto dish;
  primo piatto first course;
  secondo piatto second
    course
la piazza square
piccante spicy
piccolo little, small
il piede (*m.*) foot;
  a piedi on foot
il Piemonte Piedmont
pieno (di) full (of);
  fare il pieno to fill up
    (with gasoline)
il pigiama pyjamas
pigro lazy
la pioggia rain
piovere to rain
la piscina swimming pool
i piselli peas
il pittore, la pittrice painter
pittoresco picturesque
la pittura painting
più more;
  non più no longer;
  più o meno more or less;
  più... di more . . . than
piuttosto rather
la platea orchestra section
  (theater)
poco little, few;
  un po' di some; a little bit of
il poema poem
la poesia poetry; poem
il poeta, la poetessa poet
poi then, afterwards
poiché since
la polenta cornmeal mush
politico political
la politica politics
il poliziotto policeman
il pollo chicken;
  pollo allo spiedo rotisserie
    chicken;
  pollo arrosto roast chicken
la polpetta meatball
la poltrona armchair; orchestra
  seat (theater)
il pomeriggio afternoon
il pomodoro tomato
il pompelmo grapefruit
il ponte bridge
popolare popular
popolato populated
la popolazione population
il popolo people, population
la porta door
il portafoglio wallet

portare to carry, to bring; to wear; to take

il porto port, harbor

le posate silverware

possibile possible;
   il meno possibile as little as possible

la possibilità possibility

il postino mailman

la posta post office; mail

postale *(adj.)* post, mail;
   cassetta postale mailbox;
   codice postale zip code

il posto place, seat, position

potere to be able to, can, may;
   può darsi it could be

povero poor

Poverino! Poor thing!

pranzare to have dinner

il pranzo dinner;
   sala da pranzo dining room;
   l'ora del pranzo lunch (dinner) time

praticare to practice a sport

pratico practical

preciso precise

la preferenza preference

preferibile preferable

preferire (-isc-) to prefer

preferito favorite

il prefisso area code (phone)

pregare to pray; to beg

Prego! Please!; You're welcome!, Don't mention it!

il premio prize, award

prendere *(p.p.* **preso)** to take, to pick up;
   prendere in giro to tease

prenotare to reserve

la prenotazione reservation

preoccuparsi* (di) to worry (about)

preoccupato worried

la preoccupazione worry

preparare to prepare;
   prepararsi* to prepare oneself, to get ready

la preparazione preparation

prescrivere *(p.p.* **prescritto)** to prescribe

presentare to introduce;
   presentarsi* to introduce oneself

presente *(adj.)* present

il presidente, la presidentessa president

prestare to lend

la pressione pressure;
   la pressione del sangue blood pressure

presso in care of (c/o)

il prestito loan

presto early, fast, soon, quickly;
   il più presto possibile as soon as possible;
   (Fa') presto! Hurry up!;
   A presto! See you soon!

la previsione forecast

prezioso precious

il prezzo price

prima *(adv.)* before, earlier, first;
   prima di *(prep.)* before;
   prima che *(conj.)* before

la primavera spring

primo first

principale main; leading

privato private

probabile probable

la probabilità probability

il problema *(pl.* **problemi)** problem

il produttore, la produttrice producer

la produzione production

la professione profession

il / la professionista professional man/woman

il professore, la professoressa professor, teacher

profondo deep

il profumo perfume, scent

progettare to plan

il progetto project, plan

il programma *(pl.* **programmi)** program; schedule

il programmatore, la programmatrice programmer

il progresso progress

proibire (-isc-) to prohibit

promettere *(p.p.* **promesso)** to promise

la promozione promotion

il pronome pronoun

pronto ready;
   Pronto! Hello! (telephone)

il pronto soccorso emergency room

a proposito by the way

la proposta proposal

il proprietario, la proprietaria owner

proprio *(adv.)* exactly, indeed

la prosa prose

il prosciutto cured Italian ham

prossimo next

il / la protagonista main character

proteggere *(p.p.* **protetto)** to protect

protestare to protest, to complain

provare to try, to try on

il proverbio proverb

la provincia province

la psicologia psychology

lo psicologo, la psicologa psychologist

pubblicare to publish

la pubblicità advertising

il pubblico public, audience;
   (adj.) public

il pugilato boxing

pulire (-isc-) to clean

pulito clean

il pullman tour bus

punire (-isc-) to punish

il punto point; period; dot
   punto di vista point of view;
   in punto on the dot

puntuale punctual

purché provided that (+ *sub.)*

pure by all means

purtroppo unfortunately

Q

il quaderno notebook

il quadro painting, picture

qualche some

qualcosa something;
   qualcos'altro something else

qualcuno someone

quale? which?; which one?

la qualifica qualification

la qualità quality

quando when;
   da quando? since when?

quanto how much;
   per quanto although;
   quanto tempo fa? how long ago?

il quarto quarter (of an hour)

quarto fourth

quasi almost

quello that

la questione question, issue, matter

questo this

qui here

R

la racchetta da tennis   tennis racket
raccomandare   to warn
la raccomandazione   recommendation
raccontare   to tell, to relate
il racconto   short story, tale
radersi* (*p.p.* **raso**) to shave
raffreddare   to cool
il raffreddore   cold (virus);
  prendere il raffreddore   to catch a cold
il ragazzo, la ragazza   boy, young man; girl, young woman; boyfriend, girlfriend
la ragione   reason;
  avere ragione   to be right
il ragioniere, la ragioniera   accountant
rapido (*adj.*) fast, quick;
  il rapido   express train
il rapporto   relation
rappresentare   to represent; to stage (theater)
la rappresentazione   performance (theater)
raramente   rarely, seldom
raro   rare
reagire   to react
il / la realista   realist
la realtà   reality
recente   recent
recentemente   recently
recitare   to perform; to play (a part)
la recitazione   recitation, performance
la referenza   reference
regalare   to give a present
il regalo   gift, present
la regione   region
il / la regista   movie director
il registratore   tape recorder
le relazioni internazionali   international relations
rendersi* conto (*p.p.* **reso**) to realize
il reparto   department (store)
la repubblica   republic
repubblicano   republican
il requisito   requirement
respirare   to breathe
responsabile   responsible
la responsabilità   responsibility
restare*   to stay, to remain

restituire (-isc-)   to return (something)
il resto   change (money); remainder
la rete   network
riassumere   to summarize
il riassunto   summary
la ricchezza   wealth
ricco (*pl.* **ricchi**) rich
la ricerca   research
la ricetta   recipe; prescription
ricevere   to receive
la ricevuta   receipt
il riciclaggio   recycling
riciclare   to recycle
riconoscente   grateful
riconoscere   to recognize
ricordare   to remember;
  ricordarsi*   to remember
il ricordo   memory, souvenir
ridere (*p.p.* **riso**) to laugh
i rifiuti   garbage
la riforma   reform
la riga (*pl.* **righe**) line
rimanere (*p.p.* **rimasto**) to remain
il Rinascimento   Renaissance
il ringraziamento   thanks;
  il giorno del Ringraziamento   Thanksgiving
ringraziare   to thank
rinunciare (a)   to renounce
riparare   to repair, to fix
ripassare   to review
ripetere   to repeat
riposante   relaxing
riposare   to rest;
  riposarsi*   to rest
riscaldare   to warm
riservato   reserved
il riso   rice; laughter
il risotto   creamy rice dish
risparmiare   to save
il risparmio   saving
rispettare   to respect
rispondere (*p.p.* **risposto**) to answer, to reply
la risposta   answer, reply
il ristorante   restaurant
ristrutturare   to restore, to remodel
il risultato   result, outcome
il ritardo   delay;
  in ritardo   late
ritornare   to return, to come back
il ritorno   return
il ritratto   picture, portrait
ritrovare   to find again

la riunione   reunion, meeting
riunirsi* (-isc-)   to gather
riuscire* (a)   to succeed (in)
rivedere (*p.p.* **rivisto**) to see again
la rivista   magazine
la roba   stuff
Roma   Rome
romano   Roman
romantico   romantic
il romanzo   novel;
  romanzo rosa (giallo, di fantascienza, di avventure)   love story (mystery, science-fiction, adventure)
rompere (*p.p.* **rotto**) to break;
  rompersi* un braccio   to break an arm
rosa (*inv.*) pink
la rosa   rose
rosso   red
rubare   to steal
il rumore   noise
il ruolo   role
russo   Russian

S

il sabato   Saturday
la sabbia   sand
il sacchetto   bag
il sacco   bag, sack;
  sacco a pelo   sleeping bag;
  un sacco di   a lot of
il saggio   essay
la sala   living room;
  la sala da pranzo   dining room
il salario   salary
il sale   salt
salire*   to climb, to go up; to get on
il salmone   salmon
il salone   hall
il salotto   living room
la salsa   sauce
le salsicce   sausages
la salumeria   delicatessen
salutare   to greet, to say good-bye;
  salutarsi*   to greet each other
la salute   health
il saluto   greeting;
  saluti cordiali   cordial regards;
  distinti saluti   sincerely
salvare   to save; to rescue
il salvataggio   rescue
Salve! (*colloq.*) Hello!
i sandali   sandals
sano   healthy;

sano come un pesce as healthy as a horse

sapere to know, to know how (to do something)

il sapone soap

la Sardegna Sardinia

sbagliarsi* to make a mistake

sbagliato wrong, incorrect;
è sbagliato it is wrong

lo scaffale shelf

la scala ladder; staircase

scambiare to exchange

lo scambio exchange

la scampagnata picnic

lo scapolo bachelor

scapolo single (male)

scaricare to download

la scarpa shoe;
scarpe da tennis tennis shoes

gli scarponi da montagna hiking boots

la scatola box

scegliere (*p.p.* **scelto**) to choose

la scelta choice

la scena scene

scendere* (*p.p.* **sceso**) to descend, to come down; to get off

la scherma fencing

scherzare to joke

lo scherzo joke

la schiena back

lo sci (*inv.*) ski;
lo sci acquatico water skiing;
lo sci di discesa downhill skiing;
lo sci di fondo cross-country skiing

sciare to ski

lo sciatore, la sciatrice skier

scientifico scientific

la scienza science;
le scienze politiche political science;
le scienze naturali natural sciences

lo scienziato scientist

scioperare to strike

lo sciopero strike;
fare sciopero to go on strike

scolastico scholastic

scolpire to sculpt, to carve

la sconfitta defeat

scontento unhappy

lo sconto discount;
sconto del venti per cento twenty-percent discount

lo scontrino fiscale receipt

la scoperta discovery

scoprire (*p.p.* **scoperto**) to discover

scorso last;
il mese scorso last month

lo scrittore, la scrittrice writer

la scrivania desk

scrivere (*p.p.* **scritto**) to write;
scrivere a macchina to type

lo scultore, la scultrice sculptor

la scultura sculpture

la scuola school;
scuola elementare elementary school;
scuola media junior high school

la scusa excuse

scusarsi* to apologize;
Scusa! (*fam. s.*), **Scusi!** (*form. s.*) Excuse me!

se if;
anche se even if

sebbene although

secco dry

il secolo century

secondo according to; (*adj.*) second

sedersi* to sit down

la sedia chair;
sedia a sdraio beach chair

il segnale sign;
il segnale stradale street sign

segnare to score (sports)

il segretario, la segretaria secretary

la segreteria telefonica answering machine

il segreto secret

seguente following

seguire to follow, to take (a course)

il semaforo traffic light

sembrare to seem

il semestre semester

semplice simple

sempre always

sentimentale sentimental

il sentimento feeling

sentire to hear; to feel; to smell;
sentirsi* bene (male) to feel well (sick)

sentir dire to hear say

senza (*prep.*) without;
senza che (*conj.*) without

i senzatetto homeless people

separare to divide;
separarsi* to separate, to part

la separazione separation

la sera evening;
la (di) sera in the evening

la serata evening (duration)

sereno clear (weather)

servire to serve

il servizio service;
i doppi servizi two baths

il sesso sex

la seta silk

la sete thirst;
avere sete to be thirsty

settembre September

settentrionale northern

la settimana week;
fra una settimana in a week

severo strict

la sfilata fashion show

la sfortuna bad luck

sfortunato unfortunate

sì yes

sia... che both . . . and

siccome since, because

Sicilia Sicily

siciliano Sicilian

sicuro sure; safe

la siesta siesta, nap;
fare la siesta to take a nap

la sigaretta cigarette

significare to mean

il significato meaning

la signora lady, Mrs., ma'am

il signore gentleman, Mr., sir

la signorina young lady, miss

il silenzio silence

la sillaba syllable

il simbolo symbol

simile similar

simpatico nice, likeable

la sinfonia symphony

la sinistra left;
a sinistra to the left

il sintomo symptom

il sistema (*pl.* **sistemi**) system

situato situated, located

la situazione situation

smettere (*p.p.* **smesso**) to stop

il sms text message

snello slim, slender

la società society, company

socievole sociable

la sociologia sociology

soddisfatto satisfied

soffrire (*p.p.* **sofferto**) to suffer

soggiornare   to stay (in a hotel)
il soggiorno (la sala)   living room; stay, sojourn
la sogliola   sole (fish)
sognare   to dream
il sogno   dream
solamente   only
i soldi   money;
  un sacco di soldi   a lot of money
il sole   sun;
  c'è il sole   it is sunny;
  prendere il sole   to sunbathe
solito   usual;
  al solito   as usual;
  del solito   than usual;
  di solito   usually, generally
la solitudine   loneliness
solo   (*adj.*) alone; (*adv.*) only;
  da solo   by oneself
soltanto   only
la somma   sum, total; addition
il sonno   sleep;
  avere sonno   to be sleepy
sopra   above, on top of
il / la soprano   soprano
soprattutto   above all
la sorella   sister
sorgere   (*p.p.* **sorto**) to rise
sorprendere   (*p.p.* **sorpreso**) to surprise
la sorpresa   surprise
sorpreso   surprised
sorridere   (*p.p.* **sorriso**) to smile
sotto   under, below
sottolineare   to underline
spagnolo   Spanish
la spalla   shoulder
lo spazio   space
spazioso   spacious
lo specchio   mirror
speciale   special
lo / la specialista   specialist
specializzarsi* (in)   to specialize (in)
la specializzazione   major (studies)
specialmente   especially
spedire (-isc-)   to send; to mail
spegnere   (*p.p.* **spento**) to turn off
spendere   (*p.p.* **speso**) to spend
sperare   to hope
la spesa   expense;
  fare la spesa   to go (grocery) shopping
spesso   often
spettacolare   spectacular

lo spettacolo   show, performance; sight
lo spettatore, la spettatrice   spectator
la spiaggia   beach
spiegare   to explain
la spiegazione   explanation
gli spinaci   spinach
sporco   dirty
lo sportello   (teller) window
sportivo   athletic, sporty
sposare   to marry;
  sposarsi*   to get married
sposato(a)   married
lo sposo, la sposa   groom, bride;
  gli sposi   newlyweds
la spremuta di frutta   fruit smoothie
lo spumante   sparkling wine
lo spuntino   snack
la squadra   team
squisito   exquisite, delicious
lo stadio   stadium
la stagione   season;
  di mezza stagione   in between seasons
stamattina   this morning
la stampa   press, printing
stancare   to tire;
  stancarsi*   to get tired
stanco   tired;
  stanco morto   dead tired
la stanza   room
stare*   to stay;
  stare attento   to be careful;
  stare bene   to be well, to feel well;
  stare a dieta   to be on a diet;
  stare male   to feel ill;
  stare per   to be about to;
  stare zitto   to be quiet
stasera   this evening, tonight
statale   of the state
lo stato   state
la statua   statue
la stazione   station
la stella   star
stesso   same;
  lo stesso   the same
lo stile   style
lo / la stilista   designer
lo stipendio   salary
lo stivale   boot
la stoffa   fabric
lo stomaco   stomach
la storia   history; story
storico   historical
la strada   street, road

stradale   of the street or highway
straniero   (*adj.*) foreign
lo straniero, la straniera   foreigner
strano   strange
stressato   stressed
stretto   narrow, tight
lo strumento   instrument;
  strumento musicale   musical instrument
lo studente, la studentessa   student
studiare   to study
lo studio   study; study room
studioso   studious
stupendo   magnificent, splendid
stupido   stupid
su   above, on top of;
  Su!   Come on!
subito   immediately
succedere   (*p.p.* **successo**) to happen;
  Cos'è successo?   What happened?
il successo   success
il succo   juice;
  succo d'arancia   orange juice
il sud   south
il suffisso   suffix
il suggerimento   suggestion
suggerire (-isc-)   to suggest
il suocero, la suocera   father-in-law, mother-in-law
suonare   to play an instrument, to ring
il suono   sound
superare   to exceed (speed); to overcome
la superficie   area
superiore   superior
il supermercato   supermarket
surgelato   frozen
lo svantaggio   disadvantage
la sveglia   alarm clock
svegliarsi*   to wake up
la svendita   sale
lo sviluppo   development
la Svizzera   Switzerland
svizzero   Swiss

T

la taglia   size
tagliare   to cut;
  tagliarsi*   to cut oneself
le tagliatelle   pasta cut into thin strips
il talento   talent
tanto   much, so much;
  Così tanto!   That much!;

tanto.... quanto as much as
il tappeto rug
tardi late;
  è tardi it is late
la tasca pocket
la tassa tax;
  tassa universitaria tuition
il tassì (*inv.*) taxi, cab
il tassista cab driver
la tavola, il tavolo table;
  A tavola! Dinner's ready!;
  tavola calda snack bar;
  il tavolino end table
la tazza cup
il tè tea
teatrale theatrical, of the theater
il teatro theater
tedesco (*pl.* **tedeschi**) German
la telecamera TV camera
il telecomando remote control
il / la telecronista newscaster
il telefilm TV movie
telefonare to phone
la telefonata phone call;
  telefonata interurbana
    long-distance phone call;
  telefonata a carico del
    destinatario collect phone
    call
il telefono telephone;
  telefono cellulare (telefonino)
    cellular phone
il telegiornale TV news
il teleromanzo soap opera
il telespettatore, la
  telespettatrice TV viewer
la televisione television;
  alla televisione on TV
televisivo pertaining to television
il televisore TV set
il tema (*pl.* **temi**) theme,
  composition
temere to fear
la temperatura temperature
il tempio (*pl.* **templi**) temple
il tempo time; weather;
  a tempo pieno full-time;
  a tempo ridotto part-time;
  Che tempaccio! What bad
    weather!;
  Che tempo fa? What is the
    weather like?
la tenda tent;
  montare la tenda to pitch
    the tent
le tende curtains
tenere to keep, to hold
il tenore tenor (singer);

il tenore di vita way of life;
  standard of living
terminare to finish, to end
il termometro thermometer
la terra earth, ground, land;
  per terra on the floor, on the
    ground
il terremoto earthquake
terribile terrible
il territorio territory
la tesi di laurea doctoral
  dissertation
il tesoro treasure;
  tesoro! (*affect.*) honey,
    sweetheart
la tessera membership card
la tessera sanitaria medical card
la testa head
il tetto roof
il Tevere Tiber river
il tifo (sports) enthusiasm;
  fare il tifo per to be a fan of
tifoso fan
timido timid, shy
tipico typical
tirare to pull;
  tirare vento to be windy
il titolo title;
  il titolo di studio college
    degree
la tivù (*colloq.*) television
il topo mouse;
  Topolino Mickey Mouse
Torino Turin
tornare to return;
  Ben tornato! Welcome back!
la torre tower
la torta cake; pie
torto wrong;
  avere torto to be wrong
toscano Tuscan
la tosse cough
il totale total
il Totocalcio soccer lottery
la tovaglia tablecloth
il tovagliolo napkin
tra (*or* **fra**) between, among;
  tra un'ora in one hour
tradizionale traditional
la tradizione tradition
tradurre (*p.p.* **tradotto**) to
  translate
la traduzione translation
il traffico traffic
la tragedia tragedy
il tram streetcar
la trama plot
tramontare to set (sun, moon)

il tramonto sunset
tranquillo quiet
traslocare to move (to another
  place)
il trasloco moving
la trasmissione transmission,
  broadcasting
il trasporto transportation
trattare to treat; to deal with;
  trattarsi* to have to do with;
  si tratta di it has to do with
la trattoria restaurant
il treno train;
  perdere il treno to miss
    the train
il trimestre quarter (academic
  year)
triste sad
il trofeo trophy
la tromba trumpet
troppo too much
la trota trout
trovare to find;
  trovarsi* to find oneself; to
    be situated
il / la turista tourist
turistico pertaining to tourism;
  la classe turistica economy
    class
il turno turn
la tuta overall;
  la tuta da ginnastica
    sweatsuit
tutti, tutte everybody, all;
  tutti e due both
tutto (*adj.*) all, every; the whole;
  tutto (*pron.*) everything;
  tutti (*pron.*) everybody, all
tutto il giorno the whole day

U

ubbidire (-isc-) to obey
ubriaco drunk
l'ufficio office;
  l'ufficio postale post office
uguale equal
ultimo last
umido humid
l'umore (*m.*) humor, mood;
  essere di buon (cattivo)
    umore to be in a good
    (bad) mood
unico unique;
  figlio unico only child
l'unificazione (*f.*) unification
l'unione (*f.*) union
unire (-isc-) to unite
unito united

uno one (number);
  un, uno, una *(art.)* a, an
l'università university
universitario *(adj.)* university-
    related
l'uomo *(pl.* **gli uomini)** man
l'uovo *(pl.* **le uova)** egg;
  le uova strapazzate
    scrambled eggs
usare to use, to take
usato used, secondhand
uscire* to go (come) out
l'uscita exit
l'uso use
utile useful
l'uva grapes

V

la vacanza vacation, holiday
la valigia *(pl.* **valigie** *or* **valige)**
    suitcase;
  fare le valigie to pack
la valle valley
la valuta currency
il vantaggio advantage
vantaggioso advantageous
il vaporetto waterbus (in Venice)
la varietà variety
vario varied
la vasca (da bagno) (bath)tub
il vaso vase
vecchio old
vedere *(p.p.* **visto, veduto)** to see
il vedovo, la vedova widower,
    widow
vegetariano vegetarian
la vela sail;
  barca a vela sailboat;
  fare della vela to sail
veloce fast
la velocità speed;
  limite di velocità speed limit
vendere to sell
la vendita sale;
  in vendita for sale
il venerdì Friday
Venezia Venice
veneziano Venetian
venire* *(p.p.* **venuto)** to come
il vento wind;
  tira vento it is windy
veramente truly; really, actually

il verbo verb
verde green;
  essere al verde to be broke
la verdura vegetables
la vergogna shame;
  Che vergogna! What a shame!
la verità truth
vero true;
  È vero! That's right!
versare to pour
il verso line (of poetry);
  verso *(prep.)* toward
vestirsi* to get dressed
il vestito dress; suit
i vestiti clothes
il veterinario veterinarian
la vetrina shop window,
    display window
il vetro glass
via *(adv.)* away, off
la via street, way
viaggiare to travel
il viaggiatore, la
    viaggiatrice traveler
il viaggio trip, voyage;
  viaggio d'affari
    (di piacere) business
    (pleasure) trip;
  viaggio di nozze
    honeymoon;
  Buon viaggio! Have a nice
    trip!
la vicinanza vicinity
vicino *(adv.)* close, nearby;
  vicino a *(prep.)* near
il vicino, la vicina neighbor
il videoregistratore
    videorecorder
la videocassetta videocassette
vietato (entrare, fumare, ecc.)
    prohibited (entrance,
    smoking, etc.)
la vigna vineyard
la vignetta drawing, cartoon
il villaggio village
il villeggiante vacationer
la villeggiatura summer
    vacation
vincere *(p.p.* **vinto)** to win
il vino wine
viola *(inv.)* purple
il violino violin

il violoncello cello
la visita visit
visitare to visit; to examine
la vita life
la vitamina vitamin
il vitello veal;
  arrosto di vitello roast veal
la vittoria victory
Viva! Hurrah!
vivere *(p.p.* **vissuto)** to live
vivo alive, living
il vocabolario vocabulary;
    dictionary
la vocale vowel
la voce voice;
  ad alta (bassa) voce in a
    loud (low) voice
la voglia desire;
  avere voglia di to feel like
volentieri gladly; willingly
volere to want;
  voler dire to mean;
  voler bene to love;
  ci vuole, ci vogliono it takes
il volo flight
la volontà will, willingness
la volta time;
  una volta once;
  (c'era) una volta once upon
    a time;
  due volte twice;
  qualche volta sometimes;
  ogni volta every time
le vongole clams
votare to vote
il voto grade; vote;
  un bel (brutto) voto a good
    (bad) grade
il vulcano volcano
vuoto empty; vacant

Z

lo zaino backpack
lo zero zero
lo zio, la zia uncle, aunt
zitto silent;
  sta' zitto! be quiet!
la zona zone, area
lo zoo zoo
lo zucchero sugar
la zuppa di verdure vegetable
    soup

English–Italian Vocabulary

A

to be able to potere
about circa, di
above sopra, su;
   above all soprattutto
abroad all'estero
absent assente
abstract astratto
abundant abbondante
academic accademico
to accept accettare
accident l'incidente *(m.)*
to accompany accompagnare
according to secondo
accountant il ragioniere,
   la ragioniera
act l'atto
to act (a role) recitare
activity l'attività
actor l'attore
actress l'attrice
ad l'annuncio pubblicitario
address l'indirizzo
to admire ammirare
to admit ammettere
   (p.p. ammesso)
adult l'adulto, l'adulta
advance l'anticipo;
   in advance in anticipo
advantage il vantaggio
advantageous vantaggioso
adventure l'avventura
advertising la pubblicità
advice il consiglio
to advise consigliare
affection l'affetto
affectionate affezionato
to be afraid avere paura
African africano
after dopo
afternoon il pomeriggio
afterward poi
again ancora
against contro
age l'età
ago fa;
   How long ago? Quanto
     tempo fa?
to agree essere* d'accordo
air l'aria;
   air conditioning l'aria
     condizionata

airline la linea aerea
airplane l'aereo, l'aeroplano
alarm clock la sveglia
alive vivo
all tutto
to allow permettere
   (p.p. permesso), lasciare
almost quasi
alone solo *(adj.; adv.)*
along lungo;
   to get along andare d'accordo
already già
also anche
although benché *(+ subj.)*
always sempre
amateur dilettante
American americano
among fra *(or* tra)
amusement il divertimento;
   lo svago
amusing divertente
ancient antico
and e
animal l'animale *(m.)*
anniversary l'anniversario
to announce annunciare
announcer l'annunciatore,
   l'annunciatrice
annoyed seccato
anonymous anonimo
another un altro
answer la risposta
to answer rispondere
   (p.p. risposto)
antique antico
anyway ad ogni modo
apartment l'appartamento;
   studio apartment il
     monolocale
to apologize scusarsi*
to appear apparire* *(p.p.* apparso)
to applaud applaudire
applause l'applauso
apple la mela
to apply fare domanda
appointment l'appuntamento
to appreciate apprezzare
to approach avvicinarsi*
April aprile
arcade la galleria
architect l'architetto
architecture l'architettura

architectural architettonico
area la superficie;
   area code il prefisso
to argue litigare
arm il braccio *(pl.* le braccia)
armchair la poltrona
around intorno (a), verso
arrival l'arrivo
to arrive arrivare*
art l'arte *(f.)*
artichoke il carciofo
article l'articolo
artistic artistico
as come;
   as soon as appena
to ask domandare, chiedere
   (p.p. chiesto)
asleep addormentato;
   to fall asleep addormentarsi*
at a, in, da **(at the house of)**;
   @ chiocciola;
   at least almeno
athlete l'atleta *(m. or f.)*
athletic sportivo
to attend assistere;
   to attend a course seguire,
     frequentare
attention l'attenzione *(f.)*
to attract attirare
attractive attraente
audience il pubblico
August agosto
aunt la zia
author l'autore, l'autrice
autobiography l'autobiografia
automobile l'automobile *(f.)*
autumn l'autunno
available libero, disponibile
away via

B

backpack lo zaino
bad cattivo;
   Too bad! Peccato!
bag la borsa; il sacchetto;
   handbag la borsetta;
   sleeping bag il sacco a pelo
balcony il balcone, la galleria
ball la palla; il pallone **(soccer)**
ballet il balletto
bank la banca
bartender il barista

basketball la pallacanestro (f.)
bath il bagno;
 to take a bath fare il bagno
bathroom la stanza da bagno
bathtub la vasca da bagno
to be essere* (p.p. stato);
 to be able to potere;
 to be acquainted with
 conoscere;
 to be bad for fare male a;
 to be born nascere;
 to be broke essere al verde;
 to be called
 (named) chiamarsi*;
 to be careful stare* attento;
 to be on a diet essere*
 a dieta;
 to be distant distare;
 to be a doctor (a lawyer, etc.)
 fare il dottore (l'avvocato,
 ecc.);
 to be enough bastare;
 to be a fan (of) fare il tifo
 (per);
 to be in a hurry avere fretta;
 to be necessary bisognare;
 to be . . . years old (afraid, cold,
 hot, hungry, thirsty, right,
 wrong, sleepy) avere…
 anni (paura, freddo, caldo,
 fame, sete, ragione, torto,
 sonno)
beach la spiaggia;
 beach chair la sedia
 a sdraio
beard la barba
beautiful bello
beauty la bellezza
because perché;
 because of a causa di
to become diventare*;
 to become ill ammalarsi*
bedroom la camera da letto
beer la birra
before (prep.) davanti a; prima
 di (conj.), prima che (+ subj.)
to begin (in)cominciare
beginning l'inizio
behind dietro
to believe credere (a)
bell tower il campanile
to belong appartenere
below sotto
beneficial benefico
besides inoltre
between tra (or fra)
bicycle la bicicletta
big grande;

bigger maggiore
bill il conto
billion il miliardo
biology la biologia
birth la nascita
birthday il compleanno;
 Happy Birthday! Buon
 compleanno!
bitter amaro
black nero
blackboard la lavagna
blond biondo
blouse la camicetta
blue azzurro
boat la barca
body il corpo
bold calvo
bone l'osso (pl. le ossa)
book il libro
bookstore la libreria
boot lo stivale
to border confinare
bored: to get bored annoiarsi*
boredom la noia
boring noioso
born: to be born nascere*
 (p.p. nato)
boss il capoufficio
to bother dare fastidio
bottle la bottiglia
bouquet il mazzo (di fiori)
boy, boyfriend il ragazzo
box la scatola
boxing il pugilato
bread il pane;
 breadsticks i grissini
to break rompere (p.p. rotto);
 rompersi*
breakfast la colazione;
 to have breakfast fare
 colazione
bright luminoso
brilliant brillante
to bring portare
broke: to be broke essere
 al verde
brother il fratello;
 brother-in-law il cognato
brown castano, marrone
to build costruire (-isc-)
building l'edificio;
 il palazzo
bulletin board la bacheca
bus l'autobus (m.);
 bus stop la fermata
 dell'autobus
business l'affare (m.)
busy occupato

but ma, però
butter il burro
to buy comprare
by da

C

cab il tassì (inv.)
cafeteria la mensa
cake la torta
calculator la calcolatrice
calculus il calcolo (math.)
calendar il calendario
to call chiamare;
 to be called chiamarsi*
calm calmo
camera la macchina
 fotografica
camping il campeggio;
 to go camping fare il
 campeggio
can (to be able) potere
can la lattina
to cancel cancellare,
 annullare
candidate il candidato
candies le caramelle
capital la capitale
car l'auto(mobile) (f.),
 la macchina;
 car racing l'automobilismo
carbonated frizzante
careful attento;
 to be careful stare attento
carpet il tappeto
to carry portare
car (train) la carrozza
cashier il cassiere, la cassiera
castle il castello
cat il gatto
cathedral il duomo
cause la causa
to celebrate festeggiare
cellar la cantina
central centrale
century il secolo
certain certo
chain la catena
chair la sedia
chalk il gesso
challenging impegnativo
champion il campione, la
 campionessa
change il cambiamento;
 la moneta
to change cambiare;
 to change one's clothes
 cambiarsi*;

to change one's mind
cambiare idea
channel il canale
chapel la cappella;
  Sistine Chapel la Cappella
    Sistina
chapter il capitolo
character il personaggio
charity la beneficenza
cheap economico
check il conto; l'assegno
to check controllare
cheerful allegro
cheese il formaggio
chemistry la chimica
chicken il pollo
child il bambino, la bambina;
  (pl.) i bambini, i figli;
  only child il figlio unico,
    la figlia unica;
  grandchild il/la nipote;
  as a child da bambino
Chinese cinese
chocolate il cioccolato;
  chocolate candy il cioccolatino
choice la scelta
to choose scegliere (*p.p.* scelto)
Christmas il Natale
church la chiesa
cigarette la sigaretta
citizenship la cittadinanza
city la città
civilization la civiltà, la
  civilizzazione
clams le vongole
class la classe, la lezione
classmate il compagno, la
  compagna di classe
clean pulito
to clean pulire (-isc-)
clear sereno
clerk l'impiegato, l'impiegata
client il/la cliente
climate il clima
to climb salire
clock l'orologio;
  alarm clock la sveglia
to close chiudere (*p.p.* chiuso)
clothes i vestiti
clothing l'abbigliamento
cloudy nuvoloso
clown il pagliaccio
coach l'allenatore, l'allenatrice
to coach allenare
coast la costa
coat la giacca;
  winter coat il cappotto
coffee, coffee shop il caffè

cold freddo;
  to be cold avere freddo;
  it is cold fa freddo;
  to catch a cold prendere il
    raffreddore
colleague il/la collega
to come venire* (*p.p.* venuto);
  to come back ritornare;
  to come down discendere*
    (*p.p.* disceso);
  to come in entrare;
  Come on! Dai!
comedian il comico
comedy la commedia
comfort la comodità
comfortable comodo
comic comico
comment il commento
common comune
company compagnia, ditta,
  azienda
to compare paragonare
competition la competizione,
  la gara
to complain lamentarsi* (di)
completely completamente
complicated complicato
to compose comporre (*p.p.*
  composto)
composer il compositore, la
  compositrice
compulsory obbligatorio
computer science l'informatica
concert il concerto
conclusion la conclusione
condition la condizione
to confirm confermare
confusion la confusione
Congratulations!
  Congratulazioni!
congressman,
  congresswoman il deputato,
  la deputata
connection (train, plane)
  la coincidenza
to consider considerare;
  to consider oneself
    considerarsi*
consideration la considerazione
consultant il/la consulente
continent il continente
continually continuamente
to continue continuare
contract il contratto
contrary il contrario;
  on the contrary anzi
to control controllare
conversation la conversazione

cook il cuoco, la cuoca
to cook cucinare
cooking la cucina
cookie il biscotto
cool fresco
to cool off raffreddare
cordial cordiale
corner l'angolo
to correct correggere
  (*p.p.* corretto)
cornmeal mush la polenta
cost il costo
to cost costare
costume il costume
cotton il cotone
couch il divano
cough la tosse
to count contare
country il paese; la patria;
  countryside la campagna
couple la coppia
courage il coraggio
courageous coraggioso
course il corso, la classe
cousin il cugino, la cugina
covered coperto
crazy pazzo;
  to go crazy impazzire*
cream la crema
crisis la crisi
critic il critico (*m. or f.*)
to criticize criticare
to cross attraversare
crowded affollato
cruise la crociera
cup la tazza
to cure guarire
curious curioso
currency la valuta
curtain la tenda; il sipario
customer il/la cliente
customs la dogana
to cut tagliare;
  to cut oneself tagliarsi*
cute carino

D

dad il papà
to damage rovinare
damaging dannoso
to dance ballare
danger il pericolo
dangerous pericoloso
dark buio;
  dark-haired bruno
date la data; l'appuntamento
daughter la figlia;
  daughter-in-law la nuora

day il giorno, la giornata;
   the next day il giorno dopo
dear caro
debt il debito
December dicembre
to decide decidere (*p.p.* deciso)
decision la decisione
to declare dichiarare
deep profondo
defeat la sconfitta
to define definire (-isc-)
degree il titolo di studio
delicatessen la salumeria
delicious delizioso, squisito
to deliver consegnare
deluxe di lusso
democracy la democrazia
dentist il/la dentista
departure la partenza
to depend dipendere*;
   it depends (on) dipende (da)
depressing deprimente
to descend (di)scendere*
   (*p.p.* disceso)
to describe descrivere
   (*p.p.* descritto)
description la descrizione
designer lo/la stilista
desk la scrivania
dessert il dolce
to detest detestare
development lo sviluppo
to dial formare il numero
dialect il dialetto
dialogue il dialogo
diamond il brillante
diary il diario
dictionary il vocabolario
to die morire* (*p.p.* morto)
diet la dieta;
   to be on a diet stare a dieta,
     essere a dieta
dietician il dietologo, la dietologa
difference la differenza
different differente
difficult difficile
difficulty la difficoltà
digit la cifra
dinner la cena, il pranzo;
   dining room sala da pranzo;
   to have dinner cenare,
     pranzare
direction l'indicazione (*f.*)
director il direttore, la direttrice
disadvantage lo svantaggio
disappointment la delusione
discovery la scoperta
to discuss discutere (*p.p.* discusso)

discussion la discussione
disease la malattia
dish il piatto
dishonest disonesto
dishwasher la lavastoviglie
distance la distanza
distant distante;
   to be distant distare
district il quartiere
to divide dividere (*p.p.* diviso)
divorced divorziato
to do fare (*p.p.* fatto)
doctor il dottore, la dottoressa;
   il medico
document il documento
documentary il documentario
dog il cane
dollar il dollaro
dome la cupola
door la porta
dot punto
doubt il dubbio;
   to doubt dubitare
to download scaricare
downtown il centro; in centro
dozen la dozzina
draperies le tende
to draw disegnare
drawing il disegno
dream il sogno;
   to dream sognare
dress l'abito, il vestito;
   to get dressed vestirsi*;
   to dress vestire
drink la bevanda;
   to drink bere (*p.p.* bevuto)
drinking water l'acqua potabile
to drive guidare
driver l'automobilista (*m. or f.*)
driving la guida
drunk ubriaco
dry secco;
   to dry asciugare;
   to dry oneself asciugarsi*
during durante
duty il dovere

E

each ogni
ear l'orecchio (*pl.* le orecchie);
   earache mal d'orecchio
early presto
to earn guadagnare
earth la terra
Easter la Pasqua
eastern orientale
easy facile
to eat mangiare

ecological ecologico
economy l'economia
to educate istruire (-isc-)
education l'istruzione (*f.*)
egg l'uovo (*pl.* le uova)
either . . . or o... o
election l'elezione (*f.*)
electricity l'elettricità
elegant elegante
elementary elementare
elevator l'ascensore
to eliminate eliminare
to embrace abbracciare
emergency room il pronto
   soccorso
emotion l'emozione (*f.*)
employee l'impiegato,
   l'impiegata
employment l'impiego;
   employment agency
     l'agenzia di collocamento
empty vuoto
to encourage incoraggiare
end la fine;
   to end finire (-isc-)
engagement il fidanzamento
engineer l'ingegnere (*m.*)
engineering l'ingegneria
England l'Inghilterra
English inglese
to enjoy godere;
   to enjoy oneself divertirsi*;
   Enjoy your meal! Buon
     appetito!
enough abbastanza;
   to be enough bastare
to enroll iscriversi* (*p.p.* iscritto)
to enter entrare* (in)
entertaining divertente
enthusiastic entusiasta
entire intero
entitled intitolato
equal uguale
equality l'uguaglianza, la parità
error l'errore (*m.*)
especially specialmente
ethnic etnico
euro l'euro (*inv.*) (*Italian currency*)
Europe l'Europa
even perfino;
   not even neanche, nemmeno
evening la sera, la serata;
   Good evening! Buona sera!;
   this evening stasera
event l'avvenimento
every ogni (*inv.*);
   everybody ognuno;
   everyone ognuno

exact esatto
exactly esattamente
exam l'esame (m.);
  to take an exam dare un esame
example l'esempio;
  for example ad esempio, per esempio
to exceed superare
excellent eccellente, ottimo
except eccetto
exception l'eccezione (f.)
to exchange (money) cambiare
excursion l'escursione (f.)
excuse la scusa;
  Excuse me! Scusi! Scusa!
exercise l'esercizio
exhibition la mostra
to exist esistere* (p.p. esistito)
expense la spesa
expensive caro, costoso
experience l'esperienza
experienced esperto
experiment l'esperimento
expert esperto
to explain spiegare
explanation la spiegazione
to express esprimere (p.p. espresso)
expression l'espressione (f.)
eye l'occhio
eye doctor l'oculista (m. or f.)
eyeglasses gli occhiali (pl.)

F

fable la favola
face la faccia
fact il fatto;
  in fact infatti
factory la fabbrica
fair giusto
faithful fedele
fall l'autunno
to fall cadere*
familiar familiare
family la famiglia
family tree l'albero genealogico
famous famoso
fan tifoso;
  to be a fan (of) fare il tifo (per)
fantastic fantastico
far (from) lontano (da)
farmer il contadino, la contadina
fascinating affascinante, avvincente
fashion la moda
fashionable di moda, alla moda

fast rapido, veloce
fat grasso
father il padre;
  father-in-law il suocero;
  grandfather il nonno
favor il favore
favorable favorevole
fear la paura, il timore
to fear temere
February febbraio
to feel sentire, sentirsi*;
  to feel like avere voglia di
feeling il sentimento
feminine femminile
fencing la scherma
festivity la festa
fever la febbre
few pochi(e);
  a few alcuni(e)
fiancé, fiancée il fidanzato, la fidanzata
field il campo
to fill riempire;
  to fill it up (with gas) fare il pieno
final definitivo
finally finalmente
to find trovare
fine la multa
finger il dito (pl. le dita)
to finish finire (-isc-)
fire il fuoco;
  fireplace il caminetto
to fire licenziare
firm la ditta
first (adj.) primo, (adv.) prima
fish il pesce;
  fried fish pesce fritto
to fish pescare
to fit andare bene
flag la bandiera
flight il volo;
  flight attendant (m. & f.) l'assistente di volo
floor il pavimento; il piano
Florence Firenze
flour la farina
flower il fiore
flu l'influenza
flute il flauto
fog la nebbia
to follow seguire
following seguente
fond (of) appassionato (di)
food il cibo
foot il piede;
  on foot a piedi
for per

to forbid proibire (-isc-)
foreign straniero
foreigner lo straniero, la straniera
to forget dimenticare
fork la forchetta
fountain la fontana
free libero, gratuito
freeway l'autostrada
freezer il congelatore
French francese
fresco l'affresco
Friday il venerdì
fried fritto
friend l'amico, l'amica
friendship l'amicizia
from da, di
frozen surgelato
fruit la frutta;
  piece of fruit il frutto;
  fruit smoothie la spremuta di frutta
full pieno
fun il divertimento;
  to have fun divertirsi*
to function funzionare
furious furioso
furnishing l'arredamento
furniture i mobili (pl.);
  piece of furniture un mobile

G

to gain guadagnare;
  to gain weight ingrassare
gallery la galleria;
  art gallery la galleria d'arte
game il gioco, la partita
garbage i rifiuti
garden il giardino
garlic l'aglio
gasoline la benzina
to gather riunirsi* (-isc-)
gender il genere
general generale
generally in genere
generous generoso
genius il genio
gentleman il signore
geography la geografia
German tedesco
Germany la Germania
to get prendere;
  to get along andare d'accordo;
  to get bored annoiarsi*;
  to get engaged fidanzarsi*;
  to get lost perdersi*;
  to get mad arrabbiarsi*;

to get married sposarsi*;
  to get near avvicinarsi* (a);
  to get sick ammalarsi*;
  to get tired stancarsi*;
  to get up alzarsi*;
  to get used to abituarsi* (a)
gift il regalo
girl la ragazza;
  little girl la bambina;
  girlfriend la ragazza
to give dare;
  to give back restituire (-isc);
  to give a present regalare;
  to give a ride dare un
      passaggio
glad contento
glass il bicchiere
glasses gli occhiali;
  sunglasses occhiali da sole
gloves i guanti (*pl.*)
to go andare*;
  to go back ritornare*;
  to go camping fare il
      campeggio;
  to go down scendere*;
  to go in entrare*;
  to go near avvicinarsi*;
  to go out uscire*;
  to go shopping fare la spesa
      (le spese);
  to go up salire*
gold l'oro
good buono, bravo;
  Good-bye! Arrivederci!
      (*fam.*); ArrivederLa! (*form.*);
      Ciao!;
  Good night! Buona notte!
government il governo
grade il voto
to graduate laurearsi*;
      diplomarsi*
grammar la grammatica
grandfather il nonno;
  grandmother la nonna;
  grandparents i nonni
grapes l'uva
grass l'erba
grateful riconoscente
gray grigio
great grande
green verde
to greet salutare
greeting il saluto;
  greetings tanti saluti
grill la griglia
grilled alla griglia
groom lo sposo
group il gruppo

to grow crescere*
to guess indovinare
guest l'ospite (*m.* or *f.*),
      l'invitato, l'invitata
guide la guida
guilty colpevole
guitar la chitarra
gulf il golfo
guy il tipo
gym la palestra
gymnastics la ginnastica

H

hair i capelli;
  dark-haired bruno
hairdresser il parrucchiere, la
      parrucchiera
half la metà, mezzo (*adj.*)
hand la mano (*pl.* le mani);
  to shake hands dare la mano
handkerchief il fazzoletto
handsome bello
to happen succedere*
      (*p.p.* successo)
happiness la felicità
happy felice;
  Happy Easter! Buona Pasqua!;
  Happy New Year! Buon
      Anno Nuovo!
hard duro
to hate detestare, odiare
to have avere;
  to have a birthday compiere
      gli anni
  to have breakfast fare
      colazione;
  to have dinner cenare;
  to have fun divertirsi*;
  to have a headache
      (toothache, stomachache,
      backache, sore throat)
      avere mal di testa (denti,
      stomaco, schiena, gola);
  Have a nice day! Buona
      giornata!;
  Have a nice vacation! Buone
      vacanze!;
  to have to dovere
head il capo, la testa
health la salute
to hear sentire
heart il cuore
heavy pesante
hell l'inferno
hello buon giorno, salve, ciao;
  pronto (**telephone**)
help l'aiuto;
  to help aiutare

here qui;
  Here is . . . ! Ecco... !
hero l'eroe (*m.*)
high alto
hill la collina
to hire assumere
      (*p.p.* assunto)
historical storico
history la storia
to hit colpire (-isc-)
hitchhiking l'autostop (*m.*)
to hitchhike fare l'autostop
holiday la festa, la vacanza
home la casa;
  at home a casa
homeless people i senzatetto
homework il compito
honeymoon la luna di miele
to hope sperare
horse il cavallo
hospital l'ospedale (*m.*)
hot caldo;
  to be hot avere caldo;
  it is hot fa caldo
hotel l'albergo
hour l'ora;
  rush hour le ore di punta
house la casa;
  at the house of a casa di;
  at his/her house a casa sua
housewife la casalinga
how? come?;
  How much? Quanto?;
  How are you? Come sta?
      (*form. s.*), Come stai? (*fam. s.*),
      Come va?;
  How come? Come mai?
however comunque, però
huge grosso
humid umido
hundred cento (*inv.*)
hunger la fame;
  to be hungry avere fame
hurry la fretta;
  to be in hurry avere fretta;
  in a hurry in fretta
to hurt oneself farsi* male
husband il marito

I

ice il ghiaccio;
  ice cream il gelato;
  ice-cream parlor
      la gelateria
idea l'idea
ideal ideale
if se
ignorant ignorante

ill (am)malato;
    to become ill ammalarsi*
illness la malattia
imagination l'immaginazione *(f.)*
to imagine immaginare
immediately immediatamente
immigration l'immigrazione
impatience l'impazienza
impatient impaziente
impolite maleducato
importance l'importanza
important importante
impossible impossibile
to improve migliorare
in in, a; fra
to include includere *(p.p.* incluso)
included compreso
increase l'aumento;
    to increase aumentare
indeed davvero, veramente
independent indipendente
industrial industriale
inelegant inelegante
inexperienced inesperto
inflation l'inflazione *(f.)*
information l'informazione *(f.)*
ingredient l'ingrediente *(m.)*
inhabitant l'abitante *(m.)*
to initiate iniziare
inn la pensione, l'albergo
inside dentro, in
inspiration l'ispirazione
instead (of) invece (di)
instructor l'istruttore,
    l'istruttrice
instrument lo strumento
insurance l'assicurazione *(f.)*
intellectual intellettuale
intelligent intelligente
to intend avere intenzione di,
    pensare di
intention l'intenzione *(f.)*
interest l'interesse *(m.)*;
    **to be interested
      in** interessarsi* a
to interest interessare
interesting interessante
interior designer l'arredatore,
    l'arredatrice
intersection l'incrocio
interview il colloquio
to introduce presentare;
    to introduce oneself
      presentarsi*
to invent inventare
to invite invitare
Irish irlandese
island l'isola

issue la questione
Italian italiano;
    Italian language l'italiano
Italy l'Italia
item l'articolo

J

jacket la giacca
January gennaio
Japan il Giappone
Japanese giapponese
job il lavoro;
    full-time job lavoro a tempo
      pieno;
    part-time job lavoro a tempo
      ridotto
to joke scherzare
journalist il/la giornalista
joy la gioia
juice il succo;
    orange juice il succo d'arancia
July luglio
to jump saltare
June giugno
just *(adj.)* giusto; *(adv.)* appena

K

to keep tenere;
    **to keep up to
      date** aggiornarsi*
key la chiave
to kill uccidere *(p.p.* ucciso)
kilogram il chilo (chilogrammo)
kilometer il chilometro
kind gentile; il genere
kiss il bacio
to kiss baciare
kitchen la cucina
knee il ginocchio *(pl.* le
    ginocchia)
knife il coltello
to know conoscere *(p.p.*
    conosciuto), sapere;
    to know how sapere;
    Who knows! Chissà!
knowledge la conoscenza

L

lack la mancanza
ladder la scala
lady la signora
lake il lago
lamp la lampada
land la terra
landlord, landlady il padrone,
    la padrona di casa
landscape il paesaggio

language la lingua;
    foreign language la lingua
      straniera
large largo, grande
last ultimo, scorso
to last durare
late tardi;
    to be late essere in ritardo
to laugh ridere *(p.p.* riso)
laughter il riso
law la legge
lawyer l'avvocato, l'avvocatessa
lazy pigro
to learn imparare
leather il cuoio, la pelle
to leave lasciare, partire*
lecture la conferenza
left la sinistra, *(adj.)* sinistro;
    to the left a sinistra
leg la gamba
legal legale
to lend prestare
less meno
lesson la lezione
to let lasciare
letter la lettera
library la biblioteca
license (driver's) la patente
lie la bugia
to lie dire una bugia
life la vita;
    still life la natura morta
lifeguard il bagnino, la bagnina
lift il passaggio;
    to give a lift dare un passaggio
light la luce; *(adj.)* leggero;
    traffic light il semaforo
to light accendere *(p.p.* acceso)
like come
to like piacere *(p.p.* piaciuto)
limit il limite;
    speed limit il limite di
      velocità
line la fila;
    to stand in line fare la fila
lip il labbro *(pl.* le labbra)
to listen to ascoltare
liter il litro
literature la letteratura
little piccolo
to live abitare, vivere
    (p.p. vissuto)
London Londra
long lungo;
    for a long time a lungo
to look (at) guardare;
    to look for cercare;
    to look like assomigliare a

to lose perdere;
   to get lost perdersi*;
   to lose weight dimagrire
lot (a lot) molto, un sacco (di)
love l'amore *(m.);*
   to be in love (with) essere
     innamorato (di);
   love (closing a letter)
     con affetto;
   to love amare; volere bene
low basso
luck la fortuna;
   bad luck la sfortuna;
   Good luck! Buona fortuna!,
     In bocca al lupo!
luckily per fortuna
lucky fortunato
lyric lirico

M

mad: to get mad arrabbiarsi*
magazine la rivista
magnificent stupendo
to mail spedire (-isc-)
main principale
major (studies) la
   specializzazione
majority la maggioranza
to make fare *(p.p.* fatto);
   to make the
     acquaintance fare la
     conoscenza;
   to make an
     appointment fissare un
     appuntamento;
   to make a movie girare un
     film
man l'uomo *(pl.* gli uomini)
to manage dirigere *(p.p.* diretto)
manager il dirigente
manner la maniera
map la carta geografica;
   la pianta (di una città)
marble il marmo
March marzo
market il mercato
marriage il matrimonio
to marry sposare;
   to get married sposarsi*;
   married sposato
masculine maschile
mask, masked character
   la maschera
mass media i mezzi di
   diffusione
masterpiece il capolavoro
match (sports) la partita
mathematics la matematica

mature maturo
May maggio
may potere;
   it may be that può darsi che
maybe forse
meal il pasto
mean cattivo
to mean significare, voler(e)
   dire
meaning il significato
means il mezzo;
   by means of per mezzo di;
   means of transportation
     i mezzi di trasporto
meat la carne
meatball la polpetta
mechanic il meccanico
medicine la medicina
medieval medievale
to meet conoscere
   (p.p. conosciuto); incontrare
meeting la riunione
memory la memoria
message il messaggio
   text message sms
messy disordinato
meter il metro
midnight la mezzanotte
mild mite
mile il miglio *(pl.* le miglia)
milk il latte
million il milione
millionaire il milionario
minute il minuto
mirror lo specchio
misadventure la disavventura
miss signorina
to miss sentire la mancanza (di);
   to miss the train perdere il
     treno
mistake l'errore *(m.)*
mister signore
model il modello, la modella
modern moderno
modest modesto
mom la mamma
moment il momento
Monday il lunedì
monetary monetario
money il denaro, i soldi
month il mese
monthly mensile *(adj.)*
monument il monumento
moon la luna
more più; ancora, di più
morning il mattino, la mattina;
   in the morning di mattina;
   this morning stamattina;

   Good morning! Buon giorno!
mother la madre;
   mother-in-law la suocera;
   grandmother la nonna
motive il motivo
motorcycle la motocicletta
motorist l'automobilista *(m.* or *f.)*
mountain la montagna
mountain climbing l'alpinismo
moustache i baffi
mouth la bocca
to move traslocare
moving il trasloco
movie il film;
   to go to the movies andare
     al cinema
movie theater il cinema
much molto;
   too much troppo
museum il museo
mushroom il fungo
music la musica;
   opera music musica operistica;
   folk music musica folcloristica
musician il/la musicista
must dovere

N

name il nome;
   last name il cognome
napkin il tovagliolo
Naples Napoli
narrow stretto
nation la nazione
nationality la nazionalità
naturally naturalmente
nature la natura
Neapolitan napoletano
near vicino;
   to get near avvicinarsi*
neat ordinato
necessary necessario;
   to be necessary bisognare
neck il collo
need il bisogno
to need avere bisogno di
neighbor il vicino, la vicina
nephew il nipote
nervous nervoso
never mai
nevertheless ciò nonostante
new nuovo;
   What's new? Cosa c'è di
     nuovo?
news la notizia
newscaster l'annunciatore,
   l'annunciatrice
newspaper il giornale

newsstand l'edicola
next to vicino (a);
   next week la settimana
     prossima
nice simpatico
niece la nipote
night la notte;
   Good night! Buona notte!;
   last night ieri sera;
no no
nobody nessuno
noise il rumore
noon il mezzogiorno
northern settentrionale
nose il naso
not non
notebook il quaderno
notes gli appunti
nothing niente
to notice notare
noun il nome
novel il romanzo
November novembre
now adesso, ora
number il numero;
   phone number il numero
     telefonico
nurse l'infermiere, l'infermiera

O

to obey ubbidire (-isc-)
object l'oggetto
to obtain ottenere
occasion la circostanza
to occupy occupare
ocean l'oceano
October ottobre
of di
to offend offendere (*p.p.* offeso)
offer l'offerta;
   to offer offrire (*p.p.* offerto)
office l'ufficio;
   Post Office la Posta
often spesso
oil l'olio
OK, very well va bene
old vecchio
Olympic olimpico
on su, sopra
once una volta;
   once upon a time c'era una
     volta;
   once more ancora una volta
onion la cipolla
only solo (*adv.*), solamente,
   appena, soltanto
open aperto;
   to open aprire

opera l'opera
opinion l'opinione (*f.*)
opportunity l'occasione (*f.*)
opposite il contrario
optimist ottimista
or o
oral orale
orange l'arancia;
   orange (*color*) arancione (*inv.*);
   orange juice il succo
     d'arancia;
   orange smoothie la
     spremuta d'arancia
order l'ordine (*m.*);
   in order to per;
   in order that affinché
to order, to put in
   order ordinare, riordinare
to organize organizzare
oriental orientale
origin l'origine (*f.*)
original originale; l'originale (*m.*)
other altro
out fuori
outdoors all'aperto
outside fuori
outskirts la periferia
oven il forno;
   microwave oven il forno a
     microonde
to owe dovere
owner il proprietario, la
   proprietaria

P

to pack fare le valigie
package il pacco
page la pagina
pain il dolore
to paint dipingere (*p.p.* dipinto)
painter il pittore, la pittrice
painting la pittura, il quadro
pair il paio (*pl.* le paia)
palace il palazzo
pants i pantaloni
paper la carta
parents i genitori
park il parco
to park parcheggiare
parking lot il parcheggio
particular particolare
party (political) la festa; il partito
to pass passare
passenger il passeggero,
   la passeggera
passport il passaporto
past il passato; passato (*adj.*)
pastry il pasticcino

patience la pazienza
patient paziente
to pay pagare;
   to pay attention fare
     attenzione;
   to pay cash pagare in
     contanti;
   to pay a visit fare visita
paycheck lo stipendio
peace la pace
peach la pesca
pear la pera
peas i piselli
peasant il contadino,
   la contadina
pedestrian il pedone
pen la penna
pencil la matita
peninsula la penisola
pension la pensione
people la gente;
   some people alcune persone
pepper il pepe
perfect perfetto
to perform rappresentare,
   recitare
performance la rappresentazione
perfume il profumo
perhaps forse
period il periodo
person la persona
personality la personalità
pessimist pessimista
pet l'animale domestico
pharmacy la farmacia
philosophy la filosofia
phone il telefono;
   phone call la telefonata;
   collect call telefonata a
     carico del destinatario;
   to phone telefonare;
   phone book l'elenco
     telefonico
photograph la foto(grafia)
physician il medico
physics la fisica
picnic la scampagnata
picture la fotografia, il quadro
picturesque pittoresco
pie la torta
pineapple l'ananas
pink rosa (*inv.*)
place il luogo, il posto
to place mettere
plan il progetto
to plan progettare, pensare
   (di + *inf.*)
play la commedia, il dramma

to play an instrument   suonare;
  to play a game   giocare;
  to play a part   recitare
player   il giocatore, la giocatrice
playwright   il commediografo,
  la commediografa
pleasant   piacevole
please   per piacere; prego
pleasure   il piacere;
  with pleasure   con piacere,
   volentieri;
  My pleasure!   Il piacere è mio!
plot   la trama
plumber   l'idraulico
plus   più
pocket   la tasca
poem   il poema
poet   il poeta
poetry   la poesia
point   il punto;
  point of view   il punto
   di vista
police   la polizia;
  policeman   il poliziotto
polite   educato
political   politico
politics   la politica
pollution   l'inquinamento
poor   povero
popular   popolare
popularity   la popolarità
populated   popolato
portrait   il ritratto
position   il posto
possibility   la possibilità
possible   possibile;
  as little as possible   il meno
   possibile
postcard   la cartolina
poster   il manifesto;
  electoral poster   il manifesto
   elettorale
post office   l'ufficio postale
pot   la pentola
potato   la patata;
  fried potatoes   le patate fritte;
  potato dumplings   gli
   gnocchi
practical   pratico
to practice   allenarsi*;
  esercitarsi*
to pray   pregare
precious   prezioso
precise   preciso
to prefer   preferire (-isc-)
preferable   preferibile
preference   la preferenza
to prepare   preparare

to prescribe   prescrivere
  (*p.p.* prescritto)
prescription   la ricetta
present   il regalo
present   (*adj.*) attuale
president   il presidente,
  la presidentessa
press   la stampa
pretty   carino
price   il prezzo
print   la stampa
private   privato
prize   il premio
probable   probabile
problem   il problema
producer   il produttore,
  la produttrice
production   la produzione
profession   la professione
professor   il professore,
  la professoressa
program   il programma
to prohibit   proibire (-isc-)
project   il progetto, il piano
to promise   promettere
  (*p.p.* promesso)
pronoun   il pronome
proposal   la proposta
protest   la protesta;
  to protest   protestare
provided   purché
proud   orgoglioso
psychology   la psicologia
public   il pubblico
publicity   la pubblicità
to publish   pubblicare
publisher   l'editore (*m.*),
  l'editrice (*f.*)
punctual   puntuale
to punish   punire (-isc-)
puppet   il burattino
purchase   l'acquisto
purple   viola (*inv.*)
purpose   il fine
to put   mettere (*p.p.* messo);
  to put on   mettersi*;
  to put on makeup   truccarsi*
pyjamas   il pigiama

Q

qualification   la qualifica
quality   la qualità
quarrel   il litigio;
  to quarrel   litigare
quarter   il trimestre, il quarto
question   la domanda;
  to ask a question   fare una
   domanda

quiet   tranquillo;
  to be quiet   stare zitto
to quit   abbandonare, lasciare

R

race   la gara, la corsa
rain   la pioggia;
  to rain   piovere
raincoat   l'impermeabile (*m.*)
rare   raro
rather   piuttosto
to react   reagire (-isc-)
to read   leggere (*p.p.* letto)
reader   il lettore, la lettrice
reading   la lettura
ready   pronto
reality   la realtà
to realize   rendersi* conto
  (*p.p.* reso)
really   davvero
reason   la ragione
receipt   la ricevuta, lo scontrino
to receive   ricevere
recently   recentemente
recipe   la ricetta
to recite   recitare
to recognize   riconoscere
  (*p.p.* riconosciuto)
to recover   guarire (-isc-)
red   rosso
referee   l'arbitro
reform   la riforma
refrigerator   il frigo(rifero)
region   la regione
relation   la relazione;
  international relations
   le relazioni internazionali
relationship   il rapporto,
  la relazione
relative   il/la parente
to remain   rimanere*
  (*p.p.* rimasto), restare*
to remember   ricordare,
  ricordarsi*
remote control   il telecomando
Renaissance   il Rinascimento
to renounce   rinunciare
renowned   noto, famoso
rent   l'affitto;
  to rent   affittare;
  to rent (a car)   noleggiare
to repair   riparare
to repeat   ripetere
to reply   rispondere
republic   la repubblica
requirement   il requisito
to remodel   ristrutturare
research   la ricerca

reservation   la prenotazione
to reserve   prenotare
to rest   riposarsi*
restaurant   il ristorante,
   la trattoria
result   il risultato
to retire   andare in pensione
retiree   il pensionato,
   la pensionata
return   il ritorno;
   to return   ritornare*; restituire
      (-isc-) **(to give back)**
reunion   la riunione
rice   il riso
rich   ricco
ride   il passaggio;
   to give a ride   dare un
      passaggio;
   to ride a bicycle (a horse)
      andare in bicicletta
      (a cavallo)
riding (horses)   l'equitazione *(f.)*
right   giusto;
   to be right   avere ragione;
   to the right   a destra
ring   l'anello
river   il fiume
road   la strada
role   la parte;
   to play the role (of)   recitare
      la parte (di)
romantic   romantico
Rome   Roma
roof   il tetto
room   la camera, il locale,
   la stanza;
   living room   il soggiorno
      (la sala);
   bedroom   la camera da
      letto;
   hotel room with
      bathroom   camera con
         servizi
roommate   il compagno,
   la compagna di stanza
rose   la rosa
rowing   il canottaggio
rug   il tappeto
run   la corsa;
   to run   correre *(p.p.* corso)

S

sad   triste
safety   la sicurezza; la salvezza
sailing: to go sailing   andare
   in barca
salad   l'insalata
salary   lo stipendio

salesperson   il commesso,
   la commessa
salmon   il salmone
salt   il sale
same   stesso
sand   la sabbia
sandals   i sandali
sandwich   il panino imbottito;
   sandwich shop   la salumeria,
      la paninoteca
satisfied   soddisfatto
Saturday   il sabato
sauce   la salsa
sausage   la salsiccia
to save   risparmiare; salvare
saving   il risparmio
to say   dire *(p.p.* detto);
   to say good-bye, to say hello
      salutare
scene   la scena
schedule   l'orario
scholarship   la borsa di studio
scholastic   scolastico
school   la scuola;
   elementary school   la scuola
      elementare;
   junior high school   la scuola
      media;
   high school   il liceo
science   la scienza;
   political science   le scienze
      politiche
scientist   lo scienziato
to score   segnare
to scream   gridare
to sculpt   scolpire
sculptor   lo scultore, la scultrice
sculpture   la scultura; la statua
sea   il mare
serious   grave
season   la stagione
seat (theater)   il posto; la
   poltrona
seated   seduto
second   secondo; il secondo
secret   il segreto
secretary   il segretario,
   la segretaria
to see   vedere *(p.p.* visto, veduto)
to seem   parere, sembrare
selfish   egoista
to sell   vendere
semester   il semestre
to send   mandare, inviare
sensitive   sensibile
sentence   la frase
September   settembre
to serve   servire

to set (the table)   apparecchiare
   (la tavola)
several   diversi(e)
sex   il sesso
shape   la forma
to share   dividere, condividere
   (p.p. diviso, condiviso)
sharp (time)   in punto
to shave   radersi* *(p.p.* raso)
sheet (of paper)   il foglio
   (di carta)
shelf   lo scaffale
ship   la nave
shirt   la camicia
shoe   la scarpa;
   hiking shoes   gli scarponi
      da montagna;
   tennis shoes   le scarpe
      da tennis
shop   il negozio
shopping: to go shopping
   fare le spese;
   to go grocery shopping
      fare la spesa
short   basso, breve
shorts   i pantaloncini
to shout   gridare
show   la mostra, lo spettacolo;
   to show   (di)mostrare;
   to show a movie   dare
      un film
shower   la doccia;
   to take a shower   fare
      la doccia
Sicilian   siciliano
Sicily   la Sicilia
sick   ammalato
sidewalk   il marciapiede
sign   il cartello; il segnale
street sign   il signale stradale
to sign   firmare
signature   la firma
silence   il silenzio
silent   silenzioso
silk   la seta
silverware   le posate
similar   simile
simple   semplice
since   siccome; da quando
to sing   cantare
singer   il/la cantante
single   nubile **(woman)**; celibe,
   scapolo **(man)**
sink   il lavandino, il lavabo
sir   signore
sister   la sorella;
   sister-in-law   la cognata
to sit   sedersi*

situation   la situazione
size   la taglia
skates   i pattini
skating   il pattinaggio
to ski   sciare
skier   lo sciatore, la sciatrice
skiing   lo sci *(inv.)*
to skip   saltare
skirt   la gonna
sky   il cielo
skyscraper   il grattacielo
sleep   il sonno;
   to be sleepy   avere sonno;
   to sleep   dormire
slice   la fetta
slim   snello
slippers   le pantofole
slow   lento
slowly   adagio
small   piccolo
to smile   sorridere *(p.p.* sorriso*)*
to smoke   fumare
snack   lo spuntino;
   snack bar   la tavola calda
snow   la neve;
   to snow   nevicare
so   così;
   so much   così tanto;
   so that   affinché *(+ subj.)*
soap   il sapone
soccer   il calcio
sociable   socievole
sock   il calzino
sofa   il divano
solitude   la solitudine
some   alcuni (alcune), qualche,
   di + *def. art.,* un po' di
someone   qualcuno
something   qualcosa
sometimes   qualche volta
son   il figlio;
   son-in-law   il genero
song   la canzone
soon   presto;
   as soon as possible   appena
     possibile;
   See you soon!   A presto!
sorry   spiacente;
   to be sorry   dispiacere
     (p.p. dispiaciuto*)*
soup   la minestra;
   vegetable soup   il minestrone
south   il sud; il Mezzogiorno
southern   meridionale
souvenir   il ricordo
Spanish   spagnolo
sparkling   frizzante
to speak (about)   parlare (di)

special   speciale
specialist   lo/la specialista
specially   specialmente
spectator   lo spettatore, la
   spettatrice
speech   il discorso
speed   la velocità
to spend   spendere **(money)**
   (p.p. speso*)*; passare **(time)**
spicy   piccante
splendid   splendido, magnifico
spoon   il cucchiaio
sporty   sportivo
spring   la primavera
square   la piazza
stadium   lo stadio
stage   il palcoscenico
to stage   rappresentare
stamp   il francobollo
to stand in line   fare la fila
to start   incominciare
state   lo stato
station   la stazione
statue   la statua
to stay   restare*, stare;
   alloggiare, soggiornare
steak   la bistecca
to steal   rubare
still   fermo; ancora *(adv.)*
stingy   avaro
stocking   la calza
to stop   smettere *(p.p.* smesso*)*;
   fermare, fermarsi*
store   il negozio
story   la storia;
   short story   il racconto
straight   diritto, dritto;
   straight ahead   avanti diritto
strange   strano
strawberry   la fragola
street   la strada;
   street corner   l'angolo della
     strada
strength   la forza
stressed   stressato
strict   severo
strike   lo sciopero
to strike   scioperare
strong   forte
stubborn   ostinato
student   lo studente, la
   studentessa
studio (apartment)   il
   monolocale
studious   studioso
study   lo studio
to study   studiare
stuff   la roba

style   lo stile
subject   l'argomento, il soggetto
subtitles   le didascalie
subway   la metropolitana
to succeed (in)   riuscire* (a)
success   il successo
suddenly   improvvisamente
to suffer   soffrire *(p.p.* sofferto*)*
sugar   lo zucchero
to suggest   suggerire (-isc-)
suit   il completo;
   bathing suit   il costume
     da bagno
suitcase   la valigia
summary   il riassunto
summer   l'estate *(f.)*
sumptuous   lussuoso
sun   il sole
Sunday   la domenica
sunglasses   gli occhiali da sole
sunny: it is sunny   c'è il sole
supermarket   il supermercato
supper   la cena;
   to have supper   cenare
sure   sicuro, certo; già
surface   la superficie
surgeon   il chirurgo
surprise   la sorpresa;
   to surprise   sorprendere;
   surprised   sorpreso
to surround   circondare
sweater   il maglione
sweatsuit   la tuta da ginnastica
sweet   dolce
to swim   nuotare
swimming   il nuoto;
   swimming pool   la piscina
system   il sistema

T

table   il tavolo, la tavola;
   coffee table   il tavolino
tablecloth   la tovaglia
to take   prendere *(p.p.* preso*)*,
   portare;
   to take a bath (a shower, a
    walk, a ride, a trip, a picture,
    a break)   fare il bagno (la
    doccia, una passeggiata, un
    giro, un viaggio, una foto,
    una pausa);
   to take care of   curare;
   to take a class   seguire un
    corso;
   to take part (in)   partecipare (a);
   to take place   avere luogo;
   it takes   ci vuole, ci vogliono
to talk (about)   parlare (di)

tall alto
to tan abbronzarsi*
tape recorder il registratore
taste il gusto
tasty gustoso, saporito
tax la tassa
tea il tè
to teach insegnare
teacher il maestro, la maestra
team la squadra
telephone il telefono;
  telephone book l'elenco
    telefonico;
  telephone operator il/la
    centralinista;
  to telephone telefonare
television la televisione;
  TV set il televisore;
  TV news il telegiornale
to tell dire (*p.p.* detto); raccontare
temple il tempio
tenant l'inquilino, l'inquilina
tent la tenda
terrible terribile
text message sms
thank you grazie;
  Thank God! Meno male!
  thanks il ringraziamento;
  Thanksgiving il giorno del
    Ringraziamento;
  thanks to grazie a;
  to thank ringraziare
that che; quello;
  that is cioè
theater il teatro;
  movie theater il cinema
then allora, poi;
  since then da allora
there là, lì;
  there is c'è;
  there are ci sono
therefore perciò
thesis la tesi
thin magro
thing la cosa
to think (of) pensare (a)
thirsty: to be thirsty avere sete
this questo
thought il pensiero
thousand mille, (*pl.*) mila
through attraverso
Thursday il giovedì
ticket il biglietto;
  round-trip ticket il biglietto
    di andata e ritorno;
  ticket window la biglietteria
tie la cravatta
tight stretto

time il tempo; la volta; l'ora;
  it is time è (l')ora di;
  to be on time essere in orario
timid timido
tip la mancia
to tire stancare, stancarsi*
tired stanco
tiring faticoso
title il titolo
to a, in da
today oggi
together insieme
tomato il pomodoro
tomorrow domani;
  the day after tomorrow
    dopodomani
tonight stasera
too anche;
  too much troppo;
  Too bad! Peccato!
tooth il dente;
  toothache mal di denti
topic (for discussion) l'argomento
tour il giro, la gita;
  tour bus il pullman;
  to tour girare
tourist il/la turista
towel l'asciugamano
toward verso
tower la torre
town il paese, la città
toy il giocattolo
trade il mestiere
traffic il traffico;
  traffic light il semaforo
tragedy la tragedia
train il treno
to train allenarsi*
tranquil tranquillo
travel il viaggio;
  travel agency l'agenzia di
    viaggi;
  to travel viaggiare;
  traveler il viaggiatore,
    la viaggiatrice
to treat curare
treatment la cura
tree l'albero
trip il viaggio;
  business (pleasure) trip
    viaggio d'affari (di piacere);
  to take a trip fare un viaggio;
  Have a good trip! Buon
    viaggio!
trouble il guaio;
  to be in trouble essere nei
    guai
trousers i pantaloni

trout la trota
true vero
truly veramente
trumpet la tromba
truth la verità
to try cercare di + *inf.*;
  to try on provare
T-shirt la maglietta
tub la vasca
Tuesday il martedì
tuition la tassa universitaria
to turn girare;
  to turn on accendere
    (*p.p.* acceso);
  to turn off spegnere
    (*p.p.* spento)
to type scrivere a macchina

U

ugly brutto
umbrella l'ombrello;
  beach umbrella l'ombrellone
uncle lo zio
undecided indeciso
under sotto
to understand capire (-isc-)
unemployed disoccupato
unemployment la
  disoccupazione
unfortunately purtroppo
unhappy infelice, scontento
union l'unione (*f.*)
university l'università
unless a meno che (+ *subj.*)
unlucky sfortunato
unpleasant antipatico
until (*prep.*) fino a, (*conj.*) finché;
  until now finora
use l'uso;
  to use usare;
  to get used to abituarsi*
useful utile
useless inutile
usual solito;
  usually di solito;
  as usual come al solito

V

vacant libero, vuoto
vacation la vacanza;
  summer vacation
    la villeggiatura;
  vacationer il villeggiante
valley la valle
vase il vaso
veal il vitello;
  roast veal arrosto di vitello

vegetables la verdura;
   cooked vegetables il contorno
Venice Venezia
verb il verbo
very molto
victory la vittoria
video cassette la videocassetta
video recorder il
   videoregistratore
view la vista
village il villaggio
vineyard la vigna
violin il violino
visit la visita
to visit visitare, esaminare,
   andare a trovare
vocabulary il vocabolario
voice la voce;
   in a loud voice ad alta voce;
   in a low voice a bassa voce
vote il voto;
   to vote votare
vowel la vocale
voyage il viaggio

W

to wait (for) aspettare
waiter, waitress il cameriere,
   la cameriera
to wake up svegliarsi*
walk la passeggiata;
   to take a walk fare una
      passeggiata;
   to walk andare a piedi,
      camminare
wall il muro, la parete
wallet il portafoglio
to want volere
war la guerra
wardrobe l'armadio
warm caldo
to wash lavare;
   to wash oneself lavarsi*
to waste (time) perdere (tempo)
watch l'orologio
to watch guardare

water l'acqua;
   drinking water l'acqua
      potabile;
   water polo la pallanuoto
way il modo;
   anyway ad ogni modo
weak debole
wealth la ricchezza
to wear mettere, mettersi*;
   portare
weather il tempo;
   weather forecast le previsioni
      del tempo
wedding il matrimonio
Wednesday il mercoledì
week la settimana
weekend il fine-settimana
weight il peso;
   to lose weight dimagrire (-isc-)
welcome benvenuto
well be' (bene);
   to be well stare bene
western occidentale
what? che? che cosa? cosa?
when quando
where dove
wherever dovunque
which quale; che
while mentre
white bianco
who, whom che, il quale;
   who?, whom? chi?
whoever chiunque
whole tutto;
   the whole day tutto il giorno
whose? di chi?
why perché
wide largo
widow, widower la vedova,
   il vedovo
wife la moglie
willingly volentieri
to win vincere (*p.p.* vinto)
wind il vento
window la finestra, la vetrina
   (shop)
wine il vino

winter l'inverno
wish il desiderio, l'augurio;
   to wish desiderare, augurare;
   I wish vorrei
with con
without senza, senza che (+ *subj.*)
witty spiritoso
woman la donna
to wonder domandarsi*
wonderful meraviglioso
wonderfully meravigliosamente
wood il bosco; il legno
wool la lana
word la parola
work il lavoro, l'occupazione (*f.*);
   work of art l'opera d'arte;
   to work lavorare;
   worker l'operaio, l'operaia
world il mondo;
   worldwide mondiale
worry la preoccupazione;
   to worry preoccupare,
      preoccuparsi* (di);
   worried preoccupato
Wow! Caspita!
to write scrivere (*p.p.* scritto)
writer lo scrittore, la scrittrice
wrong sbagliato;
   to be wrong avere torto

Y

year l'anno;
   to be . . . years old avere...
      anni;
   New Year's Day il Capodanno
yellow giallo
yes sì
yesterday ieri;
   the day before yesterday
      l'altro ieri
yet eppure;
   not yet non ancora
young giovane;
   young lady signorina;
   young man giovanotto
youth hostel l'ostello per
   la gioventù

Index

Photo/Realia Credits

1 Courtesy of the Author, photo by Roberta Riga; **9** PixAchi 2008 / Used under license from Shutterstock.com; **10** Courtesy of University of Trento; **16** Ken Welsh / Alamy; **17** Courtesy of APT del Milanese; **18** Courtesy of the Author; **20** Courtesy of the Author; **23** Sandro Vannini/CORBIS; **23** Ted Spiegel/CORBIS; **25** Courtesy of the Author; **27** Courtesy of the Author; **30** Chuck Pefley / Alamy; **31** Copyright 2009 Belle Momenti Photography / Used under license from Shutterstock.com; **32** Courtesy of the Author, photo by Liliana Riga; **34** Courtesy of APT del Milanese; **35** Courtesy of Pagine Giovani--Comune di Milano; **37** Courtesy of the Author; **38** Courtesy of Università di Trento; **41** Courtesy of the Author; **45** Courtesy of the Author; **46** Image copyright Mikhail Nekrasov 2009/Used under license from Shutterstock.com; **50** Heinle Image Resource Bank/Cengage Learning; **52** top left Marc Brasz/Corbis, top center HUBERT BOES/dpa/Landov; top right Frank Trapper/ Corbis; bottom center Blaz Kure 2008/ Used under license from Shutterstock.com; **53** top right Courtesy of the Author, photo by Janet & Charles McGary; top left John Heseltine/CORBIS; **54** center left Courtesy of the Author, photo by Janet & Charlie McGary; center right Courtesy of Author, photo by Francesca Benevento; **56** All images Cengage Learning; **57** Luca Bruno/ AP Photos; **58** Image copyright jbor 2009/Used under license from Shutterstock.com; **59** Courtesy of the Author, photo by Liliana Riga; **65** Courtesy of the Author; **69** Courtesy of the Author; photo by Adrian Bubb; **70** Image copyright Yanta 2009/ Used under license from Shutterstock.com; **71** Courtesy of the Author, photo by Luciano Bratti; **72** Courtesy of the Author, photo by Liliana Riga; **73** Courtesy of the Author; **75** Courtesy of the Author; **76** center left and center right, Courtesy of Università di Trento; **79** Courtesy of the Author, photo by Liliana Riga; **80** Heinle Image Resource Bank; **82** Courtesy of Hotel Continental—Santa Margherita; **83** Digital Vision Ltd./SuperStock; **84** Courtesy of Hotel Metropole; **86** Image copyright Eoghan McNally 2009/Used under license from Shutterstock.com; **90** Courtesy of the Author; **93** Courtesy of the Author; **95** Courtesy of the Author; **96** bottom Image copyright Dan Peretz 2009/Used under license from Shutterstock.com; center left Courtesy of the Author, photo by Kathy Katz; center Image copyright Tobik 2009/Used under license from Shutterstock.com; **97** top Image copyright Concettina D'Agnese 2009/Used under license from Shutterstock.com; center left Courtesy of the Author; **98**: Dennis Marsico/CORBIS; **100** All Images Cengage Learning; **101** Stephane Cardinale/People Avenue/Corbis; **102** Provided by the Author; Courtesy of Santa Margherita Tourist Office; **103** Chuck Savage/CORBIS; **105** Courtesy of Donna Moderna; **106** Toby Burrows/Digital Vision/Getty Images; **107** Courtesy of the Author, photo by Liliana Riga; **110** Courtesy of the Author; **111** Courtesy of the Author; **114** Courtesy of APT del Milanese; **116** Courtesy of the Author, photo by Liliana Riga; **119** Courtesy of the Author; **120** top Heinle Image Resource Bank/Cengage Learning, bottom Courtesy of the Author; **122** Courtesy of the Author, photo by Alessandro Casagrande; **123** Courtesy of Benetton c 2008, photo by David Sims; **126** SunLu4ik 2009/ Used under license from Shutterstock.com; **127** Courtesy of the Author; **128** Image copyright Anatoliy Meshkov 2009/Used under license from Shutterstock.com; **130** Heinle Image Resource Bank/ Cengage Learning; **135** top right Courtesy of Maina, bottom left Courtesy of the Author; **138** Courtesy of the Author, photo by Alessandro Casagrande; **140** Courtesy of the Author; **141** Image copyright Natalia Macheda 2009/Used under license from Shutterstock.com; **142** Courtesy of the Author, photo by Alessandro Casagrande; **144** All images Cengage Learning; **145** FARABOLA/AP Photo; **146** Courtesy of the Author; **147** Creatas/Photolibrary; **149** Courtesy of the Author, photo by Roberta Riga; **150** bottom Creatas/Photolibrary; center Courtesy of the Author; **153** Courtesy of the Author; **155** center Clara 2009/Used under license from Shutterstock.com; bottom right Courtesy of the Author; **156** Courtesy of the Author, photo by Janet and Charles Mcgary; **157** Stephen Studd/Stone/Getty Images; **158** Courtesy of the Author; **162** Heinle Image Resource Bank/Cengage Learning; **166** Provided by the Author, Courtesy of Capri Tourist Office; **169** Courtesy of the Author; **170** Bill Ross/CORBIS; **171** Image copyright new photo service 2009/Used under license from Shutterstock.com; **173** Courtesy of the Author; **176** Courtesy of the Author, photo by Roberta Riga; **177** Courtesy of Hotel Porto Roca; **184** Courtesy of Ditta Poltri; **188** Image copyright Kristian Sekulic 2009/Used under license from Shutterstock.com; **189** Yuri Arcurs/Used under license from Shutterstock.com; **190** Courtesy of the Author; **192** Courtesy of Hotel Morandi Firenze; **193** top right Image copyright AND Inc. 2009/Used under license from Shutterstock.com; bottom left Image copyright Stawek 2009/Used under license from Shutterstock.com; **196** All Images Cengage Learning; **197** The Art Archive/Corbis; **198** Courtesy of the Author; **199** Courtesy of the Author; **200** Courtesy of the Author, photo by Liliana Riga; **201** top right Courtesy of the Author; center right Ad of Giudizi, bottom right Italian TV Channels; **203** Courtesy of the Author, photo by Liliana Riga; **205** Courtesy of the Author; **207** Courtesy of the Author, photo by Liliana Riga; **209** Courtesy of Giovanni Tempesta; **212** Courtesy of the Author; **215** Courtesy of the Author; photo by Jane and Charles McGary; **216** bottom left MELAMPO CINEMATOGRAFICA / THE KOBAL COLLECTION / STRIZZI SERGIO; top left Reuters/CORBIS; **218** Courtesy of the Author, photo by Roberta Riga; **219** Courtesy of the Author; **221** top Courtesy of Benetton c 2008, photo by David Sims; bottom Courtesy of the Author; **227** Courtesy of Benetton c 2008, photo by James Mollison; **228** center left ML Sinibaldi/CORBIS; center right Courtesy of the Author, photo by APT del Cadore; right Courtesy of the Author, photo by Alessandro Casagrande; left Courtesy of Val di Fassa; **230** Courtesy of the Author; **232** Courtesy of the Author; **233** Courtesy of the Author; **234** All images Courtesy of the Author, top right, photo by Roberta Riga; left, Courtesy of Borse Zagliani; **236** All Images Cengage Learning; **237** AP Photo; **238** All Images Provided by the Author, Courtesy of Val di Fassa www.fassa.com; **239** Ferdinando Scianna/Magnum Photos. com; **241** top Courtesy of Morgex-Valsesia; bottom Courtesy of Santa Margherita Tourist Office; **242** photo by Istituto Italiano di Cultura, Courtesy of the painter Enzo Santini; **244** Courtesy of the Author; photo by Roberta Riga; **246** Provided by the Author; photo by APT Azienda di promozione Turistica del Cadore; **247** Courtesy of the Author; **251** ML Sinibaldi/CORBIS; **253** top center Danilo Ascione/Used under license from Shutterstock.com; bottom center Courtesy of the Author, left Sylvain

Text Credits

Capitolo 3

Capitolo 16